本书得到以下资助：

·国家社科基金：论家族制度与家族企业的互动关系
    （课题组成员：王晓霞）

·中国博士后科学基金：论家族制度与家族企业的互动关系

·河北省社科基金：构建我省民企传承保障体系的建议
    （课题组成员：王晓霞、朱立新）

·河北省高校学科拔尖人才选拔与培养计划

·河北省企业管理重点学科建设经费

·河北经贸大学学术出版基金

国家社科基金项目最终成果

论家族制度与
家族企业的互动关系

杨在军 著

人民出版社

责任编辑:杜文丽

封面设计:周方亚

图书在版编目(CIP)数据

论家族制度与家族企业的互动关系/杨在军 著. –北京:人民出版社,2011.12

ISBN 978 – 7 – 01 – 010455 – 3

Ⅰ.①论…　Ⅱ.①杨…　Ⅲ.①家庭-私营企业-经济史-研究-中国

　Ⅳ.①F279.243

中国版本图书馆 CIP 数据核字(2011)第 248032 号

论家族制度与家族企业的互动关系

LUN JIAZU ZHIDU YU JIAZU QIYE DE HUDONG GUANXI

杨在军　著

人民出版社 出版发行

(100706　北京朝阳门内大街166号)

北京新魏印刷厂印刷　新华书店经销

2011 年 12 月第 1 版　2011 年 12 月北京第 1 次印刷

开本:710 毫米×1000 毫米 1/16　印张:27.5

字数:430 千字　印数:0,001-3,000 册

ISBN 978 – 7 – 01 – 010455 – 3　定价:55.00 元

邮购地址 100706　北京朝阳门内大街 166 号

人民东方图书销售中心　电话 (010)65250042　65289539

目　录

序

在西方新年之际收到杨在军的问候,他还希望我能给其著作《论家族制度与家族企业的互动关系》写个序。我欣然答应。这不仅是因为,作为导师,看到学生不断有成果问世,感到很高兴;而且是因为,这本书的内容引起我极大兴趣和对往事的回忆。

早在20世纪90年代初,我应邀参加商务印书馆组织的"中国古代生活丛书"写作时,该丛书主编之一、对中国家族制度有深入研究的冯尔康教授建议我写《中国家族企业史》。我认为这个题目将社会史和经济史结合起来,很有意义,但是,由于对家族制度缺乏研究,不敢贸然承担。不过,此后我萌发了研究与此有关、且内容更加广泛的题目:家庭、私有制和国家的演变与消亡。这是想沿着恩格斯《家庭、私有制和国家的起源》一书的思路走下去。恩格斯的这一名著出版一百多年来,家庭或家族制度、私有制和国家都发生了和正在发生着深刻变化。这些社会、经济和政治制度的变迁和未来走向,关系到人类的社会生活和前途命运,值得关注与认真研究,我为此也做了些准备工作。我与大学同学、商务印书馆编辑任寅虎曾多次商量此事,并讨论过中外学者有关家庭问题的研究状况。不幸的是任兄不久病逝,我也产生了畏难情绪,再加上当时学校科研考核重视数量,规定教授每年要发表若干论著,长期潜心研究重大课题、十年磨一剑的客观条件尚不具备。于是我把主要精力放在中国盐业、中国经济现代化和中外经济关系史探讨方面。

我负责的国家社会科学基金项目中国农村商品经济与市场和国家教委项目中国近代农村产业结构与商品经济的最终研究成果《中国农业现代化之路》,于2000年在商务印书馆出版之后,我与商务印书馆商定出版一套"中国现代化之路丛书",成熟一本,出版一本。杨在军是南方人,本科和硕士研究生一直学习茶学专业,直到攻读博士学位,才到南开跟我学习经济史。他刻苦学习,到博士论文面世的时候,已让人备感吃惊。经济史是一个需要积累的学科,他只用三年时间就体现出了较高的学术水准,说佼佼者并不过分。杨在军的博士论文外审和答辩得到同行专家一致好评。故我与商务印书馆有关编辑商量,将其作为该丛书之一种,2006 年由商务印书馆以《晚清公司与公司治理》书名出版,反响不错,是近年大陆企业史研究的力作之一。

我主持编写的《中外经济关系史纲要》是作为 21 世纪高校教材于 2003 年出版,后被评为普通高校十一五国家级规划教材,修订后,以《中国对外经济关系史教程》为书名,由人民出版社出版。杨在军虽然只参加了一小部分写作,但也体现出相当的学术素养。

几年前,清华大学出版社邀请我主编一套"中国近代企业家丛书",使我有机会再度接触家族企业史的问题。我收集了大量中国近代企业史料,其中包括不少中国家族企业史料,并收集了一些外国家族企业史料,写了几万字书稿,可是电脑出现问题,把这些东西丢失了,令人痛心。此后,为了向 2010 年上海世博会献礼,我转而主编《中国与世博会三部曲》(3 卷本),2010 年 5 月上海世博会开幕前夕,由清华大学出版社出版。我又把中国近代企业史,其中包括中国近代家族企业史的研究,放到了一边。我多年想搞的与家族企业有关的研究,由于种种原因,一直未能深入下去,可谓半途而废。值得庆幸的是,杨在军博士毕业后,初生牛犊不怕虎,毅然选择了国内外学者很少涉猎的中国家族企业史为研究对象,并在几年时间内取得突破性进展,《论家族制度与家族企业的互动关系》就是这方面的重要成果。青出于蓝而胜于蓝,学生超过老师。我为此而感到骄傲。故略缀数语,以示祝贺,并向读者推荐。

近代以来,可能由于家族制度确实与传统社会发生了裂变,无论是东方还是西方思想界都几乎一致认为家族制度与现代社会背道而驰。但是,20 世纪后期,苏联和中国大陆两个一度对家族制度意识形态歧视的大国,以不同的方式重新承认了家族制度,而欧美在 20 世纪 60 年代和 70 年代短暂的普遍否定家族制度的思潮后,政府和社会均采取了相应的纠偏措施,可以说承认和保护家族已经成为当今世界的普遍选择。

早年在大陆,受一些思想的影响,有人认为家族企业是落后的,家族文化与现代经济社会格格不入,而美国等西方发达国家盛行的是公众企业,中国企业改革目标模式是建立西方式的以社会化企业为主导的现代企业制度。但是为什么民间企业更多选择家族企业,近代中国知名的企业也多是家族企业。就亚洲而言,无论20世纪五六十年代从战后废墟中迅速崛起的日本,还是20世纪七八十年代在世界掀起亚洲旋风的四小龙中的中国香港、中国台湾、新加坡都具有浓厚的中国传统家族文化底蕴,家族企业在其经济中发挥着支柱作用。及至20世纪60年代以后,历来被视做没有家族文化传统的美国,竟然成为世界家族企业研究发祥地和研究中心,而世界上最大、最有活力的家族企业几乎都在美国。当代美国的家族企业所占比例竟然超过90%,就世界范围来看,家族企业也占绝大多数。早期的观点认为家族企业只是适合于封闭性的中小企业,但进入20世纪90年代以来,一些权威机构的统计竟然不约而同地发现,无论是美国,还是欧洲,乃至中国、日本,规模化与社会化相对较高的上市家族企业绩效竟然明显好过同类型的非家族上市公司,让人惊叹。令人备感疑惑的,就世界范围来看,家族企业的普遍存在已经得到公认,但却一直无法改变其边缘化的理论地位,有限的研究也往往有改造、消灭家族企业的规范导向,这一点就连现代管理学之父德鲁克也颇为费解。在传统家族文化底蕴深厚的大陆,虽然自改革开放以来,家族地位有所复苏,民营家族企业由无到有,在国民经济中作用明显。但就整体而论,大陆家族企业似受早年意识形态歧视、所有制歧视的影响,发展并不充分,这不得不令人反思。

之所以出现这种情况,很大程度上是由于家族制度与家族企业的历史地位、家族与企业的关系问题没有厘清。《论家族制度与家族企业的互动关系》对上述问题作出了系统的回答,理论与现实意义可谓重大。

《论家族制度与家族企业的互动关系》是一部辛勤与智慧的著作。《论家族制度与家族企业的互动关系》需要系统研究家族制度与家族企业的长期演化规律,家族制度与家族企业的长期关系以及家族企业的一些重大问题,所涉内容跨越时空,工作浩繁。不但如此,《论家族制度与家族企业的互动关系》涉及理论,也更需要事实支撑,否则会陷入外人调侃经济史的"要理论没理论,要史料没史料"之尴尬境地,可谓一项宏伟的工程。从某种意义上说《论家族制度与家族企业的互动关系》作为一个学者终身的研究结晶可能更适合,而杨在军能够在短短几年内系统完成该著作,并且既循经济史之结构,又很好地回答了理论问题,实属不易,这除了相关专家的大力支持外,更离不开个人的辛勤与智慧。

　　说到这里,《论家族制度与家族企业的互动关系》的贡献已经凸显。该书是第一部系统论述中外家族企业史的著作,说填补了这方面的学术空白并不过分。该书就家族制度之婚姻与家族结构、家族组织原则、家族财产继承、家族功能、个人与家族关系的长期演化规律的梳理,西方主要市场经济国家各个历史阶段家族企业的形态、特征、演化逻辑及地位的系统梳理,相对于此前就家族制度、家族企业史更多局限于理论描述是一大突破。而从市场经济萌芽(资本主义萌芽)到当代各个时期家族企业,家族经营发展的经济史描述,至少是目前为止,最为系统的中国家族企业史。最后对家族企业长寿,所有权与经营权的中西比较经济史分析,应该说也是至今最为系统深入的。

　　就研究视角而言,《论家族制度与家族企业的互动关系》从家族制度与企业关系入手剖析家族企业,相对于前人更多从家族企业的企业性研究家族企业,应该更为科学,因为"家族性"毕竟是家族企业相对于非家族企业的"特殊基因",脱离这一基因研究家族企业有缘木求鱼之嫌。

　　《论家族制度与家族企业的互动关系》的结论不但颇有新意,而且破解了中国乃至世界家族制度与家族企业理论与实践的一些困惑。其中最为突出的有:通过理论和资料梳理,证明了家族企业是现代市场机制的普遍选择;家族制度与家族企业自近代以来实现了以融合各种外部资本为特征的现代转型,而不是被现代化所抛弃;家族企业寿命普遍不长,诸子均分以及子承父业等都具有普遍性,而不是中国文化所特有的现象等。

　　诚如作者本人所言该书一些观点还有待商榷,原始资料的挖掘也稍有欠缺,但整体而言,瑕不掩瑜,该书是一本具有开拓性的力作。

　　是为序。

丁长清

2011 年 2 月 16 日于美国

引　言

一、背景介绍

就家族企业而言,德国哲学家黑格尔的名言"存在的就是合理的"也许应该改为"存在的就是不合理",因为家族企业带给理论和实践实在太多的困惑。这主要体现在以下几方面:

首先,当代社会各界,尤其理论界注意到家族企业广泛存在的同时,又几乎都表达了对家族企业的不屑,家族企业现实地位与理论地位极不相称。现代管理学之父德鲁克就明确指出,虽然包括美国和大部分发达国家的大多数企业都是家族控制和家族管理,并且某些世界最大的公司也由家族经营,管理书籍和课程却专注于公共的和专业化管理企业,几乎对家族经营视而不见。如果家族企业与非家族企业并无二致,那么,理论界对家族企业的漠视尚情有可原,但是家族企业的经营管理恰恰需要与非家族企业完全不同的管理规则,若违背这些规则,家族企业难以生存,更遑论发展。然而,即使德鲁克本人也只是在耄耋之年才意识到这一问题,这进一步折射出理论界对家族企业的歧视积重难返。

其次,近来家族企业研究虽然有所升温,但理论界持有家族企业是非理性集合的规范化意识,"去家族化"是必然趋势,研究目的是为更好、更快淘汰家族企业。就世界范围而言,相关研究主要集中在其问题和不足,媒体、家族企业研究的专业杂志专注于对家族企业的批判和改造。整体而言,家族企业作为一个阶层几乎没有获得任何尊重。这可能是家族企业本身适用独特的管理规则,但由于理论歧视,其发展离经叛道,理论指导"张冠李戴",实践中确实存在诸多问题。当然,这并不意味着非家族企业没有问题,而是因为普遍存在的规范意识导向给予了非家族企业太多的宽容。

再次,家族企业研究与家族企业存在明显时空错位。从纵向看,虽然早期企业基本是家族企业的观点已成共识,但早期学者根本没有对家族企业做专门讨论。家族企业研究至少始于 20 世纪 60 年代末,而且发端于顾问的个案描述,20 世纪 90 年代才有所升温。整体而言,当前对家族企业的研究还只是刚刚起步,但此时家族企业早已"风光不再",丧失了工业化初期的广泛社会基础。就横向而言,历来被视做没有家族传统,以公众企业为典型的美国学术界表现出相对浓厚的兴趣,成为现代家族企业理论的策源地和学术中心,而一般被视做家族底蕴深厚的中国、日本理论界却对家族企业相当不屑。我国历来被视做具有深厚的家文化底蕴的国家,但家族企业长期受到歧视,近年来家族企业研究虽然略有升温,但却始终处于边缘状态。与中国一样被视做家社会的日本,直到 21 世纪初才出现一本相对系统的家族企业研究著作,整体而言,家族企业的调查研究工作几乎处于空白状态。不但如此,家族制度与家族企业的存在似乎也有空间错位。比如,以家族特色著称的当代大陆企业社会化的极端形式——国有企业仍然发挥着主导作用,而家族制度不明显的欧美顶级企业却不乏家族企业身影,尤其美国,当代家族企业比例高达 90%—98%。

最后,典型的家族企业主也往往讳言家族企业,以显示其社会化、科学、合理,而有面子,私下却家族依旧,而东西方的大量实证研究普遍证明家族企业的成长速度、赢利能力等普遍高于非家族企业。此外,就中国家族制度与家族企业而言还有更多的疑惑,尤其在中外家族企业效率方面。一般认为中国家族企业落后于西方,而其根源则是中国落后的家族文化,如诸子均分、子承父业,这又导致中国家族企业富不过三代。中外学术界甚至一度有倾向认为,中国近现代的落后根源就是儒家文化,其中首当其冲的就是家族制度。但为何中国企业家、投资者们甘愿选择落后的方式,而不适应性选择更具效率的现代企业制度。而"新的'超级大国':海外华人"①,尤其中国大陆经济崛起,甚至奇迹出现,直接对传统文化否定论形成质疑,甚至有观点认为海外华人的成功源自家族经营的成功,大陆在改革开放后的迅速崛起与"文化大革命"没有对

---

① 参见[美]彼得·德鲁克:《新的"超级大国":海外华人》,载《大变革时代的管理》,上海译文出版社 1999 年版。

传统家族制度彻底破坏有关。另外,政府和理论界推崇的几乎完全排斥家族制度、家族企业的现代企业制度在现实中为什么出现不可思议的边缘化倾向①,而与现代企业制度背道而驰的经营家族化却在大力提倡社会化的现代企业制度的背景下"泛滥"。

总之,有关家族制度与家族企业的诸多疑问与困惑难以从现有理论中找到令人信服的答案。笔者认为,对上述问题的解释要有所突破,最根本的还是要把握家族制度与家族企业的历史定位、家族制度与企业基本关系、家族与企业各自演化规律、二者时空转换关系等。为此,本书力争对家族制度与家族企业的长期历史演变轨迹、时空转换关系进行梳理的基础上找出其一般规律,并尝试对其作出理论诠释,重新对家族制度、家族企业进行定位,以期对现代家族企业发展,现代企业制度体系的构建提供借鉴,并努力对现代家族制度的未来走向等作出展望,对以家族文化为代表的传统文化的现代适应做初步讨论,以解决家族制度与家族企业的诸多困惑,这也是本书理论与现实意义所在。

二、思路与方法

本书基本思路是在对家族制度与家族企业的历史与现实进行梳理的基础上,就家族制度、家族企业基本演化规律,各个历史阶段纵向和横向的不同组织形态、特点、发展水平等进行客观呈现。本书立足于中国,厚今薄古,就家族制度与家族企业长期纵向关系和不同国家和地区横向关系进行系统分析的基础上,挖掘家族企业在历史与现实中普遍存在理论根源,并就家族企业理论与实践中的诸多困惑进行重新审视,对家族制度与家族企业进行重新定位。就中国家族企业历史和现实中的诸多现象,尤其所有权与经营权,家族企业代际传承中的一般性与特殊性进行析分,并尝试挖掘其理论根源。当然,对家族制度与家族企业的未来走向进行展望也是本书的初衷之一。与以往的研究更突出家族制度与家族企业异质性不同的是,本书更倾向于挖掘其同质性。

需要特别说明的是,家族制度具有丰富内涵,为研究方便,本书所涉及的

---

① 参见王效昭:《警惕和防止现代企业制度的边缘化倾向》,《管理世界》2006 年第 5 期。

家族制度主要包括婚姻与家族结构、家族基本组织原则、代际传承制度、家族功能、个人与家族关系五个方面。同样，家族企业也有多种定义，而且千差万别，但最普遍和最常用的主要还是从所有权与经营权的角度进行界定，本书为研究方便，所讨论的家族企业主要是指单个家族在所有权或经营权维度占优势的企业。考虑到某些场合，微观经济组织不一定具有企业性质或法律地位，某些企业虽然事实上被家族控制，但家族很可能没有产权基础，称其为家族企业显得勉强，为研究方便，在出现难以界定的情况，以家族经营统而论之，以便兼顾各种形态。此外，家族与家庭西方语境下没有区分，即使中国古代狭义的家族往往是家庭分枝发芽的结果，而家族内部的基本细胞仍然是家庭，加上一般认为家族企业的典型形态就是家庭企业，因此为研究方便，本书并不对家族与家庭、家族企业与家庭企业做具体区分。

本书主要运用以下方法：首先，进行比较研究，注重不同时空的比较。将世界各国家族制度、家族企业演进的基本规律进行较大范围的比较，以期比较准确的找出基本规律。此外，还注意了纵向比较，比较目的是为了挖掘家族制度与家族企业演化的一般规律，析分出中国家族制度和家族企业的一般性与中国特色。其次，重视典型案例剖析，资本主义萌芽期徽商与晋商，近代中国家族企业的发展基本建立在典型案例分析基础上，先是近代典型纺织企业，然后是荣家企业与上海永安百货，当代华西集团的"吴家化"，传承部分则有历史上乐家长期控制的同仁堂。再次，论述结合，以论为主，但依托大量的历史与现实资料。最后，规范与实证结合，以实证为主，运用大量资料和数据，力求客观地对相关问题进行深度解剖。此外，本书还力图将各学科的知识综合运用，比如，经济学、管理学、社会学、人类学、历史学、法学等，以期研究更具客观性，更符合家族制度与家族企业特点。

三、内容与结构

本书的基本内容主要包括以下几方面：第一，从家族制度的整体性出发，勾勒出世界家族制度演变的基本轨迹，探究其基本规律，并重新审视学术界对家族制度的传统观点；第二，综合考虑多种因素，以家族所有权和经营权为核心,对西方家族企业演化的历史与现实进行较为系统的分析;第三,尝试从家族与企业长期关系视角,对家族企业长期普遍存在现象作出理论解释,并挖掘家族企业现实普遍存在与理论歧视的根源,阐释破解家族企业现象困境的中国意义;第四,通过对各个历史阶段中国家族企业发展形态、特点及其形成原因的系统分析,描述出以家族所有权与经营权为基本内涵的中国家族企业发展轨迹;第五,通过与世界其他国家和地区对比,找出我国家族企业发展进程中的"中国特色"与一般性;第六,在把握中国家族企业长期发展规律的基础上,结合家族制度、国内外社会经济环境发展的基本趋势,对家族制度与家族企业现代意义、各自走向与相互关系作出展望。

具体而言全书除简短的引言和结论外,共分十章。第一章文献综述,不但归纳了当代大陆家族企业研究背景、研究阶段、研究特点,而且还相对系统地梳理了家族制度与家族企业的横向关系、纵向关系的研究进展,进一步阐明本书选题意义;第二章则以把握家族制度内涵为基础,从婚姻与家族结构、组织原则、财产代际传承、家族功能、个人与家族关系角度挖掘家族制度演化的轨迹和基本规律、基本逻辑;第三章先对家族企业存在现象的现有解释进行了梳理和评述,针对现有理论无法回答家族企业大量存在和理论歧视原因的问题,从家族与企业长期演化关系视角分析了原生性企业注定是家族企业,现代化进程中家族与企业联系紧密,现代企业与家族企业相容而不是相克,并回答了家族企业理论歧视诱因等;第四章利用西方现有文献,将西方家族企业演化分为古典家族企业盛行、古典家族企业被部分否定和古典回归与多元化的三个阶段,表明家族企业在西方企业史上一直居于多数,现代化并不排斥家族企业,并着重分析了西方当代家族企业的特点、效率。

第五章到第七章依次对中国古代、近代、现代的家族企业进行了回顾和挖掘。古代部分主要讨论了市场经济萌芽期的家族企业发展史,并着重剖析了徽商和晋商两大典型商帮的家族企业,结果发现不但具有浓厚宗族特色的徽商家族经营特色明显,即使是历来被视做相对专业化的晋商同样具有浓厚的家族特色。近代部分主要是典型分析,第一部分以工业化初期支柱产业棉纺织业的典型企业为例讨论近代企业家族化状况,其中申新与恒丰是家族控股与家族经营,永安纺织与大生纱厂是小股东家族控制,而裕大华资本集团则家族化特征不明显,出现家族化的背离,并以此为基础讨论了近代企业家族化的水平、两权关系等。这一部分还分析了近代草根家族企业的典型荣家企业系统和西化的家族企业典型郭家永安百货的情况。现代部分论述了 1949—1978 年家族企业窒息时代的家族企业适应与变态，转型期家族企业从容许到法律地位获得，家族企业的发展状况、特点，尤其各种特殊形态以及两权整体特征的演化，阐释两权关系始终相对集中统一的理性因素。

第八章到第十章是对家族企业重大议题传承的讨论。第八章首先申明富不过三代与家族企业短命问题具有普遍性，然后分别从家族、组织与产业等视角剖析家族企业难以跨越多代、短命的原因，并借助国内外已有的资料论述家族企业的大致寿命。接下来对西方长寿家族企业特点、我国过去长寿家族企业特点进行分析，结果表明家族企业往往难以做大、做强与做久，最后以著名的北京乐家同仁堂为例，着重从家族角度分析其长寿经验。第九章对所有权传承进行了讨论，涉及物质资产与非物质资产，并利用理论与事实说明无论中国还是外国，东方还是西方工商业家族都盛行分散继承原则，分散继承与集中继承各有千秋，但分散继承更适合工商业和现代社会，而不是相反。第十章对家族企业核心权力继任问题进行了理论与事实分析，其中第一部分对两岸四地典型家族企业代际继任情况进行了剖析，发现子承父业特征极为明显；第二部分在阐明子承父业普遍性的基础上，挖掘了其理论根源。

第一章 家族企业与家族制度关系述评

第一节 理论研究的两个阶段

一、1997 年以前:企业家族现象关注

（一）20 世纪 80 年代:零星的注意

一般认为中国大陆对家族企业的研究始于 20 世纪 90 年代末,但对企业家族化经营现象的关注却可以追溯到 20 世纪 80 年代中期。早在 1984 年,费孝通已经发现了包钢用亲属原则经营企业,并认为这可能在全国企业,甚至社会机构中均具有一定普遍性,他还指出这是一个值得深入研究的课题。①

1985 年中国台湾学者陈其南、邱淑如指出中国台湾、日本和西方企业组织最大的不同就在于家族制度的差异。② 不过,该文的发表引起了大陆学者陈吉元的共鸣。陈吉元将家族制度与家族企业的关系上升到学科建设的高度,很有见地。③ 陈吉元可以说是中国大陆第一个注意到家族对现代经济、企业的现实和理论意义,尤其客观认识到家族制度对以企业为主体的生产组织既有消极作用,也有积极作用的学者④,但他的观点并没有引起理论界应有的重视。

---

① 参见费孝通:《行行重行行》,宁夏人民出版社 1992 年版,第 176 页。

② 参见陈其南、邱淑如:《企业组织的基本形态与传统家族制度——中国、日本和西方社会的比较研究》,《经济社会体制比较》1985 年第 2 期。

③ 参见陈吉元:《家族制度对生产组织的影响需要研究——读〈企业组织的基本形态与传统家族制度〉》,《经济社会体制比较》1985 年第 2 期。

④ 事实上,当今的学者也不乏误认为,中国大陆学者直到 1994 年才比较充分地认识到"家族经营再发现"的学术与实践意义,且周其仁并没有把他的研究延伸到"家族制与企业组织"这一课题。储小平:《家族企业研究:一个具有现代意义的话题》,《中国社会科学》2000 年第 5 期。

从笔者掌握的文献看,国人对"家族企业"最早界定在大陆出现在1986年,不过出自中国台湾学者黄光国之手,他不仅从所有权与经营权的角度给出了一个家族企业的定义,并且重申了自己认为家族企业包括家庭企业、人治式家族企业、法治的家族企业和两权分离的家族企业四种类型。①

次年,中国大陆社会学家刘林平对家庭型经济组织的结构与特点进行了研究,并指出家庭型经济组织有其适应经济生活的一面,也有其不适应的一面,绝不能简单肯定或否定。刘林平还认为,扩大的"家庭经济组织"和其扩大形式家族企业一样具有符合黄光国对家族企业的定义之所有权与经营权合二为一的特征。② 值得注意的是,1987年重武将钱德勒关于美国企业管理革命的思想介绍到中国大陆,这对中国大陆此后包括家族企业在内的企业理论研究和实践具有导向作用。③

1989年王国敏注意到农村和城市工矿企业在职工结构、劳动用工与组织方式、人才选用三方面普遍存在家族制度作用的现实,但仍然对这种现象予以全盘否定,并提出契约关系代替宗法关系以重构中国家庭关系的思想。④ 1990年香港企业家庄永竞论述了家族式企业的现代化管理,并认为"家族观念是中国传统文化的核心,也是中国人现代经济管理的支柱之一",特别注意到"家族式企业"是一种具有世界普遍性的现象,这是中国大陆较早承认家族企业普遍性的代表性文献。⑤

(二)20世纪90年代初到1997年前:普遍关注

20世纪90年代以后,中国大陆企业的家族现象,引起了经济和社会学界更大范围的关注。陈吉元不仅较早注意到家族经营的现代意义,他还在20世纪90年代主持了"80年代和90年代的中国现代化——中国乡镇企业的领导与决策:文化和经济转变模式",就农村家族和现代商业的包容问题做了很有价值的探讨,最终成果为《当代中国的村庄经济与村落文化丛书》。

---

① 参见黄光国:《儒家伦理与企业组织形态》,《经济社会体制比较》1986年第2期。
② 参见刘林平:《试论"家庭型经济组织的结构及其特点"》,《社会学研究》1987年第3期。
③ 参见[美]小艾尔弗雷德·D.钱德勒:《看得见的手——美国企业的管理革命》,商务印书馆1987年版。
④ 参见王国敏:《家族制度与中国企业》,《云南社会科学》1989年第6期。
⑤ 参见庄永竞:《家族式企业的现代化管理》,《管理世界》1990年第4期。

杨关针对20世纪70年代初以来以血缘和亲缘关系为纽带的"家族"化倾向在企业内部凸显的事实,指出社会学应探讨企业"家族"现象产生原因,并寻求对策。① 王满传注意到在多种经营形式的农民企业中存在的家族化、半家族化现象,并强调农民企业必须逐步弱化企业的家族化、半家族化管理方式,不断扩大科学的现代化管理方式在企业管理中的成分。② 谈国良则注意到远离城市的冶金企业出现的企业家族网,并分析了这种亲缘型群体的正负效应。③ 刘建荣、文放龙对桃江县30家工商企业调查研究发现,职工结构家族化严重制约企业内部活力。④ 连育恩注意到基层企业亲属网的普遍存在。⑤

20世纪90年代前期更多是对企业家族现象的关注,并体现出两个比较明显的特征。一个是对农村的高度关注。这可能是由于传统家族文化在农村根深蒂固,改革开放以后,以家庭联产承包为先导的农村经济体制改革使家族文化在农村迅速复苏的结果。另一个重点是集中于个体私营企业、乡镇企业。这可能与个体经济规模小边界多与家庭重合,而乡镇企业在改革开放后异军突起,而其产生、发展、繁荣都有明显的家族影子。值得注意的是,一些学者认为新中国成立以来企业家族现象一直存在,其中以樊江春、张建刚为代表。樊江春认为我国任何一个微观组织都有明显的家族主义倾向,尤以企业为典型。⑥ 张建刚更是认为新中国成立以来中国的整个经济体制都具有家族性,长期的计划体制不是削弱、消灭家族文化,而是使国有经济的"家庭本位"在宏观和微观的不同层面上得到强化。⑦

1996年《经济研究》选编了中外著名经济学家福山、樊纲、金碚对中国企业家族现象的观点,这对推进中国企业家族现象的研究无疑有推动作用。同

---

① 参见杨关:《企业"家族"现象》,《社会》1991年第4期。
② 参见王满传:《亲属关系与我国农民企业的发展》,《社会学研究》1992年第4期。
③ 参见谈国良:《论"亲缘型"群体对企业的正负效应》,《上海企业》1990年第1期。
④ 参见刘建荣、文放龙:《职工结构家族化:制约内部活力 妨碍企业发展》,《企业活力》1991年第6期。
⑤ 参见连育恩:《非正式组织·亲属网·派别——浅析我国企业中的三种组织形态》,《企业经济》1993年第4期。
⑥ 参见樊江春:《中国微观组织中的"家族主义"》,《新华文摘》1992年第5期。
⑦ 参见张建刚:《传统国有经济"家族本位"与现代企业制度》,《国有资产研究》1995年第5期。

年,张震指出企业家族主义不仅是受儒家思想影响的国家和地区的普遍现象,也是美国等西方国家的普遍现象,企业家族主义有利有弊①,这是大陆学者首次认识到家族主义并非中国特色。1996 年孙黎还对海外华商家族经营进行了较为系统深入的论述和介绍。② 次年,林兵、于惠春对农村私营企业家族关系的表现、成因、利弊,及引导对策进行了简单的分析。③

二、1998 年至今:理论研究升温

1998 年起家族企业的理论和实证研究逐渐多起来,这绝非偶然,而是具有深刻的社会经济原因。整体而言,改革开放以后,在解放思想、实事求是等思想指导下党和政府工作重心转移到经济建设,对各种非公有制经济形态由计划经济时期的高度排斥逐渐到默许、肯定,直至赋予其宪法的权威性,而非公有制经济是家族企业的载体。从法制环境看,对个人财产利益的否定到对私有财产的宪法保护,家族利益得到相对充分的保护,赋予了家族经营的产权基础。从企业角度考察,无论是改革开放后逐渐获得法律地位的个体、私营经济,还是异军突起的乡镇企业无一不与家族具有天然联系。传统公有制经济因活力不强、效率不高的改制,使家族因素在企业的作用由隐性走向显性。

1998 年在中国大陆家族企业理论史上具有重要意义的一年,当代家族企业研究的三个代表性人物中的李新春、陈凌都发表了有影响的论文。李新春指出,在缺乏对家族制度深入了解的情况下,对中国经济特别是企业组织的发展将是难以准确把握的,但中国经济学家对家族制度的研究的漠视是令人惊异的,有忽视对中国经济社会最基本的制度背景——家族制度的倾向。他还对大陆乡镇企业与家族制度关系、中国家族企业的成长困境与作为跨国公司的华人家族企业进行了研究。④ 陈凌则从信息特征、交易成本出发分析了家

---

① 参见张震:《论儒教家族主义及其对企业文化的现代价值》,《中共四川省委省级机关党校学报》1996 年第 3 期。

② 参见孙犁:《家族经营——海外华商创富之秘》,中国经济出版社 1996 年版。

③ 参见林兵、于惠春:《简析中国农村私营企业中的家族关系》,《经济纵横》1997 年第 3 期。

④ 参见李新春:《中国的家族制度与企业组织》,《中国社会科学季刊》(香港)1998 年第 3 期。

族式组织尤其家族企业在中国的合理性,并指出与国内外学者不遗余力对中国家族式组织进行研究形成鲜明对比的是,中国经济学家却不可思议地忽视了这个领域的研究,并将这种现象归因为学科割据、意识形态歧视、家族式组织没有很好地同现代经济学结合。最后,陈凌还认为,由于中国社会信息的低规范度,有效的治理结构有时不是市场或者科层式企业,而是家族式组织及企业间的战略网络。① 此外,潘必胜不但给出了家族企业定义,并在理论与实证分析的基础上指出,"大陆家族企业的前途是可以乐观的","家族企业在中国企业组织形式的现在和将来即使不是最重要的也是最重要的种类之一"。② 这三篇文章从理论上阐明了家族企业在中国存在的合理性,并被学术界所广泛接受。这一年,贺敏还翻译出版了西方比较有影响的家族企业著作《家族企业的繁衍——家族企业的生命周期》。③

世纪之交的 2000 年,当代家族企业研究的另一代表人物储小平在梳理国内外家族企业文献的基础上,阐明了家族企业研究是一个重要课题④,进而"引起了国内学术界对家族企业的关注和重视,并为家族企业研究提升了一个平台"⑤。进入 21 世纪家族企业成为大陆学术研究的热点问题之一,而且很快结束了此前零散而不系统的状况。2002 年第一部研究大陆家族企业的专著《中国家族企业研究》问世⑥,此后每年都有多部有关家族企业的论著问世,中国家族企业迅速升温,成为国内理论研究的相对热点问题之一,多个学科从不同的角度对家族企业进行探讨。

---

① 参见陈凌:《信息特征、交易成本和家族式组织》,《经济研究》1998 年第 7 期。

② 潘必胜:《乡镇企业中的家族经营问题——兼论家族企业在中国的历史命运》,《中国农村观察》1998 年第 1 期。

③ 参见[美]克林·盖尔西克等:《家族企业的繁衍——家族企业的生命周期》,经济日报出版社 1998 年版。

④ 参见储小平:《家族企业研究:一个具有现代意义的话题》,《中国社会科学》2000 年第 5 期。

⑤ 储小平:《家族企业的成长与社会资本的融合》,经济科学出版社 2004 年版,第 169 页。

⑥ 参见甘德安等:《中国家族企业研究》,中国社会科学出版社 2002 年版。事实上,2002 年 10 月该书出版前,已有以下专著:盖曙光、李中斌等:《家族制与企业组织》,吉林科学技术出版社 2001 年版;姚贤涛、王连娟:《中国家族企业——现状、问题与对策》,企业管理出版社 2002 年版;张翼:《国有企业的家族化》,中国社会科学出版社 2002 年版。但后三本书要么系统性不足,要么理论性不强。

三、当代研究的基本特点①

中国大陆家族企业研究虽然直到 20 世纪末才加速,但很快受到理论界高度关注,尤其是新世纪以来,家族企业研究大为升温,这是其他国家和地区家族企业研究无法比拟的,这可能与中国浓厚的家族文化经过计划经济时期的高度压抑后,在改革开放后迅速迸发有关。但是大陆家族企业研究的现状如何,却是模糊不清的。有鉴于此,这里主要选择中国社会科学引文索引各学科排名第一的期刊,截至 2006 年底正刊发表文章对我国家族企业研究状况进行梳理。

总共 19 个学科中有管理学、经济学、社会学、统计学、心理学、综合性社科期刊 6 个学科出现"家族企业"的文章,而其他 13 个并没有出现家族企业研究的文献。6 个学科共出现 27 篇文献,管理学的《管理世界》最多,达到 18 篇,经济学《经济研究》3 篇,社会学的《社会学研究》2 篇,统计学《统计研究》、心理学《心理学报》以及综合性的《中国社会科学》各有 1 篇。从比例来看,《管理世界》遥遥领先,占 69%。但不能据此简单认为家族企业研究主要集中在管理学科,因为我国经济学泛化和管理学弱化现象并存,管理学的定位和发展一直笼罩在经济学的影子之下,经济学与管理学无论是在研究方法和思路上并没有明显的区别。显然,从学科分布来看,我国家族企业研究更多的是引起经济管理理论界的共鸣,其他学科涉及较少,甚至没有给予必要的关注,这可能与"家族企业"归根结底是经济组织有关。事实上,从系统的专著来看也可以得出同样规律,除经济管理学科外,只有张翼基于社会学视角对国有企业家族化现象的剖析,张震从伦理视角的研究,李东从哲学角度的分析,而且其他学科的研究也有经济管理的影子。

从时间分布看,1990 年、1995 年、1996 年、1998 年、2000 年每年各 1 篇,2002 年 5 篇,2003 年最多达到 7 篇,2004 年 4 篇,2005 年、2006 年分别为 3 篇。其中,《管理世界》1990 年有 1 篇,该文虽然提及中国大陆,但其作者是中国香港庄永竞,并非出自中国大陆学者之手,其内容也更多关注中国香港家族企业,其余 18 篇均在 2002 年以后。《经济研究》的 3 篇文章有 1 篇发表于1996 年,但并非原发性文章,而是摘自《经济学消息报》,第二篇出现在 1998

---

① 杨在军:《我国家族企业研究前沿述评》,《价格月刊》2007 年第 10 期。

年,最后一篇则出现在 2003 年。《社会学研究》的第一篇文章出现在 1995 年,但该文的研究对象和作者都源自中国台湾,第二篇则在 2003 年。此外,《中国社会科学》一篇出现在 2000 年,《心理学研究》和《统计研究》分别在 2004 年和 2005 年。

从相关议题考察,除以中国香港、中国台湾为研究对象的两篇文章外,还有非原发性文摘 1 篇,其他 24 篇文献基本以中国大陆家族企业为研究对象。早期主要偏重于基础理论研究和港台及西方经验介绍,后期逐渐走向实证与定量分析。实证研究的对象主要是针对浙江、广东等地家族企业,这可能与浙江和广东两省家族企业最为发达有关。家族企业研究的作者阵营也体现出区域集群的特性,研究者多数来自浙江和广东,2000 年广东中山大学建立了国内第一个家族企业研究中心,浙江则有浙江大学的家族企业研究所。比较有代表性的研究者有浙江大学陈凌,中山大学李新春、储小平等。以论文最多的 2003 年为例,7 篇论文中,第一作者单位是浙江、广东的有 5 篇,李新春、储小平、陈凌都以第一作者发表了文章,7 篇文章中区域性案例和单个企业案例的各 1 篇,其中区域性案例选择了浙江和广东,单个案例选择的是宁波方太,而作为老工业基地的东北也有一个从国有企业到家族企业演化案例,其反映了转型期家族企业形成的特殊性。这也说明我国家族企业研究并没有引起学术界的广泛关注,中山大学和浙江大学的领军人物分别是 1998 年发表较有影响力论文的李新春和陈凌,时间过去十多年国内家族企业研究几乎没有能够超越这两位学者的,一方面说明他们孜孜以求,卓有成效的工作;另一方面也反映出家族企业研究虽然有所升温,但并不热。

总之,中国家族企业研究具有明显的“集群”效应,不仅主要成果出现在 2002 年以后,还包括相关研究主要集中在经济管理学领域,研究对象和主体主要以浙江、广东为主,研究议题主要集中在家族企业定义及类型、家族企业存在理由、文化与家族企业、家族企业继任、家族企业上市、家族企业融资、职业经理与家族企业、家族企业起源、发展方向及路径九个方面。

中国家族企业研究需要在以下几方面有所改进,首先,现有研究基本限于家族企业的企业性,在西方主流企业理论的规范意识指导下,家族企业的家族性被忽视。其次,家族企业是家族与企业特殊的结合体,其中家族本身是一个涉及多个学科交叉的议题,而现代企业的发展又受多重因素的影响,因此客观上要求家族企业的纵深研究必须向更多的学科拓展,而不能过多局限于经济管理领域。再次,中国大陆家族企业研究陷入了怪圈,忽视了家族制度的现代适应以及中国家族制度与外国家族制度的联系。最后,迄今为止,相关研究主要以海外华人家族企业和现代企业策源地的美国为坐标对我国家族企业研究,本土化的研究亟须加强。此外,中国大陆家族企业研究理论与方法的运用,距离国际化水平还相去甚远,以方法为例,除了经济学研究独占鳌头外,中国大陆家族企业研究从1988—2007年描述性研究超过90%,定量的实证研究比例不到10%。①

第二节　家族制度与家族企业互动关系述评

一、家族制度与家族企业互动关系概览

大陆家族企业研究者普遍以家族静态为基本假设,其中代表人物是储小平等人。而社会学家费孝通、潘允生、邓伟志,政治学家王沪宁,人类学家麻国庆等人对中国家族、家庭的研究要么是传统社会,要么是现代社会的家族,且在论及家族与企业关系时往往轻描淡写,更多关注家族制度变迁与工业化的关系,没有深入到企业微观层次。而以冯尔康、徐扬杰为代表的历史学家,虽然注意到家族制度的历史变迁,但对家族制度变迁与家族企业演进的讨论基本没有展开。

虽然有学者从家族理性、家族基因角度审视家族企业,但其家族理性、家族基因同样是静态的。这可能也有世界性,比如,盖尔西克等人所构建的家族企业三极发展模型中,家庭与所有权、企业是对等的一极,但其所涉及的家庭制度也是比较静态的,只是考虑了自然成长因素,即家族规模代际变迁因素。②

---

① 参见李新春、王宣喻:《中国大陆家族企业研究之回顾与展望:1988—2007》,《中山管理评论》(台湾)2008年第6期。

② 参见[美]克林·盖尔西克等:《家族企业的繁衍——家庭企业的生命周期》,经济日报出版社1998年版。

家族制度与家族企业关系的研究在西方同样受到冷遇。韦伯作为社会学古典理论的三大奠基人之一,在经济社会学方面也是成果斐然,其对家族与企业起源,家族与传统企业关系的研究颇有启迪意义,但他的论述往往只是点到为止,让人读后余味未尽,而且其所持企业是家族终结者的观点,早已被理论和事实否决。家庭经济学奠基人贝克尔虽然对家庭行为、家庭的历史演进、国家对家庭发展的影响等进行了论述,但也没有论及家族与企业关系。早期的巴霍芬、摩尔根没有将家族演化向其他领域延伸,恩格斯虽然将家族演化向经济角度延伸,但没有拓展到企业。而后来西方家庭史研究集大成者无论是社会学家 W. 古德,还是人类学家斯特劳斯、杰克·古迪以及历史学家比尔基埃等,仍然缺乏对家族与家族企业关系的系统论述。

二、家族制度与家族企业的纵向关系

总体而言,现有对家族企业纵向发展的研究是非常零散的,这并不否认汗牛充栋的个别家族企业史,但更多关注企业生产力、技术、资本、雇佣制度、政企、官商关系等方面,真正以企业家族性为专门议题的则是凤毛麟角,而且往往浅尝辄止。

虽然大凡论及家族企业都会提到家族企业历史,但国内外尚没有对家族企业史进行整体、长时段、系统考察的成果。学界对家族企业史的研究基本是断代的,研究早期家族企业史的学者一般不涉及现代,而另一些学者则专谙于现代家族企业史的研究,二者泾渭分明,而且偏重个案。相关研究还有学科割据倾向,即经济学界擅长企业史,家族制度史的研究则是历史学家的专长,家族制度特征则更多是社会学家的领域。国内比较有代表性的企业史著作《中国企业史》①、《中国企业发展简史》②、《中国商业史》③、《中国民族工商业发展史》④等都没有专门将家族企业列入议题,家族企业史的研究往往"夹杂"在民营经济、私营经济之中。即使是一些典型家族企业史的研究成果,往往对

---

① 参见中国企业史编委会:《中国企业史》(共七卷),企业管理出版社 2002—2004 年版。
② 参见姜恒雄:《中国企业发展简史》(上、下卷),西苑出版社 2001 年版。
③ 参见吴慧:《中国商业史》(共五卷),中国商业出版社 2004—2008 年版。
④ 参见王相钦:《中国民族工商业发展史》,河北人民出版社 2001 年版。

家族特色的论述微不足道，而更多关注其作为企业的一般性。学界就家族制度与家族企业的互动虽然偶有论及，但一般没有将其从儒家文化中析分，这决定了其论述深度和系统性的相对不足。值得注意的是，美国虽然是现代家族企业研究的策源地和中心，但同样缺乏对家族企业史的系统考察。

最早对中国企业乃至经济家族性特点予以关注的西方学者是马克斯·韦伯，他在《儒教与道教》、《经济与社会》、《经济通史》等多部著作均多处论及中国传统家族制度与经济、具有企业经营性质的商业、手工业之关系，这些组织具有明显的家族性，并将其与西方区分。实际上，当代经济史学界就文化与经济关系方面颇有建树的杜恂诚，最初的研究正是基于韦伯所提出的问题。虽然就其所处时代的局限，韦伯只能对中国传统社会的家族经营进行分析，其观点也不免有言过其实之嫌，但其对中国早期企业的分析应该说有开创性。与此相对的是，近代我国社会学家族、家庭研究集大成者潘光旦、林耀华都没有论及家与企业组织、经济组织的关系，费孝通对近代农村家庭经济、传统社会文化特征等研究后指出农村要发展，就必须发展工副业，并且认为工副业的发展可以打破家庭的界限①，不过他基本没有涉及城镇；而对家庭问题进行长期考察的黎漭并没有将家的研究向企业延伸②；近代中国经济的领军人物方显廷则简单认为，中国近代工业化的阻碍因素之一就是"终古不变之家族制度"；漆士昌所著《家庭经济》虽然提到个人企业的资本局限性，但其基本内容是关于家庭经济生活③；中国现代企业管理先驱穆藕初等丝毫没有论及企业家族性；陈其田《山西票庄考略》④和卫聚贤《山西票号史》⑤虽然对我国资本主义萌芽与发展阶段具有显著企业性质的山西票号之起源、发生、发展过程、经营管理等诸多方面进行了考察，但同样没有就票号经营家族性进行专门研究，而近代其他企业史的著作基本上也没有专门涉及企业家族性问题。

---

① 参见赵志龙:《费孝通的农村工业化思想:一个概念结构视角的分析》,《宁夏大学学报》(人文社会科学版)2006 年第 5 期。

② 参见黎漭:《家庭问题》,上海东泰图书局 1929 年版。

③ 参见漆士昌:《家庭经济》,正中书局 1936 年版。

④ 参见陈其田:《山西票庄考略》,商务印书馆 1937 年版。

⑤ 参见卫聚贤:《山西票号史》,中央银行经济研究社 1944 年版。

新中国成立之初,伴随资本主义工商业的社会主义改造,有关主要资本主义企业的厂史写作也进入高潮,厂史几乎占到同时期经济史著作的三分之一。① 而这些企业史著作又有相当部分是典型的家族企业,比如恒丰纱厂、大隆机器厂,但基本是陈述企业在旧中国的艰难发展,以说明社会主义改造的合理性。在对家族制度意识形态歧视背景下,没有也不可能对企业制度的家族性等做深层次的探讨。20世纪60年代,尤其"文化大革命"后,企业史研究也难逃其他社会科学的厄运,基本上处于停滞状态。

改革开放以后,家族企业史研究进入新阶段,除了学界严谨的学术探讨,部门、行业对本领域家族企业史的编撰外,尚有企业自己编写的企业史及企业家个人的创业史、个人传记,甚至还有商业家族个案史。不仅如此,这一阶段还大量翻译、出版了西方主要资本主义国家,尤其美国的大工商业家族,大家族工商企业史,比如福特、杜邦、摩根、沃森家族及其企业史。方法上也有很大突破,除采用传统的史实描述外,将现代经济管理、社会、政治和文化等学科的思想和方法应用到家族企业史研究,大大丰富了其内容和形式,这是早期研究所不能企及的。西方著名汉学家费维恺、高家龙等也对一些典型的家族企业史进行了讨论,而法国历史学家白吉尔注意到中国资产阶级黄金时代,资产阶级的家族性及其对企业发展的影响。

遗憾的是,现有家族企业史论著非常零散,虽然相关论著可以说是汗牛充栋,但真正以企业家族性为专门议题的凤毛麟角,而更多关注企业家个人,企业个案,企业生产力、技术、资本、用工制度、政企关系等。不过,西方企业史学家对企业家族性也有漠视倾向,比如,钱德勒有关企业家族性的论述就极为有限,而且主要关注早期企业,并存否定态度。

在中国大陆,虽然陈吉元最早认识到家族制度与企业组织关系值得挖掘,也做了一些尝试,但他关注的是家族制度与当代企业的关系,而且是农村企业,忽视了城镇企业家族化的事实。同样,杜恂诚对近代中国家族制度与企业关系进行了探索,但他最初只是将传统家族制度与近代资本主义企业的关系作为传统伦理与近代中国资本主义关系的一部分。不过,杜恂诚的尝试颇有借鉴性,尤其他通过一些典型事例说明家族组织确实是华人社会企业组织的

---

① 参见李玉:《中国近代企业史研究概述》,《史学月刊》2004年第4期。

显著特征,但这一特征并不是华人企业所特有的,只要是私有制社会,所有权与经营权还没有分离的企业,就可能不同程度的具有家族组织的特征,或者有可能成为家族组织。① 遗憾的是,杜恂诚所界定的家族制度与家族企业仍然是静态的。

经济管理理论界虽然对家族企业倾注了较高热情,但只是偶尔论及家族制度与家族企业关系,而且家族制度几乎只有传统内涵。比如,李新春和陈凌各自的奠基之作都存在这种倾向,可能正是由于他们的学术地位决定了当代研究的基调,直到近年,大陆对家族制度与家族企业关系的论述才稍有突破。比如陈凌、应丽芬指出从家族企业核心家族或企业家所在的家族角度来看有一个共同点,那就是它们依赖的基础是怀特所说的网络家庭,而不是传统的由一个男性的共同后代组成的家族。② 这意味着中国大陆家族企业的基础往往并不是一个家庭或家族,而是基于一定数量和规模的家庭或家族。此外,李宁琪、周欢研究表明③,当代家庭结构的变化主要体现在家庭结构核心化、网络化、男女关系结构的平等化、大家族成员价值观的多元化,与此相应的是家族功能方面生育功能萎缩、教育功能提升、生产功能的恢复和发展,这些变化对家族企业的正面影响主要体现在接班人培养的重视,家族成员凝聚力增强;负面影响体现在难以找到合适的企业管理者,易用人唯亲、助长家长作风,产权不明和产权变迁影响企业。

值得注意的是,虽然国内外学者普遍认为家族企业自工业化以来经历了两权高度集中的业主制家族企业阶段,合伙制企业阶段和两权高度分离的家族股份制企业阶段,注意到家族企业逐渐走向开放,但其关注重点主要是在于企业组织自身的演进,以及企业成长环境,如金融市场、法制环境、产品、产业等外部因素,基本上没有涉及家族的演化,而将家族企业的根本属性家族性看做外生变量进行考虑。即使是盖尔西克等人建立的家族企业家庭、企业、所有

---

① 参见杜恂诚:《中国传统伦理与近代资本主义——兼评韦伯〈中国的宗教〉》,上海社会科学院出版社 1993 年版,第 124—133 页。

② 参见陈凌、应丽芬:《从家庭/网络家庭到企业/企业网络——家族企业成长的本土视角》,《学海》2006 年第 4 期。

③ 参见李宁琪、周欢:《中国家庭结构变迁与家族企业的永续经营》,《中南大学学报》(社会科学版)2006 年第 2 期。

权三级发展模式,虽然既考虑了家族因素,又加入了时间因素,但家庭制度仍然是外生给定的,并主要体现在子女繁衍方面。大陆学者储小平、李怀祖详细分析了家族企业成长与社会资本(金融、人力、网络)融合的关系,虽然笔者也赞同他们的观点,即家族企业融合社会资本的过程就是家族金融、人力、网络资本由封闭到开放的过程,但他们以家族企业为单位,并没有将这层纸捅破。

值得注意的是,在社会学领域一些实证研究表明,与当代大陆乡村私人企业相适应地出现了一些新型的家族形态,其代表人物是朱秋霞和赵喜顺。社会学家朱秋霞通过对 13 家乡村企业的调查研究提出,现阶段中国乡村私人企业的管理、运作之主体,既非一般意义上的"家族",亦非农业经济研究中惯用之"家庭",而是传统的家庭关系在现代社会中的新的组合形式——网络家庭,抑或是扩大的网络家庭。[①] 与朱秋霞类似,社会学家赵喜顺指出中国在改革之前,家庭生产经营功能被取消。改革开放以后,适应个体私营发展需要家庭群或网络家庭成为基本经营单位,是中国家庭伸缩性的一种具体表现。[②] 两位学者关注点是农村,而农村的家族制度尚且能作出适应性创新,城市的家族制度在脱离乡土、农耕文明的背景下,不可能还坚守传统,家族企业研究将家族制度静态化显然值得反思。

此外,西方学者 Whyte 认为,现代华人家庭对经济(企业)发展起推动作用应归功于华人家庭中妇女地位提升这一重大变化。[③] 虽然怀特的分析主要针对海外华人,但他显然已经注意到中国家族制度现代适应的积极变化。

三、家族制度与家族企业的横向关系

中国大陆学者往往将中国(大陆)家族企业与国外进行对比,与家族制度与家族企业纵向互动关系研究凤毛麟角不同的是,对二者横向互动关系的讨论却相当普遍,几乎论及家族企业势必言中西比较。比较常见的横向比较是

---

① 参见朱秋霞:《网络家庭与乡村私人企业的发展》,《社会学研究》1998 年第 1 期。

② 参见赵喜顺:《个体私营经济的发展与家庭经济结构的变迁》,《社会科学研究》1999 年第 3 期。

③ 参见 Whyte, Martin King, The Chinese Family and Economic Development: Obstacle or Engine? Economic Development and Cultural Change,1996(1)。

中国、日本、美国和西欧的国家。

其实,台湾学者较早将中国传统家族制度与家族企业相互关系与西方进行相对系统对比,代表人物是陈其南等,其中陈其南、邱淑如对比最具代表性(见表1—1)。但台湾学者历来关注台湾乡土家族制度,同样,海外华人学者余英时等关注重点是渐行渐远的儒家经典,对家族文化的理解自然更多停留在历史记忆中,应用对象海外华人则类似移民群体,对中国大陆借鉴意义并不大。

表1—1　家族制度决定的企业组织基本形态

国别 种类	西方	日本	中国
家族制度	家户经济体,强调个人。	家族是家族共同体附属,超越血缘的家共同体,忠孝统一,以延续共同体为目标。	与房、宗族、家族等系谱关系紧密相连,以延续家系为目标,强调血缘。
企业制度	市场规范、契约精神。	企业与家永续,强调共同体利益,对企业忠诚。	企业是家族附属,以家族为中心,强调家属,个人利益,对企业缺乏忠诚。

资料来源:陈其南、邱淑如:《企业组织的基本形态与传统家族制度——中国、日本和西方社会的比较研究》,《经济社会体制比较》1985年第2期。

大陆学者所进行的比较系统的国际比较,基本上是在21世纪,而且主要借鉴西方经典理论。唐震先对美国、日本与中国家族制度特征进行了比较,然后分别就三国家族企业人际关系、财产关系、组织形态、两权关系的差异进行了比较(见表1—2),其研究实际上是归纳了有关各国家族制度与家族企业的经典观点。

表1—2　不同家族文化下的家族企业

国别 种类	美国	日本	中国
家族文化	以婚姻结合为核心联结直系亲属的最小居住集团。	一起生活成员,包括现存,也包括逝者和未出生者,甚至没有血缘者。	父系族谱关系所延续的血缘集团。

续表

种类\国别		美国	日本	中国
家族企业	人际关系	身份关系:契约关系	身份关系:强调才能	系谱关系:强调血统
	财产关系	契约型结合	家族所有制,整体继承	家庭所有制:按房均分
	组织形态	家户经济单位:个人股份公司	家户经济单位:总分股份公司	家庭经济单位:若干家庭企业
	两权关系	所有权与经营权易于分离,家族与企业关系完全由市场规范调节。	可避免父子相传,较易接受两权分离而转变为现代股份公司。	中国家族企业代际间细胞分裂,只有财产继承没有严格的企业继承。

资料来源:唐震:《家族文化视角中的美、日、中三国企业比较》,《软科学》2003 年第 4 期。

　　何圣东则将美、日、第三意大利和中国家族制度对家族企业的关系进行了比较分析(见表1—3)。值得注意的是,何圣东虽然依据仍然是经典,但他比较后认为,中国家族企业现代化路径既可选择美英模式,通过引入专业的职业经理阶层实现所有权和控制权分离,演化为大规模企业(制度化的公众公司),也可选择第三意大利模式,而第三意大利显然是继续保持家族化,通过企业网络来增强竞争力。

表1—3　美、日、第三意大利和中国家族制度传统对家族企业演化的影响

种类\国别	家族制度传统	家族企业演化
美国	个人本位社会,家庭传统薄弱,家对个人影响不大,社会信任发达。	家族成员与非家族成员一视同仁,利于所有权与经营权分离,但祖克尔研究表明美国家族企业向经理式企业转化时期恰恰是美国缺乏社会信用的时期。
日本	家族以产业为核心,家庭成员间联系弱于中国,相互责任与义务关系较弱。因此只要能发展产业外人也可掌权,明治维新前,25%—34%的继承权给了没有血缘关系的养子。长子继承制普遍。	江户时期就有一部分家族企业实现了两权分离,大财阀在 20 世纪 30 年代逐渐放弃家族管理,第二次世界大战后成为所有权高度分散,专业化管理的公司。终身雇佣制是企业与雇员间的双向责任,年功序列制并不与业绩与能力挂钩,而与资历挂钩。

续表

种类\国别	家族制度传统	家族企业演化
第三意大利（意大利中部）	家庭伦理发挥着重大作用,家庭成员间联系比日本联系紧密,更接近于中国,对外人缺乏信任。但受北方共和自治精神影响,家庭保持强大生命力同时,积累一定社会资本。	家族企业依然是小规模的,并且控制在家族手中,所有权与经营权联系在一起,大规模上市公司数目很少。过小的企业规模使企业难以获取规模经济,因此小企业聚集起来形成企业集群获取集聚效应。家族企业无法建立起委托代理机制,所有权与经营权集中。但一定的社会资本积累,虽不能为家族企业提供制度化支持,但却可以支持相对松散型的网络。大型企业一般是国有企业。
中国	传统家族文化对华人的影响是其他任何民族都无法相比。传统文化以血缘关系为本位,家庭伦理处于社会关系核心,家庭是人类最初和最重要组织方式,家庭成员间有强烈责任和义务关系。	家族制适用于小企业:诸子均分导致家族企业小型化,缺乏规模使企业丧失制度化动力;浓厚家族观念使家族成员对家族兴衰负有不可推卸的责任,对最终所有权具有强烈偏好,社会资本很难与社会资本融合;社会信任资源匮乏,委托代理制难以根植于家族企业,两权分离困难。

资料来源:何圣东:《家族传统、社会资本与家族企业的演化》,《中共中央党校学报》2003 年第 1 期。

　　整体而言,一般认为中国家族制度对家族企业的负面效应远大于西方,中国家族制度给家族企业带来的阻力远大于动力。这方面以陈凌、应丽芬的研究最具代表性,虽然他们也认为中国家族制度对家族企业的发展不乏动力因素,但这些动力又几乎意味着阻力,而且阻力远大于动力(见表1—4)。

表1—4　中国家族制度对家族企业的影响

因素	阻力	动力
家族忠诚	1. 非家族成员流失 2. 缺乏企业家和创业精神 3. 社会信任缺失 4. 任人唯亲,亲戚裙带取向 5. 对有天分和雄心年轻人的禁锢	1. 保证管理的稳定性和连续性 2. 企业家精神普遍存在 3. 激励和绩效的源泉 4. 为企业权威提供文化基础

续表

因素	阻力	动力
人际网络	1. 花费过多时间和精力 2. 产生大量贪污腐败	1. 克服家族的规模限制 2. 有利于对非家族成员的整合 3. 增加资本的途径 4. 具有灵活性和适应性
家庭为基础的企业规模限制	1. 注重企业短期利益 2. 懂经营又善管理亲友数量有限	1. 初始企业成本最小化 2. 快速应对市场情况的变化
诸子财产均分	富不过三代	1. 避免家族矛盾和管理内耗 2. 小规模企业,灵活有生命力

资料来源:陈凌、应丽芬:《从家庭/网络家庭到企业/企业网络——家族企业成长的本土视角》,《学海》2006 年第 4 期。

西方学者也注意到中国家族制度与家族企业关系和西方的差异,其代表人物是雷丁和德鲁克。雷丁根据中国台湾、中国香港及海外华人企业经验指出华人资本主义精神包括三大要素:父权主义、人际关系和寻求安全,前两者都与家族主义相关。雷丁还指出华人企业组织行为特征是"弱组织与强网络",弱组织指以家庭企业为主要组织形式,强网络指以信誉为基础的联系。虽然家庭企业比现代企业落后,但华人经济凭借企业间网络关系弥补了组织的软弱。[1]

德鲁克对中国传统家族制度对企业经营的影响持肯定态度,他认为海外华人的家族化经营在某些方面比日本和典型的西方公司更有优势,当然他也认为海外华人跨国公司必须有大的改变。[2] 德鲁克认为华人家族式经营优势在于:中国家族企业与日本相比,中国人的集团用不着从起点培养经理主管来谋求发展;华人家族企业与西方相比,不存在对外部引入经理的抵制;华人家族成员中懒散无能之辈一般被排除在高层之外,甚至被排斥在企业之外。

整体而言,有关家族制度与家族企业横向关系的分析更多以各国文化差异为依托,而文化差异主要体现在权力距离、对不确定性的规避、集体主义还

---

[1] 参见[英]雷丁:《海外华人企业家的管理思想——文化背景与风格》,上海三联书店1993 年版。

[2] 参见[美]彼得·德鲁克:《大变革时代的管理》,上海译文出版社 1999 年版,第 155—160 页。

是个人主义、男权主义抑或女权主义。① 可能正是由于没有突出家族特性,结果家族制度与家族企业关系在诸多方面令人费解。比如,按照一般说法,家族在西方不起作用,那为什么家族企业在各种环境中普遍存在,几乎有市场地方就有家族企业,全球家族企业在发展过程中为什么会出现所有权与经营权分离基础上的家族控制。一般认为各国家族制度都是静态化,难道世界各国的家族制度果真一成不变,并且始终差异显著,文化与制度的创新性何在? 美英等国按照经典理论没有家族观念、家族制度却又何来大量家族企业,但为何西方主流企业理论将家族企业理论打入冷宫?

---

① 参见 Rob Goffee, Understanding Family Businesses: Issues for Forture Research, International Journal of Entrepreneurial Behaviour & Reasearch, 1996(2)。

第二章 中外家族制度的历史演进

第一节 家族内涵界定

一、家族内涵概览

（一）西方的理解

家族是一个内涵丰富的概念，其定义五花八门。社会学家麦基佛从强调生物功能的角度入手，指出家族是由一种性关系结合而成的团体，这种关系恰好足以维持并提供子女的生殖和养育。洛伊则从强调婚姻的角度对家族进行定义，他认为家族是一个建立在婚姻基础上的社会单位。1971年，人类学家默多克在比较八百多个社会后，认为家族是一个社会团体，其内包括两个或更多个彼此结婚之性别不同的成人，以及已婚双亲之亲生或收养一个或更多个孩子。这些定义都强调生育、婚姻与血缘关系。

英语世界并无家族与家庭之区分，通用family。人类学家一般称其为家族，社会学家则称其为家庭，没有明确界限，法语为famille，而family最初源于拉丁语familia，famulus（仆人）派生而来。Famulia原意大概指生活在同一屋顶下的全体奴隶和仆人，后来又指Maision，包括主人及在其控制下的妻子、儿女及仆人，即生活在同一屋顶下所有的人，接下来进一步扩展为agnati和cognati，成了gens的同义词。Gens是指同一祖先所有后代组成的共同体；agnati和cognati分别指父系亲属和母系亲属，后来词义扩展，指血缘的整体。①

---

① 参见［法］安德烈·比尔基埃等：《家庭史》①，生活·读书·新知三联书店1998年版，第13—14页。

　　除了血缘为基本出发点的定义外,也有许多学者认为应兼顾家族的其他构成要素。比如,1984 年佐滕守弘等编写的《现代社会学辞典》对家族的界定除婚姻、血缘关系外,还包括家族社会功能,如劳动主体、生活相互保障等。美国社会学家古德则认为①:首先,家庭不是单一概念,很难用简洁语言加以概括;其次,许多社会单位都可"或多或少"地被看做是家庭,因为它们或多或少地类似于传统的家庭模式;最后,这些与传统家庭相似的不同方面都源于传统家庭角色关系的不同类型。显然,古德将家族概念拓展到我们常说的泛家族范围,其描述的现象,包括美国在内的西方也普遍存在,古德研究说明家庭影响即使在现代社会也无处不在。

　　(二)中国的定义

　　中国与西方对家族定义的区别可能在于将西方人常说的家族(庭)看做家族的一个基本单位,家族是由一个共同男性祖先构成的家庭集合体。比如,1979 年版《辞海》对家族的定义是,以婚姻或血缘关系结合的社会单位。与西方不同,中国传统的家至少有家庭、家族、宗族之分。徐扬杰认为家庭和家族的关系主要表现为个体与群体的关系,二者的区别在于是否同居、共财、合爨,有时二者合而为一。② 其中,家庭是以特定的婚姻形态为纽带结合起来的社会组织形式。家族则是以家庭为基础,同一个男性共同祖先的子孙,虽然已经分居、异财、各爨,成了许多个体家庭,但是还世代相聚在一起,按照一定的规范,以血缘关系为纽带结合而成的一种特殊社会组织形式。总之,家族构成一般包括三个基本要素,必须是一个男性共同祖先的子孙,从男系计算的血缘关系清楚;有一定的规范、办法,作为处理族众之间关系准则;有一定的组织系统。

　　人类学家麻国庆还对家、族、家庭、家户、家族及宗族的关系进行了比较。他认为家族,首先应包括家庭和宗族,但除了家庭和宗族具体的对象外,家族还应该包括两者间衍生出的关系外在化符号,如家族主义、家族势力、家族影响等。③ 费孝通则认为,乡土中国的家并没有严格团体界限,亲属关系是根据

---

① 参见[美]W.古德:《家庭》,社会科学文献出版社 1986 年版,第 12—13 页。

② 参见徐扬杰:《中国家族制度史》,人民出版社 1992 年版,第 3—5 页。

③ 参见麻国庆:《家与中国社会结构》,文物出版社 1999 年版,第 17—18 页。

婚姻和生育事实所确定的社会关系,具有伸缩性。在这个社群里的分子,可以依需要沿亲属差序向外扩大,而西方的家则有严格的团体社群属性。① 费孝通还认为:"父母子所形成的团体,我们称为家庭……在我们中国,一般所谓家庭指较父母子构成的基本团体为大。有小家庭来专指父母子构成的基本团体,用大家庭来指较大的亲属团体。"②

英国学者杜正胜则认为中国家庭、家族与宗族犹如一道同心圆其范围因时因地而异,且有重叠部分,政治和社会功能则一脉相通,可以互补。中国的社会结构自古以来就有"家"和"族"。家通指家庭,是同居共财的近亲血缘团体;族的意义比较含混,有家族、宗族或氏族之别,范围各有大小,亲疏也有远近。在传统两千年历史中,族以家族和宗族为主。不过,不同时代,其作用也不一样。家和族功能在中国历史上的显著分野大概发生在春秋时期。春秋以前虽然有家,但社会的基础在族,一般称为氏,氏下有宗,是以当权贵族为主导,兼具战争、行政、祭祀、财产等多项功能的共同体,近亲血缘团体的家庭则荫附于其下。当时文献虽然也称这种共同体为家,但却是政治单位,与国相对。只有在春秋晚期以后,社会基本单位逐渐成为家。③

因此,在中国家庭史研究中,如何区别宗族史、家族史与家庭史是道难题,众多学者曾经试图给宗族、家族和家庭下一个公认的定义均未成功。王玉波注意到了家庭史与家族史研究相互取代,界限不明的现象,并指出:"家庭与家族是联系紧密但又有区别的两个范畴。其区别并非是由于家族是家庭的扩大或延续……区别主要在于:家庭是以婚姻与血缘关系为纽带,存在相互供养权利与义务的多种社会关系综合的生活共同体;家族则是多层次的、由同一祖先后裔构成的单一血缘关系群体。"④

总而言之,从某种意义上说家庭、宗族都是家在不同阶段、不同背景下的不同形式。虽然家族的内涵因时因地因人而异。在现实中,即使是语言极为丰富的中华民族也往往将其混用。比如,近年出版的两本比较有影响的家族

---

① 参见费孝通:《乡土中国　差序格局》,北京出版社 2005 年版,第 29—40 页。

② 费孝通:《乡土中国　生育制度》,北京大学出版社 1996 年版,第 163—164 页。

③ 参见[英]杜正胜:《传统家族试论》,载黄宽重、刘增贵:《家族与社会》,中国大百科全书出版社 2005 年版,第 1—87 页。

④ 王玉波:《中国家庭史研究刍议》,《历史研究》2000 年第 3 期。

研究著作,冯尔康先生的《18世纪以来中国家族的现代转向》、李卓的《中日家族制度比较研究》就是家族与宗族混用,没有做明确区分。

国内外不但对家族的概念理解存在异议,而且相对模糊,甚至就家族起源、发展阶段等在学术界也尚存争议。比如,恩格斯将婚姻家庭按照辈分划分的血缘家庭看做家庭的第一个阶段。① 我国学者徐扬杰则认为原始社会的氏族也是一种以血缘关系为纽带结合而成的家族,虽然它并不以个体家庭为基础。② 显然,徐扬杰的言下之意,家族一般应以个体家庭为基础,而原始氏族也具备家族某些特征。但他认为新中国成立以来,家族制度被消灭的观点似乎表明单个家庭不能称为家族。

二、本书家族内涵

从某种意义上说,各种家族的界定并无对错之别,只是世界家族过于多元化以及家族所涉及议题太多,定义者往往根据自己的研究需要而界定的结果。事实上,据埃什尔曼的不完全统计至少有17个学科,从不同的视角就家族问题进行了研究。因此,要准确地对家族内涵进行界定几乎不可能,次优也是很难的,理性的选择就是根据所研究问题作出专门界定。而本书涉及横向和纵向,多个国家和地区,历史与现实,显然也无法对家族作出准确界定。但无论如何,就本书而言又不能回避此问题,因此在这里尝试对家族作出粗线条的界定。

就家族内涵而言,笔者认为至少应包括生育繁衍功能、婚姻关系以及建立在此基础之上的各种形式的夫妻和血缘关系尤其亲子关系,这是家族其他构成要件的基础,也可以说是家族最基本的自然属性。这主要基于三方面考虑,首先,虽然随着人类社会的发展,各种职能有社会化趋势,但家庭至少到目前为止仍然是人类有史以来,甚至从原始部落开始就是人的基本生产单位。一般而言,家庭具有人自身的生产功能。据恩格斯观点,人的生产功能是人类社会发展的决定因素之一。美国学者休斯甚至认为西方现代家族财富是由其成员的人力资本与智力资本组成的。需要强调的是,前后代间不一定要有血缘关系,因为"收养是纳入家庭常见

---

① 参见《马克思恩格斯选集》第4卷,人民出版社1995年版,第33页。
② 参见徐扬杰:《中国家族制度史》,人民出版社1992年版,第5页。

的做法,与出生一样'自然'",但是收养"为的是补偿家庭人口上的偶然变故或在亲人中改变继承人的顺序"。①

其次,要进行人的生产,必须要有成年男女的结合,也就是夫妻关系的存在,这实质是明确人的生产主体。虽然现实存在有各种没有夫妻的家庭形态,但并不普遍。正如斯特劳斯所言:"家庭具有天然根基这一点再显然不过……现在,人们总览各种人类群体的庞大总表(约为四五千种)时,对此可以肯定的,也就是:在这之中,夫妻家庭似乎效率非常高;不论何处,只要夫妻家庭形式衰败,人们必定面对着这样的群体:其社会、政治、经济与宗教的演变经历了特殊的走向。这并不是古老社会情形的遗迹,而是高度专业化的社会模式的遗迹。但是,存在过这样的社会,就足以使人确信,在仍然停留在原始组织水平的群落中观察到的夫妻家庭也好,在像我们的社会中所观察的表现出极大复杂性的夫妻家庭也好,反正夫妻家庭并不符合普遍的需要。更确切地说,夫妻家庭代表的是一个中策,多种可能形式之中的某种平衡状态,在其他一些社会中也确实有其他形式优先存在过。"②

最后,本书所探讨的家族还必须包含以某个成员为中心的亲属关系,这一点颇具普遍性。关于这一点,佐拉邦德论述道:"一个人在成为自我之前,是某某的'儿子'或某某的'女儿'……一个人总是在一个'家庭'中出生,别人通过'家姓'来辨认这个人,然后这个人才会从社会方面来说成为另外的一个什么人。到处都一样,孩子最初学会的词是'爸爸'和'妈妈':这两个词的意义对他们来说是那样重大,因为这指的是他的父亲和母亲。然后是其他的亲族称谓词语……这样便把人划分成了'自家人'和'外人'。但是这些'外人'也生活在一个家庭中,他们是那个家庭的成员。他们也和这个人一样,通过亲族称谓词语为他们的自家人所辨认出来。从这时起,怎么会不得出结论说,家庭是理所当然的,家庭也像语言一样,是人类存在的一个标志,特别是怎么能不从自己的经

---

① [法]安德烈·比尔基埃等:《家庭史》①,生活·读书·新知三联书店 1998 年版,第 288 页。

② [法]安德烈·比尔基埃等:《家庭史》①,生活·读书·新知三联书店 1998 年版,第 9—10 页。

历推论出、演绎出:在任何社会中,对所有的人,家庭大概是一样的呢?"①

除了自然属性外,家族还有社会属性,作为一个组织还必须有一定的组织原则。这主要是因为,家族是有别于国家、企业等的社会组织,该组织要正常运行必然要有特定规则。家族作为一个社会基本单位,除了婚姻生育功能之外,往往还承担其他诸多功能,而且越是传统社会功能越多,这也是家族制度的范畴。此外,家族传承问题相当重要,而且家族中的亲子关系是家族自然属性中最为重要的一环,因此将其作为单独议题进行讨论。

因此,本书所涉及的家族制度主要包括家族婚姻关系、基本组织原则、家族功能、代际传承等因素。这些主要因素之间,并不是完全不相关,而是相互渗透、相互影响。此外,家族是一个极为复杂的话题。本书的分析以个体家庭为核心,包含由同一男性后代的男性个体家庭为基本单位构成的家族或宗族,涉及家庭内部的个人与家族的关系,有时也包括男女双系。

需要强调的是,家族的演化路径是多元化。斯特劳斯有一段精辟的论述:"家庭是一个社会组织,但基于生物根基之上。无论社会属何种类型,家庭都普遍存在。但是,每个社会又由于其人口结构、经济组织及宗教信仰不同,分别给家庭打上独具特点的烙印。"②家族形式有多种,甚至同一国家或地区的同一民族内部在同一历史时期家族制度都可能不同,但各种形态之间总有相似或相同的东西,因前文已经论及现有的家族企业研究更强调家族的异质性,故而本书主要关注家族的同质性,即对各种家族制度求同存异,挖掘各种家族制度长期演化中相同或相似因素。

第二节　婚姻与家族结构演变

一、婚姻对象:从封闭到开放

在达尔文生物进化论之前,人们尚未形成家族演化的概念,似乎只有单一

---

① [法]安德烈·比尔基埃等:《家庭史》①,生活·读书·新知三联书店1998年版,第15页。

② [法]安德烈·比尔基埃等:《家庭史》①,生活·读书·新知三联书店1998年版,第8页。

的一夫一妻制家庭或者诸如中国的一夫多妻制等衍生形态。此后,有关人类原始家族婚姻研究集大成者莫过于摩尔根,其观点在被社会主义者恩格斯首肯后逐渐得到普遍认可。

恩格斯还认同摩尔根有关原始社会的基本观点,与人类社会的三个基本阶段相适应,出现了群婚制、对偶婚制和专偶婚制。群婚制与蒙昧时代相适应,对偶婚制与野蛮时代相对应,以通奸和卖淫为补充的专偶制与文明时代相匹配。① 时间再往前追溯,则"以致必然使我们追溯到各种更早、更简单的性关系的形式,从而归根结底使我们追溯到一个同从动物状态向人类状态的过渡相适应的杂乱的性关系的时期"②,费勒克将其称为"两性的乱交时代"③,大陆学者陶毅、明欣则称其为"前婚姻社会非规范两性关系"④。总之,人类最初的家庭形态后人虽然有不同称谓,但对其特征的描述却有着高度的一致。

有关家族演变的规律到 20 世纪上半叶已经比较成熟,一般认为"群婚"是最古老、最原始的家庭形式,也是不分父母、子女、兄弟和姊妹的"乱交时代",家族成员并不知父系血缘关系,是从动物状态向人类状态过渡相适应的杂乱性关系时期。此时,乱交对人类来说是理所当然的事。正如恩格斯所言:"在血亲婚配尚未发明之前(这的确是一种发明,而且是一种极其宝贵的发明),父母和子女之间的性关系所引起的憎恶,并不大于其他不同辈的人们之间的性关系"⑤。值得注意的是,虽然群婚制为现代人所诟病,但在由动物向人类过渡的过程中,群婚制往往是必需的。这与当时生产力水平相适应,就物质而言,当时以采集和狩猎为基本物质来源,物质极度匮乏,通过群的方式可以相互保障,相互救济。从人的视角考察,当时人只能靠集体力量才能生存,如果限制性伙伴,一个人没有生育能力就意味着两人不能生育,而在原始状态下,人类改造自然的能力极为有限,特别是对疾病等知识一无所知,往往生死无常,若采取固定配偶的方式生育风险加大,可能导致群的规模无法达到自然选择所需要的规模,乱交则缓解了这种矛盾。

---

① 参见《马克思恩格斯文集》第 4 卷,人民出版社 2009 年版,第 88 页。
② 《马克思恩格斯文集》第 4 卷,人民出版社 2009 年版,第 46 页。
③ 费勒克:《家族进化论》,上海大东书局 1930 年版,第 7 页。
④ 陶毅、明欣:《中国婚姻家庭制度史》,东方出版社 1994 年版,第 14 页。
⑤ 《马克思恩格斯文集》第 4 卷,人民出版社 2009 年版,第 46 页。

继群之后，先后出现四种家庭形态，与此相应的是四种婚姻状态，虽然国内外学者对各种家庭和婚姻状态的描述有所不同，但基本内容大同小异。继群之后，首先出现血缘家庭，即恩格斯所说家庭的第一个阶段①。这个阶段的基本特征是婚姻家庭是按照辈分划分的：在家庭范围以内的所有祖父和祖母，都互为夫妻，同样他们的子辈、孙辈也互为夫妻。血缘家族之后出现了伴侣型家族，或者摩尔根所说的普那路亚家庭，亚血缘家族，这种家庭的特征是排除了兄弟姐妹间的婚姻，同性间共夫或者共妻。亲属关系第一次有外甥与外甥女、内侄与内侄女、表兄弟与表姊妹的区分。接下来是禁止血缘通婚的对偶婚制，配偶相对固定，但并不受严格约束，很容易由一方或双方宣告解除，因此在原始社会野蛮时代的中高级阶段交替之时，逐渐被专偶制家庭所取代。专偶制意味着文明时代的开始，专偶制与对偶制的根本区别在于婚姻的稳定性，配偶的专一性。

整体而言，无论原始杂交状态还是群婚状态，都与当时人的生产以及物的生产相对应。恩格斯认为群婚制与蒙昧时代相适应，对偶婚制与野蛮时代相适应，以通奸和卖淫为补充的专偶制与文明时代相适应。在这种顺序中所表现的进步，其特征就在于妇女越来越被剥夺了群婚性的自由，而男性却没有被剥夺。② 这客观上有利于人的生产，因为妇女怀孕期的大多数时间如果性生活，则往往会使腹中胎儿流产，这会给母亲带来身体伤害。而恩格斯思想形成的 19 世纪后期尚没有采用普遍有效的避孕措施，因此客观上要求妇女节制性生活。伴随专偶制的是现代个体婚姻和个体家庭，个体家庭和个体婚姻是迄今为止人类社会最后一个家庭状态和婚姻状态。但由于婚姻的多样性与多元化，人类社会发展的阶段性差异，远古时代曾经居于主流的群婚，甚至一夫多妻、一妻多夫制等仍然在一些"未开化"地区存在。不仅如此，在群婚制向个体婚制演化，家庭逐渐由规模化向核心化演变的总体趋势下，20 世纪 60 年代起世界范围曾出现一些特殊的群居形态。

就整个家庭史而言，始终以个体婚或者一夫一妻制为主，特别是工业化以来，一夫一妻制逐渐在全世界获得了法律保护。婚姻家庭对于男性和女性都

---

① 参见《马克思恩格斯选集》第 4 卷，人民出版社 1995 年版，第 33 页。

② 参见《马克思恩格斯文集》第 4 卷，人民出版社 2009 年版，第 88 页。

是重要的,只是时间越往前推移,女性的家庭角色越在其社会角色中处于支配地位。现代化并没有排斥婚姻家庭,18 世纪后期欧洲的情况反映了婚姻家庭对现代人的重要性,"市民阶级的妇女们把婚姻和家庭作为其唯一的社会归宿(如果不考虑诸如修道院之类的供养机构的话),单身妇女成为其出身家庭和已婚兄弟姐妹的包袱,她们被轻蔑地称为'老处女'而得不到尊重;另一方面,市民阶级的男子们也在很大程度上离不开婚姻状况,因为他们想以'有秩序的方式'进行再生产,因为他们想在职业的生存斗争中不再有后顾之忧。物质方面的问题对于家庭生活也是一个金钱及物质保障的问题"①。

二、组织结构:核心化与横向化趋势

(一)家族整体结构:核心化趋势

一般认为,家族结构随时间推移逐渐核心化,这也符合人类社会演化规律。英国经济学家穆勒指出工业化以来,随封建家族消亡:"社会的单位不再是由一个共同祖先的全部子孙组成的家族或氏族,而是个人,或更多是一对夫妇加上他们未自立的子女。"②在现代社会,因为没有旁系继承权,也就意味着任何人没有义务以金钱供养旁系亲属。而父母仍然有义务"使子女成为社会良好和有用的成员,有义务尽力使子女受到教育,尽力为他们创造条件使他们能靠自己的努力在社会上获得成功"③,而且包括私生子在内每个子女都有这种要求权。从这里我们可以看出,现代家庭讲究血缘关系,而且是直系血缘关系,故而从某种意义上说现代社会家族结构简单化了,由家族变成了家庭。工业化以后家族结构的简单化,是以工业化及城市化为基础,工业化使家庭成员对家族的经济、就业、保险职能的依赖大为降低,使家族凝聚力大大削弱。现代社会,个人离开家庭(族)的公共部门(企业、政府等)工作切断了与家族其他成员的日常联系,城市化则导致家庭不再聚族而居,这意味着其日常生活不再局限于家族圈子。

①　[奥地利]赖因哈德·西德尔:《家庭的社会演变》,商务印书馆 1996 年版,第 113 页。
②　[英]约翰·穆勒:《政治经济学原理及其在社会哲学上的若干应用》上册,商务印书馆 2005 年版,第 248 页。
③　[英]约翰·穆勒:《政治经济学原理及其在社会哲学上的若干应用》上册,商务印书馆 2005 年版,第 251 页。

当然,家庭结构演化并不是直线前进。比如,中国秦汉时期形成的汉型家庭规模就比数个世纪以后形成的唐型家庭要小。西方早期以小家庭为主,但是"在原始工业时期的家庭里,常常有几家共同生活的现象也就不足为奇了:几对有亲属关系的夫妇在这样的家庭里共同生活,他们可以是结了婚的兄弟、子女或侄男女……"①整体而言,无论东方还是西方,历史上普遍存在的都是个体小家庭,而不是相反。早年曾有人误认为我国历史上普遍存在累世同居的大家族,但当代研究表明,这更多只是时人心目中的理想模式。

(二)组织内部结构:纵向到横向

传统家族与现代家族结构上的区别,主要体现在家族内部结构,传统社会家族内部关系一般是纵式关系,而现代社会则是横式关系。横向关系是一种平等的合作关系,纵向关系则是权威依附关系。古代家族或者说农业社会的家族主要是纵向关系,而现代社会尤其工业化以来主要是横向合作关系。传统社会纵向关系家庭主要特征是:长辈与晚辈间具有明显的权威——依附关系;同代的夫妻、兄弟姐妹之间也具有纵向权威依附关系,即妇女依附于男子,幼者依附于长者;同代关系与异代关系上,异代关系居支配地位;一个家庭内部存在一个高高在上的男性家长,其对家庭事务有绝对权威。无论东方还是西方家庭内部关系的横向平等化趋势,其基本特征是:晚辈,尤其成年晚辈独立性增强的同时,长辈权威大大削弱;同代人之间地位平等,尤其女性地位大大提高;异代人之间关系弱化,同代人关系也相对强化;家长角色模糊化,权威弱化。横向结构的普遍化可能与现代化过程中家族功能弱化,家族凝聚力下降有关。②

一般认为中国传统家族网是纵式的,而欧洲家族网在中世纪就是横式的,但随现代化的推进,世界的家族结构都必将普遍横向化。横式家族网,集中继承,子女没有公平享受到前辈的福祉,因而缺乏中国祖先崇拜传统。在中国因为传统家族网是纵式的,而且得到男性祖先泽被,故而关注祖先名望、身份,起名从祖先姓。欧洲则是横式的,对子女来说能够直接体味到的是父母关爱,对

---

① [法]安德烈·比尔基埃等:《家庭史》③,生活·读书·新知三联书店1998年版,第541页。

② 参见王询:《文化传统与经济组织》,东北财经大学出版社2007年版,第184页。

祖先则是模糊的,因此,在中世纪子女从母、从父姓均可①,这让后代对自己前辈观念淡薄,又进一步强化了横向关系。

家族网的纵式结构与中国家族制度的复杂性相互关联。西方横式家族结构表现为核式家庭、扩大型家庭,个别富家贵族也有累世不分的家庭,但始终没有脱离氏族(同居、共财、合爨)的范围,家族是一个产权单位,与我国家庭无异。中国则由多个家庭构成家族,再由多个家族构成宗族,内部有严格的规章制度,自成一体具有高度的自治职能。另外,经济管理学家陈凌、应丽芬根据费孝通对中国家族的描述认为我国家庭和家族事实上无严格区分,家庭的特殊性在于以费孝通所说的差序格局为基础的"网络化演变"②,家族范围具有伸缩性。

传统社会的中国家长处于绝对控制地位,家长之上是族长,有时家族之上还有宗族长老(下文将后两者统称为族长),他们是各种家法族规的实施、监督者,也是资源在家族内的核心配置者。当然,无论家长还是族长对家庭、家族和宗族的管理都必须有章可循,也就是一般所说的受封建礼教的支配,这不仅是保持其权威的关键,而且也是家族组织得以有效运行的基础。这种规章制度除了来自国家的正式制度外,主要是各家族的家谱、族训,而国家的相关法规在多数情况下只是既存家谱、族训内容合法化。这种相对完善的管理制度也许和纵向结构相互锁定,如果将这种纵向结构理解为现代企业的科层制,则不难理解海外华人家族经营的成功很大程度上是由于华人有将家族管理得像现代公司一样的能力,而这种能力可能源于传统的家族渊源。

第三节　基本组织原则:从专制到民主

一、传统社会的父家长制

随着人类社会四种基本婚姻关系的演变,个人性爱逐渐专一化,配偶范围

---

①　工业化以来,西方许多国家出于户籍统计的方便,通过法律形式规定一般孩子从父姓,甚至妻子也要随夫姓。这似乎又说明,学术界普遍根据中世纪的欧洲孩子既可以从夫姓又可从母姓来得出男女平等的观点是站不住脚的。

②　参见陈凌、应丽芬:《从家庭/网络家庭到企业/企业网络——家族企业成长的本土视角》,《学海》2006 年第 4 期。

不断缩小,父亲角色也逐渐清晰化。清晰化的过程不外乎,先是老年、青年男性都可能是自己父亲,再是年龄与自己母亲相差不大的才可能是父亲,接下来是外来的,或长期居住在本地的,与自己母亲年龄相仿的男性可能是父亲,而在成对婚姻关系相对稳定的对偶婚阶段,父亲则可以进一步界定在极为有限的男性圈子内,到专偶制时代则完全可以落实到个人了,父亲的明晰化,意味着对父亲的尊敬可以落实到人头。在此之前,由于父亲的模糊性,年轻者对男性的尊重更多具有整体性,而对女性的尊重可以具体到个人,因此女性不仅受到集体的尊重,还受到与自己有血缘关系的儿女的"额外"尊重,故而妇女受尊重程度较高就很正常了。恩格斯将此总结为:"在一切蒙昧人中,在一切处于野蛮时代低级阶段、中级阶段、部分地还有处于高级阶段的野蛮人中,妇女不仅居于自由的地位,而且居于受到高度尊敬的地位。"[①]因此,一般认为,专偶制之前曾经有一个女权时代存在。但比尔基埃等(1998)研究表明,历史上并不存在女权社会,"女权社会说"不过是把母系社会等同于女权社会的社会,其实母系社会仍然是男权社会。

父家长制表现形态有多种,但基本思想均是男性家长在家庭的支配地位。[②] 一般认为父家长制与传统社会相适应,不过也有例外,如日本至少是江户时期,甚至明治维新以后才确立了父家长制。父家长制中最为现代人,尤其女权主义者所诟病的莫过于家族中男性对女性的支配,马克思主义者甚至一度将其与阶级剥削挂钩,笔者则认为男性对女性的"支配"从历史来看是合理的。传统社会家族(庭)高度封闭的情况下,家长是家族中相对社会化的人,掌握更多信息,加上传统社会的知识是经验型的,因此男性家长对其他家庭成员处于支配状态显得顺理成章,同样的道理家长制又扩展到长者对幼者的支配。当然,这种方式与农业文明不需要太多的外部信息相匹配。

父家长制在纵式亲族关系的社会如中国等更为明显,无论是财产还是妇女及子女的随夫姓、在家系中地位的确定都以父家长为核心,父家长具有至高无上的地位。而且男方长期居住在诞生地(入赘毕竟是少数),社会关系等社

---

① 《马克思恩格斯文集》第4卷,人民出版社2009年版,第60页。
② 参见[日]上野千鹤子:《近代家庭的形成与终结》,商务印书馆2004年版,第96—100页。

会资本具有延续性,对本地拥有更多的信息,而女方一般是外来者,又缺乏社会参与,因此男性居于"统治"地位显得理所当然。

西方古代社会同样盛行父家长制,古罗马家庭中的奴性是父家长制的极致表现,这应该也是西方家庭一词源于"famulus"(奴性)的重要原因。这主要表现在三个方面:第一,罗马家庭的阶级性。家庭中包括了很多非自由人和奴隶,罗马奴隶制统治的基本组织形式就是以家庭为单位的对奴隶的占有。像古希腊的家庭一样,主奴关系也构成罗马家庭关系的一个重要方面。家庭和家长权是市民法概念,家庭是罗马法规定的罗马人所特有的制度,而家长权则是罗马人特有权力。第二,强调对家长支配权的屈从。罗马家庭的人员常出现一些有趣现象,比如,家长本人是不包括在家庭之内的,因为他不能让自己屈从于自己的权力。再如,古罗马真正生育子女的人未必能成为家长和宣称有自己的家庭;而没有生儿育女,甚至从未结过婚的人,却可以成为家长,因为他有权力。第三,户不成为一个独立的组织,它是隐没于家庭之中的。由于家庭是以家长权来统率的,处在家长权下的任何人不能有自己的家庭。因此,即使某个人的日常生活已经与家父分离,但其法律地位仍从属于家长权,他不能宣称有自己独立家庭。[1]

父家长制的另一特征是成年男性对女性的支配地位,或者说性别歧视严重。传统社会重男轻女的性别歧视极为普遍,古希腊继承法律甚至这样规定"当死者未曾安排继承时,如果他留下了女性孩子,应该将女性孩子与遗产一起继承"[2],女儿竟然等同于财产,可见其地位之低下。直到13—15世纪的欧洲:"到处男性比例很高,两性之间数目不平衡……男对女的这种过剩……很可能由家庭对婴儿的待法十分不同而引起:人们希望要男孩,男孩能延续家系和父亲的姓氏;很可能许多小女孩是有意——程度不同——抛弃的。"[3]

值得注意的是,父权制下女性也普遍受到尊重。"以父系论血统时,不论

---

① 参见[法]安德烈·比尔基埃等:《家庭史》①,生活·读书·新知三联书店1998年版,第288—302页。

② [法]安德烈·比尔基埃等:《家庭史》①,生活·读书·新知三联书店1998年版,第271页。

③ [法]安德烈·比尔基埃等:《家庭史》②,生活·读书·新知三联书店1998年版,第632页。

属于什么社会集团,财产、特权或身份的传递均是父子代代相传。女人在这里作为配偶,因其生儿育女的功劳而受到尊重的,是她生儿育女才使男人确保自己有男性后代"①。其实,男性的统治地位是受到约束的,男性的自由也是有限的,男性的统治并非无条件的。恩格斯也指出个体婚制对古希腊人来说是一种负担,是一种必须履行的对神、对国家和对自己祖先的义务。在古希腊的雅典,法律就规定必须结婚,而且规定丈夫必须履行一定的最低限度的婚姻义务。在传统社会,男性的相对社会化,意味着男性面临更多的风险和不确定性,无论是战争还是外出的商业活动,都是风险性"事业"。另外,养家糊口责任都属于男性,他们为此必须承担相应的社会压力,可以说男性获得的以社会化为基础的男权是以承担风险和压力为代价换来的。

从某种意义上说,父家长制可能只是从男性角度看问题的结果,因为男性是长期社会化的性别,他们的观点往往就是社会观点,而人类固有的自我意识,使得他们觉得自己就是中心。按照马克思关于生产关系与生产力相适应的观点,父家长制适应了自然经济社会的需要,因为在这一个阶段社会化的职业几乎没有一个普遍需要女性。如果我们摒弃阶级分析方法,而用制度经济学之"制度中性论的观点",则男性不过是用"力"和"血"换得了自己的社会地位,而女性则在家庭内部享受到安逸与舒适。但在某些特定情况下,妇女也能撑起半边天,当然这主要发生在家族人丁不旺,男性青黄不接,或某些国家、地区因战争、动荡等造成成年男性大量不足时,但这并不是对男性支配的否定,恰恰相反这从侧面验证了男性长期的支配地位。

二、现代社会的伙伴关系

(一)男女夫妻:伙伴关系

虽然从世界范围来看,工业化之前妇女就已经出现在劳动市场,但只有在工业化阶段妇女才普遍参与家外的活动。值得注意的是,工业化初期妇女普遍参与劳动的情况在个别地方可能与现代相比有过之而无不及,但随着工业化的推进,女性又有向家务、儿童教育等回归倾向。整体而言,20世纪以来妇

---

① [法]安德烈·比尔基埃等:《家庭史》①,生活·读书·新知三联书店1998年版,第59页。

女职业化趋向越来越高。早期妇女职业化的核心动机是"为了家庭"，帮助丈夫分担家庭经济负担，这在20世纪二三十年代，甚至50年代的中欧和西欧都很普遍。但20世纪70年代，个人动机明显放在了首位：越来越多的妇女声明，她们的目的是通过就业来保障属于自己的收入，保持对丈夫的相对独立性，获得从事职业的快乐或者保证由职业生活所带来的社会联系。①

事实上，当代学者的研究表明，第二次世界大战后，所有社会制度都在或快或慢地走向某种形式的夫妇式家庭制度。传统社会"家庭"的妇女变成了"社会"的妇女，传统社会男性作为家族代言人的垄断地位丧失。男性家族代言人地位的丧失与女性社会化相互促进，随着时间的推移男女无论是在社会生活还是家庭生活方面逐渐趋于平等，形成伙伴式夫妻关系。夫妻间伙伴式关系的建立对男女都是一种解放，两性都从中得到了好处。理查德认为，现代社会男子所拥有不如以前多，是因为他们对自己的传统特权兴趣降低的结果，而兰里希认为女性因为社会化能够自己养活自己，故而也不愿意忍受不美满的婚姻，因此情感成婚姻生活必要条件，成为夫妇主要黏合剂。② 当然，这并不否认男女性别分工，两性差异。正如人类学家斯特劳斯所言："如果女人在怀孕期间和养育子女过程中享受不到男性的保护，任何社会，甚至人类，都无法存在。"③

（二）长幼之间：伙伴关系

传统社会长辈权威在现代社会受到前所未有的挑战，出现了长幼之间民主化倾向。早期家庭毫不夸张地说就是一个小社会，家长拥有统治权威，这一方面取决于家庭对资源配置的绝对权威，更为关键的是传统社会家庭是高度封闭的。因为封闭，家庭成员没有其他的经济资源来源，其中经济资源既包括收入，也包括就业、保险、救济，经济基础决定上层建筑，对资源拥有绝对支配权的家长必然处于统治地位；因为封闭，家庭成员的生养病死都在家庭之内，

---

① 参见［奥地利］赖因哈德·西德尔：《家庭的社会演变》，商务印书馆1996年版，第211页。

② 参见［美］小弗兰克·F.福斯汀伯格、安德鲁·切尔林：《家破人"惘"——美国社会家庭问题分析》，海天出版社2001年版，第11页。

③ ［法］安德烈·比尔基埃等：《家庭史》①，生活·读书·新知三联书店1998年版，"序"第6页。

也只能在家庭之内完成,这就决定了家庭成员不得不服从家长对家庭的支配地位;更为关键的是,因为封闭,与外界打交道的往往是长者、家长,这就注定长者和家长注定具有信息垄断优势,而传统社会的知识恰恰是经验型的,这意味着家长对家庭的统治并不失理性,因为在掌握信息资源的背景下,决策往往会更科学。

在工业社会,家族逐渐社会化,尤其教育和就业的社会化,使长者,尤其家长权威逐渐淡出。社会教育的普及使传统社会的经验型知识,逐渐向多元化、理论化方向发展,而家长或长者则往往忙于社会实践活动,对子女所接受的专业社会化教育的知识缺乏了解或者知之甚少,结果其权威自然受到挑战,其对权力的垄断逐渐打破,并进而向民主化发展。而就业的社会化对家庭管理制度的影响更为深远,其中起决定意义的是,家庭成员可以从家庭之外获得经济资源,而且年轻人并不一定比长辈、家长获取的资源少,这就使传统家长制失去物质基础。此外,就业的社会化还意味着工作技能、知识、信息等方面对家长的依赖度大为下降。

因此,米特罗尔和西德尔将他们对欧洲家庭史研究成果命名为《欧洲家庭史——中世纪至今的父权制到伙伴关系》就一针见血地指出了现代家庭管理制度的嬗变。在原始群婚时代,与生产率低相对应,群婚氏族内部是原始共产主义,无论权力还是财产都是全民平等共享,而工业化之后也出现这种倾向,不过是建立在人的生产与物的生产高效率之上。

(三)伙伴关系并非无差别

当然,伙伴式关系并不是无差别,而是继续男女有别。至少从男女性别的社会功能来看,男女最大的差异在于人的生产和再生产中,人类的生育功能虽然由男女共同完成,但主要由女性完成。怀孕、妊娠、分娩都在女性,新生命出自母体,婴儿哺乳期、母体依赖期、养护婴儿也主要由女性承担,而孩子的抚养和教育也主要是妇女的责任。因此,只要人类社会有生育需求,妇女还主要承担生育和抚育婴幼儿的职能,就没有 1＝1 的男女平等。实现男女形式上的平等需要一定的社会条件,没有生产力高度发展的条件,不可能有真正的男女平等;从社会功能来思考男女平等,男女平等是被不同的社会角色地位和承担的不同的社会功能所制约,在生育脱离母体,不再需要女性生育之前,不可能有完全的男女平等。从社会结构上看,争取男女平等是实质上的,不是形式上的;不是盲目消灭男女性别差别,而是要完善男女角色模式,实现男女互补,社会需要男女有"差别",而不是形式上的完全等同。以中国为例,新中国成立的前30年,依靠政治手段,女性家庭和社会地位有了很大提高,结果造成了女性解放程度很高的"假象"。这一违背生产力发展水平的假象,在改革开放以后随社会主义市场经济的建立逐渐破灭。① 边馥琴、罗根的研究表明,中国当代家庭正从偏向儿子,走向无性别或弱性别偏好。就像弗里德曼的研究结果那样,虽然在工业化以前欧洲也曾经和当今亚洲一样父辈有明显性别偏好,但最终工业化和城市化减少了对儿子的偏好,并且显著地加强了父母和女儿间的联系纽带。就性别偏向来说,确实与经济社会发展水平有关。②

马克思、恩格斯关于共产主义的阐述中只提到了物质财富的高度丰富,对人的生产则没有论述,如果他们假设人的生产能够得到自然满足,那似乎与恩格斯有关两类生产的理论相矛盾。因为马克思和恩格斯强调阶级分析法,故而把历史上女性很少参与的公共领域,看做女性解放的结果和目标。实际上,他们是把男女性别分工差异混淆为两性的地位差异,而这对包括中国在内的经典社会主义国家的思想体系影响深远。

在将两性分工与两性社会地位混淆的情况下,必将得出男女普遍不平等的结论。正如塔贝所言,男女两性间虽然分配任务的方式因社会而异,看上去,却是到处都把更能提高威信的任务分给男子,而将低一级的劳动给女子;这种分配总是朝着这个方向走,结果是永远也无法推翻男人对女人的优势。但至少从家庭内部的分工来看,却是合理的,符合人与物生产均衡的逻辑,历史学家佐纳邦德就指出:"更正确地说,这是为了适应经济方面的考虑。事实上,任何类型的结合都有一个共同的因素,那就是规定了男女之间相互的贡献。婚姻建立了性别不同的任务有别,其后果是使两性之间彼此相互依存、相互依赖:为了生计,必须合伙。"③

---

① 参见潘允康:《对男女平等的社会理性思考》,《探索与争鸣》2003年第11期。

② 参见[美]边馥琴、约翰·罗根:《中美家庭代际比较研究》,《社会学研究》2001年第2期。

③ [法]安德烈·比尔基埃等:《家庭史》①,生活·读书·新知三联书店1998年版,第101页。

第四节　财产代际传承:集中到分散

一、早期的继承

史前时代几乎所有的与财产有关的活动都是由群体完成,血缘团体内部的财产不可能也不会出现分割,这当然包括继承。实际上,在连血缘都无法明晰的时代,希望人类来明晰产权显然是不可能,因此继承关系注定是整体式接力传承。

随着生产力的发展,农牧文明的发育,女性所擅长的采集生产逐渐淡出,男性在社会物质生产中的地位越来越重要,同时原有的氏族逐渐分解成一对夫妻及其子女为主的家庭。此时,家庭产权的主体更为明确了,由于男性在早期物质生产中的支配性作用以及社会参与方面的垄断性,因此早期东西方财产和权力的传承一般在男性间进行。由于家庭的社会活动很少,只需要个别成员参与社会活动即可,结果财产继承更多的是家长间传承,故而相对集中。我国早期并不存在诸子均分制,夏、商、周的奴隶社会继承主要指权力和身份的继承,商代前期采取"父死子继,兄终弟及"的继承法,商末已开始逐渐形成了嫡长子继承制。到西周,则形成了"宗祧继承制",即指嫡长子继承祖先的宗族和祭祀祖先的权利、义务,其意义在于传宗接代,因此此时的爵位继承以及财产继承都从属于宗祧继承,其继承同样采取了集中传承,集中管理的嫡长子制度。因此,奴隶制时代的中国是典型宗法一体的社会。当然对平民而言可能倾向于诸子析产制度。笔者认为早期生产力水平较低,集中继承可能更利于规模经营,而我国在奴隶制时期盛行以规模经营为基础的井田制一定程度上为此提供了佐证。值得注意的是,古巴比伦、古希腊均盛行均分制。

二、封建社会的继承

中西方的继承在进入封建社会之前具有高度的同质性,而在进入封建社会以后,则体现出明显差异,而现代社会化大生产是在封建经济的基础上演变而来的,作为微观市场经济主体的企业和家庭也均与封建社会有千丝万缕的关系,因此有必要对封建社会东西方继承制度进行剖析。

（一）主流：中国的分散与西方的集中

封建社会的财产继承方面主要有两种，即以中国为代表的分散继承和以西欧为代表的集中继承。中国封建社会之初，继承法仍主要包括宗祧继承、封爵继承和财产继承三种，此时的宗祧继承强调居丧和祭典，继续采取嫡长子继承的方式。秦朝及西汉初年时普遍采取亲子继承，西汉末年承继人的范围扩及孙及养子，而唐朝以后都强调嫡长子承袭。传统社会的继承法中长幼有序、男女有别在宗祧继承、爵位继承方面得到充分体现，都有嫡长子继承的传统，对庶子及女性而言则往往可望而不可即，但在财产继承方面则显著不同。至于财产方面，则长期奉行析产，即诸子均分。财产继承方面，一般是诸子均分，包括嫡子、庶子、婢生子、别宅子（即私生子）、嗣子在内的诸子是第一顺序继承人，若儿子死亡，则孙子继之，直系卑幼男子的继承权是中国古代男子的核心内容。值得注意的是，虽然中国封建社会妻妾有贵贱之分，但各子在财产分配上也是平等的，国家还以正式制度得以规范，比如《大清律例》就规定："分析家财田产，不问妻、妾、婢生，但以子数均分。"[1]

中国封建社会之所以普遍采取财产分散继承的方式，一般认为主要有以下几个原因[2]：首先，在前资本主义社会，土地是基本的生产资料，家产继承的主要方面就是土地继承。而中国古代社会的一个突出特点，土地私有化，这就为诸子均分提供了基本条件；其次，中国古代专制主义中央集权式政治，各级政府对每家每户甚至每个人进行直接管理与统治，与中世纪前期西欧政府管理缺位导致复杂的授受关系管理不同；最后，家族后代之间平等性与诸子均分相互锁定。

笔者认为，还有几个被理论界普遍忽视的因素。第一，按照西方模式，中国在封建社会采取集中继承的方式，由继承者交粮纳赋也是可能的，但中国终究没有选择集中继承，关键在于中国有高度组织化的家族，家族承担了基层管理作用，家族能够保证分割后的各分子能够像集中继承那样向国家交粮纳赋，

---

① 萧国亮：《中国社会经济史研究　独特的"食货"之路》，北京大学出版社 2005 年版，第 140 页。

② 马新、齐涛：《略论中国古代的家产继承制度》，《人文杂志》1987 年第 5 期；参见邢铁：《家产继承史论》，云南大学出版社 1999 年版。

高度组织化的家族是中国诸子均分的组织基础。第二,封建时代的中国与欧洲诸国相比,确实地大物博,而且生产力水平相对较高,即使细分以后,家产也能够维持小家庭再生产,更不要说在前工业化时期产生了男耕女织这种有效率的生产组织形式,这是中国长期实行诸子均分的物质基础。第三,中国封建社会四民分业,士农工商流动性强,严格意义上并无等级之分,科举制度为其他各个职业向四民之首的"士"转换提供了极大的方便,在这西方国家并不存在,诸子均分就是对这种职业流动性的适应。此外,还有学者认为中国家族制度的发达导致政府鼓励分割传承,以免自身统治受威胁似乎值得商榷。因为诸子均分背景下,封建政府最终还是将基层政治管理的职能赋予家族,这可能是因为政府权力无法渗透进家族,而不得不将既成事实合法化。

与中国强调诸子均分不同的是,西欧盛行集中继承,虽然有的地方是幼子,有的地方是次子及其他。但值得注意的是,西欧的这种集中继承主要是对封建时期最主要的经济资源土地而言的,对于动产和现金财产的继承则是可以分割,甚至均分的。① 西方的土地集中继承的产权基础是西方盛行的"授地制"为基础的分封制,不仅佃农、贫农没有最终土地所有权,即使是阶层较低的贵族也不一定有所有权,而只有使用权。由于税收和土地挂钩,拥有土地所有权的领主自然不愿意土地分割之后给自己税收工作带来困难。因此,拥有土地所有权的领主更希望集中继承。而在农业社会,土地是最重要的经济资源,这就注定西方封建社会,继承制度主要体现为集中继承。

(二)继承者的男性偏好

中国的财产继承强调男系血缘关系的延续和伦理秩序,女性基本上被排除在财产继承之外,中国直到封建社会中期的唐朝才有了对妇女继承权的法律规定,虽然在此前并不排除妇女事实上的继承权,但这也客观说明在多数情况下妇女是没有继承权的。唐代,寡妻、在室女、在室姑、姊妹的继承第一次制度化,但未出嫁女儿只能得到未婚男子聘财一半,寡妻(妾)的继承更是有多重事后限制。出嫁女则在绝户、尽孝道且没有在室女的情况下有继承权。《宋刑统》沿袭唐律,但更为具体和严谨,妇女继承地位进一步提高,体现在寡

---

① 参见王跃生:《中世纪中西财产继承的差异对人口发展的影响》,《史学理论研究》1999年第 2 期。

妻妾继承受约束条件减少,在室女在无子立嗣家庭中地位的提高,但宋代法律却对绝户的出嫁女继承限制大为增加。元代,妇女继承权整体出现下降,改嫁妇女甚至连妆奁都不能带走,在室女的继承地位同样下降。而在明清两朝,在兼祧制的实施下,女性继承权无形中被压缩。

值得注意的是,在传统社会女性并非完全没有财产继承权,只是财产继承权的份额相对较少,并有多种限制。未出嫁的女儿往往会得到一份继承权,甚至有专门的法律保障。比如,我国南宋就规定,父母亡,则女儿可分得男子份额的一半,若户绝则在室女有全部继承权。另外,出嫁女、归宗女(出嫁后回娘家的女儿)、寡妇也往往有一定继承权。

西欧的财产继承过程中虽然也有重男倾向,但对女性不完全排斥。西欧重男意识主要基于两点:一是男性在农耕社会中的地位较女性重要;二是在西欧中世纪社会中,男性是军事活动的主要承担者。特别是在贵族社会,财产继承是与军事义务联系在一起的。而在中世纪中后期,军事义务的直接承担同财产继承有所脱离,即不能参加军事行动的妇女只要有人顶替她出征也有资格继承财产。在平民社会中,没有男性子嗣的家庭,妇女可以完全继承家产,并且没有其他附加条件予以限制。[①] 这似乎说明就男女财产继承的性别偏好而言,是与其承担的义务相对等的。

日本则比较特殊,日本古代社会有原始平等的思想,从而保证了妇女有平等的财产继承权,妻子有权继承丈夫一定份额的遗产(与嫡子继承份额相同),有权处理从娘家带来的财产,即使到镰仓时代初期,女子尚能继承相当于次子一半份额的财产。[②] 就权力而言,日本早期女性有几乎与男性对等的继承权。

三、工业化以来的继承

工业化以来,无论东方还是西方国家的家族继承都趋向于男女平等,诸子均分的共同继承,这不仅发生在社会主义国家也发生在资本主义国家。虽然

---

① 参见王跃生:《中世纪中欧财产继承的差异对人口发展的影响》,《史学理论研究》1999年第 2 期。

② 参见李卓:《家族制度与日本的近代化》,天津人民出版社 1997 年版,第 78 页。

其理论基础不尽相同,社会主义国家以消灭阶级剥削压迫为根本出发点,资本主义国家以实现自由平等博爱为基本导向。如果不考虑封建时代世界各国财产继承普遍重男轻女的事实,中国历史上长期奉行的诸子均分制度可能是最为现代化,最先与当今潮流接轨的。之所以强调这一点是因为,国内外不乏有学者将中国社会经济与西方的不同之处,尤其封建社会末期开始落后于西方归因于中国传统社会的分散继承。

西方主要资本主义国家在工业化的萌芽期就形成了平等的继承观念。比如,英国长子继承制早在 17 世纪就受到上层贵族和社会其他阶层的质疑和批判。研究妇女财产继承的代表人物之一艾米·路易斯·艾立克逊在分析妇女人生的三个阶段——少女、妻子、寡妇——中的财产继承及地位后竟然得出这样的结论,近代早期(1500—1800)在获得供养和教育方面少女从父母那里得到的财产与其兄弟相差无几。虽然女儿在土地继承上在有些地区受到限制,但父母通常会在分配动产时予以补偿,尽量保证每位子女的财产份额;结婚时父母一般会准备一份嫁妆,嫁妆数额视父母的经济社会地位而定。① 这说明,近代早期西方家产继承已经有平均化倾向。

绝大多数发展中国家都是在第二次世界大战以后方才确认平等的继承权。工业化,资产阶级政权的确立使西方各国都建立了平等的继承法规,一方面体现在父母的各个子女,不论性别、教育程度、地位都有平等的继承权,对配偶来说,相互之间也有了对等的继承权。而作为社会权力而言,既然已经没有世袭制可言,也就谈不上继承。家长制也随之烟消云散,也自然不能有继任之说。

继承权的平等化还表现在继承者与被继承者之间的平等化。被继承者可以选择继承对象,对被继承财产进行事前分配。但从继承人范围来看,各国现代法律的规定都有继承对象越来越小的趋势,这从某种意义上说是与家族核心化相对应的。

自 20 世纪 80 年代以来继承法为适应经济社会发展的需要,已经由过去的"家法"向"公法"转变,主动向企业法、破产法、物权法、信托法等商法领域

---

① 参见金彩云:《西方学者对 1500—1800 年英国家庭财产继承的综述》,《史学理论研究》2007 年第 1 期。

渗透,同时在法理上借鉴了合同法的解释原则,从而拓展了继承法的发展空间。而我国目前一般借鉴的继承法主要还是 20 世纪中期的,这一点应引起有关各方的高度重视。

就整个家族继承史而言,各种继承可能考虑了各种习惯有关。但这些习惯与比尔基埃等对欧洲早期的三种继承习惯描述大致相符,这三种习惯是:一是以其原则,根据等级布局将个人分为三六九等,当然这种原则的特殊情况应该是各子女的公平考虑;二是将家系的连续性放在首位,使财产按照家系流动;最后一种习惯法是将一个店铺或一处产业的连续性和统一性放在首位,是一个继承人独享其成。① 笔者认为上述三条原则不仅仅适用于现代化早期的欧洲,也适用于这个家族发展史。整体而言,从家族继承制度的历史演变来看:"每一种继承习惯都以自己的方式代表着一种解决方法,是一方面希望公平,另一方面又考虑要保证家产延续这两方面相妥协的解决方法。"②就整个家族的生存逻辑而言,公平合理应该是一贯的原则:"所谓不平均分配习惯法并不与一种对不平等的欲望相对应,而是符合一种对不平等的需要:其目的是保持田庄的完整或一户人家的强大,而且还极力以这种或那种方式来补偿对于受到触及的人所造成的不公平,如用金钱,出教育费用或职业培训费用等。"③

第五节　基本功能:"万能家族"到"生活家族"

一、自然经济下的"万能家族"

原始社会人类生活在血缘群体内,婚配、生产、生活都在血缘群体内完成。随着人类社会三次社会大分工的相继出现,家族经济功能逐渐出现了微弱的

---

　　① 参见[法]安德烈·比尔基埃等:《家庭史》③,生活·读书·新知三联书店 1998 年版,第 78 页。
　　② [法]安德烈·比尔基埃等:《家庭史》③,生活·读书·新知三联书店 1998 年版,第 90 页。
　　③ [法]安德烈·比尔基埃等:《家庭史》③,生活·读书·新知三联书店 1998 年版,第 87 页。

社会化,社会化的同时基本经济单位逐渐小型化了,即由原来大规模的氏族生产,逐渐向以夫妻或者以家长为核心的核式家庭转移,但在这个过程中,家庭一直是最为主要的物的生产单位,即经济单位。当然,各种形态的家族(庭)也始终是人的生产单位,这包括人的生育、哺育、教育、就业,甚至个人的声誉,死亡后的归宿都与家族密切相关。至于娱乐、生活、就业,更基本上没有脱离家族边界,即使脱离,除在国家政府部门工作外,更多是在家族控制下工作。

整体而言,在工业化之前家族功能的演变是缓慢的,家族功能几乎无所不包。以西欧为例,罗森伯格认为:"家庭的功能在作为两性关系、亲属关系和抚育孩子的一种结构形式的同时,还是劳动力和资本积累的源泉,也是财产传递的机构和社会控制权施加影响的场所。"①从某种意义上说,国家所提供的各项功能,或者其他社会组织所提供的各项职能在自然经济条件下都是家族功能的补充,不过就整体而言,随着时间推移家族功能逐渐弱化,其他组织的功能有逐渐增强之势,但始终是以家族为主的。这一阶段的家族从功能的角度考察,无论从人的社会属性还是自然属性的角度考察,基本上都是在家族内完成的,社会属性方面家庭承担了生产、消费、就业、教育、信仰、社交、保险,自然属性方面无论是性还是后代繁育都在家庭内部进行,这一阶段家族几乎是万能的。

二、工业化以来的"生活家族"

整体而言,工业化使家庭的功能种类和作用大大减弱。在工业化初期由企业提供"从摇篮到坟墓,工人就这样被企业死死框住了,企业发薪水,给住房,子女有企业照管,有时还由企业供读书,然后再重新进入本地劳动的进程之中"②的现象很普遍,结果许多家族传统功能被企业取代。

新中国成立后一段时间,国有、集体企业"办社会"的现象也极为普遍,早期学术界往往将其看做计划经济的副产品而加以批判,殊不知这是工业化初

---

① Charles E. Rosenberg, *The Family in History*, The University of Pennsylvania Press, 1975, p. 8.

② [法]安德烈·比尔基埃等:《家庭史》③,生活·读书·新知三联书店1998年版,第563页。

期的普遍现象。实际上，近代中外合资开滦煤矿、民族资本家荣氏兄弟创办的茂福申企业系统、范旭东创建的永久黄集团和卢作孚创办的民生公司等都热衷于"办社会"。这归根结底是由于传统社会向工业化社会转型之初，企业将人口就业从家庭转移到企业以后，国家的公共管理和社会化的服务组织短期内无法建立有效的配套体系，而不得不由企业自身来负担的结果。

随工业化、城市化的推进，现代国家的建立，家族传统职能大大萎缩。从经济的角度看，家庭更多承担消费功能，物质生产功能则明显社会化。原来家族承担的一些传统职能随之转移到政府及其他社会化服务组织，企业则专注于直接经营管理。总之，传统的万能家族在工业化、社会化过程中迅速得以改观，家族更多体现为生活消费功能，也可以说家族生活化了。当然，这只是相对于家族社会属性而言的，对于人的自然属性而言，与人自身生产密切相关的性与人类自身的繁育还主要在家庭进行。

但就整体而言，伴随工业化、城市化和现代化的进程，家庭没有失去其独特作用，仍然在社会福利和社会保障领域扮演着重要角色，没有任何迹象显示家庭关系随现代化进程而减弱。① 比如，现代化对欧洲家庭结构的冲击可能主要与产业相关，其突出特征在于使用男女劳力情况不同，这些新兴工业引发的家庭形式和家庭关系也就不同。纺织业以女性劳动为主，破坏了传统家庭的基本特征，即男性的社会化与妇女的家庭化；使用男劳力的工业，则仍然延续了传统家庭男主外、女主内的角色。在西方国家中，前者以英国为典型，由于英国工业化初期以城市纺织业为基础，"于是英国在工业化初期提出了一种强加于一般社会生活特别是家庭生活的结构破坏的极端模式"②。后者以采矿业为开端，钢铁工业和化学工业为主体的德国为典型。

社会主义强调集体主义并且一度普遍对私人家庭采取意识形态歧视，但最终的结果还是向家庭回归。实际上，这些国家的经济改革几乎都是从承认私人家庭的相对独立性开始的，而最初在农村否定家庭、家族的运动往往是刚

---

① 参见[美]边馥琴、约翰·罗根：《中美家庭代际比较研究》，《社会学研究》2001年第2期。

② [法]安德烈·比尔基埃等：《家庭史》③，生活·读书·新知三联书店1998年版，第538页。

一开始就受到强烈的反抗。

整体而言,尽管现代社会有复杂而先进的技术和科层组织,但假如没有看来是原始的家庭结构,现代社会必然会崩溃。家庭在现代化和工业化中的作用主要体现在两个方面:一方面是家庭关系到经济发展的进程,在三种典型的家庭模式下,家庭都是主动、积极的适应,而且没有统一的适应模式;另一方面家庭始终是社会生活的中心,即使在美国这样主张淡化家庭的文化氛围之下,人们依然重视家庭和亲属的关系,而在东方家本位的国家亲属关系则更为密切和发达。潘允康和丛梅还认为,即使在现代社会,家庭仍然可以作为认识经济和社会冲突的一般原则。家庭并非像一些人认为的那样将会弱化,甚至崩溃、瓦解、消失,而是会继续保持生命力。①

第六节　个人与家族关系:"家族人"到"社会人"

一、自然经济时代的"家族人"

社会以家庭为细胞,而家庭则以个人为细胞,因此论及家族制度不能不考虑个人在家族制度中的角色变迁。原始氏族部落的人是高度封闭的,从摇篮到坟墓都处于同一个血缘群体内。而随着族外婚的出现,个人第一次将触角伸到生育自己的血缘体以外。随着个体家庭及国家的出现,个人开始部分走出家族等血缘团体,如国家公职人员,尤其军队成员。自然经济条件下,虽然家庭生产可以实现自给自足,但是必要的余缺调剂也必不可少。公职人员的需要最初采取实物或劳役方式,却无法满足每个家族个性需要,这就需要交换。而生产者由于受资源约束,不可能完全自给自足,而且社会分工越发达,越有交换的必要。

随着时间推移个人家族化的普遍性逐渐降低,家族化程度也不如前,而且早期依赖的是整个家族乃至整个血缘群体,随时间推移依赖对象逐渐倾向于个体家庭。正如上文所述,早期家族就功能而言是万能家族,家族提供了人类生存所需要的几乎所有功能。不仅如此,个人的社会地位与家族也紧密相连,

---

① 参见潘允康、丛梅:《家庭与现代化、工业化》,《天津社会科学》1995 年第 4 期。

这不仅仅发生在乡土社会,即使在城市也存在。比如,古罗马城邦男系宗族是社会与政治组织的基本成分,不仅公民权的取得需要首先得到胞族会的认可,而且在西罗马流行名分三段的体系,即一个人的人名中包括"氏族名称","家庭的姓",最后才是个人的名。

个人属于家族也意味着家族对个人的各种权力,越往前推移家族对个人的支配权越大。不但婚姻等由家族决定,甚至生杀予夺都完全由家族决定。古罗马、古代中国家长对家庭成员的绝对支配权就是个人是完全属于家族的具体反映。随着时间推移,社会生产力的发展,个人与外界接触增多,个人对家族依赖减弱的同时,家族对个人的控制也相应削弱。

整体而言,自然经济下个人对家族是高度依赖的,家族社会的中国自不待言,西欧封建社会也是如此。布洛赫对欧洲封建社会人际关系的研究表明:"在整个封建欧洲,当时存在着以血缘关系为基础的群体。用来称呼这些群体的词语是相当模糊的……只是为了准确起见,才有人偶尔明确地称'血缘朋友'。这些称呼的总前提似乎是,除了由血缘联系的人之外,没有真正的友情可言。"[1]家族对个人而言既是力量之源,家族血缘群体本身又是法官:"一个小群体的成员的光荣和耻辱,会使所有的族人受到影响。但是,在族间复仇发生时血缘关系纽带尤其能淋漓尽致地展现出来。"[2]财产权方面:"封建西欧普遍承认个人所有权的合法性,但在实际上家族连带关系时常扩延到共有的财物。在整个乡村地区到处都是为数众多的'兄弟会'。这些'兄弟会'由若干个有亲属关系的家庭组成,它们共用一个炉灶、同桌进餐,耕种同一块共有地。"[3]

二、工业化以来的"社会人"

工业化以来家族由万能的家族向生活家族转变,家庭功能削弱的结果,个

---

① 〔法〕马克·布洛赫:《封建社会　依附关系的成长》(上卷),商务印书馆2003年版,第216页。

② 〔法〕马克·布洛赫:《封建社会　依附关系的成长》(上卷),商务印书馆2003年版,第219页。

③ 〔法〕马克·布洛赫:《封建社会　依附关系的成长》(上卷),商务印书馆2003年版,第227页。

人社会化程度明显加强,与传统社会一个人从摇篮到坟墓基本都在家族范围内不同的是,工业化以来个人从摇篮到坟墓几乎都离不开社会组织。婴儿出生在医院,幼儿期在托儿所,儿童在幼儿园、小学,少年在小学和初中,青年在高中,大学。即使就业也多数脱离了家庭,比如,各种社会机构及企业中就业,而退休后则有养老院,去世后有公墓。婚姻方面传统的父母之命、媒妁之言也逐渐退出历史舞台,即使是婚姻中介的介绍,也往往要经过男女双方的社会交往才能缔结婚姻,而婚姻的合法性也不需得到双方家庭承认,而需得到教会或国家专门婚姻登记机构的确认方为有效。因此,如果说传统社会的个人是家族人的话,工业化以来的个人则是逐渐社会化的社会人。

当然,工业化社会或市场经济下的"社会人"是相对的,家庭仍然是社会基本细胞,个人仍然与家族保持着千丝万缕的关系。虽然随着科学技术的发达,人工受孕、试管婴儿可以帮助人类繁殖,社会也对非婚生子女的宽容,但从目前来看,即使是世界上最发达、最开放的美国等西方国家,婚恋家庭生育始终是主流形式。接下来,从胎儿出生到死亡的整个人类历程中,如果一切正常,也与家庭脱离不了干系。成年以前,父母的家庭对子女起作用,无论外出求学还是外出活动最终都回到父母的家庭,尤其婴幼儿和青少年时代个人的各种经历一般在长辈的主导下进行。成年后通过恋爱建立自己的婚姻家庭,并繁育后代,而且家庭是生活的中心,一般而言个人收入首先是满足家庭开支,赡养老人,哺育子女,退休后则多数在家庭休养,由儿女送终,这无论是在福利国家还是非福利国家,发达国家还是发展中国家,西方还是东方,都是普遍现象。因此笔者认为,工业化以来的"社会人"实际上是以家庭人为基础的,家对个人的影响是无处不在的,而早期社会学家认为工业化将导致个人社会的观点已经被历史事实否定,社会学家也逐渐调整了自己的观点,普遍认为家庭将继续发挥作用。

现代化过程中虽然国家、宗教的统治加强,但家的作用并没有削弱,政府和宗教都很重视家的作用。对此,比尔基埃等在研究世界家庭史的基础上得出这样精辟的结论:"总的来说,在古代的这三个世纪中,在整个欧洲,教会与国家对家庭控制越来越紧。两次改革——新教改革和天主教改革——对于发展越来越内心化的虔诚、对于内心和'私生活'的出现起了决定性的作用。但在与此同时,而且不无自相矛盾地,两次改革又赋予各种集体虔诚形式特别是在家庭范畴内的集体虔诚形式以更大的重要性……16 世纪到 18 世纪之间国家权力的加强亦朝着同一方向。自然,总的来说,大部分国君立法很少,但是他们保护家庭机构(在这方面,新教国家为离婚所设置的障碍很说明问题),并将家庭当做越来越必要的对个人实行监视的主要驿站。"①除国家和宗教外,市场既是个人社会化推动力,又是市场化结果。虽然一般认为市场化推动个人行为,但是现代宏观经济学的居民、政府、企业三部门或者说市场经济的行为主体中,家庭(居民)是必不可少的部门,企业中则以家族企业为主,市场化并不完全排斥家族。

第七节　重新审视家族制度及其演化逻辑

一、重新审视中国家族制度

就总体而言,传统社会中国家庭功能与其他各国并无二致,都建立在自然经济基础上,都是父系的,都具有经济功能、生育功能、抚育和赡养功能、教育功能、宗教功能、政治功能、保险等多种功能。② 中国近代家庭变革基本走向也与世界家庭演变的基本方向一致:"就是家庭功能在一天天地由多到少,家庭规模在一天天地由大到小,家庭结构在一天天地由紧到松,家庭观念在一天天地由浓到淡,家庭理论在一天天地由浅入深,由旧变新,月异日新。"③在近代,中国开放度加大时,家庭变革上与西方同步的情况就多,而开放度降低之时,就更多滞后于西方家庭制度。

新中国成立以来,理论界一度在对家族制度意识形态歧视的思想指导下,普遍认为新中国成立后家族制度就成为历史话题,新中国的成立"彻底摧毁了封建家族制度",但是即使是持上述观点的代表人物徐扬杰也认为"解决封建宗法思想和家族观念问题是长期的历史任务"④。实际上,新中国成立以

---

①　[法]安德烈·比尔基埃等:《家庭史》③,生活·读书·新知三联书店 1998 年版,第 155 页。

②　参见邓伟志:《近代中国家庭的变革》,上海人民出版社 1994 年版,第 1—3 页。

③　邓伟志:《近代中国家庭的变革》,上海人民出版社 1994 年版,第 1 页。

④　徐扬杰:《中国家族制度史》,人民出版社 1992 年版,第 459、471 页。

来,无论农村还是城市,家族的影响都长期存在,尤其在改革开放后家族制度还得到恢复和发展。而在中国台湾、中国香港等地家族制度一直以公开的方式存在。种种实践表明,我国家族制度并不是简单的"封建"、"传统"和"落后"的代表词,而是与其他家族制度一样与现代化一起现代化的。

整体而言,中国的家族制度在现代化过程中与西方家族制度一样体现出很强的适应性,这也是家族活力之所在。一般认为中国家族制度是高度重视血缘的,但据冯尔康的研究自 18 世纪以来中国家族就发生了现代转向。18 世纪以来的 300 年的现代化转型时代,家族在社会变革中受到严重冲击。清代宗族活动较为活跃,热衷者企图"尊祖敬宗收族",团聚族人,实行自我管理,依附于政府,成为忠诚的民间群体。及至 20 世纪上半叶,迭遭舆论批判和政治力量,战乱冲击,呈现衰退之势,而下半叶的前 30 年被政权视为异己力量而予以打击,基本上处于销声匿迹状态。20 世纪 70 年代末以来,有了一定程度的复活。面对社会的变革和自身的遭遇,家族显示出适应能力,不断地自我调整与革新,也在随着社会的现代化,向着现代社会的民间团体方向演变,经历着从宗法性、血缘、集体本位的群体,朝个人本位的血缘群体或同姓社团这样两个方向演化或异化,虽然这一过程远远没有完成。①

我国家族制度在现代化进程中无论家族成员、祖先崇拜,还是家族管理体制、家族经营的内容和方法都有适应性变迁。② 具体而言,在吸收成员方面具有开放性和扩展性,一方面是宗族成员社会层面不断扩大,由初期贵族,逐渐向平民阶层扩展,领导人也逐渐平民化;另一方面,开放血缘限制原则,拓宽成员来源,在家族演化过程中"宗"的概念弹性化,向女性成员开放,吸收青年,通过这些措施,保证了家族成员的稳定性,扩大了吸收范围,增加了社会基础。崇拜祖先方面,周代宗法只有大宗能祭祀始祖,小宗祭宗人,平民只能祭父母,因此宗族规模较小,但随时间推移,逐渐祭始祖,进而发展为祭同姓之祖,甚至特定异姓人都能互认同宗,宗族范围扩大化,宗族组织的发展也灵活化了。宗族管理体制方面,从最初的宗子制到族长制,再到族会制(议会制),到现代更

---

① 参见冯尔康:《18 世纪以来中国家族的现代转向》,上海人民出版社 2005 年版,第 6 页。
② 参见冯尔康:《18 世纪以来中国家族的现代转向》,上海人民出版社 2005 年版,第 504—507 页。

形成了成员大会与理、监会制。随着时代的发展,家族经济的内容和管理方法也不断变通,初期大宗以分封制给小宗土地以收族,维护大宗地位;后来宗族拥有祀田、义庄田、书业田、经营田业,维护宗族祭祀和抚恤贫困族人;现代宗亲会因应工业社会的情势,办公司,经营企业,维持会务。

中国的家族也和西方家族一样,伴随现代化逐渐成为实现个人价值的依托,其功能也逐渐核心化。正如冯尔康对 20 世纪最后 20 年社会各界家族观的研究结论:"归结起来,家族活动的实践者理想中的家族,是个人实现自我的依靠力量,造就现代化人才的社会扶助组织,融会于改革开放社会的合法群体。它的功能,主要在社会和文化方面。"①

与西方家族制度类似,中国以核心家庭为基础的家族网络自近代以来有逐渐缩小趋势,特别是城市由于居住环境、生活环境与农村相比发生了显著变化,传统的宗族几乎失去了生存的土壤。而在二元结构的城乡、经济体制下,改革开放后又盛行修族谱、建祠堂、办家族会,农村家族还在一定范围内广泛存在,但影响也普遍不如前。取代家族关系的突破家族网的主要是业缘关系、学缘关系、朋友关系,但人们似乎更看重的依然是亲属关系。

二、重新审视西方家族制度

国内学者就西方家族制度历来褒奖有加,从不同角度论证了西方家族制度诸如日本、美国、欧洲家族制度对现代化的适应,也从侧面反衬出中国家族制度如何不合时宜,应该对其加以改造,甚至取缔,但这是值得商榷的。

一般将中国家族制度与日、美、欧进行对比,而欧洲模式常被看做日本模式与美国模式的居间形态,故而这里不做专门讨论。对近邻日本而言,一般认为与中国同受儒家文化的影响,但却衍生出忠孝合一,孝服从于忠的家族制度,因此相对于中国人一盘散沙的家庭主义或家族本位而言,日本人的家族主义代表对团队的忠诚。这既是日本近代将中国远远抛在后面的重要原因,也是日本近代军国主义阴魂不散的重要原因。不过,东西方学者的研究普遍表明,中国早期是家国一体,后来家族成为基层政治统治的载体,家族成为权力的中继站,如果没有忠孝合一,那么家族不可能与权力紧密结合。一般认为日本家族制度的

---

① 冯尔康:《18 世纪以来中国家族的现代转向》,上海人民出版社 2005 年版,第 454 页。

优越性还体现在日本实行家督继承制,即长子继承绝大多数甚至全部,次子以下只继承一小部分的情况,认为这有利于财产集中,企业规模化经营,也有利于释放产业劳动力,激发创业精神等。关于这一点,已经逐渐受到学术界质疑,尤其一般所说的日本传统家族制度在日本历史上存在时间不长,而且主要是适应早期武家社会及后来的军国主义需要,作为平民的商人和农民受家督继承制的影响相对有限,而且日本在第二次世界大战后相当程度上恢复到日本古代的家族制度后和平崛起更引人注目,当然日本古代的家族制度与当代的家族制度与其他国家类似都强调家族成员身份和财产的平等,家族只是个人发展的依托。

就日本家族制度,早期理论界过于强调其经营体性质,却忽视其根本属性还是家族性,作为经营体而言其最终目的是满足家族需要,而不是相反。理论界之所以热衷于突出强调日本家族传承过程中的经营体性质,出现本末倒置的倾向,可能在于千方百计寻求明治维新以来日本迅速崛起原因,而突出日本近代特有的家族传承制度优越性的结果。不可否认,日本近世的家和同族一般都重视主从关系或经营体,但与其说是以追求利润为目的的合理性组织,不如说是保障成员生活的共同体。[1] 考虑到日本家族强调经营体的特征与日本长期人多地少,生产力水平低,明治维新以前高度封闭,在农村甚至还实行 5 户连坐制度,家业经营不善必将危及家族生存,因此必须提高家业经营效率,结果虽然从形式来看可能强调经营体性质,但本质上日本家经营目的仍然和其他国家和地区一样是为了家的存续和繁荣。[2] 在日本早期工商业中获得家督权力的本家也只是保管祖传家产,故而家长所有权也是名义上的,是家这个集团时代总有之物,因此家长经营权受到限制,家族甚至可以剥夺不合格家长继承权。总而言之,家督继承制下,家业属于家长但其产权并不充分,只是类似于现代企业持股比例较高的经理人而已,受到其他所有者——家族其他成员的高度制约。[3]

美国一般被认为没有封建传统,而家族制度一般被视做封建传统,因此一

① 参见[日]藤井胜:《家和同族的历史社会学》,商务印书馆 2005 年版,第 56 页。

② 参见[日]藤井胜:《家和同族的历史社会学》,商务印书馆 2005 年版,第 61 页。

③ 参见[日]西川俊作、阿部武司:《产业化的时代》(上),生活·读书·新知三联书店 1998 年版,第 381—382 页。

般认为美国没有家族制度,个人主义盛行,正式制度对个人起约束规范作用,也由于没有家族制度,正式制度发达,而这正是现代社会发展的基本方向,因此美国"无家族主义"备受推崇。但是,美国土著家族必然有其传统,而一般认为美国是一个移民社会,至少在移居美国以前是受家族制约的,难道这些移民移居美国之后,对家族的依赖瞬间消失?答案显然是否定的,不但没有消失,反而会建立起适应美国社会的家族制度,是不是可以说美国家族制度融合了世界各国(地)家族制度,不是没有家族制度而是有家族制度,这些家族制度更多代表家族内部个人的平等,个人的开放,这些现代的公共元素。不仅如此,美国社会包容各种形态的家族存在,形成了多元化的家族形态,而一般误认为美国家族是单一。更值得注意的是,美国家族制度与其他国家和地区的家族制度具有同质性。比如,都注意婚姻,注重男女分工,子女在家庭中具有重要地位,而且至今仍然受父母的影响等。

就家族观念而言,西方现代化进程中同样经历了对家族制度否定,到认同的过程,而且几乎与中国理论界的认识同步。近代开始直到 20 世纪中期以前,西方对传统家族制度几乎彻底否定。20 世纪 50 年代以后,西方社会各界逐渐开始对家族落后论进行反思,尤其在 20 世纪七八十年代后西方市场经济国家对家族的重视逐渐上升到国家意志。西方当代对家族行动的源泉可能是詹姆斯的研究结论:"如此看来,家族自有其与政治(也就是国家)的另外一种联系。而换一个层次来看,家族又能够相当于市场,但它又没有市场的那种难以言明的抽象性。总体看来,公司可以——这里是沿用了罗纳德·科斯的经典分析方法所得到的结论——在信息不确定的环境中代替市场进行运作。家族公司给出了一种特别明确的控制逻辑。因此,最好是将经济发展理解为家族、国家和市场之间相互作用,并通过不同的方式理解自己和对方的过程。"[1]

三、家族制度演化基本逻辑

(一)人与物生产均衡的过程

关于人与物生产的关系,1884 年恩格斯为《家庭、私有制和国家的起源》

---

① Harold James: *Family Capitalist: Wendels, Haniels, Falcks, and the Continental European Model*, Harvard University Press, 2006, p. 14.

所作序言有这样一段精彩的描述①：根据唯物主义观点，历史中的决定性因素，归根结底是直接生产的生产和再生产。但是，生产本身又有两种。一方面是生活资料即食物、衣服、住房以及为此所必需的工具的生产；另一方面是人自身的生产，即种的繁衍。一定历史时代和一定地区内的人们生活于其下的社会制度，受着两种生产的制约：一方面受劳动的发展阶段的制约，另一方面受家庭的发展阶段的制约。劳动越不发展，劳动产品的数量、从而社会的财富越受限制，社会制度就越在较大程度上受血族关系的支配。然而，在以血族关系为基础的这种社会结构中，劳动生产率日益发展起来；与此同时，私有制和交换、财产差别，使用他人劳动力的可能性，从而阶级对立的基础等新的社会成分，也日益发展起来；这些新的社会成分在几个世代中竭力使旧的社会制度适应新的条件，直到两者的不相容性最后导致一个彻底的变革为止。以血族团体为主体的旧社会，由于新形成的各社会阶级的冲突而被炸毁；代之而起的是组成为国家的新社会，而国家的基层单位已经不是血族团体而是地区团体了。在这种社会中，家庭制度完全受所有制的支配，阶级对立和阶级斗争从此自由开展起来，这种阶级对立和阶级斗争构成了直到今日的全部成文史的内容。

　　虽然恩格斯认为国家、私有财产产生以后血族关系的影响大为削弱，家族制度完全受制于所有制有悖历史和现实，但恩格斯在"序言"前半部分还是比较客观地描述了人类社会基本的演变规律。在后半部分恩格斯所言国家出现以后，国家基层的地区团体取代原来的血族团体虽有一定合理性，但它忽视了这种替代应该只是部分，而不是整体。

　　正如恩格斯所言，随着生产力水平的提高，血缘家族关系的作用会有所削弱，但恩格斯武断地认为家族关系自国家产生以后其作用处于完全被支配地位显然是值得商榷的。"序言"前半部分的描述中，恩格斯实际上也指出社会制度既受劳动发展阶段，即生产力水平的制约，又受家庭发展阶段的制约。既然受家庭发展阶段的制约，而所有制抑或阶级本身也是社会制度，这也说明家族制度在国家产生以后不应该是完全被动，不应该"完全受所有制的支配"，从某种意义上说恩格斯的论述有些自相矛盾。诚然，在国家、阶级产生以后，

---

　　① 参见《马克思恩格斯文集》第4卷，人民出版社2009年版，第15页。

血缘家族不再同此前一样在人类生产生活中居于完全支配地位,但也不可能出现完全被支配的情况,这一点实际上已经被 20 世纪 50 年代以来各个学科的学者所普遍证明,笔者这里不再赘述。

值得注意的是,家族制度本身也是一种社会制度,它在演化过程中同样受恩格斯所说的两种因素的制约。中国战国时期的商鞅变法,规定家有两男以上别居异财,成年女子必须出嫁,实际上就是这种逻辑的体现。由于当时牛耕取代人力耕作,生产力水平有所提高,利于农业生产小规模进行,以夫妻为中心的核心家庭就能独立形成一个小的生产单位,或者夫妻采用牛耕生产的粮食等生活资料能够满足核心家庭的需要,而夫妻本身就是一个人的生产单位。而在生产力水平较低靠人力耕作的时代,由于生产力水平很低,家庭中仅有一个成年男性无法有效进行农业生产,因此相对需要大家庭。同样,工业化初期扩大型家庭的比例反而从整体上有上升的趋势,主要是由于工业化初期的企业基本是家庭企业,家庭作为物质生产单位,工业需要更多分工与协作,若家庭成员较少,则无法完成物质生产,也就是说此时家庭物质生产就人力而言是相对规模经济的,因此家庭规模需要相应扩大。而随工业化的推进,超越家庭边界的企业越来越多,家庭的功能逐渐蜕化为消费和生活功能,家庭传统的物质生产职能社会化,尤其国家等社会组织的发达,住房生产方式、家庭居住方式的改变,使家族成员间日常联系减少,不仅家庭相对核心化了,家族网络也出现了核心化趋势。

当然,正如美国当代著名思想家贝尔所说的那样①,资本主义前工业化阶段的主要任务是对付自然,工业化阶段集中精力对付机器,后工业化社会,自然与机器都已隐入人类生存大背景,资本主义面临的首要问题是人与人、人与自我的问题。资本主义在这方面欠账过多,亟须不断调整。贝尔的思想虽有些夸张,但也为家族制度演化是人与物生产均衡过程的观点提供了注释。

(二)不断融合外部资本的过程

社会资本有多种界定,一般是指关系资本。这里主要借用大陆家族企业

----

① 参见[美]丹尼尔·贝尔:《资本主义文化矛盾》,生活·读书·新知三联书店 1989 年版,"序言"第 18 页。

研究集大成者储小平及李怀祖的界定①以便与家族企业研究接轨。他们的界定是:社会资本是指通过社会历史演变积淀下来的,相对于个体资本而存在于社会人际关系状态中的各种资源。社会资本主要包括四个方面内容,显性而可见的社会人力和金融资本,隐性、无形的社会网络和文化资本,社会网络和文化资本对家族融合人力和金融资本具有中介作用,当然四种社会资本间并不是孤立的,某种意义上说是相互促进的。笔者认为,从历史纵向来看,家族发展不过是一个不断融合社会资本的过程而已,家族整体是一个不断社会化的过程,而且这种融合以家族自身的实力为基础。

就家族人力资本而言,血缘群体的家族人力资本完全局限在血缘群体内,随着族外婚、对偶婚、个体婚等的出现和发展,家族一体化的人力资本——家族成员获得途径就超越了血缘体,逐渐向相邻氏族、部落、地区扩展。而随着时间推移,城镇化的出现,人口空间和阶层流动性的增强,家族成员则可能来自五湖四海,不同的阶层。而为家族利用的人力资本范围,早期只是血缘群体相互冲突的俘虏,个体家庭私有制产生,社会分工出现后,即使在自然经济时代,相邻家族间人力资本互助,国家提供的公共人力资本,各个行业精英家族对其他普通家族人员的利用随时间推移逐渐普遍化、多样化。当然,就整体而言,农业乡土社会家族融合人力资本能力、范围与现代社会相去甚远。进入现代社会,工业化、市场化、中间组织的兴起,市民社会的发育和完善,地区、国家、区域,甚至全球一体化,使家族融合社会人力资本能力跨越了空间、制度,其中最为典型的莫过于一些控制跨国公司的家族。

家族融合社会金融资本的过程与人力资本情况类似,这里不再赘述。下面,主要分析家族融合社会网络资本和文化资本基本过程。原始血缘群体状态时,家族前身血缘群体是完全内卷化的,谈不上有任何社会网络资本和文化资本,而随着族外婚的出现,家族社会资本和文化资本逐渐扩展到通婚部落,但显然是以血缘和婚姻为中心的。及至个体家庭、私有财产和国家出现以后,家族的社会网络资本、文化资本逐渐同业缘结合在一起,奴隶家族与奴隶主家

---

① 参见储小平、李怀祖:《家族企业的成长与社会资本的融合》,《经济理论与经济管理》2003 年第 6 期;储小平:《家族企业的成长与社会资本的融合》,经济科学出版社 2004 年版,第 30—31 页。

族之间、农民家庭之间、手工商业家庭之间、农民与手工商业家庭之间、贵族家族之间、地主家族之间，甚至贵族与农民、地主与农民家族、手工商业家庭之间都会形成一定的社会网络资本和文化资本，中国封建社会就具这种特征。值得注意的是，乡土文明时代，一些社会流动性较强的国家和地区，泛家族文化更为发达，这可能也是储小平和李怀祖认为中国传统文化的本质是家文化及其泛化的重要原因。进入城市文明时代，由于城市化、社会流动性远远超过乡土文明时代，家族社会网络资本、文化资本边界大大拓展，远远超过乡土社会以血缘、地缘为基础，各种形态的学缘、业缘扮演重要作用，而且具有很大的空间跨度。从这里也可以看出在工业化初期，家族已经融入大量社会资本。

随着家族在演化过程中逐渐融合各类社会资本，家族的重要性从形式上讲是逐渐下降，但是家族的影响仍然长期存在，或者说是以新的家族形态存在。詹姆斯认为传统社会的家族成员之间负无限责任，家族的重要性主要通过亲属关系和家世血缘的强调来表达，同样西方封建社会研究的学术权威布迪赫也有类似观点，他指出随着家族与社会资本的融合，家族相对于家庭及个人的重要性下降了，家庭及个人对家族也只需要负有限责任了。贝克尔首先分析了传统社会家族的重要性："在美国现代社会，一个人可以合法地选择任何姓名……因为一个家族本身的姓名并不能给家庭带来什么利益。然而，在传统社会里，对家庭姓名的保护（如果家庭有姓名的话）就像现代许多国家保护自己商品的商标一样。其原因在于，在传统社会里，一个家庭的姓名可能成为一份很有价值的财产或者商标。那时，一个家族的祖先因为他们的成就会受到后代的尊敬甚至崇拜，并且，家族绝不容许对其祖先的任何批评。"[1]贝克尔还指出，现代社会市场保险取代了家庭保险，市场学校取代家庭学校，考试和合同代替了家庭的资格证明，因此家族的重要性下降了。

---

① ［美］加里·斯坦利·贝克尔：《家庭论》，商务印书馆 1998 年版，第 370 页。

第三章　家族企业存在的理论解读

第一节　家族企业现象的已有解释

一、家族企业现象困惑

虽然人类学家 Goody 研究结论,包括美英在内,无论世界什么地方,企业结构都会以家族为蓝本形成的观点可能有些言过其实①。但理论界已形成共识,早期的企业几乎都是家族企业,当代即使最保守的估计也认为家族所有或经营的企业在全世界企业中占 65%—80%。② 大陆学者付文阁也基于世界各国家族企业普遍存在及世界顶级企业不乏家族企业的事实,得出以下结论:家族企业存在与经济体制转型无关;家族企业存在与经济制度无关;家族企业存在与文化无关;家族企业存在与经济发展阶段无关;家族企业存在与现代企业制度形式无关;家族企业存在与企业规模无关。③ 虽然付文阁的观点有些以偏赅全,但还是比较客观地反映了家族企业的普遍存在。

家族企业大量存在的同时,却一直没有进入主流企业理论的视野,西方对家族企业的专门理论研究滥觞于 20 世纪 60 年代,而此时家族企业至少已经有数百年历史。此后家族企业问题虽然逐渐引起一些学者的注意,但直到 20世纪 90 年代中期现代管理学之父德鲁克(1999)还深有感触地指出:大部分企业——包括美国的和所有其他发达国家的——都是由家族控制和管理的,

---

① 参见 Jack Goody,*The East in the West*,Cambridge University,1996,p. 201。

② 参见[美]克林·盖尔西克等:《家族企业的繁衍——家庭企业的生命周期》,经济日报出版社 1998 年版,第 2 页。

③ 参见付文阁:《中国家族企业面临的紧要问题》,经济日报出版社 2004 年版。当然,付文阁本人对家族企业普遍存在的理论解释仍然很不充分。

但与此相悖的是:有关管理的书籍和课程却几乎完全是针对公共的和专业管理的企业——它们难得提到家族经营的企业。到 20 世纪 90 年代后期,盖尔西克等美国学者也指出"对家族企业的研究才刚刚起步"。直到进入 21 世纪的第六个年头,Miller and Breton-Miller 还指出"直到现在,对于家族控制企业的研究主要集中在它的问题和不足上……事实上,综观两本研究家族企业的知名杂志《家族企业评论》(Family Business Review)和《家族企业杂志》(Family Business Magazine)过去十年的文章多数是关注家族企业所面临的特殊挑战。毫无疑问,家族企业作为一个阶层几乎没有获得任何尊重"①。同样在我国学术界虽然长期认同当代中国家族企业的普遍性,中国具有世界上独特的家族制度,但对家族企业的专门研究远远滞后于西方,而且普遍以现代企业制度为其"光明"前景,而现代企业制度一般被理解为"一大二公"(即大规模,所有权与经营权公众化),家族企业长期存在缺乏理论支撑。

同样,令人难以释怀的是家族企业的内涵是如此之丰富,这不但体现在单一学科内部的明显分歧,而且还涉及诸多学科。据储小平 2004 年年初的整理,仅华人家族企业的界定就包括所有权、经营权、家族成员参与程度、两权统一程度、社会关系网络、文化角度等角度。② 此外,还有从家族代际权杖交接,家族参与度与 CEO 认知、意向和愿景视角的定义。③ 事实上,其中任何一种角度都是模糊的,没有明确边界,考虑到边界的模糊性,学术界将家族企业又分为不同的类型就很正常了,除了依照上述逻辑的分类外,各种类型的家族企业在研究中还往往根据需要被加以细分。不管家族企业的内涵存在多少分歧,但可以肯定,学术界越来越关注家族企业,家族企业以多种方式存在,这从对家族企业普遍存在的解释上同样有所体现。

二、家族企业普遍性解释回顾

家族企业的普遍存在,越来越引起学术界关注。理论工作者常常借助激

---

① [加]丹尼·米勒、伊莎贝尔·勒布雷顿·米勒:《永续经营 杰出家族企业的生存法则》,商务印书馆 2006 年版,第 3 页。

② 参见储小平:《华人家族企业的界定》,《经济理论与经济管理》2004 年第 1 期。

③ 参见贺志锋:《论家族企业的定义》,《当代财经》2004 年第 6 期。

励理论、交易费用、委托代理、信息经济学、博弈论、决策理论、组织沟通理论等工具力求解释家族企业现象(见表3—1)。这些理论都在一定限度内解释了家族企业存在的合理性,但是家族企业经营管理涉及诸多方面,学术界利用上述理论对家族企业存在的解释实际上只是涉及家族企业的冰山一角,上述理论解释的因素,并不能充分说明家族企业的广泛存在。家族企业存在的资源观、家族理性、复合契约论、家族基因、环境决定论等虽然比一般的理论解释稍有新意,但基本是各种理论解释的延伸和拓展,回答了家族企业的有限存在,却无法回答家族企业普遍存在问题。值得关注的是,现有对家族企业现象的解释,更多将家族企业看做静态,或者比较静态的,而且倾向于对家族企业存在现象的被动反应。

表3—1 家族企业存在的经典理论解释

理论	家族企业存在解释
激励理论	家族企业主要投资者和经营者相对统一于血缘关系,价值观念和利益诉求接近,所有者与经营者间有较为普遍的利他主义,具有天然的信任基础,利于管理层激励。
交易费用理论	企业是一组契约组合,家族企业由于家长权威的存在,合同谈判成本较低;家族共同利益,家族凝聚力的存在利于降低合同监督成本;家族信任氛围利于降低合同执行成本。
委托代理理论	家族企业两权相对统一,家族经营者一般不具有职业经理的流动性,不会采取短期行为,而关注家族与企业长期利益,家族成员机会主义行为少;家族权威的存在也有利于降低代理成本;家族企业的关系式治理利于增加信任,减少内部违约成本。
信息经济学	家族企业将家族规则转化成家族企业的隐性制度,利于提高家族及家族企业对家族成员契约的完全性。
博弈论	非家族企业与员工的合作是一次性的、有限的,而家族企业与员工关系是无限博弈,机会主义对家族企业的家族成员而言并非理性选择。
决策理论	家族企业的产权特征决定了剩余控制权与剩余索取权相匹配,有利于决策优化。家族企业有利决策还体现在家族企业内部信息较充分,不确定性小;家族凝聚力利于减少决策矛盾与冲突;产权决定决策者的远视行为;家族权威往往意味着决策速度,利于提高家族企业的适应性。
组织沟通	组织沟通需要正式信息沟通渠道,也需要非正式信息沟通渠道,家族企业在非正式沟通系统方面具有独特优势,利于沟通与决策。

理论	家族企业存在解释
资源观	帕扎认为家族企业相对于非家族企业具有多种独特资源:两权统一加小规模对市场反应迅速;所有权的集中导致更高生产效率;维护家族声誉的愿望会转化成高质量产品或服务和更高投资收益率;家族—所有权—管理之间的相互作用利于企业形成稳定资本、降低管理成本、技能只是转移以及在市场中保持灵活性。这些决定了家族企业有七大优势。
家族理性	李东认为与集体理性、个人理性相对存在家族理性,由于家族理性兼容了权利责任与义务责任,可以替代个人理性成为现实中人的主要经济责任,世界家族企业的普遍存在说明家族理性是人类普遍、天然的理性。
复合契约论	余立智认为家族企业可归结为创业家族与非家族要素资本间要素使用权合约和创业家族内部成员之间"亲族关系合约"共同决定的复合契约结构,创业者财务资本和人力资本的要素配给依赖家族。这与社会学家的观点类似。
家族基因	刘平青将心智模式、文化因子与利己人性纳入家族基因,其中心智模式一旦形成,就具有稳定性,而人成年后的行为,难以摆脱幼年时期的影响,尤其是家庭环境与家庭规则。
环境决定论	文化环境论:一般认为包括中国在内的东亚国家属低文本文化、信息不规范、信任度低,家庭、家族关系是重要的社会资本,因而家族企业普遍。 市场法制环境论:中国学者还普遍认为法制、市场不完善等也决定家族企业普遍存在。

资料来源:笔者根据相关资料整理而成。

上述对家族企业存在的解释至少在两方面难以令人信服:一方面,这些解释很多是关于家族企业出现以后的优势、功能、特点的,这实际上是家族企业的"果",而不是家族企业的"因",将家族企业功能等同于家族企业普遍存在的原因。另一方面,上述各种理论解释工具具有两面性,绝大多数几乎在解释家族企业存在和理性的同时,又几乎都能证明家族企业必然走向去家族化之路;因此理论界普遍认为家族企业更适合市场萌芽及企业的初创阶段,或者信任度低、信息不规范的社会,但无论是信任还是信息特征都不是静态,而是动态的。就同一个解释工具,现实中往往表现出两面性,但理论界却表现出对家族企业的偏见,加拿大米勒等的研究表明家族企业与众不同的特点常被理论界视做弱点,但这却正是家族控制企业获得竞争优势并得以成功的法宝,并从所有制哲学、经营哲学和社会哲学的角度对成功家族企业与非家族企业进行了比较(见表3—2),发现成功的家族企业往往把大众对家族企业的诟病转化为优势。法国学者维里尔的研究同样表明家族企业优势和劣势几乎是对应的,家族企业在某一方面的优势往往又在某些方面体现为劣势(见表3—3)。

表3—2 非家族企业与成功家族企业哲学对比

各种哲学	非家族企业	成功家族企业
所有制哲学:股东	所有者就是交易员:希望快速获得利润;企业或企业员工缺乏忠诚。	所有者是管家:更多参与企业经营管理;追求长期目标。
经营哲学:高层管理者	策略:财务驱动;快速结果导向——通过权宜之计,如裁员、合并来操纵季报数据;难于保持核心竞争力,难于保持竞争焦点和优势。	战略:坚实的目标驱动;长期结果导向;对业务和人员进行长远的投资;推动发展、保持和更新独特的核心竞争力。
社会哲学:员工和关系	个人主义:层级或市场控制,外部激励,和外部合作伙伴或代理人一次交易——员工只在狭小的利益范围内工作;潜在的不信任、协调性较差、知识的泄露;与外部合作者是竞争关系。	集体主义:共享价值观,宗族式控制,内部激励;同外部保持长期关系——员工在整个组织利益范围内工作,低离职率,隐性知识保存在组织内部;与外部合作者的双赢。

资料来源:[加]丹尼·米勒、伊莎贝尔·勒布雷顿·米勒:《永续经营 杰出家族企业的生存法则》,商务印书馆2006年版,第10页及书后注释。

表3—3 家族控制公司优势与劣势

家族控制公司优势	家族控制公司劣势
长期取向	进入资本市场的机会有限
行动独立性:没有股市压力、没有收购风险	组织混乱无序:结构混乱、缺乏明确分工
家族文化是自豪源泉:稳定性、强烈认同、承诺与动机、领导的持续性	裙带关系:家族理性主导商业逻辑,对不称职家族成员的容忍、难于吸收职业管理人员
困难时期的韧性:赚回利润的愿望	宠儿综合症
有限的官僚主义和非人格化:灵活性	内部冲突:仓促决策、家庭纠纷渗入商业经营 家长式、专制管理:抗拒变革、保密性强、吸引依赖性人格
财政收益:成功可能性大	财政紧张:家族成员挤榨公司利润,贡献与所得的不平衡
商业知识:家族成员的早期培训	继承问题

资料来源:[法]曼弗雷德·凯茨·德·维里尔:《金钱与权力的王国 家族企业的兴盛之道》,机械工业出版社1999年版,第22—23页。

　　当然,如果家族企业与非家族企业在绩效方面、管理方面没有差异的话,那就没有必要专门关注家族企业。家族企业与非家族企业虽有相似之处,家族企业的家族管理和非家族企业就功能性的工作而言没有任何区别,比如研究、营销、会计等。但因为家族性,家族企业在诸多方面不同于家族企业,故而需要研究。比如,管理方面家族企业有完全不同的规则,而且这些规则必须遵守,否则家族企业就难以生存,更不用说发展了。维里尔也认为创业型家族企业在对企业强烈个人认同、非同寻常的家族式动力、参与者之间浓厚的感情以及寻求家族利益与企业利益之间平衡时的某种具体冲突方面与众不同。①

　　虽然家族与非家族企业管理差异较大,但有关管理的书籍和课程却几乎完全针对公共的和专业管理的企业②,这就注定了多数家族企业只能陷入经验管理,家长式管理泥潭,因为它们先天没有公共的和专业管理企业那么多的理论指导,更多只能靠本能。这也注定了家族企业通常给人落后印象,这在市场经济萌芽期和企业初创阶段尤其普遍。至于家族企业与非家族企业绩效问题,一般认为至少在市场经济不发达、企业初创阶段及小型企业中是相对有效的,对发达市场经济体、大中型企业虽存争议,但从家族企业长期以来不受理论重视,被理论边缘化来看,家族企业绩效还有潜力空间。尤其值得关注的是,既然家族企业对大企业、发达市场经济体缺乏效率,那为何相当多的企业宁愿堕落——选择低效率的家族企业。基于此,从理论上回答家族企业普遍性、长期性,可能比对家族企业与非家族企业绩效进行简单对比有利,比对家族企业内涵的界定有利。

第二节　家族企业普遍性重新解读:家企关系视角

一、原生型企业天生具有家族性

　　既然现有的理论和工具都无法解释家族企业普遍存在的原因,那么是什

---

①　参见[法]曼弗雷德·凯茨·德·维里尔:《金钱与权力的王国 家族企业的兴盛之道》,机械工业出版社1999年版,第4页。

②　参见[美]彼得·德鲁克:《大变革时代的管理》,上海译文出版社1999年版,第29页。

么决定了家族企业的普遍性呢？家族企业区别于非家族企业的根本属性是家族属性，因此笔者认为，要破解家族企业普遍存在与理论歧视之谜，还得从家族与企业的历史渊源入手，因为家族与企业的基本特征是具有家族性的企业。前文已经论及，家庭与家族有时并无直接区分，家族企业也可以说成家庭企业，而国内习惯于说家族企业，这里为论述的方便也不做具体区分。下面先从组织角度讨论家族与企业的关系。

家族是前工业化时代生产和再生产的场所和组织形式，其中生产既包括人的生产也包括物的生产。按照恩格斯的观点，人类社会的生产归根结底决定于生活资料和人自身的生产，一定时期一定地区的人受这两种生产的制约，二者构成了人类社会生产与再生产的系统，也就是说人与物的生产长期来看有保持均衡的趋势。[①] 在传统农耕社会，人与生活资料的生产基本上在家族范围之内，而且生活资料的生产以人为中心，生活资料的生产既在家族内进行，又都满足家族内人的生产需要。

随着人的生产和生活资料生产效率的提高，市场开始萌芽，生活资料的生产逐渐走出家族，并最终形成企业，人与物生产均衡的场所由家族演变为家族、企业，二者的关系从长期来看会保持相对均衡，市场和国家则起居间调节作用。伴随工业革命，大量的企业出现使生活资料生产和供给普遍离开家族，而人的生产继续主要在家内进行，但是人与生活资料的生产并没有分裂，企业与家族两者间进行人力资源与物质资源的交流。企业生产的生活资料最终是为了满足家族内人的生产需要，而仍然作为人的基本生产单位的家族则为企业提供人力资源。此时，家族不仅是人力资源摇篮，而且也是人力资源生活场所，生活资料的主要消费场所，企业则是生活资料供给基地，人的工作场所，一个人在就业阶段往往同时既是"家族人"也是"企业人"，而在非就业阶段则更多是家族人角色。家与企业的这种基本关系之下，企业与家族难免会相互渗透，其突出表现就是现代经济学一词来源于古希腊的家庭（oikos）。值得注意的是，社会生产中最活跃的因素是人，无论是对家庭还是企业而言，人在其中都起主导性作用，而在两者中起主导作用的，家中是家长及以其为中心的家族成员，企业中是企业家及其他员工，故下面以人为中心讨论家族与企业的

---

① 参见《马克思恩格斯选集》第4卷，人民出版社1995年版，第2页。

关系。

首先,企业的主导者企业家"经营基因"得益于家族"遗传"。家的出现远远先于企业,而且企业的经济功能、生产功能正是从家分离出来的,生产力中最为活跃的因素——人来自于家也是不折不扣的事实。传统社会,家不仅是社会组织也是经济组织,男女分工、长幼分工、忙闲分工、晴雨分工,经济资源的配置等最初都在家这个小社会里完成。正如罗森堡、小伯泽尔所言:"无疑,家庭是最古老的社会组织,它也很可能是最古老的经济组织。我们理所当然地认为,大家庭中的每个成员,除了最年幼的成员之外,都在农业中发挥了经济作用。中世纪的工商企业也是一种家庭企业,就好像家庭农户一样,是以家庭的财产为资本建立起来的,重要的管理职能和技术技能都限于家庭和血缘纽带范围之内。甚至在威尼斯这样发达的重商主义社会里,商业企业也是以家庭合伙和合营企业的特别形式组织起来的。"①就产业而言,工业化初期主导产业是纺织业,而在此前纺织业恰恰分散在千家万户。尤其值得注意的是,纺织业最初更多利用的恰恰是家庭生产中不大被重用的女工和童工,而妇女、儿童又在家庭中有纺织经历,是几乎无条件服从组织权威——男性家长的家庭兼职工,而不是选择具有成为家长倾向或者已经是家长的成年男子作为自己的雇员。笔者认为这并不是对家的否定,而是因为企业家在洞悉家庭生产活动规律的基础上,敏锐地觉察到女工和童工在家庭生产中的地位较低,以及他们对组织权威几乎无条件尊重的事实。这意味着妇女儿童离家到工厂(场)生产不会对家庭生产有太大影响,能为各个家庭所接受,不至于引起企业和大量家庭之间的冲突,使企业制度能够得到社会支持,同时也便于自己管理。从企业资源分配方式看,马歇尔专门对家庭经济与企业资源分配进行了比较,结果发现企业家在资源分配方面与家庭妇女将所剪羊毛在短袜和背心之间进行分配机理是一样的,都得实现均衡,均符合各种用途的资源边际效用相等的原则,二者只是在规模上有区别,均得考虑以下三个问题:不同目的的相对重要性的决定,关于达到不同目的所用的各种不同手段的相对优势的决

---

① 罗森堡、小伯泽尔:《西方致富之路　工业化国家的经济演变》,生活·读书·新知三联书店1989年版,第139—140页。

定以及以前两者为基础的,各种手段用于各种目的的边际决定。①

其次,从企业家性别构成看,早期企业家几乎清一色都是男性,这应该是继承了父家长制家庭的传统,他们的组织管理才能可能是在家庭把他们培养为家长的过程中形成的。这决定了早期企业家的教育、成长、娱乐、消费都在家里完成,按照制度经济学路径依赖观点,企业产生后企业家也往往会将家族观念带入企业。企业发展以后企业家也不会抛弃"家庭",而是仍然离不开家,家必然还与企业结合在一起,企业难以离开家。因此,早期初具企业形态的手工作坊,往往是家庭作坊,而家族之外的帮工和学徒也被视做家人。

再次,企业家创办企业往往也出于家庭动机,素来被理论界视做没有封建残余,盛行个人主义,不受传统家族制度羁绊的美国也不例外。19世纪30年代法国作家和社会评论家托克维尔在美国旅行时感叹:"对财富的热爱,无论是主要动机还是次要动机,都可以在美国人的一切行动中表现出来,并且这种爱呈现出与家庭的爱相似的特征。"②虽然大多数美国人是出于商业动机而积极选择从事商业活动,但非金钱的动机也激励他们。他们认为自己在商业经营中发现了一种能够为家庭获得和维持独立、安定以及建立并保持同地方社会联系的方法。在南北战争以前的整个时期及以后,通过从事工商业活动而实现个人发展愿望与对个人和家庭的稳定的追求以一种不稳定的结合而共存。因此,美国殖民地时期和南北战争以前的企业几乎全是家族企业。针对当时情况,布莱克福德甚至认为:"毫不奇怪,相对于保证家庭的生存和发展的长期目标,利润最大化这样的短期目标常常居于次要的地位。同样不令人吃惊的是,特别是在整个殖民地时期,甚至是在南北战争之前的时期,工商业者一般是较多作为家庭成员而较少作为个人出人头地的。"③值得注意的是,家族取向并不是企业家唯一取向,但家族取向的普遍性应该毋庸置疑,一般认为美国企业领导人是个人中心或者利润中心型,而日本企业领导人是社会中心型,这可能将实际情况简单化了,激励日本工业化时期一些企业领导人的

①　参见[英]马歇尔:《经济学原理》(下),商务印书馆2005年版,第47—50页。

②　[美]曼塞·G. 布莱克福德:《美国小企业成长与创新》,经济管理出版社2000年版,第49页。

③　[美]曼塞·G. 布莱克福德:《美国小企业成长与创新》,经济管理出版社2000年版,第51页。

"仍旧是私人利益和个人荣耀",美英日的企业领导人都为广泛因素所激励。①

最后,早期不但企业家创业是为了家庭,而且其创业也离不开家庭支持。就世界范围而言,早期企业产生之时既没有资金市场,也没有劳动力市场,企业家可以利用的资源有赖于家,企业资产就是家庭财产,企业员工就是家庭成员,企业几乎都以家庭为基础建立。② 比如,19 世纪的法国:"不管企业主的出身如何,家族都起着靠山的作用。有进取心和喜欢冒险似乎是企业主的基本资质,除此之外,还有一点:这些人拼命工作,而且家庭结构牢固(子女们在企业中工作,他们的婚事也是企业的事⋯⋯)。"③Chua 等也指出:"没有企业能够逃脱家庭的影响,即使是股权极为分散的公众公司,CEO 的决策有时也不可避免地受到妻儿的影响。"④

事实上,不仅仅企业家有家族取向,企业中所有员工都可能有家族取向,甚至从某种意义上说,社会生活中的人都普遍具有家族取向。维里尔就指出:"对每一个行政管理人员(如对每一个人,不管是不是企业界人士)来说,组织的原始模式就是家庭。结果,人们如何设计与管理组织反映了自己家庭的运转方式。但是在创业型家族企业中,家庭形象在组织结构和功能中发挥着尤其重大的作用。事实上,企业世界与家庭世界不可避免地、令人困惑地相互交织在一起。"⑤维里尔之所以只论及管理人员,可能在于企业管理者的主导作用。比尔基埃等对世界家庭史的研究得出了类似结论:"家庭有时是个居住群体,有时是个网络,对于要挪动、要进入城市、要进入新的就业市场的个人来

---

① 参见[美]曼塞·G. 布莱克福德:《西方现代企业兴起》,经济管理出版社 2001 年版,第 128—129 页。

② 当然,早期企业家也不排除强盗、官商转型而来者。希克斯就认为海盗或土匪是商人最初方式之一,因为当海盗或土匪可以获得商业交易存货(参见[英]约翰·希克斯:《经济史理论》,商务印书馆 1998 年版,第 26 页);而像航海和造船这种需要投资的企业,由于规模太大,非家庭企业所能胜任,则要由国家来投资(参见[美]内森·罗森堡、L. E. 小伯泽尔:《西方致富之路 工业化国家的经济演变》,生活·读书·新知三联书店 1989 年版,第 140 页)。

③ [法]热罗姆·巴莱、弗朗索瓦丝·德布里:《企业与道德伦理》,天津人民出版社 2006 年版,第 50 页。

④ Chua,J. H. ,James J. Chrisman and P. Sharma:Defining the Family Business by Behavior. Entrepreneurship Theory and Practice,1999(4).

⑤ [法]曼弗雷德·凯茨·德·维里尔:《金钱与权力的王国 家族企业的兴盛之道》,机械工业出版社 1999 年版,第 35 页。

说,家庭是一个根据地,对资产阶级的成员和第一批资本主义企业就是这样。"①

值得注意的是,企业普通雇员可能也乐于家族氛围。历史上,家庭氛围内的仆从与主家关系一直比较和谐。古代,与矿井或者集中的生产场所奴隶屡败屡战不同的是,无论是家庭奴隶,还是契约仆人或雇佣仆人,在任何地方任何时候都没有哪怕是一项记录表明曾经有一次的示威或抗议游行,同样无论江户时期大阪商人的丁稚,还是西欧家庭作坊的学徒,也未见丁稚或学徒集体抵制的情况,这除了德鲁克所说的仆人缺乏组织性外②,更关键的可能在于他们生活在雇主家庭内,能够感受到家庭气氛。工业化初期的工人常常发生各种暴力行为,虽然学术界普遍认为这是因为工作条件差、劳动强度大、工资低,但他们毕竟是自由雇工,应该比农民、仆人的经济条件要好,对此德鲁克的描述应该比较准确:"历史书籍记载了早期工业的肮脏,产业工人的贫困,对他们的剥削等。他们在肮脏的地方工作,生活在赤贫中,实实在在受到剥削。但他们的生活比在农村里或雇主的家里还是要好,受到的待遇也较好。"③再说工人也不是强制性的奴隶,可能更深层次的原因在于早期雇工离开家庭到企业,企业对普通员工并不具有家庭氛围,导致工人陡然缺乏家庭归宿感所致。适应这种状况,西方工业化初期企业家为满足雇员的家族氛围需求,千方百计给员工以家的温暖,这突出表现在当时西方企业界父道主义盛行。早期企业普遍实施了从摇篮到坟墓的福利政策,即通常所说的"企业办社会"来弥补员工从家庭到企业后导致的传统家族功能的缺失,使员工家庭能够从企业获得单纯的盈利性企业所不能提供的功能,来吸引、留住"家庭人"。关于这一点,巴莱和德布里对 19 世纪法国企业父道主义的研究结论可见一斑,他们对当时法国履行父道主义的企业就员工物质、道义和政治的"父道"内容调查的结果显示 236 家企业中有约 70% 企业都拥有范围广泛的社会福利制度。④ 巴莱和

---

① [法]安德烈·比尔基埃等:《家庭史》③,生活·读书·新知三联书店 1998 年版,第 754 页。

② 参见[美]彼得·德鲁克:《大变革时代的管理》,上海译文出版社 1999 年版,第 167 页。

③ [美]彼得·德鲁克:《大变革时代的管理》,上海译文出版社 1999 年版,第 173 页。

④ 参见[法]热罗姆·巴莱、弗朗索瓦斯·德布里:《企业与道德伦理》,天津人民出版社 2006 年版,第 72 页。

德布里还强调,当时"做父道主义者是企业主唯一可选择的社会态度"①。

　　早期企业受家族传统的影响还表现在:企业管理风格几乎都是家长式领导,在这种领导风格普遍化的背景下才可能产生对权威绝对服从为基础的泰罗科学管理理论,并在相当长一段时间内风行于世界企业界。不仅如此,父道主义也是企业主最早的伦理模式。这种模式强调,无论企业内部还是外部都要遵守家庭德行。

　　综上所述,企业天生具有家族性并不过分。虽然理论界就早期企业基本形态是家族所有、家族经营的业主制企业已经达成普遍共识,但是企业起源理论中代表性的交易成本说和协作论(或团队生产说)均"摒弃"了家族因素,而且两种企业起源论均存在原因与功能、理论与历史事实脱节,尤其后者更明显。比如,科斯交易成本说建立在企业对市场替代的基础上,而生产组织却远早于市场交换;同样,马克思的协作论乃至当代团队生产说中具协作特征的团队生产组织也早于企业,而且无论是早于市场还是早于企业的具协作特点的生产组织中最普遍的形式莫过于家庭(族)生产(其他如皇室、政府、强盗等也会进行部分协作生产),但这自近代以来一直被学术界所漠视。而且家族组织协作生产包括人力资源与物质资源的协作,而早期企业以物质为中心的协作生产和当代一些学者强调的以人为本都有失偏颇,实际上企业是人与物生产的均衡,不仅如此早期的家族组织内部要素的协作具有长期契约性质,而这恰恰是现代经济学管理学界所期望的。

　　大陆当代学者汪和建和李文祥也先后从社会学的视角分别对企业起源的经典理论科斯"交易成本说"和马克思"协作论"(可以引申出德姆塞茨等人的团队生产论)提出质疑,并验证了韦伯于20世纪初提出的企业源于家户经济共同体的结论。② 韦伯认为企业起源于家族共同体虽与历史和逻辑相符,但他认为企业是家族共同体的终结者显然是值得商榷的。因为家族共同体演化出企业以后,原家族共同体并未终结,而是以新的形式存在。无论从横向还是纵向考察,在企业产生的同时,家族共同体,只是形态会发生改变也将长期存

---

　　① 　[法]热罗姆·巴莱、弗朗索瓦斯·德布里:《企业与道德伦理》,天津人民出版社2006年版,第48页。
　　② 　参见汪和建:《企业的起源与转化:一个社会学框架》,《南京大学学报》(哲学·人文·社会科学)1999年第1期;李文祥:《企业起源的社会纬度》,《社会科学战线》2003年第4期。

在。同样,笔者曾经提出"家族企业:家族与企业的'天作之合'"①的观点,虽然略显牵强,也缺乏深入论证,但至少对原生型的企业还是比较适用,理论界也普遍赞同早期企业都是家族企业典型形态——业主制企业。当然,如果不考虑原生型企业,在有市场存在的情况下,家族共同体可能自觉利用企业组织降低交易成本或者发挥团队生产优势,但这也同样不能否定家族作为企业组织基础的普遍性,因为在这个过程中,家族因素可能渗透进企业。当然,从组织角度来说,家族共同体也不是企业唯一来源,如盗匪、逃亡军队等也可能利用市场机会创办企业,国有非营利性企业改制为企业都可能从起点开始就没有传统的家族性,但这毕竟是少数,而且其发展也很有可能"染上"传统家族性。

二、现代化难以割断家族企业联系

一般认为随着现代化的推进,家族企业所有权与经营权会逐渐社会化,但为什么高度现代化的发达国家仍然以家族企业为主?带着这样的疑问,这一部分将着力就现代化进程中家族与企业关系进行分析。

诚然,随着现代化的推进,家庭传统功能逐渐被企业、学校等公共机构所替代,但是这些职能往往是个人通过在企业等各种盈利性或非盈利性组织工作获得收入,为自己及家庭成员从其他组织购买到原来家庭各种职能的结果。值得注意的是,作为三大经济行为主体之一的政府对人的生产和生活资料起协调作用,而不是将二者割裂开来。

现代化进程中社会主义国家都曾一度自上而下地试图将二者彻底分裂,但家族与企业始终具有千丝万缕的关系,最终这些国家又逐渐重新承认了家庭与企业相互渗透的事实和合法性,承认家庭及家庭成员在企业的合法收入、家族对企业的控制。一些研究表明,即使在家族制度受到意识形态严重歧视的情况下,企业仍然无法摆脱家族化。以我国为例,家族制度受到意识形态高度歧视的计划经济时期一部分国有企业、集体企业仍然通过主要领导者之间的联姻、内招等方式在企业内部形成了错综复杂的家族关系,出现了较为普遍

---

① 参见杨在军:《家族企业:家族与企业的"天作之合"》,《经济学家茶座》2007 年第 4 期。

的《国有企业的家族化》。① 张建刚更是认为新中国成立以来中国的整个经济体制都具有家族性:"事实上,在中华人民共和国成立以后的四十多年时间里,中国的企业制度形式也是建立在家庭观念之上,国有企业表现为扩大化的家庭企业,传统的计划经济就是扩大了的家庭经济……长期的计划体制使国有经济的'家庭本位'在宏观和微观的不同层面上得到强化。"② 樊江春则指出在现实生活中,任何一个微观组织虽然千差万别,但"家族主义"倾向却惊人的相似,单位和个人的关系犹如家长和儿女的关系,其根源是由于"旧式家庭的固有功能在今日中国已经逐渐地转移并内化在各类微观组织之中",在中国社会广泛形成了个人和单位之间的特殊关系——微观组织中的家族主义,其中尤以颇具计划色彩的国有企业为典型。③

　　整体而言,早期认为现代化排斥家庭的观念在实践中不断得以修正,虽然工业化以来,家族关系或亲戚关系可能已经退居次要地位。但家族的作用仍然不容忽视,整体而言:"当前,人们与过去任何时候一样领略家庭的欢乐和痛苦,也和过去一样热中(衷)于家庭生活。在世界上大多数地区,传统家庭或许已经动摇不定,但家庭机构却可能比现有的任何一个国家都会历时更长。家庭机构不像军队、教会或国家那样强大,但它确实最难征服的,也是最难改造的。任何一个具体的家庭可能是脆弱而不稳定的,但家族制度就其整体而论,却是坚不可催(摧)、富有活力的。"④ 比如,被理论界看做个人主义盛行,没有家庭偏好的美国,其前劳工部长 Herman 指出:"21 世纪制度决策者与研究者所面临的三个中心问题是全球化、提高劳动者技能和工作家庭平衡",就说明家族问题在当代美国也对个人有普遍的影响。

　　上一部分论及的资本主义萌芽时期企业普遍存在的父道主义,不过是随着现代化进程的推进,逐渐由企业转移到政府或者专业化组织。这实质上是企业、个人缴纳税赋、员工工资、企业代员工购买各种商业性、政策性保险转移支付的结果而已,尤其企业税收转移支付的作用明显。正如巴莱和德布里对法国企业伦理道德长期演变规律的研究结论那样,政府提供的福利制度与企

---

① 参见张翼:《国有企业的家族化》,中国社会科学出版社 2002 年版。
② 张建刚:《传统国有经济"家族本位"与现代企业制度》,《国有资产研究》1995 年第 5 期。
③ 参见樊江春:《中国微观组织中的"家族主义"》,《新华文摘》1992 年第 5 期。
④ [美]W. 古德:《家庭》,社会科学文献出版社 1986 年版,第 1—2 页。

业对员工社会责任呈现此消彼长趋势。不过,他们没有论及"父道主义"发祥地家庭的情况,笔者认为作为三大经济行为主体的企业、政府、家庭之间存在渗透、协调,三者之间从长期来看应该相对均衡,缺一不可,否则整个社会经济系统可能无法正常运转,大陆计划经济时期企业或者单位为工作人员及其家庭提供从摇篮到坟墓的保障就是这种逻辑的体现。这些当然也与恩格斯人类社会两大类生产均衡的逻辑相符。

中国大陆学术界在强调中国家族文化特色的同时,在理论和实践中又往往对此视而不见,甚至对其有意识形态歧视倾向,这在当代中国企业人力资源管理中尤其普遍。为此,刘永强、赵曙明、王永贵指出,中国改革开放以来企业关注员工的家庭责任及制度安排的缺失,导致员工严重的工作压力和工作——家庭冲突,员工生活质量不高,并进而成为紧张劳资关系、低工作满意度和缺乏组织绩效的诱因。他们的实证研究表明中国员工个体并没有把家庭责任放在首位,而是把家庭责任当成工作的负担,影响自己的工作满意度,这显然与传统观点认为中国人比之于西方人有更多家庭取向相去甚远。而传统"经济人"假设为前提的人力资源理论无法解决上述问题,优良组织行为的实质是员工和睦的家庭人伦关系的横向延伸,源于以父子、夫妻和亲子关系为轴心的人伦,因此必须以员工为"家庭人"这一基本社会现实为出发点。[1]

总之,从企业与家族关系考察,企业与家族在现代化进程中必然出现相互渗透,这无论对投资者、企业家还是企业普通雇员而言都具有普适性。有鉴于此,J. H. Astrachan 等指出在家族企业与非家族企业之间并无清晰界限,任何一个组织都会渗透进一些家族化组织行为,企业是否采用家族化的企业组织行为,不是"是"或"否"的问题,而是程度差异。[2] 我国学者李新春和任丽霞提出的家族意图及其普遍性[3],李东认为家族理性的普遍性也有异曲同工

---

① 参见刘永强、赵曙明、王永贵:《工作——家庭平衡的企业制度安排》,《中国工业经济》2008 年第 2 期。

② 参见 J. H. Astrachan,S. B. Klein,K. X. Smyrnios,The F-PEC Scale of Family Influence: A Proposal for Solving the Family Business Definition Problem,Family Business Review,2002(1)。

③ 参见李新春、任丽霞:《民营企业的家族意图与家族治理行为研究》,《中山大学学报》(社会科学版)2004 年第 6 期。

之妙①。

三、家族企业与现代企业相容而不是相克

（一）传统对两权分离的夸大

以上两部分从理论上回答了企业家族性的普遍性，然而现代企业理论认为家族企业不符合现代企业发展规律，但现实却更多选择家族企业，因此有必要对家族企业与现代企业关系进行挖掘。钱德勒、伯利和米恩斯对现代企业的研究结论，所有权与经营权分离是现代企业的基本趋势，这也是现代企业理论界的共识，成为现代企业理论的基本假设。家族企业之所以受到主流企业理论歧视，很大程度上应归咎于一般认为家族企业两权相对统一。本书对家族企业的研究也主要集中在所有权与经营权层面，因此这一部分对现代企业与家族企业关系的讨论就从这里展开。

不可否认，就所有权而言，随着时间推移，企业规模增大，资本市场、经理人市场的相对完善，持股主体的多元化（法人、机构投资者等），持股方式多样化（交叉持股、金字塔持股等），所有权相对分散是历史必然。但所有权似乎不能作为企业家族控制还是社会化的关键指标，事实上钱德勒也强调管理控制并不能以股票为衡量标准。②

所有权分散有时甚至为家族控制提供方便，早期家族需要拥有全部或绝大多数资产才能控制企业，而随所有权分散只要很低比重的股份就可以控制家族企业。值得注意的是，伯利和米恩斯已发现通过金字塔控股公司、有投票权的特殊股票，甚至完全没有所有权的股权信托控制等法律控制方式："几乎都与单一所有权或多数所有权控制一样稳固"，这表明所有权与控制权有时可能存在明显错位。伯利和米恩斯讨论的 200 家最大非金融公司只有 44% 即 88.5 家属于经营者控制，另外除去 1% 即两家被破产管理外，尚有 110 家属于各种类型的所有权控制。而在 88.5 家被界定为经营者控制的企业中，他们认为股权信息不公开的工业竟然占了 43 家，这意味着对这些企业控制权的

---

① 参见李东：《家族理性与家族企业》，经济科学出版社 2006 年版。

② 参见［美］小艾尔弗雷德·D. 钱德勒：《企业规模经济与范围经济》，中国社会科学出版社 1999 年版，第 234 页。

界定并不准确,可能夸大了经营者控制,其他45.5家则分布在政府管制比较多的铁路和公用事业部门,因为政府规制较多,大投资者难免会采取一些规避措施,可能出现所有权形式上的分散。比如,范·斯威运根兄弟就通过控股公司控制大量企业及其资产(控制了4.5家200家最大非金融公司),伯利和米恩斯认为范·斯威运根兄弟系统企业99%的所有权与经营权确实分离了,但这一企业系统又牢牢控制在范·斯威运根兄弟手中。而按一般判断家族企业的标准,范·斯威运根兄弟系统所有企业具有很强的家族性。

同样,就经理革命而言,随着企业规模扩大,企业绝大多数岗位被家族以外的人占据是必然。这并不意味着职业经理人完全控制企业,因为主要经营者的遴选任用都是在家族主导下进行的,控制性家族往往可以撤换主要岗位的管理人员,只有经理人制定的战略决策符合大所有者家族的思路和利益,才可能通过代表所有者的董事会批准。整体而言,职业经理人只是辅助控制性家族实现仅凭本家族人力资源无法实现的家族和企业目标。即使经理人在公司战略发挥主导作用,但得到好处更多的还是大所有者家族。关于这一点,钱德勒有一段精辟的论述:"高级经理全都支付高薪;甚至,那些持有1%股权的高级经理们除薪水和奖金外还获得大量收入。不过,他们作为高级经理的聘用期通常相对较短;并且富有的个人或家族——拥有大量股权的外部董事——可以从股息中获得的收入不仅远大于经理们从综合资源中获得的收入而且在这一代经理退休后的很长时间内,他们的收入还始终不减。他们甚至比那些支薪经理从企业长期财富及增长中得到更大的利益。但是,正是那些专职职业经理们——那些控制着权力工具的人们——来制定和实施那些对于保持现期利润和确保未来盈利的关键性战略。"①

这种情况下,一个家族只需要很低股份,相对有限人力资源就可能实现钱德勒所说的规模经济与范围经济。两权相对分离与支薪经理拥有部分控制权的家族企业往往能保持良好的绩效,外部若又辅之以相对健全小股东和经理人保障体系,这样的家族企业能进一步吸收社会投资和经营精英,从而进一步推进两权分离,企业和经济发展。钱德勒提出"现代企业"的观点,往往被学

① [美]小艾尔弗雷德·D. 钱德勒:《企业规模经济与范围经济》,中国社会科学出版社1999年版,第235页。

术界误读为企业所有权与经营权分离的经理革命,其实,钱德勒也将现代企业分为"企业家式或家族式的企业"与"经理式的企业",而不仅仅是后者,且适用对象是美、英、德等国顶级企业。而且,就连钱德勒也承认他所论证的美国工业企业实现高阶层支薪经理管理的典型案例之一杜邦公司到美国现代工商企业成熟时仍然是家族所有和家族控制,而杜邦公司直到当今仍被视做最成功的家族企业之一。

利用资本社会化、职业经理等,家族才可能凭借有限的资源实现对大量社会资源的控制,从而实现靠家族自身能力根本无法实现的梦想,因此在不丧失家族底限的情况下,资本社会化、管理职业化也是家族喜欢的经营方式。既然企业的控制性家族喜欢,势必又会促使在保持家族控制的原则下,推动企业的相对社会化。因此,企业与家族企业的发展是相互推进的,这突出表现在家族企业与现代企业,甚至现代市场经济发展阶段高度重合。以现代企业策源地的美国为例,家族企业发展经历了 1865 年以前的形成阶段,1865—1910 年的发展阶段,1911—1945 年的调整阶段以及 1946 年至今的快速发展阶段,这与社会化的现代企业发展阶段并无二致。①

从历史纵向来看,所有权分散,两权分离确实是一种趋势,但切不可过高估计这种分离。姑且不论 20 世纪 80 年代以来的两权合流趋势②,伯利和米恩斯用的是传统直接所有权的角度来考察控制权。如果用当今广泛采用的 La Porta 等倡导的最终控制权来考察③,伯利和米恩斯的基本观点虽然不会被推翻,但两权分离的程度会大打折扣,因为直接控制权往往会夸大经营者控制比例。遗憾的是,由于历史资料的匮乏,无法对伯利和米恩斯所讨论的最终控制权做细致的分析。事实上,La Porta 等采用终极控制权得出的发达市场经济,且有利于两权分离股票市场的国家和地区普遍大企业大股东(家族和国家)控制的结论既颠覆了有关大企业两权分离的观点,并逐渐得到理论界的

①　参见欧晓明、苏启林、郑海天:《美国家族企业演进过程与管理特征研究》,《外国经济与管理》2003 年第 10 期。

②　参见邓承师:《应对"经理革命"的出路探析——对两权分离走向两权重新结合的历史思考》,《中国工业经济》2004 年第 12 期。

③　参见 Rafael La Porta, Florencio Lopez – de – Silanes, Andrei Shleifer, Corporate Ownership Around the world,Journal of Finance,Journal of Finance,1999(2)。

普遍认同。尤其值得注意的是,奥沙利文对美国公司治理百年史的研究表明,长期以来,社会化企业与美国文化基础存在冲突:"这种美国公司受到管理控制的现实与美国社会个人主义和私有财产的主流论调显得颇不合拍。鉴于这种言词与现实的脱节,司法及其他公共部门很少对美国公司治理的现实问题发表明确的意见就不足为奇了。最后,由于管理控制从来没有得到令人信服的论证,当企业的外部人开始争夺公司控制权时,管理控制的主张就显得不那么理直气壮了。"①

一般认为,发达的股票市场在美国现代企业发展中起了举足轻重的作用,被视做现代企业所有权分散的基础,但确实可能被高估了。据奥沙利文研究:"实际上,美国的股票市场不是,而且从来不曾是这些大公司长期业务投资的重要投资来源。在整个 20 世纪,美国公司的利润留成和债务融资,而不是股票发行才是企业投资的主要资金来源。"②从 20 世纪 20 年代中期到 20 世纪 70 年代,美国最大的 50 家公司以 5 年期或 6 年期考察,净股权融资从未高于 18%,而且只有 1927—1930 年接近这一数字,也许是巧合,伯利和米恩斯的经典著作《现代公司与私有财产》就两权分离问题的论述所引资料恰恰集中于此时。

此外,可能受钱德勒、伯利和米恩斯两权分离,管理资本主义的影响,理论界一般认为美国绝大多数家族所有者倾向于放弃直接经营管理,而雇用职业经理人。一般认为,美国当代企业家族企业的比例高达 90%—98%,而据调查,2002 年美国家族企业的 CEO 有 93.7% 是家族成员,超过 90% 的家族企业董事会有两个以上的家族成员,上市家族企业中超过 60% 的有 5—6 名家族成员,并有近 90% 业主相信接下来的 5 年家族企业控制权仍会被家族掌握。③

当然,管理者控制并非完美。自从伯利和米恩斯宣称美国大型企业所有权与经营权分离的现象以来,经济学家们就对经理人规避风险的过度审慎行事,会在多大程度上妨碍企业追逐利润最大化给予了高度关注。经典企业理

---

① [美]玛丽·奥沙利文:《公司治理百年——美国和德国公司治理演变》,人民邮电出版社 2007 年版,第 73 页。

② [美]玛丽·奥沙利文:《公司治理百年——美国和德国公司治理演变》,人民邮电出版社 2007 年版,第 80—81 页。

③ 参见 Raymond Institute,American Family Business Survey,Mass Mutual 2003。

论认为,与所有者所采取的更符合企业家风格的行为方式不同,经理人为保住自己的职位,会设法规避那些有可能威胁自己地位的行动。经理人在两权分离情况下往往有以下倾向:通过销售的增长和资产的增值,来实现较低的但更加稳定的利润;倾向于为公共利益而不是为股东利益服务的行动;增加自己的薪酬和额外补贴;执行低风险策略。就具体策略而言,更倾向于将风险分配到不同的产品上,同时由于合并企业风险小于新建企业,因此一般倾向于购买而不是新建。Williamson 拓展了交易成本理论,指出股份公司治理结构的建立,可以使部分经理人的机会主义行为降到最小,即代表所有者的董事会制定将高层经理人利益和股东的利益捆绑在一起的合同条款来约束经理人。值得注意的是,就连 Williamson 也认为虽然公司治理结构下可以实现利益捆绑,但是经理人的过度审慎和机会主义仍然存在。① 而委托代理理论的开山鼻祖之一Jensen 也指出当董事会缺乏意愿或者信息,强制执行针对经理人的纪律约束时,董事会和经理人之间的委托——代理关系就会出现扭曲。当公司股权分散或者机构投资者居于支配地位时,委托代理关系扭曲的可能性更大。② 有关管理层对所有者控制的文献预计,由管理层控制的企业更倾向于保持股本超过负债,降低其资产和销售的回报率,形成相对较低的股本回报率、相对较高的市盈率(因为支出很少),以及相对较高的自有现金流水平。由管理层控制的公司喜欢采用合并和多样化策略。整体而言,管理层倾向于保存收益或将收益再投资,而不是将其派发给股东,而从股东角度而言,收益权显然是第一位的。③ 更为关键的是,经理人员的道德风险,高流动性带来的弊端已有目共睹。

就绩效而言,从企业发展普遍经验表明,在所有权分散、所有权与经营权分离的情况下,积极的进取型股东,往往是企业绩效基本保证,而积极股东的载体往往就是家族。虽然对家族企业效率从理论视角否定者多,但实证研究却不乏家族企业效率为优者。世界著名的汤普森金融咨询公司经过调查分析

① 参见 Williamson, *The Economic Institute of Capitalism*: *Firms*, *Markets*, *Relational Contracting*, Free Press, 1985, pp. 311–322。

② 参见 Jensen, M. "Eclipse of the Public Corporation", Harvard Business Review, 1989 (5)。

③ 参见 Neil Fligstein, The Architecture of Markets: An Economic Sociology of Twenty-First-Century Capitalist Societies, Princeton University Press, 2001, p. 131。

认为,"我爱我家"的信念是家族企业成功的最主要因素,也是家族企业表现好于非家族企业的关键原因,这种信念体现在家族企业发展的方方面面。这些说明现代企业理论和家族企业从根本上不是相克而是相容。

最后,需要强调的是,家族企业所有权与经营权乃至其他各项社会资本的社会化,符合家族与企业发展的基本规律,是两者发展的必然结果和体现。从家族与企业长期发展趋势来看都是不断融合社会物质资本、人力资本、金融资本、社会信用资本的过程,这在整体和个体层面都有体现,而且现代市场经济或者说企业产生以家族社会化为基础。比尔基埃等对18世纪西部欧洲和东欧家庭的比较研究表明,西欧核模式占主导,东欧则是多核的大家庭,此时的西欧已经开始工业化、城市化,而东欧则还是农业社会。换句话说西欧企业已经开始大量产生,东欧则是没有企业的自然经济。结果"在第一种情况下,家庭这个小细胞是外向型的,对交换渠道、市场经济和公众精神,都是非常开放的。在第二种情况下,家庭是一种抱团儿的、自给自足的组织,似乎成了国家发展和市场统一的障碍"①。

从家族视角考察,整个人类社会的家族演变都是融合外部四种资本的过程,而单个家族发展的长期趋势也是不断融合外部资本的过程。就企业发展而言,同样无论从个体还是整体都是一个不断融合外部资本的过程,无论是家族还是企业融合各类资本的过程也是一个逐渐开放的过程,家族与企业的发展都以融合外部资本为前提和表现,因此家族与企业也必然在不同的阶段表现出不同的形态。从企业与家族关系来看,企业是在家族融合各种社会资本的过程中产生,此后企业也成为家族融合各种外部资本的重要场所,家族封闭性有所减弱。也因为家族融合了社会资本,家族成员或分支对家族依赖减少,当然也意味着家族对家族成员、分支的依赖度下降,家族也没有必要继续控制家族成员或家族分支,因此成员间,个人与家族间的关系由传统的无限责任转变成有限责任。有限责任之所以出现在工业化初期,可能正是由于这一阶段企业出现,并逐渐普遍化,使家族融合社会各类资本的能力增强,家族成员或个体与家族之间由传统社会的无限责任转化为有限责任。而有限责任的出现

① [法]安德烈·比尔基埃等:《家庭史》③,生活·读书·新知三联书店1998年版,第754页。

则又进一步促进了家族融合社会资本,有限责任的普遍化则使家族和企业融合社会资本的效率和规模大大提高。家族有限责任与企业有限责任是相互促进的,奥沙利文对美国百年公司治理史的研究部分证明了这点:"美国工业证券市场的发展之所以能够促成所有权与公司战略控制的分离,是因为它为美国的家庭提供了流动性,但并不要求他们有更多的投入。随着工业证券市场的演进,促进了股票所有权和战略控制权的分离,原因正由于这种证券为美国家庭提供了投资变现的能力,而无需其投入时间、精力和额外的金钱。这种将公司收益分配的控制权交给经理人的普遍愿望,在一定程度上是由于公众股东受到了有限责任制的保护。"①

(二)现实世界家族企业概况

事实上,无论钱德勒,还是伯利和米恩斯研究对象都是现代企业策源地美国顶级企业的情况,而基本没有论及一般企业,尤其数量上长期占绝大多数的中小企业,而后者的家族性明显高于大企业是不争的事实。虽然各个国家和地区的中小企业标准千差万别,但整体而言中小企业具有重要地位,尤其在数量上占绝对优势,这从表3—4可见一斑。完全家庭所有,家庭经营的典型家族企业在中小企业中比例较高,即使以公众企业为典型的美国自20世纪80年代以来无雇员企业一直在1000万左右,占企业总数60%以上。另据2004年年初美国中小企业局估计,近年全美有雇员企业与无雇员企业总数为2220万,其中无雇员企业接近1650万家,约为74.3%。② Smyrnions等研究更得出与美国家族企业所有权分散的大众观点截然不同的结论,美国竟然有超过70%的家族企业控制超过50%所有权。③

一般认为创业期的企业绝大多数是家族企业,而从企业生命周期理论,绝大多数企业都无法跨越创业期而早早结束生命,这也意味着从企业生命周期考察家族企业具有普遍性。不但如此,大陆学者陈凌、应丽芬还指出,虽然许

---

① [美]玛丽·奥沙利文:《公司治理百年——美国和德国公司治理演变》,人民邮电出版社2007年版,第72—73页。

② 参见刘玝:《中小企业创办、生存和关闭的实证分析——美国中小企业发展研究》,经济科学出版社2004年版,第19页。

③ 参见 Smyrnios,K. X. et al. Work-to-work conflict, in Fletcher, D. E.(eds)Understanding the Small family business,Routledge,2002。

多学者认为家族制度有利于创业而不利于守业,但在全球市场变化和我国家族企业体现出来的特有的灵活性和借助于网络扩展其资源整合能力的新形势下这种论断可能为时尚早。①

表3—4　当代部分国家中小企业地位概况

单位:%

国家	企业数量所占比重	就业人数比重	增加值比重
美国	99.0	60.0	40.0
德国	99.6	68.0	52.4
意大利	95.0	—	50.0
英国	99.0	46.0	42.0
法国	99.0	66.0	66.0
比利时	85.0	52.0	—
澳大利亚	94.5	44.0	34.2
日本	99.1	78.0	51.3
韩国	99.0	69.0	47.0
巴西	98.5	60.0	21.0
阿根廷	90.0	60.0	50.0

资料来源:林汉川:《中国中小企业发展机制研究》,商务印书馆2003年版,第42页。

而历来被视做现代企业策源地,公众企业典型的美国,也被视做没有封建家族残余,但无论从现实还是理论来看,美国家族企业仍然扮演着重要的角色。当代美国,家族企业是如此普遍,以致美国家族企业研究者一般认为美国有90%—98%的是家族企业,据美国《家族企业》杂志对世界最大的200家家族企业分类,其中竟然有99家源于美国,而拥有大家族企业数仅次于美国的法国却只有17家,其中除了传统的福特、杜邦公司外,还有沃尔玛这样连续多年占据世界企业第一的家族企业新贵。美国也是世界家族企业研究的策源地和中心,不但在全世界有影响的家族企业理论研究成果绝大多数源自美国,即使其他国家和地区的家族企业研究者往往也有美国经历,甚至我们对他们研

① 参见陈凌、应丽芬:《从家庭/网络家庭到企业/企业网络——家族企业成长的本土视角》,《学海》2006年第4期。

究的了解也是通过美国,(Family Business)和(Family Business Review)是世界上仅有的两本专门研究家族企业的杂志,美国还早在 20 世纪 90 年代初就建立了家族企业研究机构(US Family Firm Institute)和世界家族企业情报网组织。美国人休斯针对家族企业成员的经典著作:Family Wealth：Keep It in the Family(让家族世代兴盛)在出版前就已经成为交口传颂的经典著作,而在出版后七年又再版,这说明家族企业在美国有广泛的社会基础。盖尔西克等认为:进行一次成功的事业冒险,然后在前门的招牌上加上"和儿子共同经营"(或加上"和女儿共同经营"),这不只是一个美国人的梦想,对于世界人口中相当大的一部分来说,家族企业的成功与延续是他们在经济意义上的宝藏。

同样,日本向来被看做企业经营风格上的浓厚家族特色的同时,在家族制度产业化的同时,也被视做两权分离的典范。但据富士综合研究所 2000 年 3 月的调查,日本上市公司 42.7% 是由创办人或者家族成员掌管的家族企业。整体而言,在日本 233 万家法人企业中,公认的"同族公司"超过 200 万家,约占法人企业总数的 95% 。即使在上市家族公司中最高经营者既是公司最大股东又是创办人的个人或其家族成员的占 86% ;个人是大股东但不担任最高经营者,必要时让其家庭成员担任董事或常务董事的占 11.1% ;而自己不是大股东,以创办人家族成员身份就任公司最高经营者的占 2.8% 。另有资料表明,日本 99% 以上是中小企业,中小企业基本是家族企业,其中现代企业型(只有领导人是家族成员)、标准企业型(家族成员是企业经营主体)、维持生计型(企业事务就是家族事务,家族财务与企业财务不分)、副业型(利用业余时间及闲置人员)的家族企业分别占 21.4%、34.1%、12.0% 和 32.5% 。

四、家族企业理论歧视诱因

从上面的分析可以看出,家族企业在企业起源与演进过程中长期普遍存在,甚至与现代企业理论的关系不是相克而是相容,但无论中外均存在家族企业普遍存在与理论歧视相悖的现象,主要有以下几方面原因:

首先,理论界普遍忽视了家族作为一种社会文化现象的普遍性、持续性,忽视人从生到死都始终属于"家人"、"社会人"的范畴,而与企业相关的"经济人"往往只是个人生命周期中间阶段的特征,且后者始终没有脱离前者。从历史来看,也是先有家人、社会人,才有"企业人"、"经济人","企业人"与"社会人"更多是家人应对"家外人"的理性,而对家人之间基本逻辑还是"家人思维"。因此,虽然经济人模式的现代形式之灵活性使他尤其适用于涉及成本与收益比较的广泛行为,但这"不等于说所有的经济理论只能以经济人假设作为分析基点",经济人假设毕竟只是关于人局部特性的过度简化假设。① 笔者认为经济人假设从根本上以"物"为中心,而忽视了人的因素,这甚至与当代强调以人为本的发展理念也是相悖的。

其次,传统认为家族企业必然向公众企业演进的理论,可能忽视了三个因素:一是新企业注定会以家族为中心;二是即便对公司的控制能够通过非家族的方式进行,但企业资本也会在家族成员间转移,获得新的所有权的家族成员倾向于家族控制;三是家族控制手段和方式或者说家族企业内涵是动态变化的,而不是静止的,而且现实中的企业绝大多数并不是经典理论所讨论的大企业。

最后,家族企业之所以在理论上受到歧视,归根结底是由于现代化思想以公共化与社会化为基本假设,而忽视了传统因素。从经济人视角出发,家族企业难免会出现与历史与现实相悖的社会化,这并不仅仅是经济管理学与社会学学科割据的问题,因为家庭、家族研究即使在社会学中也是边缘化的。家族之所以在理论上长期受到歧视归根结底是由于现代化思想以公共化与社会化为基本假设,而忽视了传统家族因素在现代社会的作用,关于这一点加拿大社会学家切尔做了详细的分析。② 既然家庭都被边缘化了,与家结合的家族企业自然会受到歧视。企业是现代化、公共化、社会化的产物之一,甚至是典型标志,在这种情况下理论界千方百计将传统的、封闭性较强的家族与企业剥离就不可避免,这应该是家族企业受到普遍歧视的最终根源。

总之,家族企业普遍存在的现实与家族企业遭遇理论歧视悖论的根源在于过分强调现代化的公共性与社会化,而公共化与社会化无疑都会以私人、家庭为基础,因为家庭毕竟是人类的细胞。对家族企业的歧视在事实面前是占不住脚的,理论上也很难自圆其说,对实践也是极为有害的。在整个企业发展

---

① 参见杨春学:《经济人的"再生":对一种新综合的探讨与辩护》,《经济研究》2005 年第 11 期。

② [加]大卫·切尔:《家庭生活的社会学》,中华书局 2005 年版,第 192—193 页。

史中家族企业都居于主流,如果简单将家族企业不符合现代化的基本假设而歧视之,必将增大企业经营风险,损害投资人利益,甚至危及经济安全。

五、破解理论与现实之惑的中国意义

理论界漠视长期普遍存在的家族企业,也曾引起国内一些学者的注意。可能因为国内外学者普遍认为中国社会具有明显的家族取向,尤其改革开放后家族经营爆发出强大生命力的背景下,早在 20 世纪 80 年代中期陈吉元就提出研究家族制度对生产组织的影响,并采取必要对策,是政治经济学社会主义部分(当时的中国经济学基本停留在政治经济学范畴)研究改变教条现状,真正发挥对经济建设起指导作用的重要方面,是对历史唯物主义的丰富和发展。他还特别强调,家族制度和家族观念对现代化工业企业的影响可以作为"今后一个专门的研究课题"。① 但直到 20 世纪 90 年代末以前,家族企业研究在大陆还只是零星的。陈凌曾把我国家族企业研究不充分的事实归因于学科之间差序格局的存在,学术界对家族式组织的"意识形态歧视"及现代经济学尚未将家族式组织和企业战略网络纳入研究视野三个方面。② 不过,陈凌的分析建立在中国家族式组织特色论逻辑起点上,认为这是由中国文化的信息特征引起的(低文本文化),即陈凌的言外之意是西方国家的企业是非家族企业为主的,实质上还是对家族企业有歧视之嫌。

就中国学者而言,一方面承认了家族企业在中国乃至华人世界的普遍性;另一方面却又认为中国乃至华人世界的家族企业现象是一种特色或者过渡现象,即否认世界家族企业的长期性与普遍性。中国学者之所以形成以上观点,主要有三方面原因:历史上中国传统家族文化渗透到社会生活的各个领域、组织结构的复杂性;近代以来中国乃至华人家族企业不得不保持相对封闭性以保持其边缘化生存状态;自近代以来,历史上曾经不可一世的中华帝国经济社会走上下降通道,学术界在难以给出合理解释的情况下,只能以中国传统文化作"托辞"。

---

① 陈吉元:《家族制度对生产组织的影响需要研究——读〈企业组织的基本形态与传统家族制度〉》,《经济社会体制比较》1985 年第 2 期。

② 参见陈凌:《信息特征、交易成本和家族式组织》,《经济研究》1998 年第 7 期。

主观而言,主要有以下四方面因素值得注意。第一,社会各界普遍以西方经典企业理论为依据,却忽视了西方家族企业是被理论边缘化的,或者说西方主流企业理论主观上排斥家族企业,中国普遍存在的家族企业难以在这样的企业理论体系中找到自己的位置。

第二,中外学者对家族制度存在一定的误解,将其理解成刚性的,结果夸大了中国与西方家族企业的差异。如果因为中国的一度封闭让西方主流学者对中国家族制度的理解还停留在历史记忆中的话,中国学者则动辄以儒家经典抑或西方中国问题专家对中国家族制度的理解为基础,而中西方学者对中国家族制度当代现实的最新研究尚没有经过历史沉淀成为经典,尤其家族企业主要还是作为经济管理议题展开的,在引进家族企业理论时注定会选择经典,而经济管理学科的显学地位又决定了包括社会学在内的其他学科在研究家族企业时难免受其影响。但是,人类家族组织的重要特点是其高度适应性,即柔性,家族是动态变化的,这同样适用于中国家族制度乃至中国文化。自近代以来,中国传统的家族制度历经国门洞开、战争、政治制度变革、文化洗礼乃至现代技术、生产方式及生活方式等多方面的冲击,家族的传统已经变得支离破碎而难以辨识。① 华人已跨越国界,建立在华人家庭文化基础之上的华人经济体、华人家族企业已经令世人瞩目。但无论国内(包括大陆常引用的台湾学者的观点)还是海外学者在论及家族企业时所言中国家族往往是传统"乡土中国"的家族,而西方的家族则是现代家族,解释对象却都主要是现代城镇中的家族企业,即在研究中国家族企业时,家族与企业出现严重的时空错位,而西方家族企业研究中家族与企业时空错位的程度显然不如中国。不仅仅家族制度停留在历史记忆中,与中国家族企业落后的特色论相关的中国文化等也同样停留在历史记忆的乡土文明中。

第三,大陆是社会主义制度,因此长期受马克思主义经典理论的影响,而马克思主义经典理论从根本上对家族制度有歧视倾向。比如,在《家族、私有制和国家的起源》中恩格斯就指出,国家产生以后,地区团体取代血缘团体,家族制度受所有制的支配,阶级对立和阶级斗争构成了直到今日的全部成文史的内容,显然其仍然承认阶级对立环境下家族制度的存在,而不是消灭了家

---

① 参见李新春:《中国的家族制度与企业组织》,《中国社会科学》(香港)1998 年第 3 期。

族制度。姑且不论其家族制度受所有制支配的观点类似制度经济学的产权决定论尚且值得商榷;《共产党宣言》中也有资产阶级撕下了罩在家庭关系上的温情脉脉的面纱,把这种关系变成了纯粹的金钱关系这样的阐述,这说明马克思、恩格斯同样认同家族的情感关系,精神财富(当然,他们也没有完全明确否定家族的精神财富),而不仅仅是阶级关系,但后来经典社会主义国家以阶级关系代替家族关系可能曲解了马克思和恩格斯本意。而马克思主义有关人性假设的三个纬度:社会关系总和、经济范畴上的人格化和资本主义经济层面上的阶级人,除社会关系的总和包含家族关系外,其他两个维度都没有涉及家族关系,也没有考虑家族人。[①] 这可能是新中国成立后在相当长一段时间自上而下对家族制度彻底否定,偶尔出现的家族因素也被打上"残余论"的重要根源。这可能与马克思主义经典理论也是相悖的,更罔论马克思主义的科学发展了。

第四,包括家族文化在内的中国文化研究本身存在与世界和现实脱轨的迹象。西方文化研究者第二次世界大战后发生了两个重大转向,一是由过去重视文化起源、演进、文化原始形态,即重视开化文化(原始文化)和传统乡土文化(农业文化)的研究,转向注重对现代都市社会的研究。二是由此衍生出的由农业文化为主转向现代工业文化研究的转变,家族制度研究方面也不例外。而我国则历史上有独特的家族制度,新中国成立后家族制度受到意识形态否定一方面使原有的家族制度几乎销声匿迹,另一方面对当代家族制度的研究也意识形态化,主要是批判,千方百计将其"抹黑",与封建历史高度联系。还有一个因素值得注意,那就是因为特殊原因,新中国成立直到改革开放后一段时间都处于封闭状态,中国的家族制度外人不得而知,结果西方学者往往只能对中国历史上的家族制度进行分析,这在借用"家族制度"的经济管理领域尤其明显。中国大陆社科研究又恰恰以西方为导向,忽视了自近代以来中国家族制度已经开始受到冲击。虽然改革开放后家族制度有所复苏,中国工业化、城市化水平较低的现实确实决定了中国还有更多家族制度生存的土壤,但整体而言中国当代的家族制度与历史上典型的封建家族制度已相去甚远。

---

① 参见武建奇:《论马克思主义关于人性假设的三个维度》,《经济学家》2008 年第 3 期。

第五,中国目前的经济正处于与西方历史上"家族资本主义"相对应的"家族市场经济"阶段,中国学者所接触的企业除了公有制企业外几乎全是家族企业,结果发现中国现实与西方主流理论几乎是背道而驰的,既然已将西方经典企业理论奉为圣明,那自然也就只能千方百计纠正中国现实,从而形成中国家族企业特色或者过渡的观点。

破解家族企业理论歧视不乏理论与现实意义。就理论而言,一方面应该对中国乃至华人世界家族企业过渡论或特色论的观点摒弃,正确认识家族企业的历史地位。事实上,现代人已习惯将日本现代经济奇迹归结为日本企业管理得像家一样,第二次世界大战后华人经济奇迹也与华人普遍的家族经营有关,甚至 20 世纪 60 年代美国学者率先研究西方家族企业的背景也是 20 世纪 50 年代后日本以及东南亚海外华人家族经营的成功,而在此前理论界几乎对家族在现代化,尤其现代经济发展中的积极作用完全否定。[①] 另一方面国内学者应该对热捧而又模糊不清,甚至在现实中有被架空和虚设等边缘化倾向的现代企业制度进行反思[②],至少现代企业制度体系中应该考虑家族因素,而不能盲目追求"一大二公"(大规模,所有权和经营权的公共化、社会化)。需要强调的是,我国家族企业不是发展过度而是发展不足,其突出表现是与发达市场经济体相比,私人家族控制上市企业数量及市值所占比例明显偏低,而从民营企业区域分布来看,长三角、珠三角是我国民营家族企业最为活跃,也最具实力的地区,这可能与上述地区具有浓厚的家族文化传统有关。

针对我国当前即使在农村对家族制度的法规尚且缺位的事实,就政府而言,则应该针对家族制度、家族企业长期普遍存在的事实,制定一些体现家族特性的法规,既保护家族利益的同时,又规避家族企业主损害外人利益的行为。比如,保护合法经营及其收入的同时限制家族上市公司关联交易和内部交易、健全劳动法等,促进以家族企业为主体的民营经营持续稳定发展。对家族企业而言,则应尽量规避理论对家族企业歧视的影响,科学地走家族化之路,同时吸纳一些社会化的元素,将家族与现代企业经营管理有效结合。

---

① 参见 Whyte,Martin King,The Chinese family and economic development:obstacle or engine? economic development and Cultural Change,1996(1)。

② 参见王效昭:《警惕和防止现代企业制度的边缘化倾向》,《管理世界》2006 年第 5 期。

第四章　西方家族企业的历史演进

第一节　西方家族企业演进轨迹

一、西方家族企业演化概述

一般认为,当今世界家族企业主要存在三种模式:以美国为代表的所有权高度开放下的强调经营权的控制;日本股权集中下的两权不分在家文化下的职业化管理;欧洲及海外华人股权集中基础上的两权不分。① 无论哪种形式,家族的控制基本上几乎都是以所有权和经营权为基础的,并且呈现出相对一致的演进趋势,故而下文分析西方主要市场经济国家家族企业演进的一般轨迹,主要考虑所有权与经营权。

由于美国是现代企业策源地,而且是现代世界经济领导者,并且一般被视做家族文化最弱,个人主义盛行,经济理性占主导地位的典型代表,因此本书以美国为中心,兼论其他国家和地区的情况。英国则是现代股份公司起源地,又是工业化的先驱,而且英国原是美国殖民者,与美国在文化、经济社会发展模式等很多方面有趋同性,甚至对美国有影响,虽然其他国家和地区与美国存在差异,但基本趋势大体一致,只是存在时间和程度差异,因此早期的讨论以英美为主。

家族企业的公认优势之一是其对外部环境的高度适应性,这客观反映出外部环境对家族企业的影响长期普遍存在。家族企业本身是一个企业组织,因此企业组织自身是家族企业演化不容忽视的因素;家族企业与非家族企业

---

① 参见付文阁:《中国家族企业面临的紧要问题》,经济日报出版社 2005 年版,第 42—72 页。

的根本区别在于其家族性,家族性是家族企业基本基因,故而本部分的讨论将其作为基础。家族企业的家族性与企业性交汇点主要体现在家族所有权与经营权方面,一般在分析企业控制权时将所有权和经营权结合进行研究,尤其关注二者关系。因此本书主要从外部环境、企业组织和家族为基础,分别对家族企业所有权、经营权及二者关系的演变进行研究,根据其演化的阶段性特征可以分为 19 世纪中期前、19 世纪末到 20 世纪 60 年代和 20 世纪 70 年代以后三个阶段。

值得注意的是,当代研究者习惯将西方家族企业演进分成三个阶段,即 19 世纪中期前;19 世纪末到第二次世界大战;第二次世界大战以后至今。本书之所以将第二阶段延长到 20 世纪 60 年代,主要考虑到理论界一般认为家族经营规模不经济,大企业两权分离,而 19 世纪末到 20 世纪 60 年代恰恰是一般认为社会化程度较高的大企业越来越受欢迎,在经济社会中所起作用越来越重要,且所有权持续保持分散化趋势,两权也持续分离的时期,而这些特征历来被视做家族企业当然的发展方向。20 世纪 70 年代以后则出现复古潮流,无论是企业组织自身,还是外部环境,都朝有利于家族控制的方向发展。社会各界逐渐摒弃了上一阶段的大企业崇拜论,中小企业盛行,企业专业化则既是家族控制企业较多的结果(钱德勒把产品多样化看做管理层控制指标),也是家族控制普遍化的重要体现。此外,就全球范围而言,20 世纪五六十年代的社会以各种方式否定传统家庭,并出现许多与传统家庭相去甚远的组织,20 世纪 70 年代以后则普遍出现向传统家庭回归的趋势。

二、19 世纪中期以前:古典企业盛行

(一)家族高度控制普遍性

一般认为早期企业是典型的家族所有、家族经营的古典家族企业。整体情况而言,在英国、德国、美国和日本等主要资本主义国家,基于家族关系和友谊的个人信赖是工业化之前企业的关键所在,企业是缺乏管理阶层的个人事务。① 布莱克福德对此有一段精辟的描述:"对工业化之前的商人而言,企业

---

① 参见[美]曼塞•G. 布莱克福德:《西方现代企业兴起》,经济管理出版社 2001 年版,第 260 页。

经营是非常个人性的事务。商人企业——特别是日本的,当然,殖民地美国(如汉考克会馆)和英国(如巴林会馆)的情况也一样——都是会馆。在日本商人的分会馆机构和英国商人、殖民地美国的商人的海外代理机构中,商人的亲戚处于重要位置。在处理经济事务方面,个人信赖比企业组织或管理阶层更为重要。这是一个面对面的个人接触的世界。唯有通过家族和个人的关系才能限制企业经营活动的风险。通信和交通虽然在改善,但依旧原始,以致商人不能在他们的居所地以外直接监督企业活动。他们不得不委托身处远方市场的其他人,所以他们必须依靠友人或家族成员,帮助他们经营企业。"①

　　现有对早期家族经营的论述以商业为多,忽视了手工业,这可能与古代商业的影响大于手工业有关。实际上,对于某些工场形式的手工业,规模一般较大,人力资本、物质资本、金融资本和社会资本的需求超过了家族边界,也被卷入市场,但还是以家族控制为主。不仅如此,手工工场也普遍以家庭生产为基础。比如,15—18世纪欧洲的各种统计资料都指出手工工场在工业完全处于少数地位,但即使这些有限的手工工场,甚至大规模的手工工场,仍然以家庭生产为主。具体而言:"除了集中的工人以外,手工工场总是——这几乎成了没有例外的规律——在其所在城市和附近乡村还有一些分散从事家庭劳动的工人。由此可见,手工工场的确位于包买商制度的中心。旺洛贝家族在阿布维尔的织呢工厂雇佣将近3000工人,但在这个数字里,不知有多少人是附近的家庭劳动者。奥尔良的一家织袜手工工场于1789年在厂内雇佣800人,但在厂外使用的劳力却是这个数字的一倍。玛丽—泰莉莎在林茨创办的呢绒手工工场共有15600工人(1775年达26000人)。数字很大,但确实无误;正因为中欧工业落后,需要迎头赶上,手工工场的工人人数往往很多。但在这个数字中,三分之二的纺织工人从事家庭劳动。"②从手工工场产生的视角考察,应该是家庭生产的集中,尤其城市手工工场往往是家庭劳动网的终点,是生产过程最后结束的场所,即包买商往往将手工生产的最后一道工序集中到手工工

---

① ［美］曼塞·G. 布莱克福德:《西方现代企业兴起》,经济管理出版社2001年版,第29页。

② ［法］费尔南·布罗代尔:《15至18世纪的物质文明、经济和资本主义》第二卷,生活·读书·新知三联书店2002年版,第348—349页。

场,但此前的多数工序仍然是在家庭内完成的。这主要有以下原因:首先,终端工序需要精巧的技术和相当多的设备;其次,控制最后一道工序利于产品的标准化、商品化;再次,由于乡村劳动力便宜,便于收购大量毛坯;最后,也是最主要的原因,手工工场使用家庭劳动,就可能根据需求调节生产,而不致解雇熟练工人。①

1780年一般商人仍然支配着经济,家族仍然是基本的经营单位。最常见的是家族农场。家庭外部的少数制造业,则由小工场的手工业者来操作。在城镇里,手工业通常有一两个学徒或雇工帮忙,他们通常被当做家人看待。②19世纪前期,最大工业企业纺织联合厂已规模化,使用代理人、监工等,但工场仍是商人家族控制。规模比较大的从事国际贸易的商人也有明显家族性:"他们尽可能从家族里物色伦敦、西印度群岛和北美殖民地的代理商。假如不能通过家族成员或完全可靠的合伙人来寄售货品或安排货品的销售和采购,他们就依靠船长或船货的管理人(他们是海外货船上的授权代理人)从事远地的交易。即使如此,后者通常也是他们的儿子或侄子等。"③也就是说即使强调个人主义,没有封建残余的美国在18世纪末19世纪初,企业基本上是家族所有,家族经营的。

即使到1840年,钱德勒所说的现代企业尚未出现,几乎所有高层经理都是企业所有者,不是合伙人就是主要股东,即使合伙往往也是家族合伙。虽然和欧洲一样,19世纪农业大规模企业要比工业多得多,不过,比之于欧洲很多大农场主都是不在场的地主,主要靠支薪的土地管理人或经理对农场进行管理不同的是,美国南部绝大多数大农场主都直接管理他们的财产。④ 南北战争以后,即使废除了奴隶制,采用了新机器和新技术,家庭农场仍是美国农业

---

① 参见[法]费尔南·布罗代尔:《15至18世纪的物质文明、经济和资本主义》第二卷,生活·读书·新知三联书店2002年版,第349—351页。

② 参见[美]小艾尔弗雷德·D. 钱德勒:《看得见的手——美国企业的管理革命》,商务印书馆1987年版,第17页。

③ 参见[美]小艾尔弗雷德·D. 钱德勒:《看得见的手——美国企业的管理革命》,商务印书馆1987年版,第18页。

④ 参见[美]小艾尔弗雷德·D. 钱德勒:《看得见的手——美国企业的管理革命》,商务印书馆1987年版,第73页。

的基本企业单位。①

（二）家族高度控制之根源

欧美家族和企业发展史说明家族主义在早期企业中具有普遍性，这主要是由经济社会发展水平所决定。钱德勒对美国的解释应有一般性："慢吞吞的生产，以及在经济领域内慢吞吞流动的货物，意味着个人拥有并经营的小企业就足以处理生产及分配的每一环节最高日常活动量。"②英国、德国、美国和日本："工业化之前时期的那些经济还是比较原始的。以较低的产量和较慢的速度运营的企业，允许商人以传统方式来经营。基于家族关系和友谊的个人信赖是工业化之前时期的企业的关键所在。"③在意大利，"正如封建混战时的私人军队一样，意大利的佛罗伦萨或锡耶纳的贸易公司、'伦巴底'银行或加泰罗尼亚呢绒企业均以家族为基础，再扩展到表亲、合伙人，雇用一些职员，但以血亲合作为基础。领导集团的信任是给予血亲的"④。

之所以出现上述状况，有多方面原因。从家族来看，早期家族教育功能并没有分离到社会，家族后代知识、能力结构与水平往往取决于家族财富。这一阶段职业教育对家族具有高度依赖性，工商业家族子女享有源自家族的工商业教育专利，社会上缺乏可自由流动的工商业人才，决定了早期职业的代际效应极强。就企业而言，早期企业规模比较小，所需货币资本、人力资本都极为有限，往往在一个家族供给能力范围之内，而外部也缺乏企业货币资本与人力资本的供给渠道，因此所有权与经营权高度统一。

具体而言，当时劳动力市场尚未发育，就业渠道窄，就业、生产功能基本由家族承担，家族成员就业往往只能在家族内部解决。从企业视角考察，早期企业几乎都是小企业。即使美国"在较早的时期，小企业在几乎所有的领域都

---

① 参见［美］小艾尔弗雷德·D. 钱德勒：《看得见的手——美国企业的管理革命》，商务印书馆1987 年版，第76 页。

② 参见［美］小艾尔弗雷德·D. 钱德勒：《看得见的手——美国企业的管理革命》，商务印书馆1987 年版，第14 页。

③ ［美］曼塞·G. 布莱克福德：《西方现代企业的兴起》（修订版），经济管理出版社2001年版，第260 页。

④ ［法］安德烈·比尔基埃等：《家庭史》②，生活·读书·新知三联书店 1998 年版，第609 页。

是标准形式的企业,并且一种小企业理念已经形成"①,而小企业一般是"家族经济"的。托克维尔就美国 19 世纪 30 年代初期的状况也有如此感言:"美国再没有比无数小企业所从事的一些事业奇迹般的伟大更让我吃惊的了。"②企业组织规模小,结构简单,也很难容纳家族以外劳动力,当时社会信用也尚未建立,企业主不敢贸然信任和使用外人,这决定了早期企业员工具有很强家族性。当时家族企业普遍性,还与第三章提到的早期企业家高度的家族创业动机有关。

不仅如此,由于早期缺乏基本的社会保障体系以及必要的劳动保护法规,外人偶尔进入家族企业,自己利益与家族利益缺乏基本保障,外人也难免会有明显家族主义取向,这就出现了类似当代大陆企业与职业经理人间双向的家族主义取向。由于双向的家族主义取向,工业化初期对人力资源的需求规模又稍大于农业,结果在欧洲原始工业时期,甚至 19 世纪 60 年代末某些工业地区,工业化不仅没有使家庭核化,反而更加依赖扩大型家庭。

至于股份有限公司的情况,虽然最先滥觞于英国,但早期公司主要采取特许方式运行,而且由于小股东保护机制的不健全,结果往往出现欺骗现象,股份公司的作用并不明显,这也决定了大量企业即使从形式上考察也无法走出家族边界。即使偶尔采用公司形式,也并不完全排斥家族企业,这甚至延续到当代。英国法制史专家费尔摩里在研究现代公司法的历史渊源后得出的结论很好地说明了这一点:"在许多情况下,家庭企业依照法律组成公司,享受着法律对其产权的保护,但从其他方面来说,公司的运作方式仍是老一套,换汤不换药。实际上,1830 年以前,美国企业都是家族式企业,虽然那时已经有相当完善的商业法体系和股票市场萌芽。家族企业可以发展得非常庞大,雇佣上万名工人并采用最先进的技术。其实,许多当代大型的企业……仍然是家族企业。"③

---

① [美]曼塞·G. 布莱克福德:《美国小企业的成长与创新》,经济管理出版社 2000 年版,"序言"。

② [美]曼塞·G. 布莱克福德:《美国小企业的成长与创新》,经济管理出版社 2000 年版,第 1 页。

③ [美]弗朗西斯·福山:《信任 社会美德与创造经济繁荣》,海南出版社 2001 年版,第 64 页。

总之,两权集中在第一阶段不但是普遍的,而且也是最为有效的方式。因为早期企业基本上是一个单位企业,规模小,结构简单,企业需要的信息极为有限,而货币资本与人力资本都来自家族,家族权威与企业权威"二位一体",管理相对容易。此外,早期相对稳定的社会经济环境,尤其市场空间不断扩大,卖方市场特征明显,企业生存压力小,即使家族成员能力相对不足也被相对较好的业绩所掩盖。我国当代家族企业的发展经历也部分验证了这点,20世纪90年代中期由卖方市场变为买方市场后,虽然政府对以家族(庭)企业为主体的乡镇企业、个体工商户推行了一系列改革、促进措施,但由于市场竞争激烈,仍不足以弥补卖方市场掩盖的家族经营能力不足问题,二者出现了持续数年低迷。

(三)行会:家族控制的强化

欧洲前工业化时期有较为发达的行会组织,行会功能是把同业组织起来,直观的感觉是有利于所有权与经营权的社会化,但回顾西方城市行会手工业史,行会组织并没有推进家庭手工业的社会化,相反对家族经营起强化作用,因此有必要做专门分析。行会之所以有利于两权集中,主要是因为两方面因素。

一方面,手工业者必须有自己的家庭,是欧洲历史上手工业行会的长期规定,这决定了行会手工业必然以家庭为载体,这是家族控制的组织基础。19世纪中期,"一个工商业取得独立开业的地位、建立自己的住户以及结婚三者在一生中最紧密地结合在一起的。早在中世纪和近代早期的行会章程中就已明确规定,行会师傅必须拥有自己的房宅、作坊和妻子"[①]。以师傅为核心的手工业生产必须给予学徒和帮工父母般的照顾,并从事一定的农业生产,这就注定了手工业生产单位必定有家庭性质。

不仅如此,破坏婚姻者受到被逐出行会的惩罚,青年学徒和帮工的生活作风也被严格监督,他们与行会师傅家庭一体化并且服从家长的权威,共同维持家庭控制的生产方式。在西欧:"与农民和农妇对待年轻的仆人相似,行会师傅与师娘对学徒也具有父母般的教育权威,某些地区常用的称呼'学子'就表明了这一点。如同农民和农妇将其子女托付给'家庭父母'般的农民夫妇庇

---

① [奥地利]赖因哈德·西德尔:《家庭的社会演变》,商务印书馆1996年版,第92页。

护一样,学徒的父母与未来的师傅间就达成了一个协议"①。这一方面说明,欧洲行会师徒间具有中国传统社会师徒间的泛家族关系;另一方面学徒父母与师傅还是有一定协议,但绝不能将这种关系理解为西方所独有的平等契约关系,甚至夸大为资本主义精神之一,因为协议的内容仅仅与伙食条件及试用期的长短有关。事实上,这些内容在中国的手工业学徒中也可能同样存在,甚至是约定俗成的。当然,欧洲城市手工业家庭的学徒既部分享受师傅家庭的权利,同样也尽一些家庭义务:"行会师傅的妻子为其丈夫、为自己和子女,同时也为那些家庭一体化的学徒和帮工做饭、洗涤和缝补衣物。反过来,学徒也被找来从事家庭的再生产劳动,例如打扫住宅、照料小孩子等。"②

另一方面,欧洲城市行会手工业为限制竞争,直接限制各会员发展,注定了手工业者难以走出家族边界,从而强化了家族控制。由于大多数行会手工业者因收入拮据无法维持两代人的生活,因此欧洲行会手工业者师傅的儿子一般并不会等待从父亲那里继承手工作坊,而是努力建立一个新作坊,或者通过娶一个行会师傅遗孀或女儿而成为行会师傅。出于同样的原因,手工业师傅没有也不可能建立养老财产,而不得不一直工作到生命终结,结果相对于农民家庭三世同堂的普遍性而言,手工业家庭三代同堂几乎是极为罕见的。同样,作为家庭的一份子,手工业者遗孀也得到行会保护。③ 当然西方早期无论是农村家庭生产者还是城市行会手工业者都以家庭为基本单位,而没有扩展到中国的族,基本不具有中国纵式家族结构特征。欧洲行会手工业者以核心家庭为基础,而且独立成为师傅必须要娶亲,又没有财产可供继承,这可能也是儿子到外当学徒的重要原因。因为在外当学徒或帮工的过程中会认识师傅家的女儿,而在传统社会女性毕竟是家庭化的,通过这种互动便于找到"贤内助",这就避免了乡村社会父母之命,媒妁之约男女双方的信息不对称,有利于组建一个家庭和谐的生产单位,这也有可能是为了"消除对强制性游学的抵制"④。也因为手工业生产以核心家庭为基础,儿子外出,女儿外嫁,对手工

---

① [奥地利]赖因哈德·西德尔:《家庭的社会演变》,商务印书馆1996年版,第88页。

② [奥地利]赖因哈德·西德尔:《家庭的社会演变》,商务印书馆1996年版,第89页。

③ 参见[奥地利]赖因哈德·西德尔:《家庭的社会演变》,商务印书馆1996年版,第90页。

④ [奥地利]赖因哈德·西德尔:《家庭的社会演变》,商务印书馆1996年版,第97页。

业主的妻子缺乏保障,行会出台鼓励学徒或帮工娶手工业主遗孀并与遗孀一起继承管理相关财产及行会成员资格的规定,而不在乎夫妻年龄似乎相当。不过,欧洲行会手工业者随着手工业者私有财产增加,尤其房宅和租赁设备的升值,父传子现象就极为普遍了。因此,从欧洲城市手工业者考察,家族结构有从横式结构向纵式结构演变的倾向。①

（四）家族控制的相对性

在前近代的东方和西方,家族经营具有普遍性,而且规模越小,越是坐商,时间越往前推移,封闭性越强,但也并非完全封闭。这在所有权和经营权方面均有所体现,下面主要从经营权角度加以说明。

13 世纪皮亚琴察和锡耶纳:"当然是合伙经营,但'公司'一词很适合它们,因为这个词在当时的资料和商业文件中被频繁使用。公司最初是家庭合伙关系。即使在允许外来者作为合伙人加入以后,其核心也由创立家族组成,这些家族无一例外地利用名字作为公司名称。因此,在 1298 年破产的锡耶纳的邦西尼奥里公司有 23 位合伙人,其中 4 位便是公司创始人奥兰多·邦西尼奥里的儿子,一位是他的外甥,另外 18 位是外来者。外来者通常接受家族群体的领导……"②这说明虽然中世纪意大利商人所有权与经营权以家族控制为主,但还是有所开放。

家族经营的发达与否除考察家族内部资源配置效率外,家族对社会资本的利用也不容忽视。工业化之前:"除了股份公司体制之外——要记住,就算是公司制的商业企业也不得不以老方法来应对新问题。1750 年就像 1500 年时一样,商人被迫要让代理人承担更多的职能,因为信息传递实在是太慢了。对代理人的根本的控制可以通过利润激励、会计和信件来进行。但是作为最后一招,不得不把相当大的主动权交给市场当地的人。结果有血缘关系的群体在正规的和非正规的商业结构中都仍然起着重要作用。"③这个例子显示,

---

①　参见［奥地利］赖因哈德·西德尔:《家庭的社会演变》,商务印书馆 1996 年版,第 88、90 页。

②　M. M. 波斯坦、H. J. 哈巴库克:《剑桥欧洲经济史》第三卷,经济科学出版社 2002 年版,第 62—63 页。

③　E. E. 里奇、C. H. 威尔逊:《剑桥欧洲经济史》第五卷,经济科学出版社 2002 年版,第 380—381 页。

虽然一些家族实现了跨地区、跨行业和规模化,不得不利用外人,但首先利用的仍是家族力量。

日本幕府时代大坂商人的奉公人制度,虽然有所开放,但仍以商人家族为核心,且奉公人制度也是以家族制度为基础的。① 回顾日本奉公人制度,不难发现其实质是将外人家族化以保证其对家族的忠诚,这从奉公人制度的最底层丁稚可见一斑。"丁稚"也叫"子饲",也就是大商人招收年幼学徒,从小对其进行培养成经营人才的制度,也是奉公人的第一阶段。丁稚除干店里杂活外,还要从事家务劳动,如打水、扫地、看孩子,有的甚至先从事家务劳动,再到店里当学徒。学徒期间,没有薪水,店主只给冬夏两季工作服和很少零花钱。到第五个年头,才允许回家探望父母,可以参拜神社。第一次回家时,店主提供路费和零花钱,并为丁稚父母准备礼物,学徒还能旅行。丁稚主要来源于远离店铺的家族,这就切断他们与原来家族的联系,逐渐形成对大商人家族的认同感。因此,大坂商人表面上实行了两权分离,但就其实质而言,只是把家族制度复制到企业。

当然,早期家族经营的有限开放以其融合外部资本能力和家族自身能力均衡为基础。比如,佛罗伦萨达蒂尼公司的"弗朗西斯科·达蒂尼在判断人时只看其表现,懂得如何挑选可靠、忠实的助手,在这个家族势力依旧雄厚的时代他实际上并未任用亲戚"②。从表面上看,达蒂尼公司确实实现了人力资本的高度社会化,但其前提是能够挑选到有能力且可靠忠实的助手,同时都受弗朗西斯科·达蒂尼的高度控制。事实上,1350 年以后大多数佛罗伦萨公司也采取了上述形式,梅迪奇家族的梅蒂奇银行也是一个典型。梅蒂奇银行1454 年在布鲁日签署的与伦敦分公司的条款,合伙人是科西莫的两个儿子和他们的一个表兄弟,梅蒂奇·本奇,皮格里(伦敦分公司的前经理)及诺里(伦敦分公司新经理)等,公司资本完全由高级股东提供(梅蒂奇·本奇和皮格里提供),作为日常经营负责人诺里虽然是合伙人但不需要投入任何资金。他

---

① 参见赵炳琰:《试论 17 世纪日本的大坂商人》,东北师范大学 2003 届硕士研究生毕业论文,第 9—14 页。
② M. M. 波斯坦、H. J. 哈巴库克:《剑桥欧洲经济史》第三卷,经济科学出版社 2002 年版,第 66 页。

除了每年享受一定比例的生活津贴外,还按比例分配利润,高达 1/8 或 2 先令
6 便士。但是诺里得向高级股东负责,高级股东不仅对他经营权限严格限制,
甚至对他的私生活也有明确规范。之所以这样,主要是因为家族不得不如此,
"既然梅蒂奇银行与政治的联系非常紧密,他们便无法将所有的时间和精力
都放在商业经营上。他们必然要下放权力并依赖顾问的帮助"①。

三、19 世纪末到 20 世纪 60 年代:部分否定古典

(一)阶段特征概述

这一阶段开始主要资本主义国家进入垄断资本主义状态,整个经济社会
体现出不同的特征。就外部环境而言,技术进步为企业规模扩大、组织创新创
造了条件,加上世界市场形成,使规模生产、大批量销售成为可能,资本市场、
劳动力市场、社会信用体系的形成和发展又为企业利用社会货币资本和人力
资本创造了条件。动荡不安的社会经济环境,激烈市场竞争,垄断与兼并的普
遍化,让企业组织面临严重生存危机。在这种背景下,企业自身也有组织创新
需求,一方面通过兼并和扩张扩大生产规模,以发挥规模经济;另一方面则进
行多元化经营,以期利用范围经济,二者都有扩大生产规模,垄断市场的动机,
结果企业组织大型化、复杂化特征在这一阶段尤为明显。股份公司的盛行则
是适应这种需求的必然结果,出现了多单位、多部门、多层级的现代企业。而
战后恢复与重建提供的大量市场空间,以及国际市场的开拓、混合兼并等方式
的盛行,则使各种不同规模的企业均获得了发展空间。

就经营权而言,这一阶段居于主导地位的大企业注定会大量融合外部人
力资本、货币资本。伴随工业化、城市化,劳动力市场的初步形成和发育,家族
就业功能进一步弱化。近代教育体系的初步建立则让家族教育功能转移到社
会,工商业经营知识不再是工商业家族成员专利,这既意味着家族成员有了社
会就业渠道,也意味着家族可以通过社会广泛延纳人才。与企业大型化相对
的是,家族规模不但没有扩大,反而由于部分功能的社会化出现明显核心化趋
势。不仅如此,这一阶段由于频繁爆发的战争,动荡不安的社会经济环境,家

---

① M. M. 波斯坦、H. J. 哈巴库克:《剑桥欧洲经济史》第三卷,经济科学出版社 2002 年版,
第 69 页。

族人力资源的生育和培养受到冲击,质量和数量无法有效保证。就货币资本而言,企业大型化,甚至巨型化,所需货币资本往往超越家族的供给能力,迫切需要社会融资。总之,这一阶段的大企业,无论人力资本、货币资本,还是社会资本均超过单个家族供给能力,客观上需要社会化。

另外,这一阶段劳动力和资本市场的形成和发育,为企业社会化奠定了基础。当然,除了社会化外,还有国有化可供选择。无论东方还是西方早期规模经济与范围经济明显,单个家族无法独立经营的行业,都由国家经营,这主要是由于早期缺乏社会化的替代机制,而此时社会化的替代机制已经形成。尤其是国有经济所有者和企业家缺位等弊端已经凸显,资本主义制度已经确立,传统的国有化被社会化所取代,因此这一阶段的大企业发展的主要方向是社会化。值得注意的是,20世纪30年代的凯恩斯主义(强调国家干预)则是在世界性经济危机、战争逼近的背景下产生,而且主要针对宏观经济,对市场微观主体——企业和家庭的作用有限。

这一阶段企业组织规模扩大和经营环境复杂化、家族物资资本和人力资本的相对不足、所有权与经营权的社会化要求家族企业控制者必须具备非凡的能力,但家族不仅受人力资源约束,而且教育社会化让家族成员外流成为可能,家族企业管理职业化似乎顺理成章。但在实践中却是家族控制为主导,不论股权如何分散,产权最终主体还多是个人。比如,20世纪20年代后期,由于垄断组织发展,美国社会真正统治者是“八大财团——六十家族——一千个美国人”,八大财团的背后是杜邦家族、梅隆家族、洛克菲勒家族、摩根家族(作为当时华尔街代名词的摩根甚至直到20世纪30年代才成立股份公司)、福特家族等,而最终主体都是个人。其他帝国主义国家也与美国类似,以大家族为基础的规模化垄断组织在经济社会中处于统治地位,德国以斯丁纳、沃尔夫、波雪家族为首,日本三井和三菱财阀不仅组织规模宏大,而且其政治代表的两大政党还轮流组阁。① 即使是20世纪五六十年代的美国,垄断资本家族性虽有所减弱,但典型的规模化活动——兼并几乎都是既是业主又是企业家个人的操纵下进行的,他们中影响较大的莫过于詹姆斯·J. 林等。

当然,即使这一阶段的巨型企业,也有长期保持相对多数股份的家族企

---

① 参见宋则行、樊亢:《世界经济史》(中卷),经济科学出版社1993年版,第121—129页。

业,其中尤以工业社会的典型代表——福特汽车公司为甚。创建于 1903 年的福特公司,最初福特只有 25% 的股份,1919 年老福特彻底排挤出其他股东,福特公司成为福特家族独资企业,这一状况一直持续到 1956 年,福特家族才卖出了小部分股票,但仍占这家公司 90% 左右的股权。值得注意的是,福特家族早期在国外的投资也多半占有 50%—100% 的股权。[①]

这一阶段各国政府也出台了一些保护中小股东利益的政策措施,客观上有利于家族控制。小股东由于股份有限既难对企业决策产生实质性影响,又有搭便车的动机,加上政府的保护、股票的流动性,"争权夺利"的积极性自然不会太高,成为消极股东在所难免。不可否认,这一阶段职业经理开始大量走向企业,但这些职业经理人更多是作为大股东家族掌门人的辅助者,而不是担当掌门人的角色。此外,即使家族后代能力相对不足,但无论社会还是其他所有者一般都会对企业创始人表现出超乎寻常的"尊敬",加上创业家族往往掌握了企业核心资源,外人无法拥有的权威及其对企业信息的占先优势赋予了他们潜在控制力。现代研究表明,纵然将家族企业大部分管理权交给职业经理人,家族凭借对所有权的控制仍占据着系统最高权力位置,职业经理人的权力仍然有限。事实上,家族企业在某个阶段由于自身无力经营,将经营权交给外人,往往并不是否定家族控制,恰恰相反起强化作用。因为外部精英进入之时,家族企业往往已陷入困局,没有经营权的让渡很难说还能继续,有了外人帮助,这些家族企业一般能得以延续,家族则在自己有能力时收回企业控制权。

整体而言,这一阶段虽然是大企业地位迅速上升并直达顶峰的时代,但家族企业比重并不低,而且家族企业形式相比古典家族企业阶段更加多样化,尤其在大型企业中出现了与 19 世纪中期以前截然不同的家族控制方式,如金字塔结构、交叉持股等。不容忽视的是,这一阶段主要资本主义国家的古典家族企业绝对数量应远远多于 19 世纪中期以前,只是相对比例降低了。

(二)19 世纪末到 20 世纪初

考察西方主要资本主义国家企业史不难发现,19 世纪末 20 世纪初股份

---

① 南开大学政治经济学系、南开大学经济研究所:《垄断·财团·大公司》(上),人民出版社 1974 年版,第 118 页。

制度在银行业、保险业、交通运输业以及一些公共事业部门得到了发展,逐步成为大企业的主要组织形式。但这一阶段股份公司的股票持有却是相对集中的,公司大都由大私人家族控股,私人家族基于控股对公司行使完全的控制权,公司代理人或经理受大家族股东的严密监督。这一阶段,家族的影响之大,以致有学者将这一阶段称做家族资本主义。① 当时股东均是私人股东,股份持有相对集中,持股比例一般在 50% 以上。与家族持大股,直接控制企业而不是主要以股票投机为目的相对应,这一阶段股权相对稳定,流动性较低。在这种情况下,虽然公司设立股东大会、董事会,经理机构等现代公司治理机构,但往往只是形式,大家族支配着股东大会和董事会,公司重大决策由家族决定,职业经理只是负责日常事务,并受到大家族的严密监督和控制。

值得注意的是,19 世纪末 20 世纪初美国产生了所谓的社会达尔文主义,即主张企业自主经营和企业垄断的必然形成以及强调个人能力的成功。这种思潮之下白手起家被无限夸大,家族因素对企业家的影响被严重忽视,但"某些学者后来的研究表明,关于穷人变成富翁的故事不过是个神话而已。取得成功的人,大抵既非移民,父母也不是贫苦的,不是来自农场,不是初出茅庐的小伙子,不是勤学苦练的学校毕业生。19 世纪 70 年代在纺织业、钢铁业、铁路业工作的 300 名经理的例子,说明他们主要出身于新英格兰,是本地家族的后裔。移民是没有什么机会的:他往往沦为新生的工人阶级,他那艰难困苦的生活同所谓'成功的'一般说法截然相反"②。塞利格曼进一步指出,大多数经理的父亲一向经营企业,父亲的原因有助于成为企业家。具体而言:"家族联系的重要性足以证实这一论点,即企业权力仍能继承。在公司中,专家占优势地位和官僚机构的庞大,那还是几十年以后的事情。儿子、女婿、侄子、外甥等发现自己人到底还是自己人,疏不间亲。要证明是否属于诸如威廉·范德比尔特、J. P. 摩根、丹尼尔·古根海姆、乔治·古尔德或路易斯·希尔式的人物,亲属关系就是个重要标志。甚至很多大公司,如福特汽车公司、大大西洋公司——太平洋茶叶公司、海湾石油公司、太阳石油公司、杜邦公司、卡达希肉

---

① 参见何自力:《家族资本主义、经理资本主义与机构资本主义——对股份公司所有权与控制权关系演进和变化的分析》,《南开经济研究》2001 年第 1 期。

② [美]本·巴鲁克·塞利格曼:《美国企业史》,上海人民出版社 1975 年版,第 307 页。

类包装公司、梅西百货公司、金贝尔兄弟公司、萨菲威公司至今仍沿袭着家庭资本主义方式。"①也就是说,这一阶段企业经营家族性即使在顶级企业也极为普遍,家族控制还有明显代际效应。

再看现代企业思想的代表钱德勒的研究,近代美国较早建立多单位、多阶层、支薪经理控制的企业在世界上并不具有普遍性。比之于其他资本主义国家,经理式企业策源地的美国是一个新市场,老的一套方法还来不及成为惯例就实现了经理式企业,且拥有一个规模大且同质的市场,故而容易形成大规模的企业。西欧则由于市场小,大规模企业比较少,虽出现大的企业,但没有大到无法由少数老板亲自进行高阶层管理的地步,因而企业家式的企业以及随之而来的家族式资本主义继续在蓬勃发展。日本和德国企业规模较大,但内部资本积累相对不足,不得不依赖金融家,结果经理人和金融家分享高阶层管理的决策权。当然,文化和社会方面的差异也是推迟大型经理式企业出现的重要原因。与美国较早出台《谢尔曼反托拉斯法》等禁止小型家族公司形成价格联盟,迫使各家族公司把自己的经营合并成单一的、集中经营并由支薪经理管理的企业不同,包括欧洲在内的西方国家即使公司合并为控股公司,公司仍然处于联盟的水平而不雇用中层或高层经理人员。欧洲还可能由于阶级属性的原因,即使结合了大量生产和大量分配的企业,老板已雇用中层经理人员来协调流量,其家族仍要继续控制高阶层管理,如果企业扩充会导致个人控制权的丧失,这些家族就不会扩充。尤其值得关注的是,钱德勒也注意到即使在美国经理式企业也是少数,而且几乎得不到美国选民的政治支持,现代工商企业是顶着民众和政府的反对成长起来的②。据此可以推断,现代工商企业在当时的美国仍然属于边缘化的经济现象。

事实上,美国现代企业产生过程并非一帆风顺,至少不是企业主的主动选择。第一个建立现代企业的部门——铁路业情况表明:两权分离是企业所有权与经营权需要的货币资本和人力资本超越了家族供给边界,且铁路业带来的规模经济效应,私有财产保护法规的完善,甚至社会压力的作用,使资本所

---

①　[美]本·巴鲁克·塞利格曼:《美国企业史》,上海人民出版社1975年版,第308页。

②　参见[美]小艾尔弗雷德·D.钱德勒:《看得见的手——美国企业的管理革命》,商务印书馆1987年版,第586页。

有者能够在让渡经营权和部分所有权后,各种综合收益不降反升的结果。比如,1841 年 10 月,美国马萨诸塞州发生两列火车相撞事件,造成 20 人伤亡。事后,舆论哗然,对铁路公司拙劣的管理进行了抨击,于是州议会促使这家铁路公司进行管理变革,老板交出经营权,只拿红利,另聘具有经营管理才能者专门经营管理。这是美国铁路业第一家两权分离企业的情况。随着 19 世纪 40 年代此类事故的频繁发生对原家族所有,家族经营的管理模式提出了挑战,迫切需要管理创新。不但如此,19 世纪 40 年代末开始的铁路投资高潮使铁路经营、融资渠道打破地域限制,企业规模扩大也需要对原有的经营模式进行创新,尤其是不得不逐渐引入外人参与中高层经营管理。对此,钱德勒有一段生动的描述:"建造铁路所需的资本大大超过了购置种植园、纺织厂甚至一个船队所需的资本,因此,单独一个企业家、家族或合伙人的小集团几乎不可能拥有铁路;同时如此众多的股东或其代理人也不可能亲自去经营铁路。管理工作不仅繁多而且复杂,需要特别的技巧及训练才能胜任,只有专职的支薪经理才是适当人选。只是在筹措资本、分配资金、制定财务政策,以及遴选高层经理人员时,股东或其代理人才对铁路的管理具有发言权。另外,几乎没有经理具有财力能在他们所管理的铁路中拥有即使是少量的股票。"①

　　从美国铁路业的经历看,公司制并不排斥企业的家族性。实际上,铁路企业从一开始就采用了股份公司形式来组建。不过,最初的铁路公司内部经营权和所有权是合二为一的,公司管理由大股东或者其代理人控制。② 而 19 世纪 50 年代资本市场的集中化和制度化,对铁路企业规模化所需资金是必不可少的。③ 从某种意义上说,如果没有 19 世纪后期股票转让的新制度和方法在华尔街发展完备,就不会有铁路业的管理革命,而且管理革命也不大可能传导到其他行业。

　　经历了中层经理起关键作用的 19 世纪六七十年代后,美国铁路业进入高阶层管理人员决策的时代,但是高阶层管理并没有完全排斥所有者。高阶层

---

　　① ［美］小艾尔弗雷德・D. 钱德勒:《看得见的手——美国企业的管理革命》,商务印书馆 1987 年版,第 97—98 页。

　　② 参见汪建丰:《试论早期铁路与美国企业的管理革命》,《世界历史》2005 年第 3 期。

　　③ 参见［美］小艾尔弗雷德・D. 钱德勒:《看得见的手——美国企业的管理革命》,商务印书馆 1987 年版,第 165 页。

决策的普遍现象是："对铁路的基本政策及发展作出决策的高层人士包括两种完全不同类型的生意人：以铁路为终身职业的经理人员以及投资于铁路的企业家或金融家。一个大型铁路公司内专职、支薪的高层人士包括董事长、财务主管、总经理、运输部门和交通部门的主管。其中后三者几乎总是职业的经理人员。董事长和财务主管则通常是主要投资者或其代表。由这些高层经理所决定的政策和策略需经董事会，尤其是董事会主席的批准。这些董事会成员都是颇有成就的生意人，他们以兼职方式服务于铁路业，他们几乎不是大投资商就是投资商的代理人。"①

从钱德勒的描述中可以看出，即使进入高阶层管理阶段，投资者或者说所有者仍然在决策体系中发挥重要作用，而且往往占据高层经理中的关键岗位，职业经理是为其服务的。即使完全建立起现代企业以后，"只有极少数公司——宾夕法尼亚铁路公司即是一例——的经理人员能够控制董事会。在多数铁路系统的董事会议上，金融家的人数超过了经理人员人数"②。这说明率先完成管理革命的铁路业的普遍现象仍然是经营者部分分权，对于重大经营决策而言，还是金融家家族说了算，也可以换句话说，铁路公司的两权分离并没有排斥家族控制，管理革命是为所有者或者控制性家族服务的，两权分离的结果是成就了金融大家族。再如，完成管理革命后的1906年，美国2/3的铁路为七大财团控制，而七大财团除了宾夕法尼亚财团以地域命名外，其他六大财团范德比尔德、摩根、古尔德、穆尔（控制罗克艾兰财团）、希尔、哈里曼竟然都以家族命名③，而且宾夕法尼亚铁路的职业经理人员从他们建立系统的一开始，就与摩根等首要的投资银行老板结合在一起，也就是说宾夕法尼亚铁路公司也不完全是职业经理控制，而是因为股权相对分散，成为利益星团控制。整体而言，铁路的最终控制者只是由19世纪50年代以前的商人、农场主和制造商家族变成了金融家族。也就是，管理革命可能只是导致家族控制方式变

---

① ［美］小艾尔弗雷德·D. 钱德勒：《看得见的手——美国企业的管理革命》，商务印书馆1987年版，第163—164页。

② ［美］小艾尔弗雷德·D. 钱德勒：《看得见的手——美国企业的管理革命》，商务印书馆1987年版，第215页。

③ 参见［美］小艾尔弗雷德·D. 钱德勒：《看得见的手——美国企业的管理革命》，商务印书馆1987年版，第199页。

了,而不是家族控制权完全丧失,更不可能呈现出一些学者所说的劳动雇佣资本的情况。

　　与铁路业相似,美国工业中的顶级企业先经历了企业家式企业再过渡到经理式企业。整体而言,"这些企业家通过建立自己的销售或采购组织,创建了第一批庞大的工业公司,因而必须雇用许多中层经理。无论是这些企业家或其亲密的合伙人,或者其家族,都无法自己执行这些分散全国,甚至全世界的大量货物的生产、销售和采购等众多的活动。不过由于这些早期的结合公司的成长,很多都是经由内部筹措资本——因为无论是流动资本还是固定资本都能经由大量生产和分配所产生的庞大现金流量而获得——所以他们的创业者们很少需要利用发行股票来增加资本。他们也因此能够继续拥有和控制公司。他们在经营的基本政策和成长的基本策略方面,以及在分配为执行这些计划所必需的资源方面,作出最后的决策。由于他们继续把自己的大公司看做是必须由私人管理的私人财产,所以他们并不感到有必要雇用高层经理,或是发展一套系统的、非个人化的现代高阶层管理方法。另外,因为他们的企业是最先把大量生产和大量分配加以结合者,所以他们及其支薪经理们乃成为新的中阶层管理方式的先驱者"①。

　　作为当时工业中处于行业领导者的美国烟草公司、阿穆尔公司、麦考密克收割机公司和辛格制造公司即使进入20世纪后,也只有杜克控制的美国烟草公司在多次合并且引入金融资本的情况下,所有权才相对分散了,且杜克直到1923年才辞去董事会主席职务。对于其他几家企业,则是所有权和经营权继续为家族控制:"直到进入20世纪很久以后,阿穆尔、斯威夫特、莫里斯和卡达希等人仍都继续拥有并管理其庞大的企业。除了斯威夫特以外,创业者或其家族仍都握有其公司的几乎全部股票。斯威夫特算是例外,因为斯威夫特兄弟用自己的股票来收买其分支机构。他们把公司的股票让给加入自己公司的批发商。但即使如此,斯威夫特家族仍然拥有足可控制公司的多数股

---

　　① 〔美〕小艾尔弗雷德·D. 钱德勒:《看得见的手——美国企业的管理革命》,商务印书馆1987年版,第445页。

票。"①从这里也可以看出,一方面只要家族能够控制家族企业,就不会轻易放弃所有权和经营权;另一方面如果人力资本和货币资本对家族外的依存度不高,那么即使企业规模大,有多单位的层级组织,也可能是由家族掌握经营权和所有权。

工业企业演化成经理式企业同样和铁路公司一样是以合并为基础的,一个家族或单个合伙人集团难以占有全部投票权的股份,特别是改组、利用股票筹措资金进一步加剧了股份的分散性,这种公司所面临的问题也比那种内部扩充而发展起来的企业所面临的问题要复杂得多,需要管理集中化。管理集中化和纵向结合完成后,两权分离扩大了,使美国工业中第一次出现了经理式企业,与铁路公司相比大投资者在工业中更集中在董事会对决策产生影响,而不是直接参加高阶层决策,这主要是因为工业比之于铁路资本需要量少,利润却比铁路高,因为利润高实际上降低了投资者风险,投资者事必躬亲的必要性降低的结果。② 随着 20 世纪初美国企业的兼并潮,经理式企业在美国工业顶级企业中也开始普遍,结果:"到 1917 年,结合的工业企业已经成为美国生意界最有力的机构,事实上,也是整个美国经济中最有力的机构。也就在那时,美国的一些最主要的工业和整个经济都已经具备它们的现代形式"③;"在美国,现代工业企业以前面描述的方式出现并发展。在那里比英国或德国有更多的这种企业。早在第一次世界大战时,这种新的企业制度就统治着美国的核心工业。这种新企业的创业者对新的和改进的生产工艺进行了广泛的投资,配制了必需的销售网,征聘了领薪水的管理班子,并且发展了组织能力,从而确保了他们在其工业中作为长期领先者的地位。到第一次世界大战前,几乎所有的这些企业都是由专职、有经验、基本上是领薪水的管理人员管理的。"④

---

① [美]小艾尔弗雷德·D. 钱德勒:《看得见的手——美国企业的管理革命》,商务印书馆 1987 年版,第 467 页。

② [美]小艾尔弗雷德·D. 钱德勒:《看得见的手——美国企业的管理革命》,商务印书馆 1987 年版,第 487—488 页。

③ [美]小艾尔弗雷德·D. 钱德勒:《看得见的手——美国企业的管理革命》,商务印书馆 1987 年版,第 329 页。

④ [美]小艾尔弗雷德·D. 钱德勒:《企业规模经济与范围经济 工业资本主义的原动力》,中国社会科学出版社 1999 年版,第 13 页。

美国在 19 世纪末 20 世纪初之所以出现由支薪经理控制的大企业,在这些企业实现了所有权与经营权的相对分离,除了技术进步,资本市场尤其 1895—1904 年的企业兼并高潮,使企业规模骤然增大外,1890 年出台的《谢尔曼反托拉斯法》从法律意义上来说似乎有利于中小企业的经营,但是一方面政府很少运用这一法案,另一方面大企业往往通过控股公司等方式规避这一法律,以持股的方式控制许多股份公司,实现更大的集中和更高程度的垄断,这种控股公司广泛存在的结果自然容易形成所有权与经营权分离的事实。当然,这也容易产生两权分离,企业社会化,公众化"泡沫"。事实上,大企业越大,小企业的比例就会越高。如 1899 年,原美孚石油改头换面为新泽西美孚石油公司,并扩大为既是控股公司,又是经营公司,通过纵向联合同时兼营批发和零售业务,但无论是美孚石油还是新泽西美孚石油都是洛克菲勒家族控制,一般被视做典型的家族企业。

客观而言,职业经理在顶级企业的中层或高层处于控制地位,家族控制无论从所有权还是经营权来看都减弱了。但就中小企业而言,一般没有也不可能大量利用外部直接投资和人力资本,故而所有权和经营权相对集中,换句话说数量众多的中小企业家族性应较强。美国大企业逐渐兴起的 19 世纪末,小企业重要性相比前一阶段确有下降,但绝对数量却是增加的。比如,1880 年美国有自营职业者 120 万人,到 1920 年却达到 260 万人,这些自营职业者无疑是通常所说的家庭企业。1899 年,产值在 500 美元以上的加工企业,手工业和家庭工业便占 59.8%,超过 30 万家;1914 年,产值在 5000 美元以上的加工企业为 17 万多家,其中产值在 5 千到 2 万美元的小企业户数占了 48.9%;2 万到 10 万美元的中等企业数量占 31.9%,产值在 10 万到 100 万美元的较大企业占 17%;而 100 万美元以上的大企业仅占 2.2%。① 也就是说,垄断已经形成的第一次世界大战前,美国不同规模企业的数量分布呈金字塔型,少数大企业处于金字塔顶。值得注意的是,金字塔顶的企业也往往并不是公众企业,而极有可能是家族控制的,如当时的洛克菲勒、摩根、梅隆、杜邦、肯尼迪、伊顿家族、汉纳家族、汉弗莱、马瑟、洛厄尔、劳伦斯、卡伯特、亚当斯、洛奇、福特等大家族控制着金字塔顶的少数大企业,其中又以洛克菲勒、摩根家族为核心。

---

① 参见宋则行、樊亢:《世界经济史》上册,经济科学出版社 1993 年版,第 325 页。

布莱克福德甚至认为:19世纪末20世纪初的美国,兴起的大企业与小企业一起开始为美国创造出一种二元经济,美国经济被大企业和小企业分割为两部分。在农业和零售业领域小企业还是主导的企业组织形式,在工业小企业则主要通过灵活生产、市场细分而与大企业共存。① 而家族所有、家族经营在小企业中的普遍性已经几乎成了常识,这里不再赘述。当然,家族小企业并不乏效率,即使19世纪末家族小规模企业的效益也并不比大规模企业低。比如,早在19世纪三四十年代所有企业就实行法人组织形式,并且大多数企业已经通过管理阶层来管理,南北战争以前盛行大企业的企业新英格兰瓦尔珊和洛威尔地区企业平均资本收益率为6%,而长期以小企业为主体的费城企业资本收益率却高达23%。

就资本结构而言,家族企业在美国现代企业形成之初发挥着举足轻重的作用。1850年费城纺织企业个人业主制的比例高达80%,合伙制企业为17%,股份公司则只有3%。直到1890年,费城的企业形态同南北战争以前相比并没有发生什么变化,小规模的家族企业,所有者——经营者亲自监督企业经营的方方面面。甚至有人认为费城的纺织品行业,主要是由个人或个人企业所构成,没有一家股份公司。② 20世纪初小规模与灵活性仍旧是费城纺织行业特征,1895—1904年由于经济萧条导致的兼并潮也没有导致费城纺织品行业的集中化。之所以出现这种情况,布莱克福德认为,除了诸如生产灵活性,批量生产体制,产业门槛低,非规模经济等经济因素外,更为重要的是企业所有者的性格特征与企业融为一体。

甚至规模经济特征明显的钢铁业家族企业也普遍盛行,美国钢铁业中心匹兹堡小型钢铁企业仍与大型钢铁企业同样兴旺的进入20世纪。1870年"大多数的都是家族经营性质的企业,大约40个家族支配了这一产业。企业所有者住在匹兹堡或是附近地区,自己经营,避免使用管理阶层"③。此后,

① 参见[美]曼塞·G. 布莱克福德:《美国小企业成长与创新》,经济管理出版社2000年版,第65—106页。

② 参见[美]曼塞·G. 布莱克福德:《美国小企业成长与创新》,经济管理出版社2000年版,第80页。

③ [美]曼塞·G. 布莱克福德:《美国小企业成长与创新》,经济管理出版社2000年版,第82页。

"在整个 19 世纪以及在进入 20 世纪后,独立的钢铁企业的所有者们构成了匹兹堡社会经营的多数……从 19 世纪 40 年代到 90 年代,匹兹堡的 141 个家族拥有和经营着制铁厂或炼钢厂。据悉这些家族中约有一半进入了这一城市的上流阶层。由于许多钢铁家族涉足银行业,这种状况一直持续到 20 世纪中期"①。

一般认为股份公司是对家族企业的否定,因此有必要讨论现代股份公司滥觞之地英国的情况。整体而言,在英国直到 1914 年大多数比较大的工业单位和很多比较小的工业单位都是有限公司。大商号,特别是出口商号,即装货人,则常常保有旧式的合伙组织形式。不得不承认,对于顶级企业而言,家族控制,至少家族所有权集中度应该弱化了,"在 1914 年所有依然存在的最大的工业和商业公司之中有 7 家共有股东三十八万五千五百人。自拥有股东十万零七千名的帝国烟草公司,股东七万名的维克斯公司,到股东一万四千名的丘纳德公司各不等"②。

对于更多不公开募集股份的私营公司而言,同样以家族企业为主。具体来说:"通常的私营公司,股东很少。为了满足法律上的要求,要组织公司就不能不凑满七人之数。但是在签署章程的那些人之中,可能有四个、五个,甚至六个是徒有虚名的。1890 年上半年就四百一十五起'私营或家族'公司登记所作的分析,对于那一年前后的情况无疑是相当有代表性。(其中之一是利华兄弟公司那个前途不可限量的初成立的公司。)最大的有二十个股东。极大多数(82%)不满十人;三分之一以上(35%)各有股东三至一人不等。"③由于股东较少,甚至是为了达到法定人数,往往弄虚作假,这从侧面说明其封闭性。即使公开募集股份的公司,为吸引投资也难以保证"伪社会化"。

早期英国企业的家族封闭性还体现在 1890 年新设立的公司大约有一半不曾公开募股。而 1906 年,地方上一些最大的企业仍然是私营公司,私营公司作为最安全和最现成的形式,在推销创造发明和创办新商业公司时得到广

---

① [美]曼塞・G. 布莱克福德:《美国小企业成长与创新》,经济管理出版社 2000 年版,第 83 页。

② [英]克拉潘:《现代英国经济史》下卷,商务印书馆 1997 年版,第 355 页。

③ [英]克拉潘:《现代英国经济史》下卷,商务印书馆 1997 年版,第 254 页。

泛应用。1908 年私营公司股东享有有限责任的条例生效后,私营公司成为中型企业的正规组织形式,私营公司受到新成立企业的普遍欢迎。法案生效后,更是迅速增长。1909 年时共有两万四千家,到 1914 年约有五万家。① 1913年登记的 7321 家新有限公司中,私营公司数量不下 6328 家,私营公司超过总数的 86%;1914 年英国所有登记的公司中,有 75% 是私营的。② 不公开募股并享受有限责任无疑是有利于家族的,社会普遍选择这种形式,实际上也意味着家族企业的普遍化与合法化,家族企业符合公众利益。由于股份公司多数是家族式企业,公共股份有限,因此虽然英国大公司数量在这一阶段有所增加,但随着小股份公司的数量的激增,公司平均资本反而有所下降。比如,1896 年英国新组建公司的名义股本平均每家为 6.5 万英镑,但 1909—1910 年时,则只有 2.56 万英镑。而真正成立并存续下来的公司一手资本数额也呈下降之势,1885 年和 1896 年都是 5.4 万英镑,而 1906 年为 4.9 万英镑,1914 年甚至还不到 4 万英镑。③

　　抛开公司因素,19 世纪末 20 世纪初各主要资本主义国家家族控制企业虽然不同程度地形成了垄断,但以家族控制为主的中小企业一直占绝大多数。英国家族控制为主的中小企业存在状况惊人,直到 1913 年,英国煤矿仍多数是一矿一主,规模很小。它的制造业也绝大部分为家族式企业,吸收的公共股份少。它的棉纺业和棉织业在 19 世纪末还没有出现垄断组织。而在法国,1896 年,雇工少于 10 人的小企业占企业总数的 93%,其中,雇工 1—2 人的占74.8%;1906 年称得上资本主义类型企业的仅占全部工业企业的 3.3%,而在这 3.3% 的企业中,雇工在 6—50 人之间的占 88.3%,而且都是中小企业。即使在垄断程度较高的德国,1882—1907 年中小企业(雇工 50 人以下,平均不到 3 人)企业数仍在 8 万以上。④ 对大企业而言,虽然其他国家垄断形成的时间和程度与美国存在差异,但整体上和美国一样,随着金融与产业资本的融合,资本市场的形成和发展,规模的扩大,所有权结构的创新,垄断大企业所有

---

① 参见[英]克拉潘:《现代英国经济史》下卷,商务印书馆 1997 年版,第 357 页。
② 参见[英]克拉潘:《现代英国经济史》下卷,商务印书馆 1997 年版,第 330 页。
③ 参见[英]克拉潘:《现代英国经济史》下卷,商务印书馆 1997 年版,第 329 页。
④ 参见宋则行、樊亢:《世界经济史》上卷,经济科学出版社 1993 年版,第 324—325 页。

权相对社会化了,经营权也部分或全部让渡给支薪经理,但是其最终控制权还是大家族,在法国是罗斯柴尔德、温台尔、施奈德等 200 个家族;日本则是三井、岩崎、安田、住友等大家族;德国是 300 个家族;俄国则是普梯洛夫、诺贝尔、阿伏达克夫等家族。

(三)两次世界大战期间

1. 美国企业史再解读

两次世界大战之间是典型的大企业时代,而伯利和米恩斯在此期间的成名作《现代公司与私有财产》对美国大企业所有权与经营权分离的结论成为现代企业理论的基本假设之一。钱德勒关于西方主要资本主义国家管理革命的论述也以此阶段为重点,但因伯利和米恩斯研究成文较早,在企业理论界影响较大,而且研究内容基本在这一阶段,因此这里的分析从伯利和米恩斯的研究展开。

伯利和米恩斯的研究表明:1930 年年底美国 200 家最大非金融公司呈现所有权分散,所有权与经营权分离的经理革命趋势。但是,伯利和米恩斯分类主要以所有权为基础,所有权标准划分是粗线条的,而且有关信息并非完全准确,甚至包括小道消息,就连伯利和米恩斯都认为分类可能存在相当大的错误。① 按照伯利和米恩斯的标准,1930 年美国最大 200 家非金融公司,经营者控制高达 44%,通过法律手段控制占 21%,少数所有权控制为 23%,过半数所有者控制 5%,个人所有为 6%,受破产案产业管理人控制的比例是 1%(见表4—1)。从表4—1 可以看出,除总数 6%,即 12 家是个人所有近似于两权合一的业主制企业外,其他 188 家企业所有权相对分散,其中 44% 竟然最大股东所持股权不足 5%。

表4—1 1930 年年初美国最大 200 家非金融公司控制形态

控制类型(股权为依据)	公司数量
经营者控制(少于5%)	44%
通过法律手段控制(5%—80%)	21%

① 参见[美]阿道夫·A.伯利、加德纳·C.米恩斯:《现代公司与私有财产》,商务印书馆2005 年版,第125 页。

续表

控制类型（股权为依据）	公司数量
少数所有权控制（20%—50%）	23%
多数所有权控制（50%—80%）	5%
个人所有（超过80%）	6%
受破产案产业管理人所控制	1%

资料来源:[美]阿道夫·A. 伯利、加德纳·C. 米恩斯:《现代公司与私有财产》,商务印书馆2005年版,第127页。

　　200家最大非金融公司的弗吉尼亚铁路公司、弗罗里达东海岸铁路公司、福特汽车公司和考布斯公司竟然没有利用任何途径的股票融资。其中,最为典型的福特汽车,该公司在1919年实现家族100%控股,而7.61亿美元的资产在200家最大非金融公司中排名26位,在汽车业中仅次于通用。

　　值得注意的是,伯利和米恩斯还注意到即使股权极为分散,也并不一定意味着经理人控制,这以斯威运根兄弟利用金字塔结构,以少量资产实现对大量企业资产的控制为典型。具体而言,"通过这种金字塔型结构,他们用不到2000万美元的投资,就已经能够控制总资产达20亿美元的八家一级铁路公司。只要用总投资额的1%,或刚刚超过股本额2%的资本,就足以控制这一庞大的铁路系统……就整个系统而言,不足1%的所有权所代表的是所有权与控制权的结合"[1]。通过金字塔结构范·斯威运根公司控制了5.5家进入200强的美国铁路公司,如果仅仅从所有权与经营权的角度考察,则这些家族控制的持股公司控制的铁路公司应该两权分离了。伯利和米恩斯还指出,当时在许多大型公用事业系统已经广泛使用金字塔控制模式。此外,200家最大非金融公司中除金字塔控股公司外,有投票权的特殊股票,甚至完全没有所有权的股权信托控制等也几乎都与单一所有权或多数所有权控制一样稳固。

　　两次世界大战间大公司所有权逐渐开放除了企业规模经济、合并的需求外,政府规制也是不容忽视因素,这客观上会放大两权分离的程度,但后者带来的分离并不一定对控制权产生实质性影响。伯利和米恩斯注意到:"近年

────────

　　[1]　[美]阿道夫·A. 伯利、加德纳·C. 米恩斯:《现代公司与私有财产》,商务印书馆2005年版,第83—85页。

来,两个比较新的发展——顾客拥有所有权和雇员拥有所有权——对股东人数的增加作出了非常大的贡献。然而,这两个发展中的任何一个,都没有对全部股票所有权的比例产生显著的影响。"①这两种股东的增加主要是受联邦税制的影响,其发展最为迅速时期,恰恰是联邦附加税非常沉重导致大所有者为代表的高收入者极不愿意购买公司证券的时期。从通常途径获取资本来源很困难,故而向雇员和顾客募股,但随联邦附加税的降低,大所有者又重新恢复了其在资本市场上的地位。需要强调的是,88.5 家伯利和米恩斯界定为经营者控制的企业,他们认为股权信息不公开的工业竟然占了 43 家,这意味着对这些企业控制权的界定并不准确,可能扩大了经营者控制,而另外 45.5 家则分布在政府规制较多的铁路和公用事业部门,因为政府规制较多,大投资者难免会采取一些规避规制的措施,其所有权并不大能有效反映控制权结构,这以前面述及的斯威运根兄弟对多家铁路公司的控制为典型。

从表面看,大危机时公司制企业进一步普遍化,家族化可能有所削弱,但却是家族自我保全、降低风险的有效方式,家族控制削弱的可能性并不大。事实上,"很多家庭都把它们的'家庭企业'组成公司,以便利继承时的资产分配,并避免在万一破产时对债务担负责任"②。

无论是钱德勒,还是伯利和米恩斯等人的研究都注意到所有者与经营者的关系,尤其伯利和米恩斯认为所有权分散,最初控制企业的人仍然是小股东。不过,随时间推移,最终会被职业经理控制。而这显然是违背历史事实,也与现实不符,即使在伯利和米恩斯著作中也有所有权只占 14.9% 的洛克菲勒二世,多年来一直掌握公司实际控制权,但洛克菲勒似乎并没有在公司担任任何职务。故而才有洛克菲勒出于对董事会主席、公司许多活动的推动者 Stewart 的某些交易不满,要求 Stewart 辞职,但遭到拒绝,而且为避免被洛克菲勒驱逐,在董事会全体成员及 16000 名雇员股东支持下,Stewart 不允许洛克菲勒在第二年的董事选举中利用投票权。洛克菲勒则千方百计从非雇员股东处

---

① [美]阿道夫·A. 伯利、加德纳·C. 米恩斯:《现代公司与私有财产》,商务印书馆 2005 年版,第 69 页。

② [美]克拉夫、马伯格:《美国文化的经济基础》,生活·读书·新知三联书店 1989 年版,第 265 页。

获取委托投票权,并聘请律师以免出现法律疏漏,还利用个人(家族)巨大的社会影响力。结果在选举前四天,双方都宣称获得了多数支持,一方为多数投票权,另一方为多数股东。但在最后的董事选举中,洛克菲勒获胜,65% 的投票权支持他所推选的候选人,Stewart 与公司的关系宣告结束。① 洛克菲勒家族掌握的所有权低于伯利和米恩斯界定的临界控股权 20%,属于所有者和经营者共同控制型。虽然伯利和米恩斯认为洛克菲勒与 Stewart 之间的权力争夺反映了以少数有投票权股票为基础的控制权不稳固的本质,但他们同时也指出,这种控制权在通常情况下似乎是受到充分的保护。但如果考虑到《华尔街日报》认为当时洛克菲勒家族对印地安纳美孚石油的控制第一次出了问题,这说明洛克菲勒家族虽然没有人参与印第安纳美孚石油公司的日常经营管理,甚至没有参加董事会,但仍然能够长期牢牢控制该公司。这似乎也可以推断出如果个人或者某个集团,拥有某个公司家族所有权在 20% 以下,有家族成员或者代理人参与日常事务恐怕连洛克菲勒家族对印第安纳美孚石油公司那样的一次家族控制权危机也不会出现。

综上所述,笔者认为两次世界大战期间美国大企业家族控制的比例可能被低估,后来一些研究也证明了这点。伯奇对伯利和米恩斯 1929 年数据重新分析结果表明,200 家顶级企业家族控制比例在 37%—45% 之间。而美国参议院则认为 1937 年特殊家族控制了 200 家顶级企业的 40%,家族集团又控制 35%。戈登虽然认为美国参议院夸大了 1937 年美国最大 200 家非金融企业的家族控制比例,但是他的分析也表明 1937—1939 年美国最大 93 家制造企业中有 42 家是家族集团掌握多数股份控制权或少数股份控制权,它们还掌握着其他 9 家企业较少的股份。② 如果考虑到 20 世纪 20 年代末 30 年代初以前,法人股东、机构投资者较少,国家资本主义也微不足道,西方主要资本主义国家投资者主要是私人投资者的事实,以及机构投资者盛行的 20 世纪 80 年代中期世界 500 强居然有 175 家(超过 1/3)是家族控制的事实,可以推断,

① 参见[美]阿道夫·A. 伯利、加德纳·C. 米恩斯:《现代公司与私有财产》,商务印书馆 2005 年版,第 92 页。

② 参见[英]约翰·斯科特:《公司经营与资本家阶级》,重庆出版社 2004 年版,第 65—67 页。

1930 年美国最大 200 家非金融企业家族控制的比例应不低,甚至伯奇的数字也显得保守。

此外,美国虽然是现代企业策源地,美国历史上政府对中小企业的态度从来不是排斥的,而中小企业中家族企业的普遍性几乎是人所共知的。在自由竞争时期,美国政府任由中小企业发展,既不提倡也不限制。而在进入垄断资本主义阶段以后美国政府就逐渐开始对中小企业采取扶植保护的政策,并在实践中逐渐完善。① 两次世界大战间,虽然各主要资本主义国家垄断的特征明显,大企业在国民经济中具有主导地位,但公认的家族性很强的中小企业一直发挥着重要作用。即使是 20 世纪 60 年代以前政府一直对中小企业持否定态度的英国也继 1934 年设立"产业金融公司"后,1945 年又建立"工商业金融公司"给中小企业融资提供方便。日本政府则长期以来一直重视中小企业的作用,积极推行鼓励中小企业发展的政策。法国则在 20 世纪 50 年代中期以前基本上采取了任其发展的政策。意大利则从第一次世界大战前后开始,一直奉行"保护、扶植论"。市场经济条件下,中小企业家族控制的广泛存在已成定论,笔者这里不再赘述。

2. 美国与其他主要资本主义国家的异同

美国是多阶层、多单位、大规模、支薪经理控制的现代工商企业策源地,而欧洲和日本至少在第二次世界大战结束以前,其扩展速度比美国慢。钱德勒将其归纳为两方面原因②:一方面,美国市场比其他国家大、发展更快,且具有高度同质,开放市场特征。这种市场特征刺激了最基本的创新成果的迅速推广,从而使美国人成为发展大量生产的机器和组织的先锋。他们发展出机器来大量生产各种各样的产品。更为重要的是,他们首先采用大量生产的方法来制造标准化的机器。这种情况第二次世界大战结束前的欧洲和日本并不存在,因为西欧和日本的国内市场较小,发展也较慢,因而使得厂商采用新的大量生产技术的兴趣不高,也降低了促使他们建立庞大销售和采购组织的刺激作用。在英国和法国虽也出现了一些大的结合企业,但还是没有大到无法由

---

① 参见李玉潭:《日美欧中小企业理论与政策》,吉林大学出版社 1992 年版,第 223 页。

② 参见[美]小艾尔弗雷德·D. 钱德勒:《看得见的手——美国企业的管理革命》,商务印书馆 1987 年版,第 588—590 页。

少数老板亲自进行高阶层管理的地步,因而企业家式的企业以及随之而来的家族式资本主义继续在蓬勃发展。在德国和日本,生产和分配的结合比较常见,但是其较小的市场和现金流量减少了依靠从内部筹集资本的机会,所以就增加了对外来金融家的依赖性,经理人员继续和金融家分享高阶层管理的决策权。另一方面,文化和社会方面的差异,在推迟大型经理式资本主义的出现上也有一定作用。其中建立在文化价值标准基础上法律方面的差异,具有特别重要的意义。《谢尔曼反托拉斯法》禁止小型家族企业形成卡特尔,结果加速了美国大企业的成长。而在欧洲,各家族通过不同的手段结成联盟,这些联盟并不雇用中层或高层经理人员来协调产品流量或分配资源,老板或其代表仍然作出决策。而在美国欧洲式的联盟不合法,结果迫使美国各家族公司不得不把自己的经营合并成一个单一的、集中经营并由支薪经理管理的企业,这种压力在当时其他国家根本不存在。在欧洲,一些家族要更为紧密的同提供其收入的公司融为一体。即使在结合了大量生产和大量分配的大型企业中,老板也雇用了中层经理人员来协调流量的情况下,其家族也要继续控制着高阶层管理。如果企业扩充会导致家族控制权的丧失,则这些家族通常放弃扩充。

其他主要市场经济国家中,英国顶级企业家族控制最为普遍。英国公众所有的公司兴起以后,家族对英国企业的影响长期以来仍旧是重要的,即使在两次世界大战之间,英国大企业仍与过去一样,企业的领导层倾向于自我复制,最高层的管理者,有不少来自家族内部,其比例高于美国,直到1930年,英国最大的200家公司中,70%的公司还由家族成员占据着董事会的位置。这一状况一直延续到第二次世界大战后一段时间,"正如第二次世界大战后这一时期显露的,更多的大型工业企业仍然由创业者的家族或他们的子孙后代在管理。高层管理机构很少从较小的中层管理人员后备队伍中聘用非家族成员。英国在20世纪40年代后期仍然执着地坚信个人管理的方法"[①]。钱德勒还指出20世纪30年代美国和德国主要经济部门已由管理资本主义替代个人资本主义,而在英国才开始,甚至直到第二次世界大战后,英国企业仍然喜欢个人管理的方式,钱德勒还将英国经济衰退部分归罪于家族企业,因为它们

---

① [美]小艾尔弗雷德·D. 钱德勒:《企业规模经济与范围经济 工业资本主义的原动力》,中国社会科学出版社1999年版,第745—746页。

缺乏规模,落后和融资能力差。

伯利和米恩斯以及钱德勒分析重点都是西方主要资本主义国家顶级企业,而对长期普遍存在的中小企业几乎没有论及,但后者的产权特征显然不同于前者。伯利和米恩斯也承认:"尽管如人们所料想的那样,在规模小于 200 家最大公司的那些公司中,股权分散化一般也已经发展到了相当可观的程度,但在任何方面它都没有达到最大公司已经明显达到的程度。"①而在其他国家大企业规模远没有达到美国的水平,比如,1930 年英国只有最大的 50 家工业公司规模达到美国制造企业前 200 家公司的程度。② 整体而言,两次世界大战间主要资本主义国家美英日德的企业体制虽然很复杂,但中小企业为主是其共同的特征之一,无论在销售业,还是制造业,小企业或扮演大企业分包商,或以独立身份面向细分市场。而在小企业管理变化并不显著,家族常常把握着企业的控制权。③

值得注意的是,唯一从政策层面歧视小企业的英国,无论在大企业还是中小企业家族性都相当强,这在经营权方面体现尤为突出。具体而言:"个人管理的方式在英国大工业中持续的时间比起美国要长得多……由于减少了对训练有素的管理人员的需要,这些条件鼓励了家族企业的继续存在。在英国,创业者的儿子和其他亲属通常接管这种企业。在这些情况下,他们从他们的管理班子中选出参加董事会的成员,但这种做法甚至迟至第二次世界大战时仍然是例外而不是通常的做法。在美国裙带关系有贬低的内涵;在英国,则是一种公认的生活方式。"④总之,"坚信个人管理而不信专业管理是英国工业资本主义的特点"⑤。

---

① [美]阿道夫·A. 伯利、加德纳·C. 米恩斯:《现代公司与私有财产》,商务印书馆 2005 年版,第 59 页。

② 参见[美]曼塞·G. 布莱克福德:《西方现代企业兴起》(修订版),经济管理出版社 2001 年版,第 68 页。

③ 参见[美]曼塞·G. 布莱克福德:《西方现代企业兴起》(修订版),经济管理出版社 2001 年版,第 183 页。

④ [美]小艾尔弗雷德·D. 钱德勒:《企业规模经济与范围经济 工业资本主义的原动力》,中国社会科学出版社 1999 年版,第 361—362 页。

⑤ [美]小艾尔弗雷德·D. 钱德勒:《企业规模经济与范围经济 工业资本主义的原动力》,中国社会科学出版社 1999 年版,第 787 页。

（四）第二次世界大战后到 20 世纪 60 年代

第二次世界大战后,随经济的恢复与重建,科技进步,生产社会化的发展,以及战时被压抑的需求得以激发,大企业呈现出一些新趋势,最为突出的特征之一是企业规模迅速扩大。① 以美国为例,1901 年资产超过 10 亿美元的公司仅美国钢铁公司 1 家,1948 年也不过 12 家,1960 年却陡增到 80 家,1970 年上升至 152 家。资产额在 100 亿美元以上的大公司,1955 年只有两家,1970 年增加到 10 家。这种规模的扩大主要有以下原因:一是与 19 世纪末 20 世纪初的横向兼并,20 世纪 20 年代的纵向兼并不同的是,第二次世界大战后大企业的合并以混合兼并为主;二是企业股份逐渐分散化和法人化,尤其法人持股有取代个人持股的迹象,导致资本社会化程度大为提高;三是经营地域范围往往超越一国国界,跨国公司成为大企业的普遍选择,由于经营地域的拓展必然有助于规模的扩大。因此,第二次世界大战后大企业在各国经济中的地位和作用均达到前所未有的高度,以致 20 世纪 60 年代,大企业观念在西方主要资本主义国家处于统治地位。

现实中的大企业影响确实更加明显,这些企业也绝不是古典家族企业形态。虽然美国早在 1890 年出台的《谢尔曼反托拉斯法》就是对企业兼并的反映,本意是限制大企业,但在后来的实践中美国政府并未严格执行,这在 20 世纪五六十年代尤其明显,"最大的一次兼并活动发生在(20 世纪)60 年代,这个丰裕社会对此并不在意"②,结果"个人的风格再也不成为美国企业的显著特色。现在决定经济活动调子的是那些不属于个人的大公司组织"③。塞利格曼甚至认为就 20 世纪 60 年代的美国企业界而言,反托拉斯成了一种神话。依照塞利格曼、钱德勒、伯利和米恩斯分析逻辑,美国企业的所有权会继续分散,两权会进一步分离。正如 1967 年米恩斯为《现代公司与私有财产》英文修订版序言所言:"1929 年 200 家最大公司中仅有 88 家被归于经营者控制,而到 1963 年则有 169 家,或者说 84.5% 被归于该类型。在 1929 年,有 22 家被归于私人所有或者通过过半数股份来加以控制,而在 1963 年被归于该类型

---

① 参见宋则行、樊亢:《世界经济史》下卷,经济科学出版社 1993 年版,第 68—76 页。
② 〔美〕本·巴鲁克·塞利格曼:《美国企业史》,上海人民出版社 1975 年版,第 487 页。
③ 〔美〕本·巴鲁克·塞利格曼:《美国企业史》,上海人民出版社 1975 年版,第 487 页。

的公司仅为 5 家。因此,在根本上改变经济特征的这三个趋势——经济权力的集中、股票所有权的分散、所有权与经营权的分离——在过去的 35 年中已经得以延续。公司革命在继续向前发展。"①

无论是巨型化企业,还是钱德勒所说的"现代企业",都是一种历史现象,适应了现代工商企业科层制、规模经济与范围经济以及美国股票市场发达的历史潮流。1969 年,美国 500 家最大工业企业销售额几乎占到国民生产总值的一半。② 在这样的背景下,被视做大企业胜利宣言的《新产业国家》(格鲁贝斯,1967)面世,并很快传播到其他国家,其基本思想包括:支配与操纵现代资本主义的不是资本家,而是技术人员和科学家出身的行政官员;否定传统的消费者主权论,消费是由大企业创造的并非市场这只看不见的手,大企业控制和操纵市场;无论是资本主义还是社会主义,大企业所起作用都是相同的。③

不仅在美国,西欧和日本战后所有权分散,所有权与经营权分离程度同样加剧。以欧洲为例,第二次世界大战时和战后的需求促进了大量新生产技术的应用;随着国民生产总值的增加和收入分配的更为公平,国内市场迅速发展,欧共体的诞生进一步扩大了市场;反对垄断和反对限制商业活动的法律使控股公司和家族卡特尔难以为继。结果,雇用支薪的高层和中层经理人员的大企业,无论规模上还是数量上都在增大,而且聚集的工业也同美国类似——都是那些管理协调工作能带来利润的工业。随着现代经理式企业在欧洲及日本扩展,职业管理的各种附属物,如协会、刊物、培训学校、咨询公司等都纷纷出现,而这反过来又进一步促进经理式企业发展。④

不过,战后机构投资者的发展,使大企业控制权变得复杂化,家族控制甚至可能并没有削弱,而且这与所有权分散,所有权与经营权分离程度的提高并不冲突。据 Burch Jr. 研究,大企业如日中天的 1965 年,《财富》500 强竟然近

---

① [美]阿道夫·A. 伯利、加纳德·C. 米恩斯:《现代公司与私有财产》,商务印书馆 2005 年版,第 44 页。

② 参见[美]本·巴鲁克·塞利格曼:《美国企业史》,上海人民出版社 1975 年版,第 482 页。

③ 参见[日]奥村宏:《21 世纪的企业形态》,中国计划出版社 2002 年版,第 6 页。

④ 参见[美]小艾尔弗雷德·D. 钱德勒:《看得见的手——美国企业的管理革命》,商务印书馆 1987 年版,第 590 页。

一半(47%)是家族企业,而这些家族企业的标准是5%的家族所有权,家族在董事会中有代表,几代人都在企业内工作,这一标准应该说对于大企业而言是相当严格的。[①] 另据 Zeitlin 估计,世界500强中有40%是家庭所有或经营。[②] 虽然 Zeitlin 的研究结果成文于1976年,但世界500强不可能一蹴而就,尤其是在20世纪70年代初西方陷入新一轮经济危机的背景下,基本可以判定 Zeitlin 所估计的世界500强,与大企业盛行的20世纪60年代有密切关系,况且日本等甚至20世纪七八十年代仍然盛行大企业,因此在这一阶段大企业的家族控制应该说也是较为普遍的,甚至有可能超过两次世界大战期间的比重。

　　值得注意的是,战后大中小企业协同发展,而前文已经论及中小企业的普遍家族化,这意味着家族控制的绝对量可能超过此前。这有以下几方面原因:首先,第二次世界大战后的恢复与重建,美国等没有成为战场的国家战时被压抑的需求得以释放,尤其是战后到20世纪60年代末各国经济的持续稳定发展,使各国市场空间都得以拓展,为中小企业发展提供发展空间。其次,企业经营的跨国化,客观上可能降低国内垄断和竞争程度,为中小企业发展提供空间。再次,这一阶段的企业规模化主要以混合兼并(多元化)为主,而不是前两次兼并大潮中的横向兼并和纵向兼并,这就意味着虽然大企业进一步巨型化,但单个行业难以形成垄断和集中,为中小企业提供空间。最后,也是最关键的,可能以混合兼并为主,规模过于庞大,适应性、灵活性下降,反而不得不采取业务分包方式,将大量业务分包给中小企业,这一阶段中小企业在各国均得到一定程度政策支持,因此中小企业数量和地位普遍提高。此外,中国、东欧、古巴和朝鲜等新兴社会主义国家这一阶段普遍对家族经营的意识形态歧视,可能对世界家族经营有所稀释。

四、当代:古典回归与多元化

　　从企业外部环境看,20世纪70年代以后,冷战逐渐向和平与发展过渡,

---

　　① 参见 Philip H. Burch Jr. , The Managerial Revolution Reassessed: Family Control in America's Large Corporation. Lexington Book,1972。
　　② 参见[美]克林·盖尔西克等:《家族企业的繁衍——家族企业生命周期研究》,经济日报出版社1998年版,第2页。

经济全球化,政府调控能力增强,意味着企业有良好的经营氛围。从企业组织来看,大企业发展的同时,企业间竞争由直接竞争变为间接竞争,全球化分工,企业核心竞争力理念的形成和发展,尤其以信息技术为基础的网络组织超越了传统的市场与层级组织二分法等使中小企业进一步回归。就产业而言,这一阶段服务业地位迅速上升,西方主要市场经济国家服务业在国民经济中的地位和作用已经超越工业,而服务业的特征决定了中小企业更有生命力。这一阶段适应经济发展需要,长期对中小企业歧视的英国也从20世纪70年代开始出台一系列鼓励和支持中小企业发展的政策措施。家族的教育、就业功能进一步弱化,家庭规模小型化,但自第二次世界大战以后相对和平的国际环境使家族成员生育、培养有了基本保障,而且自第一次世界大战以来主要资本主义国家长期在战争阴影下人力资源供应不足的矛盾在第二次世界大战后二十多年的休养生息得到缓和。因此,这一阶段企业所有权与经营权都体现出两极化态势,一方面少数大企业所有权与经营权高度社会化,另一方面是大量中小企业所有权与经营权的相对集中。就经营者素质而言,中小企业对经营者的素质要求较低毋庸赘言,由于企业生存环境相对平稳,管理信息化、社会信用体系的进一步完善等使大企业经营者的素质要求与第二次世界大战前相比不会太高,而MBA、EMBA教育普遍化、专业化,使家族人力资本普遍得到提升。正如德鲁克所言,大约自1955年起所有发达国家都经历了一次"管理繁荣期",此后管理成为一门学科,这使每一个发达国家的大多数人——绝大多数受教育人口,受雇于组织,这些人(包括老板自身)逐渐成为专业型经理,管理资源不再稀缺,管理也不再神秘。① 既然管理成为一门科学,已不再神秘,而有经济基础的企业主家族更有这种能力的支付水平,这就为家族内部挖掘人力资源实现对企业经营权的控制创造了条件。

就大企业而言,企业绝对规模大,家族成员选择多元化,家族相对规模较小,而企业外部一般总能找到能力优于自己家族成员的职业经理人,特别是这一阶段西方社会信用体系已比较成熟,有利于缓解外部职业经理人能力有余、忠诚不足的矛盾,因此经营权交给职业经理人似乎会成为比较普遍的现象。

① 参见[美]彼得·德鲁克:《创新与企业家精神》,海南出版社2000年版,"引言"第26—27页。

不过,虽然现代社会和家族对职业经理人的监督和控制不断增强,但相对于职业经理人的逆向选择和道德风险而言具有滞后作用,职业经理人凭借信息优势,在所有者与经营者的竞争中往往处于优势地位,这也是 20 世纪 70 年代以后代理问题引起高度关注的重要原因。现代经济中企业家地位和作用大大提高,以致在理论界形成了企业家雇佣资本观点,这对所有者或控制性家族而言,意味着将控制权交给外人的代理成本不断攀升。尤其让委托人难以释怀的是,经营者逐渐有取代委托人成为所有者的倾向。第二次世界大战前经理人员对公司所有权的获取还只是一种局部和被动的现象,20 世纪 50 年代后,借助于员工持股、期权等方式,职业经理人获得公司股份的现象开始在西方公司中得到扩展。特别是管理层收购的兴起,使家族所有者不得不谨慎将权力外传,以加强对家族成员培养,以免家族企业所有权和控制权被具有信息优势的外姓职业经理人攫为己有。经营精英通过管理层收购等方式控制了"他家"企业以后,出于同样考虑,为了加强控制一方面是增持股份,另一方面也不愿意将经营权传给外人。在上述情况下,"即使经营权终被外来投资者夺取,恐亦是一个家族取代了另一个家族"应具有普遍性。

正如前文所述,20 世纪五六十年代,大企业可以说是如日中天,全世界都几乎认为大企业将继续更加有力地统治世界经济,但在 20 世纪 70 年代以后形势发生了变化。1955 年,《财富》杂志已将规模作为衡量企业的标准。而到 1967 年施赖伯更是于世界上有关经营的畅销书《美国的挑战》中预测:到 1985 年或 1990 年,世界经济将由十多个美国的超大型跨国公司拥有和经营,它们将生产差不多全世界制成品的 90%,在这些大型组织中高级管理层"控制一切,经营一切",当然他并没有说这些超大型公司是否为家族控制。但是在《美国的挑战》出版之时,以大企业为主的世界经济潮流已悄然在转变,施赖伯预测失灵。欧洲人和日本人与美国展开了激烈的竞争,几年后,美国经济(紧接着是欧洲经济)增长动力开始向中型公司转移。① 在这种情况下,就连塞利格曼也承认:"到 1970 年中期,联合大公司失去了魅力,它也不再是'创造性的资本主义的最高形式'。人们发现,它并不比其他公司有更多的功效,股息并不是比预期的高,发展也并非没有止境。说真的,所发生的一切只是吞吸了

---

① 参见[美]彼得·德鲁克:《大变革时代的管理》,上海译文出版社 1999 年版,第44页。

大批的公司,使得联合大公司空前庞大。但是,除了少数确实经营得法的公司以外,保证能获得利润并没有实现。而且,正如华尔街经纪人把联合大公司的股票推上诈骗的市场一样,现在突然发现联合大公司利润多半是吹嘘的,这一事实使股票价值多次猛跌。这一与 20 年代雷同的状况,极令人心寒。"①遗憾的是,塞利格曼的著作成书于 1971 年,没有也不可能对以后的情况进行分析。

　　19 世纪末到 20 世纪 60 年代大企业保持了重要的地位,西方理论界甚至有大企业崇拜倾向,这客观上反映了工业化时期大众化消费背景下标准化生产规模经济的相对普遍性,而大企业的各种资本注定会超越家族边界,这也意味着所有权与经营权分离对标准化时代的大企业而言符合各方利益。20 世纪 70 年代以后两权分离似乎效率不再,正如美国学者布莱尔的研究结论那样:"这一制度(管理和控制分离的公开上市公司,笔者注),之所以运行良好是因为在战后的繁荣年代里,许多行业中可得到的租金不但有足够的把握和数量来支撑支付给职工的稳定、高额和增长的工资与利益,还可以向股东支付极具吸引力的回报。但是,自 70 年代以来,美国经济中公司部门的财富创造速度已经大大降低,而且正如许多人所指出的,它或许不再可能通过向职工许诺终身有把握的工资和收益的方式来鼓励职工进行专用化技能和组织能量方面的投资了。但从今后的几十年的趋势看,似乎这些投资不是不重要,而是越来越重要了。果真如此的话,在财富创造中不能发挥最佳作用的治理制度将会被这些已提出的,鼓励和回报这些投资的最佳治理制度所取代。"②从布莱尔的分析可以看出,此前规模经济和范围经济为基础的大规模企业在 20 世纪 70 年代以后已经失去了存在基础,至少是削弱了,给各利益相关者带来的收益已经降低,企业和员工都相对失去了长期专业化投资的动机了,布莱尔给出的对策是建立新的替代机制。从现有成功经验来看,要进行专业化投资和组织能量方面的长期投资除了采用日本的家社会模式外,就只有选择家族企业了,由于日本的家社会是一个社会体系,要在别的国家和地区建立显然不太符合现实,而家族企业则是各个国家和地区自市场经

---

　　① 〔美〕本·巴鲁克·塞利格曼:《美国企业史》,上海人民出版社 1975 年版,第 499—500 页。

　　② 〔美〕玛格丽特·M. 布莱尔:《所有权与控制 面向 21 世纪的公司治理探索》,中国社会科学出版社 1999 年版,第 302—303 页。

济产生以来长期普遍存在的,因此选择后者比前者更具现实可行性。

现代企业理论往往忽视了大企业,尤其通过系列资本运作而成的大企业注定是所有权分散的,但是包括美国在内的世界上任何一个国家在各个历史阶段,中小企业都发挥了重要作用,而且大企业的发展始终是以小企业为基础和依托的,而现代企业理论研究者往往忽视了这一历史事实。以美国为例,在殖民地时期和内战后相当长一段时期内经济发展非常迅速,中小企业在美国国民经济中一直占据绝对优势地位,这一时期出现的大企业很少,几乎所有的美国企业都是没有管理阶层的独立的中小企业;南北战争结束后,统一的国内市场的形成为企业规模的扩张创造了条件,一批大企业在 19 世纪末 20 世纪初逐渐发展起来,特别是在制造业领域中很多大企业充分发挥了规模经济优势,逐渐取代了中小企业的优势地位,使它们在美国国民经济中的地位和作用开始逐渐下降。不过,在 20 世纪 20 年代之前这种下降仅在制造业中表现得极为明显。尽管如此,很多中小企业利用自身的优势,不断开拓细分市场,填补空缺,或在规模经济无法发挥作用的领域里求得生存与发展,与大企业共存于制造业。在 20 世纪 20 年代之后的 50 多年里,由于大企业的迅速发展,制造业、农业和零售业等诸多领域中小企业的地位迅速下降,以资本密集型为特征的大企业成为行业的核心部门,控制了行业的发展。但在 20 世纪 70 年代中期之后,由于多方面的因素共同作用,使得中小企业在美国经济发展中的地位再次得到提高。实际上,20 世纪 60 年代后期硅谷、128 号高速公路中小企业集群的崛起,就已经开始对美国大企业模式形成了挑战。这一阶段,中小企业不但在创造就业机会方面对美国经济作出了极大的贡献,而且是美国在"大变革时代"经济活力的重要体现。

上述分析表明,传统家族控制方式在 20 世纪 70 年代以后逐渐出现历史的回归,而且呈多元化趋势。在这种背景下,20 世纪 80 年代以后家族企业逐渐引起社会广泛关注就很正常了。美国的新闻工作者理查德·卢沃早在 20 世纪 80 年代在《第二美国》一书中指出第二美国正代替第一美国成长起来,而第二美国的特征是"高技术工业,以家庭为基础的小企业,电子邮政信箱和有计划的公共社区"[1]。第二美国发展动力是小型企业,由重新复活的企业家

---

[1]　刘伟东、陈凤杰:《家族企业——日本中小企业存在的主要形态》,《中国中小企业》2000 年第 12 期。

精神支撑,它是后工业化经济产物。著名未来学家奈斯比特、阿布尔丹在20世纪80年代中期展望20世纪90年代西方企业和社会新动向时指出当时美国企业界的状况是家庭企业的回归。① 就世界范围而言,这一阶段社会主义国家不同程度从计划经济向市场经济转型,承认家族、个人利益,从全球来看家族控制比例应上升。

第二节 当代西方的家族企业

一、家族企业普遍性

盖尔西克认为世界企业至少65%—80%是家族企业的观点已经得到普遍认可。家族企业在世界各地都具有普遍性,各种规模企业中家族控制比例都相当高(见表4—2),家族控制在市场经济国家是相当普遍的,有力地支持了盖尔西克等的观点。家族企业不仅仅在华人世界有重要地位,在东南亚的日本、韩国,市场化程度不高的海湾国家,新兴市场经济国家印度,大洋洲的澳大利亚,欧洲的德国、西班牙、荷兰、意大利,甚至被视做公众企业典型的美英两国,家族企业都具有重要地位和作用。需要强调的是,一般被视做以公众企业为典型,现代企业策源地的经济超级大国美国,家族企业竟然占全部企业数的90%—98%,雇用劳动力超过总数50%,创造50%新增岗位,家族企业创造的GDP占总量的40%—60%。

表4—2 当代各国家族企业地位和作用

国家和地区	研究者	研究结果
美国	Hershon,1975;Stern,1996;Visscher et al.,1994	占全部企业90%—98%,雇用劳动力超过总数50%,创造50%新增岗位,占GDP40%—60%。
智利	Martinez,1994	占全部企业的75%,全部大中型企业的65%。

---

① 参见[美]奈斯比特、阿布尔丹:《展望90年代——西方企业和社会新动向》,国际文化出版公司1987年版,第134—135页。

续表

国家和地区	研究者	研究结果
澳大利亚	Baring,1992;Connolly et al.,1997	80%私有公司和20%上市公司,70%注册公司是家族企业。
德国	Reidel,1994	家族企业占全部企业80%。
印度	Data,1997	最大500家的75%,全国29700家注册企业的29400家是家族企业。
荷兰	Floren,1998	家族企业占全部企业83%,占就业数42%,GDP的53%。
西班牙	Gallo,1995	家族企业占年收入超过200万美元企业的71%,这些企业贡献GDP的70%。
英国	Hayward,1990	家族企业占最大8000家企业的76%,贡献GDP的70%。
意大利	意大利银行	家族企业占企业的68%,雇员超过50名的工业企业有50%是家族企业,低于50名雇员的工业企业中家族企业达到93%。
海湾国家	Davis,et al.,2000	家族企业比例25%—70%不等:巴林70%;科威特37%;阿曼25%;卡塔尔34%;沙特阿拉伯33%;阿联酋64%。
韩国	Zhuang,2001	大规模的商社所有权集中在个人或家族。
日本	刘伟东、陈凤杰,2000	除个别年份外,99%以上是中小企业,中小企业基本是家族企业。其中现代企业型、标准企业型、维持生计型、副业型的家族企业分别占21.4%、34.1%、12.0%和32.5%。
	仓科敏材,2007	日经优秀企业2001年排名榜,除金融和负债过多企业外,2339家上市公司前10名,有8家是创业者及其家族的企业。富士综合研究所2000年对2515家公司的调查表明,42.7%是家族企业。整体而言,日本233万家法人企业,公认的同族公司超过200万家,约占法人企业95%。
海外华人	Yeung & Soh,2000	华人企业家主宰中国港台地区、新加坡和大部分东南亚国家,华人企业基本是家族企业。

资料来源:Upton & Petty. Venture Capital Investment and US Family Business, Venture Capital,2000(1);[日]仓科敏材:《家族企业》,上海财经大学出版社2007年版;苏启林:《家族企业》,经济科学出版社2005年版,第148、167、233、239、241页;刘伟东、陈凤杰:《家族企业——日本中小企业的主要形态》,《中国中小企业》2000年第12期。

如果说表4—2中所涉及的家族企业概念相对模糊,有将家族企业现象泡沫化之嫌的话,表4—3是加拿大学者丹尼·米勒和勒布雷顿·米勒收集的各国大企业家族控制情况,且对家族企业进行了界定,更有利于理解当代西方家族企业概况。

表4—3 欧美大企业家族控制概况

家族企业比例	样本	家族企业标准	研究者
35%	标准普尔(2003)	创始家族在董事会担任高层管理者,或是主要所有者	Joseph Weber,2003
32%	标准普尔(1992—1999)	创始家族成员在董事会占有席位并持有股份,外人持股不超过5%	Anderson and Reep, 2003;Gersick,1997
37%	财富500(1992)	高级管理人员为家族成员或创始人后代	Jetha,1993
35%	财富500(1987)	创始家族在高层管理岗位或董事会中占有席位	L. Ward,1987
47%	财富500(1965)	5%的家族所有权,董事会中有代表,几代均在企业工作	Burch Jr. ,1972
21%	商业周刊CEO100(1993)	高级管理人员为家族成员或创始人后代	McConaughy,1994
60%	美国54000家公众公司(1996)	紧密的家族控制	Shanker and Astrachan,1992
20%美国25%加拿大55%意大利70%中国香港	20世纪90年代公开交易的20家最大企业	家族控制大于20%股份,同时是最大股东	La Porta,Lopez-de-Silanes and Shleifer,1999
44%西欧65%德国65%法国56%西班牙	西欧公开交易的5232家企业(1996)	家族控制投票权大于20%	Faccio and Lang,2002
57%巴黎证交所	前250家公司(1993—1998)	家族控股超过10%	Blondel, Rowell and Heyden,2002

资料来源:[加]丹尼·米勒、伊莎贝尔·勒布雷顿·米勒:《永续经营 杰出家族企业的生存法则》,商务印书馆2006年版,"引言"。

当然,家族企业分布存在行业差异。从世界范围看,家族企业在某一特定产业中所占比重变化存在类似倾向。①　就日本而言,现代日本家族企业的集中度是零售业74%、工业产品72%、服务业60%、批发业58%、冶金产品56%、医药品50%、机械制造48%、食品及橡胶制品47%、建筑46%、农林水产品44%、电力机器产品占41%。相反,家族企业所占比重较低的行业依次是银行、保险、矿产、石油、煤炭、电力、天然气、通信、陆空运输、有色金属、钢铁等历史悠久的基础产业。创办初期的基础产业本来都是家族企业,但是随着设备投资规模的扩大,家族经营的色彩也就越来越淡薄了。②　就整体而言,家族企业所占比重与产业种类的关系如图4—1(见下页)所示,家族企业所占的比重与供给的商品/售后服务、功能的多样性、祖传技术的革新成反比。以钢铁、陆空运输、天然气、电力、银行、保险等为首的具有历史悠久的基础产业,当初都是财阀或有权势的商人创办的B类企业,这些产业的企业理所当然都是家族企业。但是后来由于有些企业被收归国有,有些企业需要庞大的设备投资等,导致家族资本所占比重逐渐减少到微不足道的地步。A类产业中的汽车、医药品、玩具等产业的商品种类在经营领域比较单一,企业的主体部分依然是创办时期的产品和原有的经营领域,创业基因比较容易继续保存继承。因此,"尽管企业规模不断扩大,但是家族企业所占的比重也随之增加"③。

二、大企业的家族控制

两权分离构成西方现代企业理论的基石,学术界习惯将19世纪中期以前的西方家族企业称为业主制家族企业,19世纪后期到第二次世界大战为古典家族企业,第二次世界大战后为现代家族企业。现代家族企业的典型特征就是所有权和经营权高度开放的股份有限责任公司即上市公司,而现代企业理论认为上市公司的所有权与经营权应该是高度社会化的。因此这一部分主要以上市公司为主对西方企业家族控制做进一步讨论。

多数研究假设企业所有权分散,两权分离的观点,自伯利和米恩斯(1932)以来得到了鲍默尔(1958),詹森和麦克林(1976)、格罗斯曼和哈特

---

① 参见[日]仓科敏材:《家族企业》,上海财经大学出版社2007年版,第13页。
② [日]仓科敏材:《家族企业》,上海财经大学出版社2007年版,第12页。
③ [日]仓科敏材:《家族企业》,上海财经大学出版社2007年版,第13页。

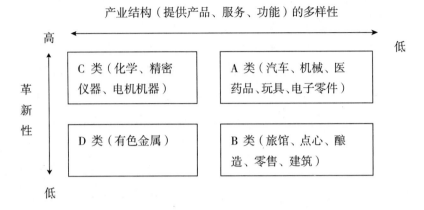

图4—1 家族企业所占比重和产业种类的关系

资料来源:[日]仓科敏材:《家族企业》,上海财经大学出版社2007年版,第12页。

(1980)及企业史学家钱德勒和塞利格曼(1975)的推广,并长期占据统治地位。但自20世纪90年代末以来所有权分散的观点,却受到前所未有的质疑。Shleifer和Vishny,Claessens等,Holderness等研究表明,伯利和米恩斯有关企业所有权分散的经典观点,即使在发达国家都不是普遍现象。而企业规模越大越社会化的观点在La Porta等对世界富裕市场经济国家的最大企业和中型企业的研究结果面前显得苍白无力。①

就世界范围来看,据La Porta等(1998)对世界上27个"最富裕国家和地区"②各20家最大规模企业最终所有权实证分析的结果表明③,这些国家和地区的最终所有权都是家族和国家控制,只有对股东利益保护相当充分的少数几个国家(美英)以公众持股型为主。整体而言,从最终控制权考察,机构投资者和公众持股都只是少数现象。具体而言,La Porta等先以20%为临界

---

① 参见 Rafael. La Porta,F. Lopel-de-Silances and A. shleifer,Corporate Ownership Around the world,Journal of Finance,Vol. 54,1999(2)。

② 27个最富裕国家(地区)根据1993年人均收入确定,分别是阿根廷、澳大利亚、加拿大、中国香港、爱尔兰、日本、新西兰、挪威、新加坡、西班牙、英国、美国、奥地利、比利时、丹麦、芬兰、法国、德国、希腊、以色列、意大利、韩国、墨西哥、荷兰、葡萄牙、瑞典、瑞士。中东科威特、阿联酋、沙特等虽然富裕但没有股市,故而不加考虑。

③ 参见 Rafael La Porta,Florencio Lopez-de-Silanes,Andrei Shleifer,Corporate Ownership Around the world,Journal of Finance,1999(2)。

控股权分析的结果表明,36% 的是公众持股型,30% 是家族控制,18% 是国家控制,15% 是其他类型。其中,公众持股的大企业主要分布在几个普通法系的国家,其股东权益保护较好,英国 20 家最大企业都是公众持股型的,日本为18 家,美国为 16 家。而阿根廷、希腊、奥地利、中国香港、葡萄牙、以色列和比利时则几乎没有公众持股企业。国家控制型的主要分布在那些私有化不充分的国家,比如奥地利占 70%,新加坡占 45%,以色列和意大利各占 40%。因此,整体而言,更多国家的大企业是以家族控制为主的,而法人控制和银行控制则出乎意料的少。La Porta 等再以 10% 为临界控股权,结果富裕国家和地区的大企业只有 24% 公众持股,家族控制型则上升到 35%,20% 是国家控制型,21% 是其他类型。而笔者认为对于各个国家的顶级企业而言,即使是以10% 作为临界控股权也偏高,而且无论哪种标准,股权分散并不普遍。

La Porta 等还以 20% 为临界控股权,对富裕国家和地区各 10 个中等企业(市值 5 亿美元以上,且接近 5 亿美元)研究表明,24% 的股权分散。其中,美英仍以公众持股为多,日本家族控制的比例高达 45%。若将中等企业的临界控股权降到 10%,则只有 11% 是公众持股的,与此相对的是家族控制的比例高达 53%,国家控制比例也高达 16%,其他类型占 20%。事实上,这些中等规模的企业在现实中偏大,阿根廷、奥地利、爱尔兰、新西南、希腊和葡萄牙 6个国家竟然找不到符合标准的 10 个"中等规模"企业。从 27 个国家和地区的最大 20 家企业和中型企业来看,世界范围的企业股权是相对集中,家族控制占多数,而分散的比例相对较少。

值得注意的是,理论和实践倾向于将所有权分散理解为企业社会化程度高,企业是公众企业,但现实却非如此。美、英、日等国股权相对分散,但并不等于家族企业比例少。日本因为相互持股,主银行制,企业产权的相对封闭性、稳定性,临界控股率自然较低;这意味着一个家族凭借极为有限的股份就能对企业实现有效控制。就美、英两国而言,作为第一、二次产业革命的先驱,早期企业具有绝对竞争力,企业规模较大,资本市场、经理人市场的相对完善,以及对投资人保护相对充分,持股方式的多样化,故而临界控股率也非常低,尤以美国为甚。美英由于机构投资者持股比例的提高导致所有者从以前的私人,家族为主转变为机构投资者为主。比如,美国机构投资者所持股票,20 世纪 50 年代为 23%,60 年代为 28%,70 年代为 37.8%,到 90 年代则超过 60%。

机构投资者往往采取分散投资用脚投票机制,或者更多的是起监督作用,上市公司股权被大大稀释,客观上有利于家族以较低股份控制企业。

随着企业规模扩大,法制健全,投资主体、投资方式多元化,所有权分散度提高是历史的必然。这并不是否认家族控制,而是为家族控制提供方便。早期家族需要拥有全部或绝大多数资本才能控制企业,现在只要所占比重很低的股份就可以控制大量企业资产。比如,1945 年美国临时国家经济委员会就发现只需拥有 10%—20% 的股份就足以有效地控制大公司①;1968 年《帕特曼报告》则以控股 5% 作为企业实行控制的界限,而 1978 年以梅特卡夫为首的美国参议院调查报告认为,由于股票所有权的分散,只要控制一家公司 1% 或 2% 的股票就足以对该公司的董事会和政策施以巨大影响②。

当然,我们并不能简单认为美国家族企业的所有权是高度分散的,一个关键的原因就是中小企业一直在数量上占绝大多数,而中小企业几乎已经被确认为"家族经济"。美国少数家族至今仍然控制大公司相当多的股权,如 Murdoch 家族持有新闻集团 40% 股权,Lindner 家族控制了美国金融集团 45% 股权,Redstone 家族甚至控制世界上最大的媒体企业 Viacom 公司 68% 股权。③ 而沃顿家族、福特家族至今仍然控制着沃尔玛、福特公司较高比例的股权,直到 21 世纪沃顿家族还拥有 38% 的股权,福特家族则更高,达到 40%。④ 这一部分的分析表明:即使规模化企业,在世界范围内家族也往往控制相对多数所有权,而一般认为规模化企业更有所有权社会化倾向,因此盖尔西克等(1998)认为当今世界上至少有 65%—80% 企业是家族企业并不过分。

这一部分主要关注的是世界各国大公司的情况,中小规模的企业则更盛行家族所有、家族经营。比如美国 20 世纪七八十年代个人出资,个人所有和控制的自然人企业约占企业总数 75%⑤;20 世纪 80 年代初以前,美国家族企

---

① 参见王沂:《王小强称:"谁的资产谁关心"的逻辑已被超越》,《经济研究》1996 年第 8 期。

② 参见龚维敬:《美国家族企业再度兴起》,《外国经济管理》1990 年第 5 期。

③ 参见欧晓明、苏启林、郑海天:《美国家族企业演进过程和管理特征研究》,《外国经济与管理》2003 年第 10 期。

④ 参见付文阁:《中国家族企业面临的紧要问题》,经济日报出版社 2004 年版,第 44 页。

⑤ 参见[美]R. M. 霍德盖茨:《美国企业经营管理概论》,中国人民大学出版社 1985 年版,第 39 页。

业股东超过二人的比例仅50%强。① 就整体而言,在微观经济体中,完全的家庭所有、家庭经营的典型家族企业数量并不低。

美国学者 Mara Faccio 和中国香港学者郎咸平对西欧13国5232家上市公司企业控制权研究结果表明,总体而言,西欧13国多数企业倾向于公众持股或家族控制,公众持股比例36.93%,家族控制为44.29%,家族控制比例高于公众持股7.36%。具体而言,只有英国和爱尔兰家族持股比例低于公众持股,欧洲大陆则普遍倾向于家族控制,法国、德国、葡萄牙均超过60%,奥地利、比利时、意大利、西班牙超过50%、芬兰、瑞士和瑞典超过45%,最低的挪威也有38.55%,而这些国家的公众持股率均低于40%。英国和爱尔兰之所以公众持股比例高可能与其独特的"英爱经济模式"②,抑或"盎格鲁文化"有关。值得注意的是,Mara Faccio 和郎咸平选择的欧洲13国的企业均是上市企业,而一般认为上市企业的所有权比非上市企业所有权分散,既然上市企业家族控制比例都较高,那么非上市公司家族控制比例自然更高。

如果说 Mara Faccio 和郎咸平对西欧13国主要以中小企业为主,不能说明大企业情况的话,Pedersen 和 Thomsen 对1990年欧洲12国最大100家公司所有权结构的比较分析则直接以欧洲大企业为对象。这12个国家各自的百强企业在笔者将国有与外资企业控制剔除后与中国私营企业类似,其中只有英国分散型的比例超过50%(见表4—4)。值得注意的是,由于这些企业规模巨大,以20%作为分散的标准明显偏高,主导型标准20%—50%也偏高,家族控制以多数股权为标准必然低估家族控制比例,因此可以肯定主导型,甚至分散型的企业有相当部分是家族控制,而合作型的企业由于投资者数量较少,相互间也可能存在家族关系。实际上,我国当代上市公司中公认的家族企业家族所占股份平均可能也不到50%,郑家喜对17家上市家族公司2003年控股比例的研究,家族控股比例最小的仅为17.88%,最大为74.59%,平均值为43.50%,而且法人股平均值仅为14.40%。③ 而西方由于法人股较多,市

---

① 参见 Corbetta and Montemerdo,Ownership,Governance,and Management Issues in Small and Medium size Family Business: Comparison of Italy and the United States,Family Business Review,1999,12(4):361—374.

② 张亚珍、宾建成:《欧盟经济的"板块"特征及发展趋势》,《经济学动态》2008年第3期。

③ 参见郑家喜:《我国家族企业资本结构研究》,中国财政经济出版社2006年版,第81页。

场机制较为完善,且私人股东权益得到更多保护,用脚投票比例相应较高,家族应该以更低股份就能控制公司。

表4—4　欧洲12国最大100家公司非国有和外资的所有权结构

单位:%

国家	分散型	主导型	家族型	合作型	与中国私营企业类似比例
奥地利	0.0	16.7	59.5	23.8	42
比利时	12.1	60.6	18.2	9.1	33
丹麦	15.2	13.6	45.5	25.8	66
芬兰	17.1	35.7	32.9	14.3	70
法国	25.8	45.2	24.2	5.0	62
德国	13.2	44.1	38.2	4.4	68
英国	77.2	13.9	7.6	1.3	79
意大利	0.0	52.4	47.6	0.0	42
荷兰	39.0	27.1	11.9	22.0	59
挪威	8.8	20.6	42.6	27.9	68
西班牙	12.5	55.0	20.0	12.5	40
瑞典	6.2	47.7	27.7	18.5	65

注:分散型:没有一个单独的所有者拥有公司的股票超过20%;
　　主导型:有一个所有者个人、家族、公司拥有公司的股票份额大于20%而小于50%;
　　家族型:由一个个人或家族拥有公司有投票权股票的多数(包括基金所有权);
　　合作型:公司以合作性质注册或者少数情况下由一组合作者拥有公司所有权的多数。
资料来源:根据:Torben Pedersen, Steen Thomsen, European patterns of corporate ownership: a twelve-country study Journal of international Business Studies,1997(4)整理。

再看亚洲,世界银行的 Stijn Claessens,Simeon Djankov 和中国香港郎咸平对亚洲9个国家和地区的2980家上市公司控制权分布研究结果表明除日本外,东亚各国均是以家族控制为主(见表4—5)。他们认为,这与亚洲地区制度落后,大家族控制银行,并利用金字塔式控股结构,将银行、上市公司置于家族最底层有关。日本所有权分散主要应归因于第二次世界大战后财阀解散引发的交叉持股普遍性,家族以较少的股份控制大量家族企业。新加坡则是国家控制为主,其余均以家族控制为主。家族控制似乎和企业规模没有关系,家族控制的现象在中国香港、日本和菲律宾和泰国发生在小企业,而在韩国、新加坡、中国台湾则主要是大型企业,马来西亚和印度尼西亚则主要出现在中型企业。值得注意的是,郎咸平等的研究仍然以 20% 为临界控股权(投票权和现金流),样本既有大企业也有中小企业,大中小企业的比例分别为 20∶50∶50,应该比较客观地反映了亚洲情况,但对家族控制的估计可能趋于保守。因为,1978 年,中国台湾中华征信所对台湾地区 100 家最大企业集团的研究表明:"严密的家族组织,是我国最完美的制度。我国的企业也多根据此一组织逐渐发展而成为一个集团。在现有的 100 个集团中,除极少数的集团外,其余的均充满了家族色彩。如国泰、陈合发、永丰余等企业均属于此一类型,其他形式的集团则相对有限。所以谈及实质影响力的有无,倒不如说是否是一个家族集团更切实际。这种现象在台湾的 100 个企业集团中特别明确。"①而征信所是西风东渐的产物、现代化的机构,应该对家族没有偏爱,甚至对家族企业有所歧视,不会过高估计家族企业的比重。

表 4—5　亚洲 9 个国家和地区上市公司控制权分布

国家及地区	企业数(家)	公众持股(%)	家族控制(%)	国家企业(%)	金融公司(%)	企业持股(%)
中国香港	330	7.0	66.7	1.4	5.2	19.8
印度尼西亚	178	5.1	71.5	8.2	2.0	13.2
日本	1240	79.8	9.7	0.8	6.5	3.2
韩国	345	43.2	48.4	1.6	0.7	6.1
马来西亚	228	10.3	67.2	13.4	2.3	6.7
菲律宾	120	19.2	44.6	2.1	7.5	26.7
新加坡	221	5.4	55.4	23.5	4.1	11.5
中国台湾	141	26.2	48.2	2.8	5.3	17.4
泰国	167	6.6	61.6	8.0	8.6	15.3

资料来源:Stijn Claessens,Simeon Djankov and Larry H. P. Lang,The Separation of Ownership and Control in East Asian Corporations. Journal of Financial Economics ,2000(1)。

三、家族企业的相对效率

家族企业并不是以效率为代价换取家族控制,恰恰相反家族控制与效率往往可以兼容。一般认为家族经营是"规模不经济",但却有大量的事实证明

① 孙黎:《家族经营——海外华商创富之秘》,中国经济出版社 1996 年版,第 150 页。

家族企业并不存在"规模歧视",故而这里的讨论也从此展开。丹尼·米勒和勒布雷顿·米勒收集了大量证据表明现代社会家族控制企业绩效好于非家族企业(见表4—6)。Tannenbaun 研究发现,1975—1995 年美国 200 家最大的家族控制企业股东回报率 16.6%,而标准普尔企业为 14%(标准普尔企业1/3 是家族控制);ODDO Generation 对 1989—1996 年巴黎交易所 250 家最大企业分析的结果显示,其中家族企业与非家族企业的股东回报率分别为 76%和 9%;Bornstein 就 1972—1983 年美国 50 家主要家族控制企业与其同行对比的结果表明全部股东回报率,50 家家族企业有 31 家胜过非家族企业。Anderson、Reep、Villalonga、Amit、Kang 和 Junge 也发现家族控制企业的超额回报和市场价值;Bornstein 指出,股票评级中家族企业表现更为优异;Leech and Leahy 对 20 世纪 80 年代英国 325 家大型工业企业的研究表明,家族企业具有高利润率、高权益回报率,销售和资产的快速增长等特征。此外,《福布斯》(1995),Kang(1996,2000),Kleiman et al.(1996),Mc Conaughy、Matthews 和Fialko(2001),Gallo and Vilaseca(1996),Anderson and Reep(2003),Raymond Institute(2003),Allouche and Amann(1997),Weber et al.(2003)等研究均表明,欧美大家族企业绩效不是差,而是普遍好于非家族企业。

表4—6　西方家族企业与非家族企业财务绩效比较

家族企业/非家族企业	样本	家族企业标准	研究者
家族控制企业的股东回报率 16.6%,而标准普尔 14%(标准普尔 1/3 是家族控制企业)	1975—1995 年美国 200 家最大的家族控制企业股票指数	创始家族在高层管理岗位任职	Tannenbaum,1996
股东总回报率:家族控制企业:76%非家族控制企业:9%	1989—1996 年巴黎交易所 250 家最大企业	家族控制	ODDO Generation,1996
全部股东回报率,50家家族企业中 31 家胜出	1972—1983 年美国 50 家主要家族控制企业与其同行对比	家族持股 30% 或更多	Bornstein,1983
高利润率、高权益回报率以及销售和资产的快速成长	20 世纪 80 年代英国 325 家大型工业企业	家族控股	Leech and Leahy,1991

家族企业/非家族企业	样本	家族企业标准	研究者
与行业平均水平相比,33%的家族企业赢利更好,15%的家族企业成长更快	20世纪90年代初美国公开交易的800家最大公司	创业家族成员担任CEO	Forbes,1995
资产回报率高,资产重置成本低	1982—1994年《财富》500家最大企业	5个最大股东有一个是家族成员;所有者担任董事长	Kang,2000
家族控制企业有更高的股东总回报率,资产回报率和更大销售增长	1989—1994年公开交易的205家家族企业,价值曲线与标准普尔500对比	家族持股大于10%,至少两名家族企业成员担任管理人员	Kleiman et al. ,1996
家族控股并由家族成员出任CEO,比行业内其他企业获得更多的销售回报率	1983—1992年美国公众持股纺织企业(共595家)	5个最大股东有一个是家族成员;所有者担任CEO	Kang,1996
家族控制企业市场价值与账面价值比高于非家族控制企业	1987年从《商业周刊》1000名CEO中选取109对企业	CEO就是创始人或创业家族成员	McConaughy, Matthews, Fialko,2001
高销售回报率:8.8%/3.3%高收益回报率:27%/6%	1991年西班牙104家家族企业和西班牙银行报告的其他4702家企业之间的对比	家族持股超过50%;高层管理团队至少有一名家族成员,销售额大于4000万比塞塔	Gallo and Vilaseca,1996
高资产回报率,高托宾Q值	1992—1997年标准普尔500	CEO既是创始人又是继承人	Anderson and Reep,2003
家族控制企业平均收入在过去5年增长50%,这经常是在不景气情况下完成的	1997—2002年美国1000家家族控制企业	企业由家族成员控制;其中94%自己经营	Raymond Institute,2003
权益回报率:25%/15.8%资产回报率:7.6%/6.1%资产总回报率:18.5%/12.6%销售回报率:5.4%/13.6%销售收入增长更快	从1982—1992年法国1000家最大工业选出47对行业和规模相似的企业	企业由家族控制	Allouche and Amann,1997

续表

家族企业/非家族企业	样本	家族企业标准	研究者
资产回报率： 5.4%/4.1% 股东总回报率： 15.6%/11.2% 销售收入增长： 23.4%/10.8% 总收入增长： 21.2%/12.6%	1992—2002 年美国标准普尔 500	创始家族担任执行董事角色或企业的重要股东	Weber et al. ,2003

资料来源：[加]丹尼·米勒、伊莎贝尔·勒布雷顿·米勒:《永续经营 杰出家族企业的生存法则》,商务印书馆 2005 年版,第 5—7 页。

  米勒等还指出,家族企业大多数所有者与交易员一样也希望公司价值增值,但与交易员不同的是,家族企业主更关注企业以及企业的使命,企业被视做长期供养家族、员工以及其他关键利益相关者的机构。拥有企业是为了培育,而不是为了转手以快速获得资本收益,也不是为了获取丰厚的薪金。因而,家族企业的财务政策是相对保守的,负债很低,资本流动率却很高,而表4—7 内西方大型家族企业的经历则验证了这一点。

表4—7 家族企业与非家族企业的比较

项目	家族企业与其他企业对比	样本	家族企业标准	研究者
风险	低权益负债率 0.56/1.53	1991 年西班牙 104 家家族企业和西班牙银行报告的其他 4702 家企业的对比	家族持股超过 50%；高层管理团队中至少有一名家族成员,销售额大于 4000 万比塞塔	Allouche and Amann, 1997
	低资产负债率；低短期资产负债比率;低股利支付	1987 年《商业周刊》1000 名 CEO 中选取 109 对企业	CEO 就是创始人或创业家族成员	McConaughy, Matthews and Fialko, 2001 ; McConaughy et al. ,1998
	低负债权益比率；低股利支付	1989—1994 年公开交易的 205 家家族控制企业价值曲线同标准普尔 500 进行对比	家族持股大于 10%,至少两名家族成员担任管理人员	Kleiman et al. ,1996

项目	家族企业与其他企业对比	样本	家族企业标准	研究者
风险	负债小于权益25%的家族企业占55%	1997—2002年美国1000家家族控制企业	企业由家族成员控制；其中94%是他们经营	Raymond Institute, 2003
	总资产负债率更低	1992—1999年标准普尔500	CEO是创始人或其继承人	Aderson and Reep, 2003
	流动比率:1.3/1.1 财务杠杆:0.9/1.5	从1982—1992年法国最大1000家工业企业选出47对行业和规模相似企业	企业由家族控制	Allouche and Amann, 1997
效率	高人均销售额,高资产周转率,高运营资本与销售额比率	从1987年《商业周刊》1000名CEO中选取109对企业	CEO就是创始人或创始人家族成员	McConaughy, Matthews and Fialko, 2001; McConaughy et al.,1998
生存	生存30—60年家族企业所占比例是其他企业两倍	Kirkaldy郡1870—1970年所有企业,苏格兰制造业和采矿业	企业家族所有	Mackie,2001
	所有企业的平均寿命是12年,家族企业是24年	Stratix研究的所有日欧企业与FFI作出评估的家族企业对比	各种各样的	Arie de Geus, 1997; Rooij,1996
	企业寿命大于300年多数是家族企业	1997年英国300周年俱乐部	家族成员控制企业	Arie de Geus,1997
	在经济不景气的情况下,超过60%的家族企业对未来持乐观态度	1997—2002年美国1000家家族控制企业	家族成员控制企业	Raymond Institute, 2003

续表

项目	家族企业与其他企业对比	样本	家族企业标准	研究者
生存	家族企业平均寿命相对较长	1993—1998 年巴黎证交所企业	家族控制大于10%	Blondel, Rowell and Heyden,2002

资料来源:[加]丹尼·米勒、伊莎贝尔·勒布雷顿·米勒:《永续经营 杰出家族企业的生存法则》,商务印书馆 2005 年版,第 12—13 页及书后附录。

    家族企业批评论者一般认为,家族企业具有短视倾向,不重视人力和物质资本的长期投资。但米勒等人收集的西方成功家族企业研究资料发现,与一般理论假设相反,家族企业重视长期投资,尤其强调人力和资本的长期投资(见表4—8)。

表4—8　家族与非家族企业对人力和货币资本长期投资对比表

家族与非家族企业统计对比	样本	家族控制企业界定	研究者
家族参与长期经营:94%家族成员直接经营;85%的企业继承人是家族成员;90%计划保持家族所有	1997—2002 年美国 1000 家家族控制企业	家族成员控制企业	Raymond Institute,2003
家族企业对工厂机器和电子数据界面有更多投资	1983—1992 年美国持股纺织企业	最大的五个股东都是家族成员;所有者是 CEO	Kang,1996
家族企业 R & D 费用为 6.18 亿美元;其他企业为 5.39 亿美元	1992—2002 年标准普尔 500	创业家族在董事会中担任执行董事角色,或家族是重要股东	Weber et al. ,2003
培训费用占人事费用比例:家族企业 4% ,非家族企业 3% ;年培训小时:56/43 人均培训费:7400/4700	1982—1992 年从法国 1000 家最大工业企业中选出 24 对行业和规模相似企业	企业由家族控制	Allouche and Amann,1997
对员工承诺;不会因为经济不景气裁员	1997—2002 年美国 1000 家家族企业	企业由家族成员控制;其中 94%由家族经营	Raymond Institute,2003

家族与非家族企业统计对比	样本	家族控制企业界定	研究者
福利：15000 法郎/9400 法郎； 短期福利：家族控制企业低 34% 长期福利：家族控制企业高 60%	1982—1992 年法国 1000 家最大的工业企业中选出 24 对行业和规模相似的企业	企业由家族控制	Allouche and Amann，1997
CEO 任期是非家族控制企业的 6 倍	1997—2002 年美国 1000 家家族企业	企业由家族成员控制；其中 94% 由家族经营	Raymond Institute，2003
家族控制企业股票薪酬较少	1997—2002 年美国 1000 家家族企业	CEO 是其创始人或其后代	Anderson and Amann，2003
前 10 名高层管理薪酬：7/8.7 万法郎；中层管理：1.24/1.14 万法郎	从 1982—1992 年法国最大 1000 家工业企业选出 24 对行业和规模相似企业	企业由家族控制	Allouche and Amann，1997

资料来源：[加]丹尼·米勒、伊莎贝尔·勒布雷顿·米勒：《永续经营 杰出家族企业的生存法则》，商务印书馆 2005 年版，第 21—22 页及书后附录。

　　虽然日本是家族社会，现代公司经营得像家族一样，但日本学术界可能将家族管理风格的经营视做理所当然，对通常所说的家族所有、家族控制的家族企业的研究极少，偶尔有也基本是关注同族公司（类似中国个体户）。不过，笔者最近还是见到日本学者仓科敏材对家族企业的研究，在研究过程中他收集资料对比了美欧日的家族企业绩效，结果发现家族企业普遍好于公众公司。[1]

　　仓科敏材对比了 1996 年《家族企业》杂志按照时间序列分析的美国 210 家大型家族企业股票价格指数和美国 500 家上市大公司股票价格指数，结果表明从 1975—1996 年，家族企业在股票市场的表现一直好于 500 家上市大公司，尤其在经济不景气的 20 世纪 80 年代中期到 90 年代初，家族企业股票的表现远远好于非家族企业。欧洲的情况也和美国类似，20 世纪 80 年代，Leach 调查 325 家英国大企业的结果表明，家族企业比非家族企业收益率更

---

[1]　参见[日]仓科敏材：《家族企业》，上海财经大学出版社 2007 年版，第 13—24 页。

高,股票红利更高,销售增幅也更高,净资产积累增长快。法国从 1989 年 12 月到 1996 年 5 月,250 家上市公司股票价格平均上升 8.8%,其中 76 家家族企业股票价格的增幅竟高达 73.3%。日本情况与欧美类似,2001 年日经优秀企业除金融和负债过多企业外,2339 家上市公司的前 10 名,有 8 家是创业者及其家族企业。富士综合研究所统计,2000 年 3 月股东大会时,2515 家公司的经常利益平均为 4.5%,其中职业经理人企业 1441 家为 4.17%,大股东同时担任最高经营者的 925 家家族企业平均为 6.32%,大股东不担任最高经营者的 119 户家族企业经常收益为 4.30%,30 家经营者本人不是大股东,但作为创办人家族成员担任最高经营者的也高达 6.11%。这说明在日本家族所有且家族直接经营的绩效最高,两权相对分离的家族企业经营效率最低,但都高于两权高度分离的企业。仓科敏材还注意到日本经济泡沫时期股票时价总额增长率最高的 46 家公司中有约 60% 是家族股票。即使到 21 世纪初股票价格还不到泡沫经济顶峰时期的 1/4,但其中的家族企业股票仍然显示出高速增长的趋势,尤其在 17 家股价上涨了两倍以上的公司中竟然有 14 家为家族企业。

基于美国、法国、日本家族企业在经济不景气时代家族企业表现好于非家族企业的事实,仓科敏材指出,家族企业在适应能力方面具有更大的优势和潜力。而这种适应性主要表现在七个方面:(1)为了把资产传给下一代,家族成员大都以身作则并具有强烈的责任感;(2)祖辈同时在同一个家族公司工作的员工很多,他们对公司高度忠诚;(3)家族企业的经营者与外界具有广泛的联系,对社会具有强烈的责任感;(4)在产品和服务质量中诸如制作者的情感和强烈的固执性;(5)决策迅速;(6)重视长远的战略利益胜于眼前的短期性利益;(7)即使发展成大企业,创业时期中小企业的 DNA 依然融合在企业,企业家精神依然健在。[①] 仓科敏材还根据富士综合研究所的资料证明,虽然家族企业多数好于职业经理人企业,但并非每个行业都如此,日本的 32 个行业,有 22 个行业家族企业表现优异,这说明家族经济具有行业效应。

① 参见[日]仓科敏材:《家族企业》,上海财经大学出版社 2007 年版,第 19—20 页。

第五章　古代中国的家族企业

第一节　古代家族企业概况

一、自然经济时代的家族企业

严格地说,近代以前并没有作为独立经济单位的企业,更谈不上企业的法律地位,只是具有萌芽、雏形特征。[①] 但从某种意义上说,只要有交换,至少在交换比较频繁的背景下,各交换主体就会对生产效率进行比较,甚至靠行政指挥系统进行资源配置的组织,其组织者往往也会采取"虚拟市场"方式,对各生产部门、环节进行虚拟成本、收益比较,从而使其具有企业盈利性的性质。这就不难理解刘秋根、黄登峰观点的合理性,他们认为:"早期的奴隶制手工作坊,后来的官私手工业作坊、店铺等都是一种企业性的生产组织,广义上说,商人的店铺、字号或航运业的运输组织也是一种企业。"[②]徐东升也指出,企业是一种历史形态,各个时代企业具有不同内涵,"以企业是与市场相联系、为社会提供产品或服务的经济组织作为企业的定义,适用于各时代的企业。以中国古代而言,作坊或工场、店铺、厂局等经济组织也是企业,只是这时的企业还是企业的雏形"[③]。更为关键的是,古代中国尚无"企业"一词,更罔论其法律地位,因此,本书所说古代"家族企业",称为"家族经营"更为贴切,因此下文论述并不做专门区分。

---

① 参见中国企业史编辑委员会:《中国企业史》古代卷,企业管理出版社 2002 年版,"前言"第 4 页。

② 刘秋根、黄登峰:《中国古代合伙制的起源及初步发展——由战国至隋唐五代》,《河北大学学报》(哲学社会科学版)2007 年第 3 期。

③ 徐东升:《8—19 世纪初中国企业与经营管理》,厦门大学 2000 届博士论文,"引言"。

中国传统社会由于没有市民权可言(这也有助于理解西方中世纪的商人群体以城市为单位,而中国即使十大商帮基本以山村为单位),国民普遍具有强烈的家族认同感,故土情结,加上士、农、工、商四民间流动性较强,家族规模较大,家族在经营工商的同时,往往不得不兼营他业,而且因为早期工商业没有规范的会计制度,因此家计与工商财务,甚至家庭与企业等并没有明确界限,至少相互间关系难以厘清,因此本书也不做区分。

虽然有学者认为自古以来,我国商人就是以家庭为单位经营商业①,有些绝对化,但还是比较客观地反映了家庭经营普遍化的事实。而从语言习惯而言,古时工商业名垂青史者只有商人而无企业,商人的最终载体又是家庭,由此可以判断出古代突破家庭范围的合伙经营很少,但也不能否定合伙经营存在的可能和史实。鉴于家庭经营方式相对简单,一般讨论家族企业更关注人力资本与货币资本突破家族范围的企业,因此本部分主要讨论古代家族商业经营突破家族经营的情况。

由于早期没有公司制之说,民间的突破家族边界的经营基本是合伙,因此对突破家庭边界的商业经营的讨论由此展开。一般认为中国历史上最早的合伙经营起源于春秋时期,因为有管仲和鲍叔牙同贾南阳为证。不过,日本学者今堀诚二认为中国历史上的合伙产生于明代,而宋代虽然出现了一些合伙迹象,但就整体而言,尚处于合伙制的"前史阶段",合伙制很不正式。刘秋根、黄登峰认为战国至隋唐时期是中国古代合伙制的起源和初步发展时期。② 刘秋根还认为,中国古代合伙制在宋代已经形成并且发育比较成熟。③ 值得注意的是,我国近代学者王孝通认为我国合伙制起源于西周之时,依据是"又如《秋官》所载,朝士之职,凡民同货财者,令以国法行之,犯者刑罚之(郑注:同货财者,谓合钱共贾者也),其法虽不详,疑必有与今日公司合伙等制度相近者在也"④。由于对合伙经营有了专门法律规定,说明当时合伙已经较为普遍,这不但无法考证,即使有,也无法判断其合伙方式。

---

① 参见唐力行:《商人与中国近世社会》(修订版),商务印书馆 2006 年版,第 72 页。
② 参见刘秋根、黄登封:《中国古代合伙制的起源及初步发展——由战国至隋唐五代》,《河北大学学报》(哲学社会科学版)2007 年第 3 期。
③ 参见刘秋根:《十至十四世纪的中国合伙制》,《历史研究》2002 年第 6 期。
④ 王孝通:《中国商业史》,商务印书馆 1936 年版,第 24 页。

历史上有据可查的第一个合伙经营案例管仲与鲍叔牙之合伙,从姓氏来看,已经突破了同姓家族的范围。不过,既不能依此判断此前没有合伙制,也不能说当时非家族间合伙的普遍性。因为事实往往先于记载,而具有"经世济国"之才的管仲并不是普通人,更为关键的是鲍叔牙也非凡人,齐桓公之所以用管仲为相还是因为先期投靠齐桓公的鲍叔牙推荐。① 可以说,鲍叔牙与管仲都是社会化程度较高的人,其社会网络已经突破了家庭、家族边界,即使他们没有家族、姻亲关系也无法得出当时普通合伙普遍的事实。而且,我们也无从考证管仲与鲍叔牙的同贾形式,以及他们之间的血缘、姻缘等关系,其合伙是否具备共同出资、共同经营、共负盈亏,以及两者之间有无主从关系。吴慧认为,春秋时期,为数众多的,从商业奴隶、农奴或农民转化而来和平民中经营商业的本小财薄的小商人很多是"合伙经营,利润均分"②。春秋至隋唐之间的合伙多数是商贾贩商间合伙,有据可查的例子屈指可数,而且其中有些可能是姻亲间合伙。③ 对于翁婿、舅甥之间姻亲合伙,由于家族是父系的,一般易将翁婿、舅甥排除在外,实际上仍有血缘、家族关系,因此,突破血缘与姻缘的合伙应该不多。

到汉代,合伙经营范围可能已经很大,而且较为规范。有据可查的与现代合伙企业最为接近的例子是湖北江陵凤凰山十号汉墓出土的十二号牍正面题写的秦仲等十户人家共同订立的长途贩运契约,约定每户出资 200 钱合伙同贩,因病不行者一天罚 30 钱,不能出力者需出钱雇人顶替,器物不具备者罚 10 钱,并约定了称为"贩吏的主持者"的账长,同墓还出土与"病不行者罚日卅"有关的十五支简。④ 这是一种典型的共同出资,共同经营的合伙,虽然不能确认这一合伙是否具有长期性,还是一次贩运合伙,但从其具有较为规范而又逻辑严谨的合伙契约、组织形式,说明当时类似这样的合伙组织可能具有一定普遍性。这一运输合伙以家户为单位进行,说明当时家族、家庭经营比较

---

① 参见吴慧:《中国古代商业史》第一册,中国商业出版社 1983 年版,第 146 页。
② 吴慧:《中国古代商业史》第一册,中国商业出版社 1983 年版,第 166 页。
③ 参见刘秋根、黄登封:《中国古代合伙制的起源及初步发展——由战国至隋唐五代》,《河北大学学报》(哲学社会科学版)2007 年第 3 期。
④ 参见长江流域第二期文物考古人员训练班:《湖北江陵凤凰山西汉墓发掘简报》,《文物》1974 年第 6 期。

普遍。

就整体而言,唐代以前中国的合伙制尚处于萌芽阶段,合伙现象只是零星的,但到宋朝却无疑是形成了,日本学者认为中国宋代尚未形成合伙制的观点主要在于其对合伙制的理解及对所运用材料存在误解。① 但也并不能过于高估宋元时期的合伙,这除了现存资料中有关合伙的案例极为有限外,前人在分析合伙制是常将领本经营和借本经营理解为合伙,从而导致合伙数量出现"泡沫",因为领本经营和借本经营多数情况下资本所有者都占支配地位。此外,领本经营与借本经营不能简单视做普遍具有合伙性质的原因,是因为这类似一种资本使用的租约,如果将其扩大化则分成制和定额制佃农均可以看做佃农与地主合伙,因为土地也是一种资本,租种土地的农民有追求更多产出的动机,同样是增值动机。从某种意义上说,领本经营或者说借本经营是资本所有者与经营者间的一种委托代理关系。如果将这种合伙扩大化,那么只要人力资本和物质资本超出家族边界的均成合伙,其理论与现实意义无疑会大打折扣。

另外,从整体上看,宋代无论手工业还是农业,都达到历史高峰,而商业也取得飞跃性发展,其突出表现就是打破坊市制,形成各级市场,尤其是长途贩运得到发展。但绝不可过高估计当时生产与贸易的市场化,因为就整体而言,直到明中叶前,中国社会都是自然经济社会。生产与贸易的盈利性动机并不强,主要是为了满足家族或者家庭的生活需要,类似现代的个体工商户其只能纳入居民或者家庭账户,至多扩展到狭义的家族范围。其生产和经营往往以家庭或者家族为主,这不仅表现在物质资本也表现在人力资本,而真正人力与物力都相对社会化的经营主体并不多,故可以得出这样的基本判断,中国市场经济萌芽以前具有企业性质经济体主要是狭义的家庭经营。

二、市场经济萌芽期的家族企业

(一)市场经济萌芽期即资本主义萌芽期

明正统到正德年间是明朝家营工商业发展的一个低潮期,许涤新、吴承明

---

① 参见刘秋根:《十至十四世纪的中国合伙制》,《历史研究》2002 年第 6 期。

认为从正德之后的嘉靖开始,中国进入资本主义萌芽期。① 但笔者认为,可能
受意识形态歧视的作用,我国长期将资本主义等同于市场经济,直到邓小平
"资本主义也有计划,社会主义也有市场"观点提出才拨乱反正,计划与市场
均是资源配置手段,近现代学者所说的资本主义萌芽称做市场经济萌芽可能
更贴切。本书研究主题是家族企业,家族是一个市场化主体,企业也是一个市
场主体,同时西方资本主义国家也有实行民主社会主义的,而一些社会主义国
家转型经济特征与资本主义也发生了高度的重合,我国转型期的宪法已适应
市场经济发展需要明确保护私有财产,从某种意义上说现实和理论发展有将
按阶级成分划分社会发展阶段的观点模糊化倾向,二者的交汇点恰恰在市场。
有鉴于此,本书将前人所说资本主义萌芽说成市场经济萌芽更为贴切。

　　值得注意的是,国内研究资本主义萌芽的重要学者之一吴承明也曾指出:
"资本主义是可以逾越的,市场经济却不能逾越,越过了,还得补课。马克思
说过卡夫丁峡谷,中国实际上就没有资本主义时代,我们把它越过了。因此,
我想提出,在历史研究上,不要提研究资本主文萌芽了,与其说资本主义萌芽,
不如叫近代化萌芽,即市场经济的萌芽。"②同样,厉以宁在《资本主义的起
源——比较经济史》中指出同一社会制度框架内往往有不同的经济关系,商
品生产以及雇用关系都只是资本主义社会制度建立的前提之一,并不一定注
定产生资本主义。③

　　中国全国市场形成的开端,国内学者倾向于1521年明嘉靖开始,但国外
的研究则一般以1500年为限,这也为国内学者李伯重沿用,他认为1500—
1840年间是全国性市场形成的阶段,此前的部分学者之所以认为全国性市场
在当时没有形成主要是因为受欧洲中心论的制约。④ 当然选择1500年为界
也方便与西方进行比较,因为西方市场形成基本是在15世纪末16世纪初的
地理大发现之后。不过,上述两种分期法并不明显影响本书的研究。

---

① 参见许涤新、吴承明:《中国资本主义发展史》第一卷,人民出版社2003年版,第37页。
② 吴承明:《要重视商品流通在传统经济向市场转换中的作用》,《中国经济史研究》1995
年第2期。
③ 参见厉以宁:《资本主义的起源——比较经济史》,商务印书馆2003年版。
④ 参见李伯重:《中国市场的形成:1500—1840年》,《清华大学学报》(哲学社会科学版)
1999年第4期。

（二）家族企业概述

明朝中期以后，伴随市场发育，出现了一些有利家族企业发展的因素。首先，手工业和农业领域赋役制度创新，促进了市场的发育。嘉靖年间，班匠银制度取代手工业的轮番劳役，手工业者可以持续的从事日常生产经营，客观上促进了手工业的发展，而手工业产品商品率较高，这就为商品经济的发展创造了条件。与城市班匠银制度对应，农村于嘉靖年间开始在江浙、福建等地试行一条鞭法，万历九年张居正在全国推广，即在农村实行以银代役。一条鞭法既是商品经济发展既存事实的承认，又进一步促进了商品经济。一条鞭法不仅仅意味着农民以货币代替赋役，还赋予了农民离开土地的自由。职业间的相互转换，使农村富余劳动力可以向手工业和商业转移，同时因为摊丁役入田亩，使商人与土地结合传统削弱，商人、地主、官僚三位一体模式受到冲击，商人经营趋于专业化，这客观上会促进家族经营发展。

其次，家族商业经营必然以商品交换发达为基础，而明中叶以后，商品化水平超过了前代。明代的粮食生产明显增长，商业性农业也发展到新的历史高度，其中棉、桑、蔗、烟、茶的地区专业化种植与加工有效促进了地区间的分工，导致大规模的农产品流转与交换。明后期手工业的发展，从技术层面来说，主要体现在宋应星的《天工开物》。从经营方式来看，南方民间纺织业，除家庭手工业外，独立的或半独立的商品生产得到发展，而且出现轧花、纺纱、织布，以及染布、踹布等专业化的地区，如苏州是踹布业中心，芜湖是浆洗业中心。丝织业虽然由城市向市镇扩散，但因为相对棉纺织而言属技术和资本密集型，故而没有形成农村家庭副业，企业经营性质已相当明显了，没有资本的工匠与丝织业经营者之间有的已经形成长期契约，有的则缔结临时契约。陶瓷业中民窑逐渐超越官窑，民营冶铁业在广东佛山已经具备手工工场的雏形。矿冶、伐木等官府管制较严的产业也逐渐呈现民营化趋势。

最后，虽然一般认为中国古代缺乏保护商人利益的法律制度，明清时期民间的商事纠纷，多由各级地方官员依据具体情况，"酌以情理"断案，但这也并不意味着政府法律制度方面的完全无所作为。政府工商政策的趋向宽松，提供了一种比较有利于商业发展和提高商人地位的制度环境，商人应试科第政策的变化，特别是捐纳制度的实行，强烈冲击了传统的科举取士制度，成为直接促进士商渗透的重要渠道。① 士商相互渗透的结果一方面说明商人地位的提高,社会重商风气的增强;另一方面官僚及商人都可以利用政治权力谋取商业利益。就整体而言,将政治上的特权与经济上优势合一,在经营过程中将商业、土地、高利贷结合在一起的官商始终是商人的上层,而且官僚经商之普遍超过了前代。比如,永乐年间各地都司卫所、布政司、按察司和府州县官都纵使自己的家人子婿,从事商业和高利贷,此外他们还普遍利用与自己有人身依附关系的家奴、义子,甚至官校经营。

由于上述有利家族经营条件的形成,家族经营在这一阶段得以大发展。从组织形态看,一些大城市,以及封建势力较薄弱的山区、矿区和边境等出现了生产同自由雇用相结合的新型商人。一般对古代经营制度的讨论更多是商业,比如十大商帮。但不可否认,历史上一些民营工场手工业已实现相对规模,虽然这种规模化工场手工业多数同样可能没有突破家族范围,至少以家族经营为依托。正如许涤新、吴承明所言:"雇工较多的,也常须另行考虑。突出的是采矿业,史料记载,动辄上千,以至数万。若说一个矿场上,几千人几万人都有人发工资,那是不可想象的。他们很可能是小生产者或从事副业的农民,受矿商支配而已。"②在广东罗定,"凡一炉场,环其居者三百家,司炉者二百余人,汲者、烧炭者二百有余,驮者牛二百头,载者舟五十艘"③。但汲者、烧炭者、驮者、载舟者可能以家庭为单位,只有重要环节冶炼才由炉主家族直接控制。矿冶业,不仅对资金有较高要求,而且规模经济相对明显,且有一定技术机密,故而进入门槛较高,也相对有垄断利润,家族经营得当往往能够历多代。在潞州:"潞之西山之中有苗氏者,富于铁冶,业之数世矣,多致四方之贾。"④

整体而言,这一阶段的家族经营社会化程度有所提高,突出表现在当时并不乏与人合作者,既有货币资本方面的合作,又有人力资本方面的合作,所有权与经营权分离的现象已出现。这主要应归因于成功的创业者家族发展速度

---

① 参见张海英:《明中叶以后"士商渗透"的制度环境——以政府的政策变化为视角》,《中国经济史研究》2005 年第 4 期。
② 许涤新、吴承明:《中国资本主义发展史》第一卷,人民出版社 2003 年版,第 22 页。
③ 许涤新、吴承明:《中国资本主义发展史》第一卷,人民出版社 2003 年版,第 185 页。
④ 许涤新、吴承明:《中国资本主义发展史》第一卷,人民出版社 2003 年版,第 184 页。

往往跟不上企业发展的速度,虽然在前近代中国由于市场的不发育,正式制度与非正式制度的"重农抑商",多数具有企业性质的经济组织并没有走出家族的范围,但还是有一些工商业者部分地超越了家族的边界,无论是物质资本还是人力资本都超越了一家的供给能力。明清时期,虽然"合伙"一词已经比较常见,但其含义差别很大,仅明代而言,至少有四种含义。① 第一种情况是商人与商人之间的合伙同行,有伙伴之意;第二种情况是客商雇请伙计帮助经营,亦称"合伙计";第三种情况是经营者领财主资本经营,按固定利率交纳利钱;第四种情况是合本共作,纠合伙伴,同财共作。其中,符合现代合伙之"两个以上公民按照协议,各自提供资金、实物、技术等,合伙经营,共同劳动"内涵的仅有第四种情况,现代合伙的实质是共同出资(人力资本与物资资本),共担分享,共享盈利。即使是第四种合伙可能也多是家族性的合伙,即合伙者有家族关系,企业控制权始终是某一家族,在这方面,刘秋根、谢秀丽通过明清徽商的三种账簿对明清工商业铺店合伙制的实证分析表明,万历到乾隆期间4个徽商合伙店铺股东人员构成具明显宗族性。②

这一阶段商人家族影响力扩大,其突出表现就是商人家族在社会经济中开始扮演重要角色。据研究:"明清以来,中国封建社会与经济发生了一系列的变迁……在这一过渡进程中,中国的社会结构也发生了变化。尽管农业经济仍占有重要地位,但工商职业阶级也在不断壮大,形成了一些对中国封建末期经济具有相当影响的商人集团。这些商人集团大都是由商业家族所构成,由此造成近世宗族组织不同以往的变化,并使它们在社会经济中扮演着重要的角色。"③虽然其工商业阶级的提法等尚待商榷,但家族经营对经济社会的影响之大是肯定的,其突出表现就是十大商帮的形成与发展。

(三)家族企业典型:十大商帮

商帮是指以地域为中心,血缘、乡谊为纽带,"相亲相助"为宗旨,以会馆、公所为其异乡联络、计议之所的既亲密而又相对松散自发形成的商人群体。④

---

① 参见刘秋根:《明代工商业中合伙制的类型》,《中国社会经济史研究》2001年第4期。

② 参见刘秋根、谢秀丽:《明清徽商工商业铺店合伙制形态——三种徽商账簿的表面分析》,《中国经济史研究》2005年第3期。

③ 丁钢:《近世中国经济生活与宗族教育》,上海教育出版社1996年版,第3页。

④ 参见张海鹏、张海瀛:《中国十大商帮》,黄山书社1993年版,"前言"第2页。

商帮出现标志着我国自然经济的统治地位受到市场挑战,即西方学者所说的前工业化阶段,或者原初工业化阶段。十大商帮是明后期形成的,包括徽商、晋商、陕商、江右商、洞庭商、龙游商、宁波商、山东商帮、闽商和粤商。十大商帮的形成有诸多原因①,但其显然是以市场的形成和发育为基础的,即明清时期流通枢纽城市、中等商业城镇、农村集市的三大层级为基础的全国市场网络的形成是基础。② 至于形成全国市场网络的原因,主要是国家集权加强,给贸易以政治保障;交通运输条件改善;地区专业化与分工的发展;商人集团与商人资本的发展;农村商业化与工业化程度的提高。全国市场最终形成的标志是商品、劳力、资金、信息流动的巨大增长。③ 市场的形成也意味着竞争加剧,技术等创新也会带来规模经济,商人必须突破原有的血缘认同标准,将其扩展到地缘,这是商帮形成的第二个基础条件。

这些商帮是以血缘和地缘为纽带组合而成的松散群体,其地缘范围有大亦有小。一般而言,地缘越小,血缘色彩越重,如几个家族构成的洞庭商;地缘越大则业缘色彩越浓,血缘关系越淡,比如晋商。十大商帮之所以能在明清之际脱颖而出,虽然影响因素很多,但笔者认为主要应归因于其不利农耕的区域性地理环境、相对便利的交通条件、政治统治边缘地带,当地人不得不千方百计破釜沉舟式创办商业的结果。这也决定了上述劣势转化成区域工商业优势并非普遍现象,往往只会发生在抑商社会。

地理环境方面,十大商帮所在地区大多土地贫瘠、地少人多,人地矛盾突出。山高路远,人多地少的徽州自不待言;晋商所在的山西乃"土瘠天寒,生物鲜少";广州帮的发源地珠江三角洲,当时人口密度已经相当大,即使在广东也算密集,人均耕地不过1.8亩;而洞庭商帮的发祥地洞庭东西山则早在嘉靖初年,每人所拥有的"山林田荡"不过一亩四分余;龙游商帮的所在地浙江衢州也是多山少田;宁波商帮所在地宁波地处沿海,山多田少。除此之外,十大商帮都是行商,也就是说他们多数常年在外,与父母、妻儿团聚也相当不易。

---

① 参见唐力行:《商人与中国近世社会》(修订本),商务印书馆2006年版,第55—71页;刘建生、刘鹏生等:《晋商研究》,山西人民出版社2002年版,第319—335页。

② 参见许檀:《明清时期城乡市场网络体系的形成及意义》,《中国社会科学》2000年第3期。

③ 参见李伯重:《中国全国市场的形成》,《清华大学学报》(哲学社会科学版)1999年第4期。

因此，从某种意义上说，如果不是生活所迫，这些商帮发祥地的人们不会趋之若鹜的外出经商，而会和绝大多数地方老百姓一样在家过"老婆孩子热炕头"的生活。可以说，生存压力是商帮产生的原始驱动力。当然，这应不是中国早期商人独有的特色。比如，威尼斯商人最初不过是一群逃亡者，逃亡到自然条件极其恶劣的"此处土地经常移动，处于咸水沼泽之中，农民发现无土地可耕，无石可采，无铁可铸，无木材可作房舍，甚至无清水可饮"，威尼斯人化压力为动力，使其劣势变优势，优势变劣势。①

古代的长途运输几乎以水路为基础，而有山则有水，因此商帮所在地纵然是山区也往往有水路与外界连接，群山环抱中的徽州尚且有新安江这一源头活水。至于宁波、闽商、粤商水路运输之便利则毋庸笔者赘言，闽商和粤商所在区域的复杂地形还为其走私提供方便。临清商帮和龙游、洞庭商帮也不失交通便利。山西商帮虽然地处西北内陆地区，但内有汾河水系，地理条件优越，是当时北方物资的重要集散地，且有做边贸之"近水楼台"，"路当孔道"之说，其东面是北京和天津；北边内蒙古，并进而到恰克图这一通往欧洲的重要国际商路；西面不仅与黄河相连，而且与丝绸之路相接；南面则通河南。

十大商帮的发源地中央集权统治相对薄弱，为其制度创新提供了极大便利。十大商帮均分布于当时中央政府统治较为薄弱地区，要么是世外桃源似的山区徽州、洞庭东山、西山，要么是东南沿海，地形复杂，又易于与外夷相通的浙江、广东、福建，即使是与京城临近的山西也接近边境，政府武力统治有余，文治不足。

至于一些学者所持"文化说"，可能只是结果，而不是诱因。商业文化应该是各地居民普遍经商以后才形成的，而不是相反，至少这类似鸡与蛋的关系，孰先孰后，实难判断。比如，一般认为商帮有业儒的文化，并将其看做一些商帮发达的基础，但从某种意义上说，这些商帮家族业儒是以经商为前提。明清两朝"天下书院最盛者，无过东林、江右、关中、徽州"，这四个地区正是江苏商、江西商、山陕商和徽商的桑梓之地，但并不能简单将重视文化教育看做其商业发达基础；相反，重视文化教育可能是以经商为基础的，因为文化教育需

---

① 参见赵立行：《商人阶层的形成与西欧社会转型》，中国社会科学出版社2004年版，第58页。

要物质基础,这在人多地少地区尤其明显。业儒自科举以来一直是光宗耀祖的捷径,这是当时共识,因此往往是"千军万马过独木桥",竞争异常激烈,成功概率微乎其微,如果生存尚难以维持,理性人难以贸然选择。而在经商致富后,业儒无后顾之忧,即使不能入仕,回归商业,因为前期进行了较多智力投资,成功概率明显提高。此外,政府政策等也更多体现在晋商与徽商,其他商帮很少得到政府的眷顾,这可能是因为两大商帮过于强大,以致影响政府决策,或者按现在的话说是富商及其群体俘获政府的结果。

　　这些商帮经营活动的基本特点主要是,以地缘为依托,结帮经商,故而十大商帮无一不是以其发祥地命名;这些商帮都是行商,主要从事长途贩运,且商帮内部各类商业相互渗透,并进而形成贸易体系;都重视宗族关系,商业发展不仅没有削弱宗族关系,反而加强了宗族关系,在各商帮鼎盛时期都涌现了一些著名的商业家族;重视商业信用和管理,虽然各个商帮管理方式差异较大,但都非常重视管理,重视商业网络的构建;就资本来源方面,虽然渠道多样化,但商人阶层中多以贫民、手工业者为主,官僚、地主、参与商业活动者并不占多数,即使富家大室也往往小本起家,因此多数商人艰苦创业;保留了大量封建传统,比如,官商结合,大量商业货币流向土地,但已经呈现出与市场经济接轨迹象;大多数商帮衰亡以其支柱产业的衰落为标志,其中尤以徽商盐业、晋商票号为典型。

　　十大商帮以徽商与晋商为典型,就经营的家族性而言,以徽商为甚,而晋商则是十大商帮中经营家族化特征相对较弱的部分,因而下面主要讨论这两大商帮。

第二节　徽商之家族企业

一、徽商概况

徽商起源有多种说法,有以叶显恩为代表的"东晋说"[①],刘和惠"南宋

---

①　参见叶显恩:《试论徽州商人资本的形成与发展》,《中国史研究》1980 年第 3 期。

说"①等,更多学者则持明中叶的观点。张海鹏、王廷元认为,徽商作为一个商帮并非泛指徽州籍商人,若将徽商看做商人个体,则徽商在第三次大分工以后就已存在。徽州商帮形成有两个条件,一是有一大批手握巨资的富商,二是商业竞争激烈,出于竞争的需要,商人有结成商帮的内在动机。② 具体而言,徽商形成于明成化、弘治年间,其标志是徽人形成重商的习俗,并且结伙经商,"徽"与"商"二字已经联成词,作为徽商骨干力量的徽州盐商在两淮盐业中占据优势。③ 万历年间《歙志》序言记载:"成、弘以前,民间椎朴少文,甘恬退,重土著,勤穑事,敦厚让,崇节俭";同样康熙年间《徽州府志》也有以下类似描述:"深山穷民,仰给杂粮","精镶华服,毕生不易遭焉"。而在明中叶以前的徽州谈不上有浓厚的商业意识,更没有全民从商之风,并且"徽商(贾)"一词尚未频繁出现。

徽商的发展大致经历四个阶段,第一个阶段,是从明成化、弘治到万历中期的一百多年间是徽商的发展阶段。这一阶段有四个基本特征:一是这一阶段徽州人具有浓厚的从商风气;二是从事的行业多,其中以盐、典、茶、木为主;三是活动范围广,足迹遍天下;四是财力雄厚,到万历时与晋商齐名而称雄全国。第二个阶段,是万历后期到康熙初年王朝更迭的政治经济环境下,徽商陷入近百年的困窘阶段。第三个阶段是,康熙中叶到嘉庆、道光之际的一百多年间徽商之黄金时代,这一阶段徽商的实力超越明代。徽州从商风气普遍化,盐商势力的膨胀,在长江沿线商业活动的发达,徽州会馆的普遍建立,徽商政治化等既是此阶段繁荣的表现,又进一步促进了徽商的发达。第四个阶段,则是道光年间纲盐改为票法以后,徽商的没落阶段。徽商经营家族化的特点有很多,但最著名的莫过于其鼎盛时期的家(宗)族特色,而这恰恰是本书研究重点,故而下面对其宗族特色进行专门梳理。

二、徽商经营的宗族特色

(一)徽商宗族与商业经营概述

徽州社会被人称为宗族社会,徽商经营也打上浓厚的宗族色彩。徽商的

---

① 参见刘和惠:《徽商始于何时》,《江淮论坛》1982 年第 4 期。
② 参见张海鹏、王廷元:《徽商研究》,安徽人民出版社 1995 年版,第 1—2 页。
③ 参见张海鹏、王廷元:《徽商研究》,安徽人民出版社 1995 年版,第 5—8 页。

这种情况,在市场经济萌芽期的中国应具普遍性。15 世纪到 16 世纪以后,中国南部一些商品经济比较繁荣的地区,宗族得到普遍发展,比如,珠江三角洲地区宗族组织的发展与商品经济的发展同步。①　而徽商所在的地区以"宗族社会"著称,唐力行就认为徽州宗族社会形成的经济因素是"徽商"②,从这也似乎可以推断出徽商与徽州宗族发展的同步性,相互促进的特征,这一特征也与西方工业化初期扩大型家庭的相对普遍化有类似之处。

　　明清时代,徽州宗族聚居极为普遍,后人有"士夫巨室,多处于乡,每一村落,聚族而居,不杂他姓的描述",这客观上反映了当时宗族凝聚力与集中程度。徽商在徽州宗族社会的形成过程中功不可没,除将部分利润用于构建祠堂、增置族田、纂修谱牒,通过尊祖敬宗在精神上强化宗族血缘纽带外,还以重金购置族产,为宗族聚居提供物质基础,比如,一些徽商购置土地为族产,其田租收入不仅泽惠族党,救济贫困,还部分解决了家族就业问题。徽商还对宗族成员进行多种形式捐助,从衣食等基本生活需要,到婚丧嫁娶、读书科举无所不及。对徽州平民而言,富商提供的物质具有吸引力,这客观上增强了宗族向心力,而富商也通过宗族活动获得社会认同,这些都利于拉近宗族成员的距离。

　　就徽商经营中对宗族的依赖而言,有多方面因素。明代中叶以前,商品经济发展有限,手工业和商业的规模经济不明显,加上竞争不太激烈,家庭经营具有很高绩效。但明代中叶随商品经济的大发展,竞争的加剧,工商业经营的规模效应体现出来,这客观上需要工商业者突破传统的家庭边界,这对徽州人而言,理性的选择就是加强宗族联系。这主要有以下原因:首先,长期处于封闭环境里的徽州人,拥有自己独特文化,甚至独特语言,不可能与外部建立太多的信用关系,也不可能拥有太多的外部社会资本,加上徽州是移民社会,这注定了各宗族之间的相对封闭性,客观上需要加强宗族内部纽带。其次,徽州作为中原政治边缘地带,主流政治渗透较少,相对稳定的政治经济环境,也不利于各宗族文化的融合,从某种意义上说在徽州文化之下,各宗族都有自己的亚文化,这反过来又强化了徽州人的宗族观念。最后,更关键的是徽州人多地

---

①　参见唐力行:《商人与中国近世社会》,商务印书馆 2006 年版,第 88 页。
②　参见唐力行:《徽州宗族社会》,安徽人民出版社 2005 年版,第 2 页。

少,土地贫瘠决定多数经商者只能小本起家,更多需要利用家庭以外的社会资本(包括人力资本与物质资本)才能实现规模经营,而当时创业者可以利用的外部资本只可能来自家族。这种状态也将徽商经营长期锁定在宗族经营的特色内,虽然其他地区商人经营,也不乏家族特色,但一般家族范围没有徽商的宽泛,也即其他地方商人的家族经营往往以五服为界。而徽商经营中对家族资本利用往往超越了五服范围,即达到家族的上一级宗族,即同一个始祖(徽州)共同后代的范围,这主要是因为移民社会为其理顺宗族关系提供了极大的方便。

当然,徽商宗族关系并不仅仅局限于同一男性共同后代,还包括婚姻为纽带的各宗族联系,这是徽商在家族经营中意识到扩大合作范围重要性的必然结果。不过,宗族之间因为商业通婚者,应该比徽商的历史还早,这在庶民家族尤其普遍。对早期士大夫阶层而言,婚姻注重政治上等级、门当户对,但在明中叶以后,随商业社会风气变迁,婚姻观念随之改变。比如徽州汪氏,宋朝时强调门第,但随商业风气渐趋浓厚,汪氏在明代成为最强盛的商业世家之一,其与胡氏世代通婚的传统进而得以改变,除了与胡氏通婚外,与商业大家吴氏、程氏、孙氏通婚。当然,胡氏此阶段也商贾辈出。这种婚姻既使簪缨望族与商贾世家合二为一,又让宗族血缘纽带得以延伸、交叉,加强了各宗族在商业上的合作。联姻范围的扩大,意味着原始资本来源的扩大,商业经验的交流,社会资本的拓展,按照现代优生学观点,这也有利于人口素质提高。而且,由于婚姻网络边界往往在一县以内,结果各县的支柱行业,活动区域就出现了差异化,避免了徽州内部的恶性竞争。

值得注意的是,商业经营对宗族传统长幼尊卑观念形成极大的冲击。比如,《太函集》卷34《潘汀州传》就有:"诸贾与会,率以赀为差,上贾据上座,中贾次之,下贾侍侧。"虽然这是专门的商业场合,但对宗族活动必然也有影响。

(二)人力资本与货币资本的宗族性

徽商经营家族特色,首先体现在资金和人力对宗族的高度依赖。徽商经营资金来源大多与宗族有关。族人凡"官有余禄","商有余资"往往资助族人业贾,或者委托宗族内商人经营,也有族人合资经营的。日本学者藤井宏所说的徽商共同资本、委托资本、援助资本、婚姻资本、遗产资本、劳动资本与官僚资本七类资本中,除劳动资本外(人力也多来自家族),多数与家族资本有关,家族内的借贷资本应该是普遍现象。①《茗洲吴氏家典》规定："族中子弟不能读书,又无田可耕,势不得不从事商贾者","族众或提携之,或从他亲友处推荐之,令有恒业,可以糊口"。徽州富家大族的家典、族规中往往有类似规定。通过推荐和提携,可以给子弟提供货币资本、经营知识方面的帮助,当然也包括就业机会。

从人力资本的角度考察,徽商所雇佣的伙计,大多也是族人。族众对族人的提携与推荐解决族人就业的同时,也为族人经商提供了人力资源,因有族人提携、推荐之恩,而且往往是救人于"危难之际",客观上有利于提高忠诚度。明朝的金声指出:"夫两邑(歙县、休宁)人以业贾故,挈其亲戚知交而与共事,以故一家得业,不独一家食焉而已,其大者能活千家、百家,下亦数十家、数家。且其人亦皆终岁客居于外,而家居者亦无几焉。今不幸而一家破则遂连及多家与俱破。"徽商普遍利用族人,尤其长辈对晚辈的利用,这样既可以利用族权宗法,又可以利用资本所有权,以确保雇佣人员的信用,减少管理人员道德风险。徽人往往通过聚族而居,建宗祠,祭祖先等方式收族,通过宗法加强以族人为主的各级伙计的控制,以血缘亲疏尊卑关系来维护管理层次,将家族系统的关系移植到商业系统。因而,即使在外经营的徽商往往也聚族居住,这既是徽商利用宗族控制管理人员的基础,也是结果。移居浙江桐庐的吴荣让就是典型一例②,吴荣让16岁,"从诸宗人贾松江",完成资本原始积累后到桐庐焦山二次创业,在焦山"立宗祠,祠本宗,置田以共祀事如向法","召门内贫弟子,悉授之事而食之,诸子弟若诸舍人,无虑数十百指"。商业伙计均为族人,吴荣让每逢朔望日召集诸子弟(即伙计),"举《颜世家训》徇庭中,诸舍人皆着从事衫,待命庭下以为常。"利用族人,结果族人也会经商,而且有的自立门户,进一步带动族人,并通过婚姻拓展到地域。

因为对宗族资本的依赖,徽商热衷于尊祖敬宗。通过这种方式可以假宗子身份来管理约束族众,并以血缘亲疏尊卑关系维护等级森严的管理层。这又有深刻的社会经济背景,因为在保护私有财产,尤其工商业动产法律严重缺

---

① 　参见[日]藤井宏:《新安商人的研究》,载《江淮论坛》编辑部:《徽商研究论文集》,安徽人民出版社1985年版。

② 　参见唐力行:《徽州宗族社会》,安徽人民出版社2005年版,第165页。

位的背景下,宗族自治可以有效保护族人间的产权交易,而在宗族之外,宗族
的保护能力有效,国家又存在制度缺失,因此作为个人、家庭的选择尽量将行
行色色的产权交易限定在家族范围内成了理所当然的选择,从而使商业经营
体现出宗族性。当然,宗族作为一个整体在与其他宗族、政府、地方豪强的谈
判中都比单个家庭和个人更为有利。故而无论是普通族众,还是富商大家,都
对尊祖敬宗有需求。

(三)宗族是徽商日常合作纽带

作为工商业经营者,免不了日常合作,而垄断可以获得超额利润,徽商之
间除了日常资金融通、临时性业务合作外,主要是建立垄断。由于徽州商人的
出身背景,他们最初也只可能利用宗族势力。

明中叶以前商人主要采取独资经营方式,明中叶以后则合股经营普遍化。
最初是普遍同族(姓)合股,随商业竞争加剧和经营范围扩大,需要更多资本,
加上徽商社会资本的拓展,逐渐由同族合股向异族合股演化。薛宗正甚至认
为到明代后期,异族合股已成徽商资本的主要构成形式。[1]

垄断方式之一是控制城镇市集的全部贸易,徽人外出经商,在城镇市集落
脚后,其族人、乡党蜂拥而至,这是垄断的宗族基础。历史上,长江中下游地区
有"无徽不成镇"一说,这虽然有言过其实之嫌,但却客观反映了徽商的市场
力量。比如陈去病就说:"扬州之盛,实徽商开之,扬盖徽商殖民地也。"[2]

当然,徽商市场垄断,并不是依靠地缘垄断,而主要依赖血缘宗族垄断,而
且地缘垄断往往是在血缘与姻缘的基础上拓展。婺源(古属徽州)商人程栋
在汉口发达后,"凡亲友及同乡者,借住数月,不取伙食,仍代觅荐生业"。明
景泰、弘治间徽商许孟洁在正阳经营二十多年,其族人纷纷前来投靠,其"尤
睦于亲旧,亲旧每因之起家",渐成徽商垄断的局面,"故正阳之市,因公而益
盛",以致许孟洁客死正阳时,"挽者三千人,观者万人皆叹息",其影响之大,
可见一斑。

徽商对市集的垄断程度,可从徽州人占籍的比例得到检验。比如,山东临

---

① 参见薛宗正:《明代徽商及其商业经营》,载《江淮论坛》编辑部:《徽商研究论文集》,安
徽省人民出版社1985年版。
② 唐力行:《商人与中国近世社会》,商务印书馆2006年版,第88页。

清"十九皆徽商占籍";明代的南翔镇"往多徽商侨寓,百货填集,甲于诸镇";
罗店镇则"徽商凑集,贸易之盛几埒南翔矣"。除了地区垄断外,徽商还利用
宗族力量形成行业性垄断。比如,当时江南的典当商大多是休宁人,其基本方
法是族人乡党从事同一行业,凭借雄厚资本,采取相同竞争策略,挤垮竞争对
手。对于行商而言,采购、运输、储存、销售各个环节都需要紧密衔接,而徽商
形成商帮之时,全国各地均有徽商,这为其搜集商业信息提供了方便,不过,仅
靠乡谊还不够,因此各宗族都比较重视修族谱,宗谱在某种意义上成了商人的
联络图。另外,各地的徽商会馆虽然从名称上看主要以地缘为基础的,但现实
却主要被某些家族或宗族控制,打上浓厚的家族烙印,而这成了他们联络
据点。

　　(四)族权与政权结合:家族经营政治保障

　　前面已经提到徽商时代,是一个政府对工商等动产的私有产权保护缺失
的时代。至少政府官员在解释相关法律时具有很大的随意性,尤其是在徽州
这种边缘化的地带,商人的财产可能随时受到各种合法或非法的侵占,这一点
当代的吴思《中国历史上的潜规则》相关文章已经有了生动的描述,这里不用
赘述。有关徽商的历史文献中并不乏徽商被王公贵族、官宦、恶霸、豪绅以各
种方式和手段侵吞的记载,前人一般对这些损害商人利益的行为归因于重农
抑商以及个人的卑劣,却忽视了制度性根源。在制度普遍缺失的背景下,就意
味着要保持长盛不衰,仅仅有手工业或商业的业务经营能力还远远不够,还必
须寻求官方保护伞,这不仅是徽商的偏好,而且是同时代所有商人的内在需
求,只是因为徽商盐商、茶商(二者历史上都曾是政府高度管制产业)较多,重
教的传统以及名门之后的特征,使他们将经商与政权的结合演绎得最为精彩。
徽商与政权的结合,主要是通过宗族纽带,这里的政权有时更多是指官员
个人。

　　徽商与政权的结合具有有利的先天条件,这主要体现在两个方面:一方
面,徽州新安文化核心是朱熹理学,而朱熹思想恰恰是封建社会后期的统治基
础。朱子《四书集注》成为明清两代士子必读的教科书,而朱子理学又是徽商
文化的基础,由于从小即受朱子理学的熏陶,即使是普通徽州人也对朱子理学
有比较深刻的认识,自然也会得到统治者更多认同,家族和宗族的商业经营则
为子弟参加科举提供物质保证,为其入仕做官奠定良好基础。族内有人在朝

内做官,则应了"朝中有人好做官"的俗语,进一步刺激了族人发愤读书,以冀有朝一日金榜题名,光宗耀祖。现代制度经济学认为,由于报酬递增及自我强化机制,初始选择尤为重要,既然徽州人尊儒重教,又得到社会的认同,因此即使是商人也长期看重儒学,往往与儒学有着不解之缘,儒贾交替,"左儒右贾"是徽州文化特色。在徽州"不儒则贾,相代若践更",不乏"弃儒归贾"、"弃贾归儒"与"亦儒亦贾"者同时存在。此外,徽商前辈往往捐资办学,捐款赈灾,资助族内贫困者,即使是宗族内的弱势群体,一旦发达同样对族人感恩。这些意味着徽州商人与官员(科举制下官员一般经历读书——应试——做官成长路径)有沟通之便,除了文化认同外,与族中及徽州因儒而官的官员还有"乡谊"、"族谊",甚而至于有"学缘"、"业缘",也就是说徽商与官员之间具有天然联系。

另一方面,徽州巨族大多渊源于"中原衣冠",其始迁祖"半皆官于此土,爱其山水清淑,遂久居之"。徽州大族程氏、汪氏之始迁祖都有显赫地位,泽被后世,而这又在各宗族中具有示范效应,努力提高社会地位,结果各宗族的族规之首均有类似"族中子弟有器宇不凡、资禀聪慧而无力从师者,当收而教之,或附之家塾,或助膏火,培植得一个个好人,做将来楷模,此是族党之际,实祖宗之光,其关系匪小"[1]的规定。各家族也不惜重金办私塾和书院,而徽商强盛之时,盛行科举取仕,这为具有"东南邹鲁"之称的徽州籍商人与官僚的结合提供了极大便利。读书、科举受恩于家族,自然会知恩图报,而且中国传统社会没有市民权,官员一般会告老还乡,这就决定徽州籍官员在官时会支持族人,至少不会歧视族人。

(五)商人反哺宗族

徽商成长过程中往往得到宗族余荫,故而生意取得成功之后,往往千方百计回报宗族。他们一般通过兴建祠堂,续修族谱,培养族中子弟入仕等方法,来振兴发展宗族,巩固自己大后方。

就祠堂修建而言,仅以徽商集中地之一的江村为例可见一斑。江村江氏宗族在明清两代共建祠堂27座,如此众多的祠堂修建,没有江村商人充足的资金鼎力相助,是无法办到的。江村人多地少,务农者不可能有太多积蓄,祠

---

① 唐力行:《商人与中国近世社会》,商务印书馆 2006 年版,第 85 页。

堂基本上为商人所建,也有少量为仕宦所建。据民国年间的《歙县志》载,江村商人江应全"尝独建合郡节烈祠";江演"捐金修葺宗祠,增置祭田义塾";江承炳"捐金助建宗祠,置田为族党祭祀、凶荒之备"。而《歙北江村济阳江氏族谱》中有江彦生"修葺宗谱,建乐善堂以奉祭祀";江墉于"本门支祠之建,不惜多金,以妥先灵";江注"偕诸弟妊共捐二千余金,修葺本门支祠";江以深"捐三百余络"建宗祠"寝室神座";江希武"偕伯兄输田为基并捐资"助建宗祠等记载。至于修族谱也非一般农人所能及,往往需要商人出头。

　　至于商人与宗族教育的反哺作用更是明显,也许没有商人的支持徽州未必成为重儒之地,因此加以相对详细的介绍。徽商对宗族教育的贡献体现在四个层次,即家庭教育、合族子弟教育、地方教育和经商地教育。徽商对宗族教育反哺的起点是家庭教育,这有多方面原因。首先是家庭子孙近水楼台先得月,由于家庭是宗族社会的基本细胞,无论是在资金投入还是名师延请上,商人自然会以家庭为起点。另外,一些小商人最初对家庭教育的反哺受经济实力等的影响往往是心有余而力不足,不得不从子孙教育开始。从家庭向外延伸是家族,因此与之对应的是合族子弟教育,这对家庭的反哺作用最为明显,其方式除直接投资捐办学校外,还可通过出资购族田、学田等间接方式。家族之外往往扩大到县郡,对县郡办学的资助,不但可以让子弟在其中就读,而且还能扩大家庭及个人在社会影响,但一般只在顶级商人才有此实力。此外,随时间推移,徽商足迹遍天下,子弟教育成了问题,因此他们也积极在经商地兴办教育,外迁的同族子弟自然也会搭便车,而徽商在经商地的影响也随之扩大。

　　此外,徽商对家庭的反哺还体现在通过雇用族人解决家庭就业,增加族人收入,为族人提供资金,以便于其创业经商乃至缓解家庭或个人经济困难,以及在宗族所在地路桥等基础设施等的建设。

三、徽商家庭与家族经营

　　现有的研究一般强调徽商与宗族的关系,这可能是受徽州社会"宗族特色"影响,但宗族毕竟是以家族、家庭为基础。事实上,就徽商单个经营组织而言,无论从所有权还是控制权考察,多以一个家庭为核心,宗族姻亲关系往往只起辅助作用。不仅如此,对于创业期家庭,随着家业扩张,多代以后就可能形成家族,故而有必要对徽商家庭与商业经营的关系进行专题讨论。

(一)多数家庭小本发家

徽商虽然有"藏镪巨万","富比素封"之称,但徽州商人多以小本起家。虽然不能以出自地主缙绅之门的徽商人少,从而推出地主缙绅经商比例低,因为地主缙绅的相对数毕竟很低,但徽商多是小本起家却毋庸置疑。万历年间《歙志·货殖》对徽商集中地歙县的描述可见一斑:"歙山多田少,况其地瘠,其土骍刚,其产薄,其种不宜稷粱,是以其粟不支,而转属于他郡,则是无偿业而多商贾,亦其势然也。矧近者比岁不登,鲜不益窘矣。兵燹之余,日不能给矣,而又重之矣徭役,愈不能安矣,又安能不以货殖为恒产乎?是商以求富,非袭富厚也。"歙县人江才、吴荣让都是出身贫寒之家,且幼年丧父不得不离家经商,后来才成为腰缠万贯大富翁。歙县人阮弼则是家道中落,行医无法解决温饱,被逼走上经商谋生之路,后来成为芜湖商界的头面人物。徽州的歙县之外,也不乏这方面的例子(见表5—1)。

表5—1　徽州歙县之外因贫而商致富者简表

姓名	籍贯	经商前境遇	致富后简况	资料来源
江应萃	婺源	家贫往浮梁为佣	积累资金自开瓷窑	光绪《婺源县志》,卷28
李士葆	婺源	家贫佣工芜湖	贷本经商,家道隆起,捐银千两建会馆	同上,卷34
王学炜	婺源	少贫为人佣工	业木于泰州致富,不惜巨资修桥、筑路、赈灾	同上,卷34
程鸣岐	婺源	幼时极贫,佣趁木簰	贷赀贩木,渐致饶裕,动以千两义举	同上,卷35
倪尚荣	祁门	家贫,采薪以奉亲,嗣习操舟业	贾于鄱湖闾水间,家道日隆,后以五品衔授奉直大夫	《祁门倪氏族谱》续卷
佚名	休宁	家贫,行乞度日	得同邑人资助经商致富,累资两千余金	康熙《徽州府志》,卷15
章定春	绩溪	幼极贫,为人贩牛	贾于孝丰,致富,捐赀赈灾修路所费甚多	绩溪《西关章氏族谱》,卷24

资料来源:张海鹏、王廷元:《徽商研究》,安徽人民出版社1995年版,第24页。

既然徽商多数以小本经营起家,自然意味着经营之初,物质资本,尤其人力资本没有超出核心家庭的边界。胡适将徽商称做"徽骆驼",既说明山高路远的环境造就徽州人吃苦耐劳的精神,又反映出多数徽商是小本起家。虽然有的过于贫困,最初没有物质资本,靠借贷经营,但其产权多数情况下还是属于家庭个人所有。借贷经营者与普通小本经营者的主要区别在于借贷者必须加强算计,同时为信用的建立打下基础。

(二)家庭婚姻与商业经营

臼井佐知子认为徽商经营构建了强大的网络"以众帮众",促进商业的成功。"徽商网络是构筑在血缘和地缘关系基础之上的","他们的地域关系,实质上只不过是血缘关系的扩大,是一个个宗族血缘群体通过联姻纽带的联合和交叉"。① 不过,婚姻在商业经营中的作用并不仅仅局限于宗族间纽带作用,其自身就是徽商网络的一个方面,并在商业经营中发挥重要作用。

联姻为徽商提供了资本,因此日本学者藤井宏将婚姻资本列为徽商经营资本之一。婚姻资本成为资本积累的重要来源,尤其对中小商人而言,婚姻资本作用更加明显。这方面的记载在家谱、文集中经常可见。婚姻必然有嫁妆,好面子的中国人在无力承担女儿嫁妆的背景下,甚至不惜推迟女儿婚期,以备嫁妆。而对于那些无本经商或经营亏本而急需资金时,嫁妆有时也成重要资金来源。而对于娘家而言,聘金也可能转化为资本。此外,唐力行还认为徽州妇女提供了劳动资本。

徽商与姻亲合资经商,不但可以解决资金的不足,还可以减少高利贷等利息支出,并找到可靠的合伙人。如《率东程氏家谱》记载:"(兰谷公妻)休宁兖山人,新昌令道公孙女也。……兰谷公与外兄孙氏合资为贾,两家日饶裕相得","兰谷公者,徽之休阳人也。……公年十四,令公从旁设肆。公以乌程人皆知予,予既有他肆,将不利舅氏,遂去平湖"。姻亲间的相互扶持同样重要,很多徽商就是在姻亲的带领和帮助下走上商业道路并获得成功。

姻亲不但直接在商业经营中发挥着重要作用,而且在日常生活也扮演重要角色。徽商常年外出经商,家内难免事务繁杂,有时就需要姻族帮助解决,免其后顾之忧,有时以外戚的身份主持分家大事。休宁胡应缓、应给,父母双亡,赖应缓辛苦经营,为弟娶妻成家。后来分家之事也由母舅余弘均、弘坪主持。

---

① [日]臼井佐知子:《徽商及其网络》,《安徽史学》1991 年第 4 期。

生活上,徽商姻族同样扮演重要角色。徽商借助婚姻的形式,有意识地攀附权贵,来提高自己的地位,创造商机。徽州地区士家贾族世为婚姻,使得他们在商业经营中结成更为庞大和牢固的联盟与商业网络,处于更加有利的位置。有时徽商还有意识地与徽州以外的望族联姻,这对扩大徽商社会网络极为有利。

(三)女性与商业经营

家内分工最重要的莫过于性别分工。男性从事商业经营,女性往往留守在家,并不直接参与经营商业,但是徽商经营却又离不开女性。这除了徽商经营中的婚姻资本以女性为纽带外,主要有以下原因:

劝夫经商。许多徽商经商之初得到妻子支持,甚至受妻子影响。比如,休宁金长公之父在方州(今四川广元苍溪)经商,金长公婚后不愿离家经商,在其妻劝说下,金长公才外出经商,结果"贾于淮,居数年,长公骎骎起矣,卒至饶益"。徽州著名文人汪道昆的祖父走上经商之路,也得益于其祖母的劝导。除了妻(妾)对夫的劝导之外,作为母亲、祖母对子孙走上商路的影响应更大,因为在传统社会,家庭教育更多由女性来完成,尤其徽州男人多外出经商的背景下,母亲、祖母等女性长辈作用尤其突出。

操持家务。由于古时交通通讯不便,男人行商遍天下,这就意味着许多商人及其伙计长期不在家,甚至长期与家庭失去联系。即:"邑俗重商。商必远出,出恒数载一归,亦时有久客不归者",更有甚者"出至十年、二十年、三十年不归"。这就意味着多数徽商平常并不能直接照顾家庭,赡养老人,哺育子女重任就落到商人妇肩头。因此,从某种意义上说,商人妇的"内助之功"是徽商外出经营的基础和保障之一。比如,时人汪忠浩对此有评价:"夫妇之间尤笃伉俪,时值翁商外为多,孺人综理家政,各得其所。自甘淡薄,不惮其劳,以故翁罔以顾忧,遂得事力于商事。每岁遗之钱,孺人出必以俭而归其所余者于翁,不为私蓄计。翁亦自庆以为得妇,而卒能起家累千金者,孺人内助之功不少也。"①

徽商多数小本起家,且多异地创业,这意味着创业之初经济极为困难,故而需要能够勤俭持家的贤内助。妇女独自在家中上有老,下有小,丈夫又往往

---

① 《汪氏统宗谱》卷31,《行状》。

不能及时接济,而宗族接济毕竟是辅助性的,因此徽州妇女往往要承受相当大的经济压力,除辛劳外,平常生活极为节俭。《歙县志》记载:"妇女有勤勉节啬,不事修饰,往往夫商于外,收入甚微,数口之家,端资内助,无冻馁之虞。"徽商另一个集中地休宁县志,同样有类似描述:"女人能攻苦茹辛,中人产者,常口绝鱼肉。日夜绩麻挫针,凡冠带履袜之属,咸手出,勤者日可给二三人。丈夫经岁客游,有自为食,而且食儿女者。贾能蓄积,亦犹内德助焉。"事实上,康熙时期《徽州府志》对整个徽州妇女的节俭有如下精辟描述:"女人尤称能俭,居乡者数月不占(沾)鱼肉,日挫针治缝纫绽,黟祁之俗织木棉,同巷夜从相纺织,女工一月得四五十日。徽俗能蓄积,不至厄漏者,盖亦由内德矣。"

徽州妇女节俭意义不仅仅在于节省家庭开支,丈夫能够最大限度抽出资本去经商。更关键的是,由于妇女节俭,精打细算,会让身边的儿女耳濡目染,女儿出嫁后将这种风气带到夫家,儿子成年后将精打细算习惯带到商业,都会促进家族经营发展。

对于那些只有孤儿寡母的家庭而言,妇女的作用尤其显著。著名徽商程锁就得益于母亲,程锁之母吴氏嫁给其父程悦后:"居家敦静整肃,然未尝一失妯娌欢心,即箧管井灶,咸秩秩有条也,以是程君无内顾,得商游江淮间。"但不久程悦"卒于旅",吴氏命程锁迎归父丧,并收取程悦外借给别人的债务,但没有一人还贷,程锁"悉焚其券无所持归,以空橐献孺人"。吴氏不但不责备程锁,反而表扬儿子做得对。不过,吴家本身也是债务人,在家乡借了不少债务,"乡人踵门收责(债)者无宁日"。吴氏面对这种困境,"倾奁佐还之。爰是生理日艰,勤治女红,日夕抱戚处房阃,终丧不易布素,不与燕饮",并最终渡过难关。程锁在家庭兴盛时业儒,家道中落以后难以割舍功名,而又力所不及,郁郁不得志,身体也逐渐虚弱。吴氏对其开导:"仰事俯育为生人事,功名身外物也,奈何以外物轻身命、堕先业乎?"在母亲的劝导下,程锁终于"承志服贾,起家累巨",已经中落的家业在吴氏的操劳下得到重振。① 值得注意的是,虽然吴氏支持儿子经商,但他一直没有走向经商前台,这也从侧面说明,徽州妇女主要承担传统相夫教子职能。

妇女接替丈夫或父辈经营情况并不多见,但还是有个别妇女辅佐丈夫或

---

① 参见《休宁率东程氏家谱》卷11,《程母吴孺人传》。

接替丈夫经商。其中,最著名者莫过于两淮八大盐商之一汪石公夫人:"石公既殁,内外各事,均其妇主持,故人辄称之曰'汪太太'。"就是这个"汪太太"在清高宗到扬州时,与其他盐商一起提前数月在北城外荒地,仿照西湖风景设计建造,以供皇上游览。但其中没有水池,汪太太独自拿出万金,连夜召集工匠,修建三仙池一座,三仙池头天晚上修好,第二日高宗就驾临,对其大加褒奖,汪太太更是名声鹊起。不过,汪太太究竟有多大经商能力则无从判断,可能更多是吃丈夫的老本,但奢侈可见一斑,以致《清稗类钞》第二十四册专列《豪侈类·汪太太奢侈》一节。

(四)男性分工与商业经营

对于小家庭而言,一般男主外,女主内,女性独自持家的艰辛族人应该深有体会,因此也会尽量避免这种情况。有多个男性的扩大型家庭而言,往往既有男人主持家政,又有人外出经商,父子兄弟间存在着分工协作。有些时候,单靠妇女是难以主持家政、支撑门面的,如里甲之役就必须要有男子在家内承应,其他人才可以安心外出经商。比如,徽商汪氏,老二、老三皆外出经商,老大则留守家中。① 具体而言:"尚估,字汝致,号仰泉,东泉翁之仲子也……至于贾事亮都,居积致富";"尚体,字汝爵,别号怀泉,东泉翁之季子也……贾于亮,察时低昂,贸迁贷居,货用以饶";然而长兄尚侃却未离家园,"尚侃,字汝节,东泉公之伯子也。淳厚重默,与物无忤,而操心慎虑,有过人者,任二弟贾外,己则综家务,供里役,内外协心,由此殷盛"。看来,如果没有尚侃在幕后的大力支持,汪家二兄弟在商业上的成功是不会如此容易。当然,这种情况一般发生在有多个成年儿子的家庭,若只有一个儿子,则往往在成年后随父外出经商,否则家业往往难以为继。可以想象,规模越大的徽商家庭,尤其个别四世同堂、五世同堂的家庭而言,应该普遍存在成年男性留守的情况。因为规模较大的家庭,一般是相对成功的家庭,其需要处理的事务较多,绝不是普通家庭妇女所能轻易处理。

正如上面提到的汪家,徽商家庭男性间也存在职业分工。杨国桢专门以徽州文书为例,对此问题进行了探讨。② 对于徽商家庭内部而言,男性间儒贾

① 参见《汪氏统宗谱》卷31,《行状》。
② 杨国桢:《明清土地契约文书研究》,人民出版社1988年版,第226—231页。

的分工具有重要意义。在官本位的社会,每一个家庭、每一个人难免都有为官之愿,除此以外,读书对徽商经营而言好处颇多,因为徽商所营之业,往往多与政府有联系,若子弟能加官晋爵,对本家经商自然极为有利,即使不能加官晋爵,其学友若有能加官晋爵者也可或多或少利用。退后一万步说,即使中途转而业贾或农,较高的文化素质也有利于其经营,而徽商也确实不乏先儒后贾的成功者。

仅就经商过程而言,徽商家族内部男性也存在明显分工。比如,"(汪玄宗)息子三从翁甄括,及予(汪道昆)大父(汪玄仪)贾省会,翁复帅三子从。三子鼎足分曹。一居中,一市上游,一征煮海。翁自以为有子,乃从大父归。"显而易见,盐场、盐运司、行销地都需要人力,而普通伙计又不能充分信任,遂不得不家人分而治之。家庭内部分工也意味着利益冲突,这在子孙结婚后尤其明显,为缓解这种矛盾,有些家庭专门设"家督"负责协调。如休宁吴继可:"诸子议曰'周有大叔在德不在年,今诸父贤,八叔为最,请礼为家督。'于是之广陵部署什一之业,则曰'先君子规划具在,奉之无失,又何加焉?'任人而因时,无欲速,无见小利,而业骎骎起矣。"①

总之,明清时期的徽商虽然生活在以宗族社会为特征的徽州,但在经营过程中往往以独立家庭为核心,也就是说经济功能、就业功能等基本限制在家庭之内,这对于绝大多数中小商人而言尤其如此。

(五)家庭消费与商业经营

一般认为,明清时期的徽州商帮所攫取的利润具有很强封建性,即这些资本除了一部分作为追加商业资本用于扩大流通规模和少量的转化为产业资本之外,大部分却从流通领域中游离出来,变成了封建的土地所有权、封建的政治经济特权,以及消耗与奢侈性的生活消费、强固宗法制度和封建的慈善事业等方面。②

正如前文所述,宗族在徽州商帮的形成过程中虽然其作用不容抹杀,但是以宗族为单位经营商业的绝无仅有,基本上是以一个家庭为核心的经营。就每一个徽州商业个体而言,家庭的经营始终为主体。因此,徽州商业资本微观

---

① 《大泌山房集》卷70,《吴雅士家传》。
② 参见张海鹏、王廷元:《徽商研究》,安徽人民出版社1995年版,第441页。

流向很大程度就是家庭流向。

徽商中的盐商,多数有世袭特权,而盐业相对利润丰厚,也没有多大风险。故而早期以盐商为主的商人除了将资金投向土地外,多数是用于生活消费。其他的行业由于规模有限,所获利润往往缺乏新的投资空间,与盐业利润的走向应该相似,但其直接用于商业经营或手工生产的利润和比例应高于盐业,其他方面的比例应有所降低。对于小商人而言,用于家庭消费的比例应较高。当然,徽商除了投资传统的四大支柱行业外,还投资于一些生产性行业,比如纺织业、造纸、铁冶业等生产性行业。如果摒弃将农业排除在产业之外的传统观点,则徽商投到生产经营方面的资金并不少。徽商将利润购置田产,一方面是受传统农本思想的影响,不乏有思想家提出"两相欲"思想,但笔者认为"两相欲"的物质前提是徽州人的矛盾突出,无法实现"本欲",而且思想家本身有夸张元素。另一方面,土地虽然并不一定有手工业或商业资产增值的潜力,但其收益稳定风险小。

另外,西方在亚当·斯密《国富论》以前,官商是一体的①,我国明清时期的重要特征也是官商一体化,因此很难说商人将资金用于结交官府,甚至买官鬻爵与产业经营完全没有关系。正如前文所述,徽商所经营的行业及经营方式决定了他们对官方的依赖,即使是当代企业经营管理也将政府作为重要的利益相关者,将与政府的关系作为公共关系的重要一环,更不要说徽商异地经商,而且多是经营政府高度管制垄断的行业。尤其是依赖政府赋予特权垄断经营的盐业,一方面是需求缺乏弹性,另一方面是私盐的逐渐泛滥,导致其规模逐渐萎缩,商帮又基本是以宗族为单位的,这客观上限制了竞争和兼并,商业利润显然缺乏投资渠道。在这种情况下,各盐商无论是从个体还是集体来看,都有和官府拉近关系,维持,甚至增加本行业或自家盐业的动机,因此结交官府本身是产业经营的需要。

家庭消费主要是指家庭生活消费,这些消费主要包括房屋、教育以及日常开销。房屋无论在农村还是城市都是农民的重要财产,徽商也不例外,房屋不仅解决居住,还可以显示家庭的富有及身份,因此致富后的徽商非常重视修房

---

① 参见郎咸平:《从历史大动荡看中国今天需要怎样的公司治理(1533—2002)》,《新财经》2004 年第 9 期。

建屋。园林最初可能与房屋配套,后来逐渐走向专业化。徽州盐商活动的中心扬州,徽商修建了些一流园林,扬州园林在当时也曾一度甲于天下,正受惠于此,这些园林既可用于商业公共关系之用,也可用于个人及家庭的休闲与享用。徽商故里同样热衷于园林,其目的应该主要是个人及家庭、宗族、亲友等休闲、娱乐之用。但其规模,耗费也不容小觑,比如,歙县胡汝顺在子孙成家立业之后:"授之以事,奉身而退,为园月潭上,有鹿来游,因取王右丞鹿柴名之。池有鱼,圃有囷蔬,宅有鸡豚。垒石为山,冠之以庭,诸台榭皆具。"①

教育也是家庭消费的重要支出,徽州地区整体重视教育,即使是小商贩,在重儒文化熏陶之下,也必然重视对子女教育投资。有的徽商不惜巨资,延请名师教育子女。比如,歙县许晴川:"五子咸延名师以训。"②有人家庭条件并不太好,并有业儒失败的经历,却请名师教子,受到乡人讥笑也在所不辞。比如,休宁汪文璧,字叔图,其父:"念崖公业儒不售改服贾,……举三子:伯夭,仲服贾,季为公……王父曰是必亢宗,延名士为师……里中人讽公父:季子以儒减产,所得孰与仲多?"③这一方面说明徽州人虽然重商尊儒,但骨子里还是有通过读书—科举—做官以达到光宗耀祖之目的,但正如明朝嘉靖时期的歙县人吴柯所言"士能成功也十一,贾而成功也十九"④,业儒做官的概率远小于业贾致富的概率,而且前者往往是长期投资,机会成本较高,而徽州人地矛盾突出,生存压力大,如果普通人家既要业儒,又不出外经商显然是不行的。这种情况下,理性的选择就是一些家庭成员业儒,一些家庭成员业贾,但可能汪家并不富裕,而选取亦儒亦贾的家庭发展策略,故而受到里中人讥笑。因"儒学累衣冠",有的富家在分家之时就专门设立基金,用于子弟读书,或者在分家时多给业儒者一些田产。

日常花费,包括婚丧嫁娶、生活费用等。徽州在早期由于人多地少,山高路远,消费应该是极为节俭的,但徽州商帮兴起后,大量商业利润流回徽州,徽州家庭消费自然也就"由俭入奢"。正如万历年间《歙县志》所云:成弘以前,

---

① 参见《大泌山房集》卷70,《胡处士家传》。
② 参见《许氏世谱》卷6。
③ 参见《大泌山房集》卷65,《江代州家传》。
④ 张海鹏、王廷元:《徽商研究》,安徽人民出版社1995年版,第3页。

民间椎朴少文,甘恬退,重土著,勤稼事、敦愿让、崇节俭。而今则家弦户诵,黄缘进取,流寓五方,轻本重末舞文琪笔,乘坚策肥,世变江河莫测底止。

对于徽州富商巨贾家庭的奢侈性消费,长期以来学术界一般以"封建性"一词以蔽之,笔者认为这可能与中国人崇尚节俭的传统心理有关,当然也可能与仇富情结有关。但现代经济学表明,消费本身是一种中性的经济行为,如果不消费,又缺乏投资项目,则会出现过度储蓄,并不利于经济的发展。通过消费则可能拉动消费品的生产,而消费品往往是大宗产品,其生产与消费更有利于社会生产的商品化。过分节俭则可能导致社会需求不足,社会生产缺乏最基本的动力,从而延缓市场的发育,商品经济发展。有鉴于此,荷兰学者曼德维尔早在18世纪就在《蜜蜂的寓言:节俭的谬误》中对节俭对经济的负面影响进行了生动的剖析。徽商的奢侈消费至少带动了一些奢侈行业的发展,萧国亮先生早在20世纪80年代初就以两淮盐商奢侈性消费对经济社会的影响为例阐明了这点。[1]

(六)分家析产与商业经营

传承无论对企业还是家庭而言,都具有重要意义,传承虽然包括财产权和控制权,但一般以财产权为基础。徽商家庭财产同样遵照诸子均分原则,不过与普通家庭稍有不同的是,商人家庭的财产分析可以分为两个部分,即田地山林、住宅等传统家庭财产与店业资本的析分。虽然徽商财产继承的基本原则仍然是诸子均分,但适应商业资产及商业经营特殊性,具体传承方式做了一些适应性变通,形式也更加多样化(当然,即使是普通耕读之家也有多种灵活传承方式),尤其在现实中有按对家族经营贡献大小论功行赏的迹象。但是,在诸子均分的社会文化背景下,有功的家族成员往往会主动善行而均分,或者有差别也并不明显。[2]

就商业资金而言,原则上仍是诸子均分。如黄炽三兄弟父亡后,奉继母之命分析商业资本,对资金进行了完全均等的析分。而休宁大典商程虚宇则没有将自己的典铺资金均分给三个儿子,而是先每人均分1万两以后,剩下的则老大

---

① 参见萧国亮:《清代两淮盐商的奢侈性消费及其经济影响》,《历史研究》1982年第4期。
② 参见[日]藤井宏:《新安商人的研究》,载《江淮论坛》编辑部:《徽商研究论文集》,安徽人民出版社1985年版。

最多,老二其次,老三最少,这可能是因为程虚宇在诸子进店后就拨给本银坐店生息,但不得提取本银,因老大先进入、老二其次、老三最后,故而出现这种不均等的情况。当然,这也可能反映了程虚宇论功行赏,以激励后人的初衷。

对于一些资产价值不易明确的字号而言,尤其字号又不能分析,若析分则可能导致铺业不能维持,其析分自然要复杂得多。康熙年间休宁典商鲍元甫所立阄书就比较典型,从鲍元甫所立阄书来看,虽然长子与次子轮流管理,但基本思路还是二子均分,只是谁的经营能力强,就可能在自己经营期内获得更多的剩余。当然,轮流管理始终产权不清晰,必然产生纠纷。父母在世时,相关矛盾可能隐藏,而父母离世后难免出现冲突,因此一些有条件的商人,往往给各个子婿独立产业,以减少后代不必要纠葛。

但就多数而言,子多店少,不得不采取变通方式,有据可查的典型是胡开文墨业。创始人胡天注,先后娶妻汪氏、钟氏,生子八人。立阄书前,胡开文原配及四个儿子已经离世,胡天注续弦生有二子,四个寡媳都没有儿子,可能担心自身利益不保,故而"有兴讼者,有投祠者"。于是胡天注在1808年命已育有四子的原配所生二子胡余德过继三个儿子给长房、三子、四子,五子则等到有男孩以后再立嗣,并立阄书为证。该阄书阐明:"恐予年迈,日后多生事端。爰浼亲房依序立继,俾诸子继继承承,各延一脉。再将祖遗及予手创田地、山塘、屋宇并海阳、屯溪两店资本,除坐膳、坐酬劳外,品搭八股均分。"然而,店业只有两座,无法均分,也无法轮管,因此胡天注又在《凡例》中规定:"休城墨店坐次房余德,屯溪墨店坐七房颂德,听其永远开张,派下不得争夺"。[1] 显然,胡天注的思想是诸子均分,因为只有两个店,考虑到原配与续弦诸子之间利益的均衡,原配所生之子和继配所生之子各选其一继承店铺,也就顺理成章了。值得注意的是,阄书还规定:"屯店本不起桌,所卖之墨向系休城店制成发下。嗣后不论墨料贵贱,仍照旧价,不许增减;代休城店办买各货照原发价发上,亦不许加增。屯店起桌自造,更换'胡开运'招牌,不得用'胡开文'字样。"[2]

虽然店铺有区别,但二子当时是唯一辅佐胡天注的儿子,因此将拥有制墨权的休城店传给他就很正常。笔者估计这包含三层意思:一是对儿子辅佐自

---

① 张海鹏、王廷元:《徽商研究》,安徽人民出版社1995年版,第567页。

② 张海鹏、王廷元:《徽商研究》,安徽人民出版社1995年版,第567—568页。

己经营的奖励;二是次子的经营能力已经显露出来,传给他有利于家业的发达;三是平衡各房之间,原配各后代与续弦之间的利益关系。然而长、三、四、五子先后病故,六子又得"痰迷病"十多年,七、八子尚年幼,有继任能力的只有二子胡余德。胡天注所立阄书笔墨未干就辞世了,而其阄书只是粗线条,缺乏可操作性,胡余德遵遗命主持家政,其他各房当时可以说也不得不让胡余德主持家政,因为只有他有经营能力,又有遗命,可以说是合情、合理、合法。25年后,胡余德已年过古稀,其他各房也能独立经营,家内矛盾突出,胡余德又再次分箸析爨。

值得注意的是,胡余德统持家务的过程中,胡氏家业有了很大发展。不但墨店方面增加了"吴姓培桂轩屋一业"、"金姓屋一业"、"绩邑上塘"和"太枣栈",而且还发展了启茂典行和启茂茶号。家庭资产的增多,为其分家提供了方便,虽然基本原则是"照先父遗稿,权以事宜",但各方所得家产均有增加。在新的阄书中,不仅继续维持了二房和七房独自经营店业,而且两家都还额外得到了另外两处家业,而其他几房也有了自己的产业。

从胡家两次立阄书来看,诸子均分是基本原则。不过,在析分过程中也考虑到个人对家族的贡献,以及对各方面的利益的均衡。无论胡天注,还是胡余德在家庭产业中都有发言权,知道动产析分对家族事业的不利,因而有"分家不分店,分店不起桌,起桌则更名"。这样做不仅仅是为了日常所说的保质量,保品牌,保核心产品的声誉,更重要的是保证了家族核心企业不至于陷入产权不清的纠纷之中,也保证了胡开文墨业能传承多代,家族主业发展的稳定性。胡开文墨业采取单传方式后又历胡锡熊、胡贞观、胡嘉禾、胡洪椿直到1957 年停业,前后历 6 代。①

第三节　晋商家族企业

一、晋商概述

山西开发较早,经济社会发展水平曾经长期居于中国前列。《易·系辞》

---

① 参见王廷元、王世华:《徽商》,安徽人民出版社 2005 年版,第 339—344 页。

（下）就有："日中为市,致天下之民,聚天下之货,交易而退,各得其所。"唐朝时期,因为李渊起兵于太原,后将太原定为北都,商业更是兴盛。山西早期的兴盛都立足本地,商人以坐贾为主,即使是行商,其活动范围亦有限。

虽然山西简称晋,因此但凡山西商人都可称做"晋商",但本书所说的晋商则主要是在明中叶以后伴随市场经济萌芽逐渐形成的,被称做十大商帮之一的行商"晋帮"①。晋商形成背景是在经济中心南移以后,当地人地矛盾突出,被迫闯"西口",在票号兴起前主要以长途贩运为主,并进而"行天下"的以晋中商人为主的商业群体。晋商就地域而言,不但包括晋中商人,还包括晋东南、晋南、晋北,甚至吕梁的商人,他们发展轨迹各异,只是一般研究以晋中大地为代表。②

晋商不仅能在徽州商帮鼎盛时期与之抗衡,即使徽商因纲盐制的废除而走向衰落之时,晋商仍依靠票号执中国金融业之牛耳到 20 世纪初,其他商帮更是无法望其项背,总之"晋商从明代到清末,长期纵横捭阖,称雄国内市场,著称于商界,其势力远远超过国内其他商帮"③。晋商在五百多年的时间,经营区域遍及全国各地,甚至远及欧洲、日本、东南亚和中东。除了盐业外,晋商曾一度垄断恰克图对俄贸易,对日铜贸易,在棉布、粮食等民生行业也长期拥有一席之地,并且创造了票号这一金融模式,并一直称雄。

晋商的成功有很多独到之处,除了经营技巧,信奉"关公",讲究仁义诚信,重视家族、个人品德等外,最重要的有两点。一是晋商逐渐形成制度化管理制度。在经营方式上有朋合制、伙计制、联号制。股份又分银股(出资人股份)和身股(即财东让职业经理人、优秀的伙计不出资而以人力顶一定数量的股份)。各商号还有严格学徒制、号规、账簿制度。晋商另一重要特征是,所有权与经营权相对分离,聘用职业经理人的商号,所有权属于财东,经营权归掌柜,实行经理负责制。可能因为晋商拥有严格的管理制度,以及所有权与经营权分离的模式,容易给人造成晋商远离家族经营的错觉。其实不然,晋商的经营仍然保持高度家族性,鉴于晋商家族经营特殊性,有必要专门分析。

---

① 参见张海鹏、张海瀛:《中国十大商帮》,黄山书社 1993 年版,第 1—58 页。
② 参见马伟:《晋商国际学术研讨会综述》,《中国经济史研究》2006 年第 2 期。
③ 刘建生、刘鹏生等:《晋商研究》,山西人民出版社 2002 年版,第 85 页。

二、资本家族性

关于晋商经营家族性,暂且不论两权分离问题,而先看其资本家族构成,因为判断家族性的重要标准是以所有权为基础,所有权是产权构成最为基础部分。就中小资本而言,一般认为是家族所有,但随企业规模扩大,资本往往就超过家族供给能力,也就是说企业资本的社会化是一个必然趋势。但令人称奇的是,晋商的一些富家大族资本并未超出家族边界,至少晋商在鼎盛时期仍然是家族控制,当然这并不排斥广泛存在的家族内部、姻亲之间建立的股份关系。① 比如,在包头,祁县乔家的"复盛公、复盛全、复盛西三大号共有十九个门面";太谷曹家在道光、咸丰时期,商业发展到鼎盛阶段,国内商号波及大半个中国,国外则到莫斯科等地,商号有 640 个之多;介休侯氏的蔚字号在全国三十多个地区设有分庄;介休范家垄断对日铜贸易达七十多年,而榆次常家商号"十大德"、"十大玉"也控制了恰克图的对俄贸易。

至于晋商资本的家族性的原因,前人语焉不详,或者解释含糊,比如,刘建生、刘鹏生等就认为晋商资本家族性的原因主要有两点:"其一,资本主义生产关系在中国虽然于明朝中后期已萌芽,但只是在少数地区的个别行业里稀疏出现,这是由于长期以来经济发展不匹配所致"②;"其二,中国是拥有五千多年悠久历史的文明古国,文化底蕴深厚,对人们的思想影响深远。"③

笔者认为,晋商资本家族性还由多项因素决定。首先,明清时代私人产权的法律保护极不充分,如果采取合伙等形式,势必出现产权纠纷,家族可能得不偿失。其次,合伙主体供给的缺乏。当时,市场萌芽只是在少数地区、个别行业里稀疏出现,所以能够与这些富商巨室相匹配的商人是很少的,这种匹配除了经济实力的匹配之外,应该还有相似的个人经历、背景等,而且还要相互了解、信任,但在一个封闭的社会里对别人是很难拥有充分信息,注定能与这些富商巨室相匹配家族的稀缺性。再次,家族商号大都远离所有者故土,而且大商人家族有商号少则上十,多则数十家,晋商已经使出浑身解数创造了当时来说很复杂,也很严格的管理制度,姑且不论这种创新是在这些商号规模过大

---

① 参见刘建生、刘鹏生等:《晋商研究》,山西人民出版社 2002 年版,第 421 页。

② 刘建生、刘鹏生等:《晋商研究》,山西人民出版社 2002 年版,第 422 页。

③ 刘建生、刘鹏生等:《晋商研究》,山西人民出版社 2002 年版,第 424 页。

以后被迫制度创新的结果与否,这些大商家的制度创新空间已不大,再增加资本很可能会出现边际报酬递减,精明的商人未尝不知道这一点,因此家族控制所有权就符合情理。最后,不能过高估计文化的作用,因为在自然经济为基础的社会里,无论从纵向还是横向来看,商人以家族为单位进行商业活动都具有普遍性,而不是中国传统儒家文化、家族文化的特色。此外,从西方企业史考察,若没有发生大范围兼并,所有权倾向于集中,而晋商规模扩张主要靠自身积累。

三、经营家族性

晋商有身股,故有"在所有权与经营权分离上,晋商的推行极为彻底"[①]的普遍观点,但笔者认为晋商两权分离只是相对的,并不意味着晋商经营已经普遍社会化;相反"晋商在明清时期以家族为控制企业的主要形式而非其他"[②]。至于原因,笔者认为,首先,晋商的绝大部分是中小商人,而中小商人资本不多,往往将所有资本投向同一商号,甚至还与人合伙,如果出现风险,可能就意味着无法养家糊口,倾家荡产。因此,他们必然高度关注企业的经营,而不可能像富家子弟能够承受风险。而且当时社会流动性较低,自营也是解决家族就业的有效途径,因此对大多数商人来说,家族所有、家族经营是理性选择。

而"通常一个晋商家族所立'号'下设有多处分号或分支机构,少则十来家,多则数十家,广泛分布于全国各地甚至海外,经营范围从粮、棉、布、茶、绸缎、颜料、食品、杂货等一般性商品到银、钱、票据等货币业务,可谓五彩纷呈、无所不有"[③]的论述则缺乏理论与事实依据。大的商业家族是有,但是凤毛麟角,而且他们随着时代变迁不断起落,因此虽然后人能列举出晋商数十甚至上百个巨商,但同一时代并不多。比如,据徐珂《清稗类钞》在光绪时代山西30万两以上的富户不过14家,超过100万两的不过4家或5家,而且富户家产也并非完全来自商业经营。即使同一时代有如此多的巨商,但相对于晋商群

---

①　王连娟:《晋商接班人选择及其启示——解读晋商东掌制度》,《经济管理》2007年第3期。

②　刘建生、刘鹏生、燕鸿忠等:《晋商研究》,山西人民出版社2005年版,第240页。

③　刘建生、刘鹏生等:《晋商研究》,山西人民出版社2002年版,第400页。

体仍是微不足道的,也正是因为他们的稀缺性,才成为后人津津乐道的对象。当然,这些巨商创业之初往往和普遍存在的中小商人一样,基本以家族(庭)为经营起点。

财东对掌柜日常经营基本不干涉,笔者认为有几方面原因,一是,经营权与所有权分离的财东一般都是大家族,若财东过问,则往往有多个财东,由谁过问,怎么过问,家族内部难以达成一致。为此,大德通票号《号规》有如此规定:"各连号不准东家借贷;也不准东家推荐人位,如实在有情面难推者,准其往别号转荐"①。二是,当时精通票号复杂经营管理的经理人员和大富商都是稀缺资源,财东和经理人员相互选择空间有限,经理人员道德风险的代价巨大,这在晋商只任用本省经理人员,经理人员也只被本省富商任用的情况下尤其明显,这一点与日本企业终身雇佣制下的员工忠诚有些相似。三是,国家正式制度对财东的权利保护缺失,经理人员与财东之间有比较大的人合性质,应该是储小平所说的泛家族文化信任②,"因此,东家非对大掌柜的才华、品德、家庭、身世、经验等有相当透彻的了解,是不会加以聘任的"③。四是,可能与美国早期铁路业经理人员类似,由于晋商票号等的经营管理需要特殊的技能和训练,经理人员把工作视为终生的事业,因为他们的工作类似于专用性资产投资,改行的机会成本极低。他们对所在企业的持续繁荣承担有极其紧密的个人义务(即使没承担财政义务),因而他们在有关财务政策和用于未来经营的资源分配方面,几乎享有和股东或其他代理人一样的权利。④ 五是,经理人员若流失对商号的损失可能是致命的,比如,将客户资源带到竞争对手,或者另起炉灶,在这种情况下,所有者不得不适当"授权激励"。六是,对于富商而言,可能跨越多个行业、多个地域,在信息、交通不便的情况下,难以对经理人员进行干涉,不得不授权。七是,也是最关键的,所有权与经营权分离建立在严格的制度约束之上,这主要体现在经理负责制、学徒制、号规制度等。⑤ 也

---

① 黄鉴晖:《山西票号史》(增订本),山西经济出版社 2002 年版,第 599 页。

② 参见储小平:《中国"家文化"泛化的机制与文化资本》,《学术研究》2003 年第 11 期。

③ 张桂萍:《山西票号经营管理体制研究》,中国经济出版社 2005 年版,第 128 页。

④ 参见[美]小艾尔弗雷德·D. 钱德勒:《看得见的手——美国企业的管理革命》,商务印书馆 1987 年版,第 98 页。

⑤ 参见张海鹏、张海瀛:《中国十大商帮》,黄山书社 1993 年版,第 25—26 页。

就是说晋商对掌柜的信任是基于制度的信任。入清后晋帮商人由于商号、工作人员猛增,为保证业务的顺利进行,逐渐建立、健全了一些经营管理制度,尤以经理负责制和学徒制为典型。八是,在货币资本高度稀缺的市场经济萌芽期,拥有货币资本者对人力资本几乎有绝对的支配权,这是晋商所有权集中与两权分离并存的关键因素。值得注意的是,林柏并不认为晋商两权分离,而是企业家职能的分解。①

再仔细分析晋商经理负责制,发现经理的权力是相对有限的,受到晋商制约。经理负责制是由财东出面聘任经理,财东将商号资本全部交付所聘经理,便不再过问号事,静候年终营业报告。而经理则有权决定商号内平时之营业方针,经理在商号内有无上权力,但同人有建议权,大伙对小事也可便宜行事,但大事必须由经理决定。逢账期,经理须向财东报告商号商业盈亏情况。账期结束,经理是否继续聘用,则由财东裁定。张维迎特别强调平遥票号商总号对异地分号掌柜及其家庭的约束机制,即异地分号掌柜不能带家属,家属都得留在老家,每次出门都得从总店出发,而每次回平遥,得先回总店,不能直接回家,通过拴住分号掌柜妻儿,可以大大降低异地分号掌柜的机会主义行为。②当然笔者推测,在这种情况下,总号可能也会承担起异地分号掌柜的部分家庭责任,进一步提高异地分号掌柜的忠诚度。学徒制是晋帮商人很重视的一项制度,凡学徒须由亲友介绍并取得保人经面试后,方可进号。入号后,总号派年资较深者担任师傅,负责对学徒培养。培养的主要包括业务技术和职业道德,学徒期满,进行实际考察,根据德能录用。经理往往是从学徒成长起来的,其间要经历伙计、顶生意阶段、副理等阶段。不仅如此,晋商还普遍建立商号号规,而此种号规对经理、伙计乃至学徒都有硬性约束。

因此,笔者认为,可能以往的研究夸大了晋商分权,晋商主要还是以家族经营为主。即使聘用外人经营,在所有权高度集中情况下,晋商所有者与经营者的关系整体而言属于资本雇佣劳动,货币资本所有者家族处于绝对优势地位。此外,作为两权分离基本论据的身股及晋商东掌制度直到在道光初年产

---

① 参见林柏:《清代晋商股份制新探》,《生产力研究》2002 年第 4 期。
② 参见张维迎:《信息、信任与法律》,生活·读书·新知三联书店 2003 年版,第 12—13 页。

生的票号中盛行,其盛行时间主要在近代,即使笔者前文偶尔提及的学界广泛引用的票号资料也有一些发生在近代,在晋商其他行业中可能并不普遍,道光以前的晋商则极为少见。

最后,需要强调的是两权分离绝非晋商所独有,即使是以家族经营为特色的徽商,也不乏延请经理人例子,比如"朝奉"就是对规模较大的徽商延请之经理人的特有称谓。在中国早期的资本需要量大,风险和收益均较高、对经营者素质要求高的矿业,以及一些规模加大、跨地区、复杂性强的商号经营一般都不得不采取两权分离的形式。前近代中国,专门的经营者在矿业中称为"承首人",在商业中一般被称为"朝奉"、"掌计"、"掌柜"与晋商东掌制度类似,这里不再赘述。在矿业中与票号一样都需要复杂的经营管理知识,与票号分布于各地稍有不同的是,采矿一般都是高投入、高风险(资金风险、生命风险)、高收益的行业。在这种情况下,自贡井盐业等不仅实现了两权分离,而且还出现了以自贡井盐业为典型的"承首日份股"与晋商顶身股无异。

四、家族继承

晋商财产继承同样盛行诸子均分,这从晋商很多家族商号都与各房家长姓名相关可见一斑。若不分家产,采取家族经营的方式,则可能导致家族和家族企业规模太大,管理变得复杂,一方面是大家族内部矛盾不断,另一方面在当时经营管理水平以及技术条件下家族事业难免会出现规模不经济的情况,因此对于多数晋商来说,应以诸子均分为主。虽然这和徽商一样并不排除个别大家族为保持商业经营完整性集中传承的情况,而均分往往也并不排斥集中经营。

比如,太谷曹氏先祖曹三喜在创业后虽然把财产均分给了七个儿子,七个儿子虽然经济独立,但商号却坚持共管。笔者认为,这可能与曹三喜文化素质不高,甚至不识字①,创业之路应相当艰辛,早年没有精力也没有财力对子辈进行智力投资,进而实行东掌制,从而实现商人向投资者角色转换。虽然其他方面的材料不多,但笔者认为可能对于实行东掌制度的大商人家族而言,更多地采取这种模式,中小商人家族分家析产,又分商业资产的应该不少。

---

① 参见张正明:《明清晋商及民风》,人民出版社2003年版,第153页。

晋商在选择接班人方面有一些独到之处,票号产生之前,晋商接班人的选择均局限在家族范围内,但并不是都沿某一男性一脉相承,往往出现兄弟、叔侄接班的情况。考虑到中国早在殷商时期就有王位兄终弟及的历史,似乎并不难理解晋商的这种传统。当然,这也有利于家业的延续,因为兄长去世或者退位之时自己的儿子可能并未成年,或者没有经商经验,故而让自己的弟弟暂时代管,而在兄长的儿子长大成人并具有经营能力之后将经营权归还给兄长一房。此外,以下因素也不容忽视,比如,兄长儿子业儒做官,或者没有儿子等,相应的很多家族企业经营权并没有归还到兄长一房。在东掌制度出现后,实行东掌制度的家族企业家族接班人虽然不直接经营企业,但作为财东行使对掌柜的监督权、任免权。

五、女性与家族经营

明清之际,山西性别比例严重失调,与男性晚婚相对的是女性早婚。就女性而言,不仅有童养媳,甚至有男子在外经商,其家人在家为其娶亲,结果新娘一进门就面临“守空房”的尴尬,不仅对丈夫情况一无所知,而且丈夫何时归,能不能归来都无法确定。《大清律例》虽有“期约已至五年无过不娶,及夫逃亡三年不还者,并听经官告给执照,另行改嫁,亦不追财礼”的规定,但这只是官方规定。地方社会及舆论取向仍普遍认为,父母之命、媒妁之约就是夫妻,“一女不嫁二夫”,贞妇、节妇、列女情结等既是行商发达的重要社会原因,也是传统社会的普遍舆论取向,这种价值取向在中国的绝大多数地区一直持续到新中国成立前夕。

晋商多是行商,常年在外者大有人在,夫妻聚少离多更具有普遍性。毫无疑问,不正常的夫妻家庭生活也使商人妇女心理和生理都受到影响,也不乏哀怨之情。但当时由于晋商所在地普遍贫困,无论是商人还是普通老百姓都倾向于将自家女儿嫁给经济条件较好的商人家庭,也可以说商人妇是以不正常的家庭夫妻生活为代价换得自己和娘家的物质相对满足。但是,物质上的丰富并没有给商人妇带来健康长寿,这一点以榆次常家为甚。榆次常家曾被称为清代本省的外贸世家,声名显赫,但常家男子在九世到十四、十五世因妻子早夭而多娶的现象竟达到不可思议的程度。十二世常炳曾娶妻二人,纳妾六人,除一人活了 67 岁外,其余七人均未超过 30 岁,十三世常立政娶了六个妻子,寿命分别为贾氏16岁,杨氏25岁,乔氏20岁,孟氏26岁,其余两个也是才过30就去世了。常立卓的六个妻子去世时,原配只有16岁,继娶的五个也只有一个活过30岁。十四世常际春也是五个妻子,但只有一个达到30岁左右,早亡的妻子中最小的一个17岁,一个18岁。常泽春两个妻子都没超过20岁。常运澡五妻一妾前四个寿命不到20岁,最后的一妻一妾也仅30岁左右。①

商人妇对晋商的发展作用不容小觑。虽然晋商不乏富贵者,但绝大多数还是中小商人,在商人创业之初,妇人往往出妆奁,求娘家,支持丈夫经商。有些商人妇甚至在丈夫离世,儿子尚未成年时直接经商,并得到社会认可。其中最为著名的当数介休冀国定继娶的四房夫人马太夫人,清人徐继畬《冀母马太夫人七十寿》有:太夫人为诰封资政大夫斋冀公子继室,母家簪缨世胄,夙娴诗礼,赠公自祖父以上单传者七世,家称富有,而苦于襄助无人,自太夫人来归,乃准母家仪式相之,以立家规,赠公家业半在荆楚,又有在京师畿辅山左者,往来照料,井井有条,而家政则一委之太夫人。赠公自奉俭约,两岁恒杂粗砺。太夫人曰:此惜福之道也……赠公既逝,太夫人以诸子未更事,内外诸事悉自经理。南北贸易,经商字号凡数十处,伙归呈单簿稍有罅漏,即为指出,无不咋舌骇服。不出户庭,而大斁在手,综理精密,不减赠公在时。又待伙极厚,故人皆乐为尽力。

对多数妇女而言,丈夫外出经商,家庭往往上有老、下有小,义不容辞地担当起赡养老人,照顾培养子女的重任,为丈夫解决后顾之忧,成为晋商发展的坚实后盾。对于富商家庭妇女而言,日常尚无衣食之忧,而绝大多数外出创业,或者担任商人伙计的商人妇而言,赡养公婆、照顾叔侄、子女的过程首先需要解决衣食,平常又没有成年男性帮忙,其生活是相当艰辛的。比如,光绪年间《太谷县志》载王氏:"劝夫经商为久远计,朝则厨撰供亲,夜则篝灯纺织。"光绪年间《闻喜县志》载:宋三畏妻郭氏"年十七于归,甫半月,夫贸贩金川,音书杳绝,氏箑枕终年,日纺织以供高堂,历数十年如一日也"。闻喜县赵景魁经商常年不归其妻景氏单独持家,可谓艰辛:"贫无所赡,景昼出耕,夜勤纺织,农闲或负贩焉,渐有积蓄能为子娶妇,邻里称女丈夫焉。"这样的例子仅在方志中出现的就有多处,说明具有一定普遍性。

---

① 参见耿彦波:《榆次车辋常氏家族》,书海出版社2002年版,第66页。

第六章　近代中国的家族企业

第一节　近代家族化典型

就中国而言,步入近代意味着自发的市场经济萌芽中断,市场化出现跨越式发展。市场化进程中,航运、矿业等曾在政府的官督商办机制下得到发展,但最能体现家族经营状况演变的应该还是纺织业尤其机器棉纺织业。有鉴于此,本节选择棉纺织机器工业影响较大的申新、恒丰、大生、永安纺织印染公司及裕大华纺织资本集团为例,梳理这些企业的家族化,以期对近代企业的家族化进行客观评价。此外,还有以下研究值得关注:潘必胜《中国的家族企业:所有权和控制权(1895—1956)》对近代中国典型家族企业的所有权与经营权进行了相对系统的分析,还研究了近代两权关系的阶段性变化;张忠民认为近代公司发展存在较长的家族公司发展阶段,并对其发展方向进行了相对系统的论述①;邹进文对我国近代民族股份家族特色的研究②。

一、申新与恒丰:家族控股与家族经营

(一)申新的家族化

在讨论申新的家族化之前,有必要简单回顾一下荣氏兄弟此前曾深度参与振新公司的情况,因为后来申新的产权结构,经营管理等很大程度上汲取了振新的经验教训。

---

① 参见张忠民:《艰难的变迁——中国近代公司制度研究》,上海社会科学院出版社 2002 年版,第 150—172 页。

② 参见邹进文:《论中国近代民营股份企业的家族特色》,《中国经济史研究》2004 年第 1 期。

在《公司律》颁布的次年1905年,荣德生提议与族兄荣瑞馨等七人发起创办振新。最初振新公司既有上海股东,又有无锡股东,1907年建成投产后,实行董事长领导下的总经理负责制,最初由荣瑞馨担任董事长,上海张云伯担任经理,但张云伯身处上海,日常由不擅经营管理的张笠江、徐子仪打理,加上市场不景气迅速陷入困境,荣德生遂于当年秋出任经理,负责日常经营管理,上海股东旋即撤股,在上海做买办的荣瑞馨本想退出,但在族长荣福龄为家族就业、义庄考虑的劝说下,继续留在振新。荣福龄1908年出任公司董事长,这无疑会让振新承担更多的家族责任。所有权和经营权均统一到同族的情况下,振新业务明显好转,但董事长荣福龄又因践行义庄蓝图,将个人及义庄股份转让给荣瑞馨,一年后又辞去董事长职位,荣宗敬担任董事长。荣氏兄弟掌握大权以后,先是1910年遭遇橡皮风潮,后是1911年的辛亥革命,经营艰难。1913年形势稍好,1914年振新获得高额利润,荣氏兄弟欲大展宏图之时,却受到各方掣肘。1915年荣德生不但被降职,还涉嫌账目问题陷入困局,遂不得不与荣瑞馨置换股份,增持荣瑞馨所持茂新面粉股份,放弃荣氏兄弟在振新股份。

凭借在振新积累的经营纱厂的经营管理知识,荣氏兄弟与族人荣瑞馨置换部分股票退出振新后,汲取振新公司股权过于平均化引起的长期无法形成稳定领导核心的教训。在上海以无限责任公司形式,总资本30万两,家族绝对控股(荣家兄弟占总股份60%)方式创建申新纱厂。[①] 当然,笔者认为更为关键的是荣氏兄弟控制的茂新、福新面粉厂此时已经步入良性循环,荣氏的投资并不受资金约束。由于是无限责任公司,资本具有明显人合性质,没有董事会,股东会几乎不发挥作用,荣家又占绝大多数股权,因此申新及以后的申新系统诸企业均在荣氏兄弟尤其荣宗敬的牢牢控制之下。

(二)恒丰的家族化

恒丰纱厂是近代纺织业家族性更为明显的企业之一,自恒丰纱厂建立起,一直是聂家独资,并由聂家经营管理的企业。但是回溯恒丰纱厂的历史,最初并不具家族性,至少没有聂家的烙印。恒丰纱厂最初源于1888年的官商合办华新纺织新局,工厂尚未投产,原官方发起人龚照瑗即调离上海道台,聂缉椝

---

① 上海社会科学院经济研究所:《荣家企业史料》上册,上海人民出版社1980年版,第54页。

1890年继任,中间通过组织复泰公司租办,直至1909年拍卖,历经20年,终将企业全部所有权控制在聂家之手。

聂缉椝担任上海道台后获得10%所有权,甲午战争后华新纺织新局在外商竞争下,加上官僚化经营,华商专利权到期,1897年以后经营举步维艰,票面价值120两的股票跌至28两尚无人购买。1904年华新股东之一汤癸生得到时任浙江巡抚的聂缉椝支持组建复泰公司组办华新纺织新局,并由聂缉椝的儿子聂云台担任复泰经理。1905年汤癸生病逝,复泰由聂家独资经营,聂云台任总理,聂管臣任协理。此时,汤家华新股票全部卖与聂家,加上汤癸生代聂家所买股票,聂家所持华新股票已经超过总股份2/3。按约定试租一年,后订正式租约,在这年适逢日俄战争,棉纺织业行情看涨,华新董事会意欲收回自办。但其他股东、董事多是浙江商人,且都为零星散户,而聂缉椝此时正任浙江巡抚,虽然聂缉椝此前可能因"假托他人经理"而无家族成员成为董事,甚至在租约到期以后,有绝对多数股权的聂家也没有当选董事长,但由于拥有绝对多数股权,以及小股东对聂家权势的敬畏,而不得不订正式租约。独资租办加上拥有绝对多数股份,这为聂家完全控制华新提供了便利。

1909年春租约到期,恰遇纺织业行业性景气,聂家希望继续独占经营权,而其他股东为利益均沾,不愿聂家独占,更为关键的是聂缉椝此时已经被撤职,令商人敬畏的权势荡然无存,地位趋近对等的聂家与普通股东之间据理力争,结果不得不采取拍卖方式了结。聂家成功拍得华新纺织新局,并改名为恒丰纺织新局,从此恒丰纱厂进入聂家独资经营时代。聂家独资经营后,聂云台、聂管臣、聂潞生等先后分任总理和协理,牢牢控制企业经营管理大权,所有权与经营权都集中在聂氏之手,不过在家族内部也存在股权的析分。

二、永安纺织与大生纱厂:"小"股东家族控制

(一)永安纺织的家族化

一般认为华侨郭乐创办的永安纺织印染公司是近代在大陆注册,股权最为分散,家族成功控制的家族企业之一。① 永安纺织印染公司采用三级制的

---

① 潘必胜认为永安纱厂与近代刘鸿生企业类似都是金字塔法人控股型,但这里考虑到郭家还有个人股份,因而不用金字塔结构。

招股方法,郭顺利用中华澳洲商会会长身份,郭氏兄弟经营的上海永安百货及其他联号企业的良好绩效,吸收大量的侨资创办而成,公司原始资本中侨资约占 90% 以上,股东数量高达 5302 户,股权高度分散,其中超过 85% 的股东股金不足 1000 元,而郭氏家族凭借 22 户股东占 2.56% 的股份,加上家族控制 6 家联号企业所持 19.25% 股份,所有权比例远远超过其他股东。其他股东不但小而散,而且多数在异地,甚至异国他乡,对公司经营控制权并无兴趣或者心有余而力不足,对郭家又非常信任,结果公司董事会、总经理、总监督都被郭家直接或间接控制。郭氏各企业总监督都由郭乐担任,以及尽量让家族控制的联号企业相关人员担任的做法,保证了各企业资源的优化配置,也保证了股东收益,从而将企业控制权牢牢的掌握在家族手中。① 郭氏家族对企业的控制主要应归结为人力资本与物质资本的相对丰富,以及一定的社会资本,科学地利用有利于家族控制的所有权结构,这与郭家在香港注册的永安百货有异曲同工之妙。②

(二)大生纱厂的家族化③

机器纺织业中家族凭借少量所有权实现对企业有效控制的民族资本的典型则是大生纱厂,张家更多利用了与官方的密切关系。虽然名义上都是小股东控制,但大生的家族化过程则与永安纺织印染公司截然不同。

创办大生纱厂的末代状元张謇,既是绅商,也是官商,其给自己的定位并非单纯的实业家,而是"通官商之邮"的实业政治家,这也建立在其具有丰富社会资本的基础之上。但是,张謇在 40 岁中状元前只是一个落魄绅士,寄人篱下的幕僚而已,因此货币财富不多,后来支持袁世凯,并出任其政府农商总长兼全国水利局总裁,而无独立经营企业之经验。在这样的背景下,张家对企业的货币投资自然不会太多,甚至经营能力也不可能太强。而后来辅佐张謇的三兄张詧虽曾有经商经历,但更多时间是官僚,直到 1902 年方辞去东乡知

---

① 参见上海永安纺织印染公司史料组:《永安纺织印染公司》,中华书局 1964 年版,第 13—30 页。

② 参见杨在军:《家族企业治理个案研究——以近代上海永安公司为例》,《商业研究》2007 年第 4 期。

③ 大生纱厂资料主要参见《大生系统企业史》编写组:《大生系统企业史》,江苏古籍出版社 1990 年版。

县,后来也屡入仕途。因而,张謇倡办大生之初并不为商界认可,故而在地方官府出面劝导,各董事四处游说的情况下,纵然中途撤换董事,历商办、官商合办,直至商领绅办,企业从政府得到好处越来越多的情况下,应者仍然寥寥。商业信用更是缺乏,向银行押款、向铁路公司借款都未能成功,甚至将大生纱厂出租也没人愿意接受。

从最初的投资看,大生纱厂 1899 年投入生产之后一月,商股实收 19.51 万两,其中占商股总数 21.48% 的 4.19 万两是官方掌握的地方公款。可以明确股东身份的 10.72 万两,经上司倡导实业劝谕和同僚游说之下的官僚投资比例超过 60%,比如,官僚恽莘耘、恽次远兄弟的投资高达 3.15 万两,超过商股总数的 16%。官僚的投资虽然不少,但由于其主要精力在于仕途,对企业经营并无兴趣,或者心有余而力不足,而基本不过问企业经营管理,从现有资料来看,前面提到的恽家兄弟并未干预过企业经营管理。而企业一般不敢得罪官方,也不敢有负于官僚股东,甚至是官员的干股,这就使官员直接投资在晚清和民国乃至当代都非常普遍。这一方面助长了官商不分的风气,混淆私人资本与官僚资本、国家资本;另一方面也确实让实业界尤其大企业获得更多的货币资本,特别是在经济法律体系不健全的情况下,官员股东的庇护使这些企业大大降低了交易成本。不过,其最大的弊端是易于扭曲资源配置。

此外,大生最初股本来源还有"团体及慈善捐赠"1.2 万两,其中部分最初还只是作为借款,企业经营良好后才转为股份。大生纱厂的董事甚至只有三户入股,张謇本人不过 2000 两,其中 700 两还是另一董事沈敬夫所垫,而沈可能与张家有姻亲关系①。即便如此,张家股份仍然仅及商股的 1% 强,如果将官方机器作价 25 万两算做股本则张家股份还不到总数的 0.5%。凭借这区区股份,张家之所以能将大生牢牢控制,主要是因为与政府大员的密切关系,成了官方 25 万两的人格化代表,而在私人投资中占绝对多数的官僚主要关心仕途,对企业经营管理缺乏兴趣,又比较信任张家,成就了张家对企业的绝对控制。而张家对后来大生系其他企业的控制,除了与官方关系密切外,大生系经营成功带来的商业威望及各企业间相互关联投资,资金往来是张家控

---

① 参见《大生系统企业史》编写组:《大生系统企业史》,江苏古籍出版社 1990 年版,第 21 页。

制的基础。

张家利用官僚资本实现小股东控制的经历为政局动荡,内战绵延的北洋政府统治时期成为近代中国资产阶级的黄金时代提供了一个解释。即北洋军阀利用手中的政治权力积累了大量财富,然后投资于产业,其投资高峰在1917年以后,投资最多是1918—1921年间,1922年以后出现衰退,这与民族资本主义在北洋政府时期的发展轨迹几乎是一致的。[1] 学界一般认为这主要是中国市场受国际市场影响的结果,但笔者认为这是军阀利用政治权力将民间财富集聚,再将这些资本投资于近代产业,而投资的相关近代产业又进一步利用政治势力进行扩张的结果。

由于张家人丁不旺,或者由于张詧、张謇投身实业较晚,其兄弟年岁已大,子辈则缺乏商业教育,因此除张詧之子张敬孺于1912—1918年任大达小轮公司、资生铁厂经理外,并未见到张家子辈在大生系统各企业担任要职的资料。张敬孺于1918年去世后,张謇的儿子张孝若直到1930年才精力比较集中地投身大生企业系统,但却不成功。其余大生系统的企业,除了系统内部相互投资外,张家在各个企业的投资都较少,家族人员参与也极为有限。张氏兄弟之后,张家的控制明显弱化,这很大程度上应归因于早期的控制方式缺乏产权基础,不具稳定性。

三、裕大华:家族化的背离[2]

裕大华纺织资本集团是以大兴、裕华、大华三个纺织股份有限公司为主体的近代纺织资本集团,这三个企业虽然分属各地,但主要股东在三个公司均有投资,三个公司的领导权相对统一。这一集团比之于近代企业普遍家族化不同的是具有较高的社会化倾向,就其社会化形成原因的探讨,有助于理解近代民营企业如何在家族与非家族之间进行取舍。

裕大华前身楚兴公司最初租办湖北布纱丝麻四局,承租人徐荣廷原是德

---

① 参见魏明:《论北洋军阀官僚的私人资本主义经济活动》,《近代史研究》1985年第2期。

② 此部分主要参考《裕大华纺织资本集团史料》编辑组:《裕大华纺织资本集团史料》,湖北人民出版社1984年版;黄师让:《裕大华企业四十年》,载中国人民政治协商会议全国委员会文史资料研究委员会编:《文史资料选辑》第四十四辑,中华书局1963年版,第1—75页;孔令仁、李德征主编:《中国近代企业的开拓者》下册,山东人民出版社1991年版,第379—390页。

厚荣副经理。徐荣廷与曾任北京政府总统的黎元洪有"金兰之交",在黎担任湖北都督时成为湖北官钱局总办数月。徐荣廷对做官无兴趣,故退而凭借与黎元洪的交情和老东家刘象羲支持,取得四局承租权。值得注意的是,刘象羲直接投资 10 万两,超过新股 37%。由杨家所控制德厚荣各分庄负责人共入股 3 万两,且徐荣廷 2 万两,以及原德厚荣文牍苏汰余的 5000 两,均可能是德厚荣垫付,故德厚荣可能直接或间接出资 15.5 万两,而新收资本仅 27 万两。因此,从股权结构来看,刘家完全可以控制楚兴公司,而且楚兴公司最初的运营资本更是靠德厚荣周济。从楚兴公司的经营管理层来看,刘象羲担任总理,徐荣廷担任总经理,而刘象羲表兄蒋霈霖也是 13 董事之一。另外,楚兴主要经营者苏汰余,不仅曾在德厚荣担任文牍,且是在 1907 年受通缉之时,由曾任刘家家庭教师的父亲介绍进入川帮德厚荣,德厚荣老板对苏汰余既有乡谊,又有"救急"之恩,苏汰余对刘家应不缺忠诚度,相互间也较为了解。因此,德厚荣从人事上控制楚兴也应顺理成章。但事实并非如此,从笔者掌握资料来看,除了刘象羲挂名楚兴公司总理外,刘家的核心人物并未直接干预控制楚兴,出现所有权与经营权高度分离,但细究其原因又似在情理之中。

　　笔者认为,刘家之所以没有控制楚兴公司,主要由以下因素决定:首先,从所有权角度考察,楚兴公司是为租办四局而设,楚兴公司实收新股 27 万两之外,原应昌股票还有四十多万两,且楚兴本身是为租办而成立,其产权关系极为模糊,这增加了刘家控制企业的难度。其次,重庆首富刘家的主导产业在出口,并无暇顾及投资区区十多万两并具租办性质的纺织业,特别是楚兴公司产权极不稳定,最初几年经营也未见起色。后来楚兴虽有起色,但德厚荣自救尚且不及,自然无法顾及楚兴。况且楚兴时时为军阀觊觎,纵然徐荣廷等多方寻求政治靠山,拉拢社会关系方面颇有成效也不得不在租约未满的情况下让给"将军团",更不要说与政府关系较疏远且不是本地人的刘象羲。最后,德厚荣老板刘象羲历来有不直接干预企业经营管理的习惯,而且即使不算通过徐荣廷间接获得的人红,租办 10 年间德厚荣总共获得红利近 300 万两,由于投资回报较高,德厚荣老板自然满意,故而不会过多干预企业经营管理。

　　现代企业理论表明,除了大所有者控制外,经理人还可以通过管理层收购等方式控制企业,况且楚兴主要经营者徐荣廷、苏汰余、姚玉堂和张松樵最初都有楚兴股份。楚兴接办四局前几年经营不利,股票下跌的情况下,徐荣廷等主要经营管理者更是"大量"购进,增持股份。作为楚兴领导核心的徐荣廷与历任湖北督军的黎元洪、段芝贵和王占元均关系亲密,加上武昌商会会长一职,控制楚兴具备一定条件。从其经营管理能力来看,至少经营楚兴非常成功,到楚兴租办届满时,徐荣廷已成全国知名的纺织工业家。

但稍加分析,就发现徐荣廷家族难以控制楚兴。这首先应归因于楚兴的产权模糊,而当时政府也没有提供有效的一般性产权保护制度。本身租赁关系的产权就很不充分,而在政治动荡的北洋政府时代尤其明显。事实上,楚兴公司取得承租权后,大维公司的刘伯森得到农商总长张謇的支持,由袁世凯政府下令将楚兴承租权移交给大维公司,幸而袁世凯亲信段芝贵聘徐荣廷为咨议,支持徐荣廷并没有执行政府命令。而省议会则认为四局是湖北财产,时而要求取消承租权,时而要求增加租金,好在段芝贵继任者王占元乃徐荣廷拜把兄弟,继续支持徐荣廷。而1921年直系军阀肖耀南担任湖北督军后,以徐荣廷为首的楚兴与地方政府的紧密关系即告一段落。可以说楚兴公司的承租权随时都有被收回的可能,而且租约有期,不确定性大,徐荣廷未尝不知。其次,楚兴租办届满时,徐荣廷早已过花甲之年,精力可能跟不上,而其家族似乎并没有其他善于经营管理者。特别是在政局不稳的北洋政府军阀时代,随着与自己年龄相仿的官僚相继退位,此前所拥有的官方资本可能锐减,甚至可能在军阀派系斗争的背景下,最终起负面作用,而当时官场关系对控制权的走向却恰恰可能具有决定意义。最后,徐荣廷在楚兴自始至终拥有的所有权比例并不高,股权方面无任何优势可言。徐荣廷最初只有2万两股票,中途虽然增持股份,到楚兴结束时拥有5万两股票,但相对一个70万两资本,股东较少的企业而言还是太少。

后来成为裕大华集团主要领导人的苏汰余、张松樵、姚玉堂、黄师让、石凤翔等楚兴公司主要经理人员无论从人力资本,还是社会资本和货币资本考察,都不如徐荣廷,其家族自然也不会控制企业。苏汰余的货币资本和社会资本显然弱于徐荣廷,虽然不敢肯定源自应昌公司的张松樵、姚玉堂货币资本状况,但估计不会比徐荣廷多,而且可以肯定其社会资本远不如时任武昌商会会长且与北洋军阀政府多个要员具有金兰之交的徐荣廷。源自应昌的张松樵、姚玉堂与徐荣廷、苏汰余此前并不了解,且最初可能代表不同的派别,因此可能存在利益与权力的协调,这客观上增加了单个经理人家族控制难度。黄师让、石凤翔中途从学校进入企业,虽然具有较高的文化素质,但作为经理人的素质却尚待发掘,其货币资本更是有限,缺乏控制企业产权的基础。

裕大华集团脱离楚兴建立的第一个企业大兴与楚兴,无论从人力资本还是货币资本看,都与楚兴一脉相承。人员对楚兴的依赖不容说,更主要的是大兴资本全部来自楚兴公积金 210 万两,既然楚兴公司是股份公司,则公积金理应按股份分享。而楚兴在刘家出让股票之后,徐荣廷占有的股权比例并不低,大兴的股票是按楚兴股票以 3∶1 比例发放,第一大股东,徐荣廷高达 21 万多两,超过大兴总股份的 10%,比第二位的苏汰余多七万多两。虽然徐家股份超过 10%,但是其他股东所有权既不是源于对直接经营管理毫无兴趣的官僚,也不足够分散,更不是和永安郭家一样股东多在异地,并拥有家族控制的关联企业的投资,徐荣廷的社会资本又逐渐失效,决定了徐荣廷不可能控制楚兴。此外,家族后继无人,个人偏好也有关系。

裕大华形成过程中有一次比较明显的"分家",即刘象曦家族在楚兴租办届满之时,以股票抵债。而这部分股票可能被小股东购买和原楚兴的经营决策层购买,刘家的退出不仅没有带来所有权的集中,反而第一大股东与楚兴时相比所有权比例降低了,而其他大股东的比例则相应提高,这也加大了家族控制难度。结果裕华、大兴两公司董监事至少有 17 人股份超过 3 万两,其中有 15 个股权超过 1.5%,而 17 个投资较多的董监事共占 55.7%,每个股东平均超过 3.2%,而最大股东徐荣廷却不过占 10% 强,其余超过 40% 的绝大多数应该是散股。而招股兴办的裕华公司股权集中度更高,15 个在两公司中担任董事或监事人员的投资额超过 117 万两,占总股份 74.8% 强,而且大兴的 17 个投资较高的董监事除欧阳惠昌和关鹤舫外,其余 15 人恰恰是裕华主要投资者。

大兴与裕华公司是统一领导,故还有必要分析一下两公司总股份分布情况,在两个公司担任董监事且总投资在 4 万元(1%)以上的股东达 17 个,这 17 个股东所投资股份占总数 64.1%,这意味着主要的所有者就是经营决策者。这些大股东有大部分在企业有实职,对企业较为了解,财力又相对不足,这意味着直接参与公司决策的股东相对较多,不利于形成家族控制,也避免搭便车行为。另外,由于存在徐荣廷、苏汰余、张松樵、姚玉堂、黄师让、毛树棠、周星堂等股权差别不大,且都有一定经营管理能力,相互间又有长期合作经历的董监事,决定了企业内部可能存在权力争夺的同时,也保证了企业有比较高的绩效,企业运营相对稳定,避免了股东大量抛售股票,从而被某个家族控制的可能。周星堂与毛树棠虽然没有直接参加企业的运营,但都是楚兴公司新股大股东。周星堂在楚兴成立之初是日本住友银行买办、汉口商会会长,最初有楚兴 3.5 万两股票,后来又增持少量股票。毛树棠是汉口葆和祥匹头号资本家,有 3 万两股份,而葆和祥号恰恰是楚兴纱的主要销售商。经过近十年了解之后,他们对徐荣廷、苏汰余、姚玉堂、张松樵及黄师让和石凤翔的经营能力,以及协作精神、道德等应该是极为了解的,又具有一定接管能力,他们的存在对徐荣廷、苏汰余等经营决策者也有掣肘作用。

当然,并不是相互了解和信任就可以达成合作,还有必要考虑经济和社会地位的相称问题。如果说周星堂、毛树棠在楚兴创立之初看重德厚荣的实力与名望的话,在裕大华持续保持高额的投资则主要是由于徐荣廷、苏汰余等主要经营管理者经济社会地位的提高。楚兴创立之初,毛、周二人在知名度和财富上可能高于徐荣廷,尤其苏汰余、姚玉堂、张松樵等人,但由于楚兴公司的经营成功,到楚兴租办届满之时徐荣廷、苏汰余已成为国内纺织业的有名人物,名声上已经不会明显弱于周星堂、毛树棠。楚兴公司的经营成功,还意味着徐荣廷与苏汰余及张松樵等人经济状况大为改观,经济实力与毛树棠、周星堂等投资者大体相当。而地位与财力的匹配,以及相互信任构成合作基础,类似的还有欧阳惠昌、关鹤舫、梁熔焜等董监事与楚兴及裕大华经营管理层的信任与长期合作,而这又对其他投资者及经理人员具有示范作用。长期合作的结果,这些投资者在楚兴及裕大华长期保持了较高的所有权,这一方面使企业能够利用更多社会货币资本;另一方面由于外部有持股比例高、关心经营管理的大股东,也使企业难以被家族化。

正是这些复杂因素使裕大华成为近代知名纺织企业中家族化最不明显的企业之一,但并不是说,裕大华集团没有家族化的倾向。实际上,徐荣廷可能并不乏家族控制的动机。比如,在大兴筹建之初其子徐松慈就介入,在开办时期徐荣廷是总经理,徐松慈则担任经理,可以说经营管理权就在徐家父子之手,这与绝大多数家族企业类似,后来可能由于徐松慈能力不济及家族人丁不旺等原因,徐家逐渐淡出经营管理层。处于第二位的股东苏汰余在两家公司所持股份接近 10%,且与同样担任裕华、大兴常务董事的黄师让有姻亲关系,而黄师让的股份在两公司所占股份超过 2%，苏黄二人的股份超过徐荣廷，而 1928 年之后，徐荣廷就将裕大华的控制权交给了苏汰余。虽然从现有资料来看，不能确认徐荣廷与苏汰余之间是否缔结有姻亲关系。但在徐荣廷的继任者身上似乎家族性有所增强，1948 年苏汰余去世后，接班的恰恰是其内弟黄师让。

主要经营管理者对所有权的竞争相当激烈，也可以作为裕大华集团具有家族取向的佐证。比如 1936 年成立的裕大华集团另一骨干企业大华公司股份就受到裕华、大兴公司主要负责人的抢购。虽然名义上两公司所有股东均可自由认购，且规定个人投资额不得超过 5 千元，但却被董监会成员抢光，甚至在董监会内部因抢购股份还产生矛盾。其中，徐荣廷高达 12.5 万，占私人股份 25%，而苏汰余被迫让出 5 万股份的情况下，股份仍超过 5 万元，除已淡出企业的石凤翔外，经营层的其他 7 人投资均不少于 2 万元，结果仅这 8 人投资就超过私人投资的 67.5%，而作为法人各投资 40% 的裕华和大兴公司的大股东恰恰是这些私人大股东集体所控制，而私人的背后就是各个家族。不过，所有权的激烈竞争又导致企业所有权难以实现有效家族化。

四、近代企业家族化讨论

（一）家族化水平

通过对近代典型纺织企业家族化的实证分析，可以得出这样的结论，这些企业几乎都有家族取向。棉纺织业无疑是工业化时期最具代表性的行业，但却不能代表所有行业，因此有必要以纺织业为中心对其他企业的家族性进行讨论。

从典型企业看，企业家背景对企业家族化有决定性影响。有经营管理能力，但没有货币资本的家族一般很难控制企业，有经营管理能力但缺乏货币资本者如果拥有丰富的社会资本仍然可以实现对企业的有效控制，人力资本和物质资本均较充裕的家族控制企业则在情理之中，这可能对其他行业也是适用的。比如，在公司治理相对完善的银行业，具有留学经历的近代银行家周作民经营的金城银行，陈光甫经营的上海商业储蓄银行等家族化痕迹就不明显，而在家族商号时代完成资本原始积累（包括人力资本与货币资本）的重庆聚兴诚银行则由杨粲三家族长期控制。

从近代典型纺织企业家族化过程看,这些企业最初均不是单个家族所有、家族经营的,而是与人合作后逐渐走向家族化。就所有权一家独大的两家企业而言,恒丰纱厂从股份公司成为家族独资,而荣家从投资振新,到建立家族绝对控股的申新,所有权有趋于集中倾向,但除了资金雄厚,且有官方背景的恒丰实现独资外,其他企业都利用了社会货币资本。即使汲取振新经验与教训创建的申新,也只是所有权一家独大,并未独占。其他的几个家族企业更是广泛地利用社会货币资本,这从侧面说明部分所有权和非核心的控制权并不能简单作为判断一个企业家族性的标准,家族性并不是意味着绝对封闭。

当然,切不可过高估计这种社会化程度,因为其中包含诸多人际因素。比如,据关文斌对一般被视做社会化程度很高的久大精盐公司1915年2月最初认股单的18人,同年12月的42位股东,以及1941年663位记名股东名单分析表明:股东虽然包括官员、政客和社会投资者在内的全国性网络,但深究其背后却能发现,这些股东同样具有人合性质。关文斌将其归结为:"这些早期股东中许多有着相同的经历,加上同宗、同姓、同乡、同学、同年、同行、同事、同志、同仇('十同')等各种亲缘、地缘、业缘、善缘、文缘('五缘')错综复杂的属性,结合在一起";"从久大创办伊始,公司就是通过其股东所构成的网络来获得资源——包括资金以及其他资源。而这一网络正是以范旭东、景本白和梁启超的家庭关系、朋友关系和社会关系为中心扩展而成的"。①

实际上,本节涉及的典型纺织企业均在成立之初就采用公司形式,公司制对其突破家族边界具有决定性作用,但这种突破是相对的,仍然以家族为中心。事实上,西方家庭企业之所以较早过渡到家庭以外的企业组织,主要是由于国家较早构建公司制等相应法律框架,契约以及与之相匹配的责任与权利体系,从而填补家庭以外的无信任区。② 公司制,尤其有限责任制的普遍确立,使个人与家族的相互依赖减少,为人力资本、货币资本乃至社会资本的社会化创造条件。

---

① 参见[美]关文斌:《网络、层级与市场——久大精盐公司(1914—1919)》,载张忠民、陆兴龙、李一翔:《近代中国社会环境与企业发展》,上海社会科学院出版社2008年版,第194—205页。

② 参见[美]弗朗西斯·福山:《信任 社会美德与创造经济繁荣》,海南出版社2001年版,第63—64页。

除了公司制的作用外,典型企业在资本,尤其人力资本方面突破家族边界,从产业特点来说,纺织业是一个规模经济,且劳动密集型产业,对货币资本和物质资本的需求多,再加上典型纺织企业均是知名度高、规模较大的,往往不是一个家族所能单独投资、管理、生产的,故而必然突破家族边界。

从企业家角度考察,主要是因为企业家此前已通过非家族化的就业、经济手段,完成了资金积累,有的还难以割舍现有岗位带来的经济收入,但又有资本增值的动力,从而主动与人合作打破家族边界。这些企业家一般从青年时代起就远离家乡,投身城市,对家族的认同感较少,并且用现代市场经济的观念部分替代家族观念,客观上疏远了家族关系,而前者数量一般远远多于后者。尤其创业者多分布在上海、武汉等洋行盛行的城市,企业主甚至有海外经历,这种环境和经历必然使企业家认识到要获取规模和范围经济就必须融合社会货币资本、人力资本。

此外,这些企业都是大企业,投资者都是相对有影响的大人物,拥有相对丰富的社会资本,而当时的市场发育很不成熟,政府对私人产权的保护不充分,客观上要求合作者之间的资格匹配。但在家族之内难以找到与之匹配的人,而不得不与外人合作。换句话说,城市家族资源相对不足可能是企业家族性较弱的重要原因。

资本组织形式与家族控制程度还是密切相关的,即资本社会化程度越高的企业,其家族所有、家族经营的可能性越小,反之则越大。杜恂诚认为近代中国由于受儒家文化的影响,与西方早期企业相比,中国的家族企业覆盖面之广和延续时间之长,却有鲜明中国特色,而西方是家族制与合伙制难分高下。[1] 遗憾的是,杜恂诚并未对家族企业与合伙制作出明确界定,笔者认为杜恂诚所说合伙实质上是资金的合作,按此逻辑中国的合伙企业比例并不低。比如,上海钱庄在1940年仍然是合伙或独资组织,但以合伙为主。1912年独资设立的钱庄不过4家,1913—1926年间有6家,1931年设立1家。[2] 1933年调查表明,钱庄中实力最雄厚的汇划钱庄共67家中只有6家是独资,而61

---

①　参见杜恂诚:《儒家伦理与中国近代企业制度》,《财经研究》2005年第1期。

②　参见中国人民银行上海市分行:《上海钱庄史料》,上海人民出版社1960年版,第468页。

家是合伙制,合伙者中大约最少 2 人,最多 10 人。① 其中,独资基本是家有家营,合伙的由于人数较少,可能也多数是家族内部的合伙,即使是联号也是由家族集团产生的②。钱庄经营的家族性在人力资源方面表现很是明显:"钱庄组织的封建性很明显地表现在人事安排方面,家族色彩浓厚,使用人员强调家族关系,重要职位首先安排本人子弟和近亲,其次是同乡至好。在绍兴帮钱庄经理中就有不少是父子相传。"③但需要注意的是,可能由于钱庄股东一般投资于多家钱庄,且还有其他营生,多数并没有直接担任经理,相反多数是家族之外的人,这一点类似晋商的东掌制。

将中国近代与西方同期相比,即使不考虑社会文化因素,经济发展阶段的差异性也是一个不容忽视的因素。近代中国应只是处于工业化初期,而同一阶段西方依旧盛行古典家族企业。在英国,区域取向的小规模家族企业促进了工业化的大部分进程,甚至在公众所有的公司兴起以后,家族对英国企业的影响长期以来仍旧是重要的。④ 帕森斯甚至认为在 20 世纪以前,西方经济组织的核心主要是"家庭公司"。⑤ 即使在同一历史时期,西方家族企业依旧普遍。英国工业中长期普遍盛行以家族管理为基础的"个人管理的资本主义",即使是大型控股公司也往往是由若干家族企业合并而成,而且这种合并是松散的,各部分的经营基本上还是原家族个人的经营。⑥ 现代企业策源地的美国,在这一阶段控制各种企业的仍主要是各大家族。作为近代后发典型,且学术界常用来与中国对比的日本,虽然在第一次世界大战期间,以所有权封闭为特征的财阀家族企业,在采用公司制的同时,也开始引进外部资本,但财阀同族封闭式所有的根基并没有改变。"之所以这样说,是因为这一阶段公开股票的不是三井合名、三菱合资、住友总本店这些财阀的母公司,只限于子公

---

① 参见中国人民银行上海市分行:《上海钱庄史料》,上海人民出版社 1960 年版,第 455 页。
② 参见中国人民银行上海市分行:《上海钱庄史料》,上海人民出版社 1960 年版,第 771 页。
③ 中国人民银行上海市分行:《上海钱庄史料》,上海人民出版社 1960 年版,第 482 页。
④ 参见[美]曼塞·G. 布莱克福德:《西方现代企业兴起》(修订版),经济管理出版社 2001 年版,第 62 页。
⑤ 参见[美]帕森斯:《现代社会的结构与过程》,光明日报出版社 1988 年版,第 89 页。
⑥ 参见[美]小艾尔弗雷德·D. 钱德勒:《企业规模经济与范围经济》,中国社会科学出版社 1999 年版,第 291—501 页。

司……我们必须注意的第二点是,这一时期转让股票对象——非家族股东不是一般公众,只限于与该公司有亲友关系的经营者和从业人员。这两个事实说明,财阀一面适应第一次世界大战期间企业股份公司化的趋势,一面竭力维持封闭型所有的根基"①。

(二)所有权与经营权关系

从典型企业大生系统、永安纺织印染公司来看,企业所有权的高度社会化并不一定与家族控制背离。大生系统是建立在特权,尤其与政府密切关系基础之上的家族企业,张家所持股份无论绝对数还是相对比例都很低,而且家族人员参与经营决策的并不多,但却一度牢牢控制企业,这说明货币资本与人力资本的社会化并不一定否定家族化。大生现象似乎在近代中国缺乏普遍性,这可能与近代中国政治经济环境过于动荡有关。大生纱厂乃至大生系统的所有权与经营权高度分离下的家族控制,主要是由于以张謇为核心的张家,无论与晚清政府,还是孙中山临时国民政府,袁世凯政府等均能保持长期紧密的关系,而且这种紧密关系从中央到地方都很密切,这在乱世是很难得的,因此应不具有普遍性。天津启新洋灰公司的周学熙资本集团与张謇的大生系统形成有很大相似性,都长期与政府保持了密切的关系,不过周的关系主要源于巨大的宗族姻亲关系,而大生则主要建立在张謇个人与政府的关系上,这也是大生系统后期,尤其张謇辞世后急剧衰退的重要原因之一,而启新则能保持相对较长时间兴盛的重要原因。后来,卢作孚与民生轮船公司的关系与张謇与大生的关系类似,两家企业的代表人物张謇与卢作孚都很难确定他们是政治家还是企业家,抑或社会活动家,都凭借少数股份、有限的家族人员参与实现了对企业的控制,只不过卢家与政府的密切关系主要在四川省内而已。大生经验有助于理解政治长期稳定,企业家族热衷于政治的美国,个别核心家族仅仅凭借1%—2%的股份就能实现对企业长期控制的现象。

永安纺织印染公司也是小股东控制企业典型,但却与大生张家是绝对的小股东不同,郭家是相对大股东。不仅如此,郭家还通过关系企业法人投资增强家族控制,而郭家人丁兴旺,其他股东多在异地也便于其控制企业。这种情

---

① 　[日]西川俊作、阿部武司:《产业化的时代》(上),生活·读书·新知三联书店1998年版,第409—410页。

况在近代中国侨资企业可能有一定代表性,这也意味着近代企业家能够科学地利用产权结构等以利用更多社会货币资本。侨资企业之所以擅用这种方式,主要是因为这些家族资本比较雄厚,并在海外创业较早,到内地创办企业时已经培养了相对较多的家族经营管理人才,并在侨乡及海外培养了大量的社会关系,树立了较高的商业威望。不过,也有例外,中南银行的创办者黄奕住因在海外经营商业,家族最初缺乏银行经营者而不得不采取委托型和家族型结合。但随着家族成员成长到 20 世纪 30 年代末黄家无论在董事会,还是管理岗位上都处于绝对优势。① 当然,客观地说规模较大的家族企业无一不是委托型和家族型的结合,只是孰轻孰重而已。

裕大华资本集团之所以背离家族化,因素颇多。比如,早期楚兴产权模糊,政府干预,企业领导核心都有经营管理能力且相对稳定,但缺乏货币资本,主要股东均熟悉企业经营管理,所有权比例接近,并与经营层高度重合等。此外,集团形成与发展过程中集大股东和经营者为一体的企业领导团队间凝聚力的逐渐增强,但又不缺乏核心也是重要因素。但是,并不能彻底否认裕大华集团的家族取向,裕大华早期相当长一段时间以徐荣廷为核心,后又长期掌握在多年追随徐的苏汰余之手,按照现代一些学者的说法这属于“泛家族”化(并不排除徐荣廷与苏汰余有或近或远的姻亲关系),苏汰余逝世后接班的恰恰是其内弟黄师让。事实上,近代即使一度是个人控制的企业,随时间推移往往也有家族化倾向。比如,刘鸿生大中华火柴公司,早期由于刘鸿生的儿子尚未完成学业,企业基本上没有利用家族管理,而且本家投资也不占多数,但当自己的九个儿子留学归来,都安排到企业领导岗位时家族化特征就极为明显了。因此,家族企业边界在现实中非常模糊,传统的各种采用非此即彼的二分法来对其界定显然是有待商榷的,因为在现实中各种类型的企业往往都具有一定家族倾向,而且具有动态变化的特征。这里引出的第二个问题是家族企业的“家族”边界。从本节所提及的企业来看似乎是以男性为核心的,无论是财产权还是控制权并没有女性的出现,而且并未超越以创业者父辈为核心的家庭,以荣氏兄弟企业为例,早期参与振新的有族人荣瑞馨,后来荣家企业系统则有族人荣鄂之、荣月泉等,参与经营决策的还有王禹卿等姻亲,但即使是

---

① 参见赵德馨:《黄奕住传》,湖南人民出版社 1998 年版,第 143—146 页。

荣氏兄弟也在意见不一致时为了本家利益而相互抵制,而在荣宗敬死后,两家几乎分道扬镳。

事实上,传承多代的企业每一代控制者都往往出自核心家庭,因此若从所有权与控制权的视角来看家族企业之"家族"更接近于家庭。正如刘易斯所言随着社会财富的增加,家庭概念变狭隘了①。不过,这里不是整个社会财富的增加,而是个别家庭,财富增加后,财富不足时家族的相互依赖、救济和保险功能消失了,或者说家族内发达的家庭与财富不足的家庭之间已经不相称,这可能更与近代城市化的发展导致家业兴旺的家庭不必叶落归根有关。

整体而言,近代中国知名家族企业的所有权并未高度集中到决策者。潘必胜以大生、启新、恒丰、大隆、阜丰、南洋、荣家企业、刘鸿生企业、永安纱厂等近代知名典型家族企业的研究表明②,1903 年以前只有 20% 企业是家族绝对控股,而且绝对控股企业全部是低位绝对控股(持股率 50%—80%),只有一家企业家族控股率超过 80%。但从 1906 年开始这种状况有所改变,到 1912年左右家族绝对控股的企业逐渐占到总数的 50% 左右,并且几乎都是高位绝对持股,这主要是相对控股和低位绝对控股向高位控股转化的结果。1912—1926 年间可以分为两个阶段。1913—1916 年,绝对控股企业数量有所减少,从 50% 降到 40%,由于高位控股空间的减少及分散持股企业的减少,导致相对控股企业所占比重增加了 10 个百分点。1917—1926 年,绝对控股区间再一次急剧扩大,从 40% 增加到 70% 以上。值得注意的是,绝对控股区间增加的部分都是低位绝对持股,1922 年前后,低位绝对控股区间甚至扩大到全部企业的 50%。1927—1936 年间,绝对控股企业比例先是从 1928 年的 75% 左右下降到 1932 年的 65% 左右,1936 年又基本上与 1928 年持平,但 1936 年的绝对控股多数是家族高位绝对控股。1937—1945 年间,绝对控股企业比重从超过 70% 降到 60% 以下。这可能是日本侵略者胁迫的结果,实际家族所有权比例可能更低,因为很多企业停工。抗战期间分散持股企业从 10% 增加到20%,这可能是后方新建企业官僚资本参与及法人投资所致。1946—1949 年

---

① 参见[英]阿瑟·刘易斯:《经济增长理论》,商务印书馆 1999 年版,第 136 页。
② 参见潘必胜:《中国的家族企业:所有权与控制权(1899—1956)》,经济科学出版社 2009年版。

间,绝对控股企业比例再次增加,并主要表现为高位绝对控制企业比例增加,这说明家族利用社会资本能力下降。与此同时,分散持股企业比例下降,这主要是由于官僚资本和法人投资减少的结果。

第二节　草根典型:荣家企业系统

一、创业期的家族企业与家族控制

荣家企业系统历来被企业史学界看做所有权集中,所有权与经营权统一的家族企业典型。然而本书对荣家早期创办的企业所有权结构的梳理发现,从所有权考察,创业期荣家在每个企业投资并不是独占(见表6—1),即使最初资本相对不足时,无论上海广生钱庄还是家乡公鼎昌茧行都是与人合伙。但令人称奇的是,这两个企业后来都走向独资自办,而其他的企业自始至终都有外人资本,保兴、振新等企业荣家股份都少于50%。即使是荣家牢牢控制的茂新、福新荣家股份也没有超过50%的绝对控股权,甚而至于荣氏兄弟饱受其他股东掣肘之后,以无限责任公司形式成立的申新纱厂,也有外人40%的股份。

表6—1　荣氏兄弟创业期投资企业概况

企业名称	企业开办时间、地点、资本构成及演变情况
广生钱庄	1896年靠父亲积蓄出资1500元,与3人合伙在上海鸿升码头开业。1897年另外三人退股,1898年独资经营,1908年倒闭。
公鼎昌茧行	1896年与荣秉之(族人)在无锡合伙开办,不久自办。
保兴面粉厂	1901年与离任官僚朱仲甫在无锡太保墩发起成立,朱家股份比荣氏兄弟多,其他股份有族人荣秉之、荣瑞馨等。1903年朱仲甫退出,荣氏兄弟增加股份,吸收新股东,改组为茂新。
茂新面粉厂	1903年由保兴改组而成,总资本5万元,荣氏兄弟股份占2.4万元,是最大股东。后来,王禹卿等也成股东,荣氏兄弟股份也增加,1915年将振新股份与荣瑞馨茂新股份置换。
裕大祥字号	1905年利用钱庄资金盈余与张麟魁、荣瑞馨等人合伙在上海开办,1908年倒闭。
振新纱厂	1905年荣氏兄弟与荣瑞馨等七人发起成立,每人入股3万两。1909年荣宗敬、荣德生分任董事长和总经理。1914年经营顺畅,盈利达20万。1915年荣氏兄弟与荣瑞馨将振新股份与茂新股份置换,荣氏兄弟从此退出振新经营。

企业名称	企业开办时间、地点、资本构成及演变情况
福新面粉厂	1912 年与茂新办麦的浦文汀,茂新销售的王禹卿合伙在上海创办,资本 4 万,荣家 2 万,浦氏兄弟 1.2 万,王氏兄弟 0.8 万。
福新二厂	1913 年创办上海福新二厂,主要股东是荣、浦、王三家,吸收丁梓仁、杨少棠、查仲康等入股,但后 3 家只占 15.6%。
福新三、四厂	1914 年、1915 年分别以福一利润在上海创办,股东构成应与一厂类似。
申新一厂	1915 年荣氏兄弟从振新退出后,以无限公司形式在上海创建申新一厂,资本 30 万元,荣氏兄弟出资 18 万元。

资料来源:上海社会科学院经济研究所:《荣家企业史料》上册,上海人民出版社 1980 年版;荣敬本、荣勉初等:《梁溪荣氏家族史》,中央编译出版社 1995 年版;许维雍、黄汉民:《荣家企业发展史》,人民出版社 1985 年版。

　　从荣氏兄弟创业期的情况看①,其创业过程并不是从自己家庭经营开始的,而是从到当时中国经济中心上海学习商业经营技能开始的,完成学徒期以后并没有马上创业,而是继续在其他企业就业,荣宗敬从事钱庄跑街,荣德生当税吏。再往前一代追溯,荣熙泰的职业教育、就业同样不是在家庭、家族、宗族内完成,而是异地习业,异地就业,为生活而到处奔走,也是先到上海冶坊习业,再到冶坊做账房,直至最后当税吏,在其成年后根本没有在家庭就业的经历。尤其是由少年向成年过渡的青年时代就离家,使他们与荣氏家族在地理空间上发生了隔离,在异地的企业内习业,虽然我们并不能排除他们最初习业的企业与其有家族渊源,但毕竟是在大上海,周围的环境与无锡荣巷的环境显然不可同日而语,少了家族氛围,多的是现代工商业城市的喧嚣,少了与族人的联系,多了与其他向上海聚集的中外移民的交流。在他们成年以后,与家族所在地的族人距离自然相对较远,这既包括地理距离,也包括心理距离。

　　这些说明鸦片战争后,随着近代中国的市场化,尤其通商口岸经济的繁荣,拉动了相邻地区的城市化,而这又会带来就业和经济的社会化,导致家庭、家族、宗族的传统功能削弱,这首先体现在经济、就业在城市化、工业化背景下的削弱。上一节振新纱厂的经历就说明虽然在农村地区家族的传统功能削弱

---

　　① 参见上海社会科学院经济研究所:《荣家企业史料》上册,上海人民出版社 1980 年版;荣敬本、荣勉初等:《梁溪荣氏家族史》,中央编译出版社 1995 年版;许维雍、黄汉民:《荣家企业发展史》,人民出版社 1985 年版。

了但也还存在。梁溪荣氏族长荣福龄最初利用振新解决家族就业,实现办家族义庄的蓝图,但在两年的实践中,这个族长在联合本族人驱逐了异地资本后,又在族人的支持下当上董事长,似乎振新会成为荣氏家族发展家族事业的一个工具。但荣福龄可能在董事长任上感觉到自己的理想与企业经营相去甚远,虽然族人控制了企业所有权,也有大量族人进入企业,但企业毕竟是一个以利润为最终目标的经济主体,荣瑞馨及荣德生兄弟等主要股东虽然是族人,但他们是融合了现代市场经济观念的族人,其最终目的是为了得到较高的投资回报率,并非和自己一样为了族众利益。因此,次年荣福龄就激流勇退,并将自己和义庄股份全部变现,拿出来发展义庄,又主修荣氏宗谱。即使这样,在市场冲击下,荣福龄也不得不改变初衷,甚至在避难上海期间还创办了兆丰搪瓷厂①,虽然其目的仍然是发展义庄,但其已经远离故乡,对家族影响显然大为削弱。比如远离故土,在解决家族就业方面显然作用不会太明显。

荣氏兄弟与荣瑞馨的数度联手,说明在城市化、工业化、市场化的冲击下,虽然家族成员间的联系削弱,但家族成员关系毕竟是一种社会资本,尤其是在市场经济条件下,在其他条件相同的背景下,多了一层家族关系就多了一层筹码。特别是荣氏兄弟与荣瑞馨在振新发生矛盾时族长荣福龄的主动调解就显得尤为重要,不但避免了两败俱伤,而且实现了双赢。

实际上,除广生钱庄的三个合伙人不得而知外,荣氏兄弟早期与人合作规模较大的裕大祥、振新都有族人荣瑞馨,能够明确合作者的公鼎昌茧行的合作者荣秉之同样是族人。即使是与荣氏兄弟共同创建保兴的合伙人朱仲甫,其与荣氏兄弟的关系追根溯源还是有家族关系,即荣熙泰族叔荣俊业提拔了朱仲甫,朱仲甫出于报恩,又给荣俊业介绍来的荣熙泰提供了职位,荣熙泰表现好,荣熙泰又介绍了荣德生,朱仲甫对二人满意,进而在卸任后与荣氏兄弟有了商业上的合作。朱家退股后,虽然面临散股的威胁,但当荣瑞馨告诉荣德生祝兰舫愿意入股,但打算购买整个保兴时,荣德生坚决拒绝:"只可独购他股,我荣姓之股不让……"②足见其还是有较强的家族意识。

---

① 参见荣敬本、荣勉初等:《梁溪荣氏家族史》,中央编译出版社1995年版,第75页。

② 上海社会科学院经济研究所:《荣家企业史料》上册,上海人民出版社1980年版,第14页。

　　福新面粉厂也许是个例外,但确切地说荣氏兄弟与王家兄弟、浦家兄弟在合伙投资福新前已经具有"泛家族化"的关系了。在荣氏兄弟投资面粉业之初,王禹卿、王尧臣兄弟不过是无锡城内开麻油食锅店的小老板,荣氏兄弟看重其与北方客帮的人脉,故而聘其为保兴在北方销售面粉,荣氏兄弟似乎对王禹卿兄弟有知遇之恩。保兴改组为茂新后,其业务有起有落,但王氏兄弟一直是茂新销售业务的主要推动者,1909 年茂新股价低落时,荣宗敬低价购得 14 股尚且分了一半给王禹卿,可见关系已非同一般,至少在创办福新前王禹卿已经成为茂新驻上海销粉主任。至于后来两家结成儿女亲家既是对早期这种亲密关系的注脚,也是后话。

　　浦文汀则是当时茂新厂在无锡的办麦主任,虽然其与荣氏兄弟关系不得而知,但至少有宾主关系。另外,1912 年其他面粉厂产品滞销,茂新却畅销,兵船商标确立了优势,别人误认为是使用了美国机器,其实主要应归功于办麦,浦文汀应该功劳不小。荣氏兄弟一方面可能为了留住这两个人才为家族服务,或者说是进一步将其纳入泛家族的系统而合伙。之所以这么说,主要是因为按当时的情况,荣家有财力多投资,但却只投入 2 万元,与王、浦两家股份之和相当;另一方面也可能是为拓展业务,故而与王、浦两家合伙在上海创办了福新面粉厂,荣家在实践中意识到从事面粉业离不开王禹卿和浦文汀这两个业务精英。

　　从企业人力资源考察,家族并没有完全控制企业,这可能是由于只有兄弟二人,分身乏术,必然使用外人。这些企业没有实现家庭管理,首先应归因于荣家投资的企业太多,而且这些企业都是在当时来说规模较大的企业,比如在工业领域最早投资的保兴面粉厂在初建时就有三十多个工人,此外还需要采购、销售人员,行政管理人员。另外,荣氏兄弟家庭规模小,其父荣熙泰在创业之初就去世,即使当时母亲和外祖母健在,他们也在家乡务农,没有进入企业,情况类似的还有两兄弟的妻子,而荣氏兄弟的子女尚未成年。实际上,荣氏兄弟均到 1906 年才有长子,从人的生命周期来看,荣家兄弟创业阶段其子女也不可能进入企业进行经营管理。退后一万步说,即使当时荣家所有的人都进入其所投资的企业,都能胜任,相对于企业对人力资源的需求而言也只是杯水车薪。

　　荣氏兄弟创业前在社会化的企业中获取经济收入,这可能是他们选择与人合作创办企业的重要原因。尤其在上海这样洋行盛行的城市,创业者一开始就在规模较大,人力资本与货币资本相对社会化的企业工作。这一方面使他们认识到规模经济和范围经济的好处;另一方面也使他们意识到在自身资本不足的情况下,可以利用外部资本。尤其是自身创业资本有限,连独立生产经营的资金都不足,要获取规模经济和范围经济的好处就必须选择与人合作的方式,而西方在华企业,以及社会上已经存在的股份公司、合伙经营等形式自然成其效仿对象。此外,荣氏兄弟早期创业前的经历也为其积累了一定的货币资本、社会资本,以及经营管理能力,这应该是他们创业伊始就利用家族以外货币资本、社会资本、人力资本的重要前提。

二、成长期的家族企业与家族控制

早在 1912 年开始荣家面粉业就有比较大的起色,1916 年以后借第一次世界大战的东风更是发展迅速。先看茂新系统,1916 年开始租办无锡惠元粉厂,并改名为茂新二厂,1917 年购得全部产权。在无锡,1916 年荣家租办了无锡惠元、泰隆、宝新,结果无锡的五家面粉厂,荣家占其四。1919 年,荣氏兄弟还于茂新二厂附设茂新三厂,专磨苞米粉。谋划于 1916 年的山东济南茂新四厂于 1921 年建成投产,自此茂新四厂均投产。同期,福新系统的扩张也相当迅速。1916 年开始筹划在汉口设立福五,1918 年建成,资本金 30 万元。1917年开始租进祝兰舫创办的上海华兴面粉厂,改称福六,1919 年作价正式买进,资本 40 万元。随着战后初期我国面粉输出的进一步增长,1919 年和 1921 年上海的福新七厂与福新八厂相继开业。除此以外,荣家还租办了一些面粉企业。

在纺织业方面,1917 年,荣家还在上海购得当时祝兰舫等投资的恒昌源,改为申新二厂,纺织业生产随之拓展到上海。1919 年,在中国棉纱市场活跃的背景下,荣氏兄弟在家乡无锡筹建申新三厂,该厂资本高达 150 万元,虽然1920 年就建成厂房,但因为购买机器费尽周折,直到 1922 年才开业。在汉口的申四也于 1922 年建成投产,这可能是荣家企业系统各主要企业中荣德生唯一没有投资的,也可能受此影响,此厂 1921 年只集股 28.5 万元,而从筹办到开办则花费了 158 万元。在筹建申三、申四时,申一、申二也进行了扩建。

从第一家家族股份占多数的茂新面粉厂开始,到 1922 年,以荣氏兄弟为中心,一共创办了茂新、福新面粉厂共 12 个,申新纱厂 4 个,此外还租办了一些工厂。这些工厂分布于上海、无锡、汉口、济南这些大中城市。各厂雇用人数达到相当规模,比如茂、福新系统,1921 年在册人数超过 2000 人,申新系统 1922 年在册工人数竟然超过 10000 人。[1] 各个企业间都是股权独立,分散经营,这就为荣家协调各厂的生产经营带来了极大的困难。虽然各公司股东有一定重合,但还是有所差异,以荣宗敬为首的荣氏兄弟任意调度各企业间的资源必然会引起其他股东的不满,也缺乏“合法性”。这一阶段荣家子辈尚未成年,也增加了荣氏兄弟的控制难度。虽然荣家这一阶段通过用族人荣月泉、泛家族化的王氏兄弟、浦氏兄弟,并将通过婚姻成为家族成员的李国伟纳入企业系统,但相对于分散于四地,两个行业的十多个厂,这显然是远远不够的。在这种情况下,迫切需要建立一种协调控制机制。

在这种背景下,茂、福、申总公司应运而生。荣氏企业 1919 年就于上海江西路购地筹建茂、福、申总公司,筹建费约 35 万元,由各厂分担,1921 年正式成立。总经理之下设庶务、文牍、会计、粉麦、花纱、五金、电气、运输 8 个部。各厂经理、厂长对本厂的生产制造负全部责任,各厂实行独立的经济核算,而原材料采购、供应,产品销售,资金周转以及人事安排等方面则由总公司集中管理,统筹规划。荣宗敬在整个体系中居于核心地位,任总公司及所属 16 个粉、纱工厂的总经理,主要负责财务和经营管理大权。荣宗敬虽然担任各分厂总经理,但主要精力在总公司,且 16 个工厂分属两个行业,4 个城市,日常经营管理权应该掌握在各公司经理之手。

从茂、福、申总公司与各分厂关系看,整个荣氏家族企业组织结构类似分权制的事业部制,即总公司负责大政方针以及重要人事、财务安排,各子公司成为独立核算经济实体。事业部制的优点是便于统一管理、多种经营、专业化分工,但也存在对各分厂经理人员素质要求高,相互之间难免机构重复,各事业部之间利益难于协调等问题。但相对于茂、福、申系统而言,由于各分厂都是荣氏兄弟股权占多数,各分厂经理多与荣氏兄弟有着亲密的个人关系,这就为各分厂利益的协调提供了方便。值得注意的是,事业部制雏形的出现在西方是 1920 年的杜邦公司,广泛应用则是 20 世纪 50 年代后,而荣氏兄弟的茂、

---

[1]　参见许维雍、黄汉民:《荣家企业发展史》,人民出版社 1985 年版,第 31 页。

福、申总公司则成立于 1921 年,这从某种意义上说明荣家企业的成功也有组织创新的因素。

茂、福、申总公司成立之初并没有向政府注册,只是一个没有得到法律确认的荣氏企业内部机构,也可以说是荣氏兄弟各企业间松散型的联合,根本不具有独立法人资格,但能长期存在并发挥作用,与荣家对企业所有权与经营权的高度控制是分不开的。① 从荣家企业系统一直将这种管理体系保持到 1947 年 6 月以荣德生为代表的二房系统在上海组成的"申新第二、三、五厂,茂新面粉公司,合丰企业公司,天元实业公司总管理处"成立为止,说明其适应了荣家企业发展的需要。

荣家企业扩张过程中,主要利用企业利润和债务进行扩张,从社会上招募股份和股东均有限,这可能与其是无限责任公司有关。虽然面粉业和纺织业的迅速发展有利于缓解因封闭性与迅速扩张带来的资本不足,但这还远远不够。第一次世界大战期间,荣氏兄弟企业的扩充有效地利用了金融机构的资本,1917 年就两次以申一、福一和福三资产作抵押向日本的台湾银行和中日实业银行贷款共 70 万日元。1918 年福二向中日实业公司借款 25 万日币,以扩充福二的经营。

除业务经营外,荣家还积极参加社会活动,以扩大影响,争取社会资本,以增强荣家对企业的控制。在业务扩张的同时,积极参与政治。1918 年荣德生当选省议员,1921 年荣德生当选国会议员,这些无疑为企业争取到大量社会资本。

三、成熟期的家族企业与家族控制

茂、福、申总公司的成立标志着荣家企业进入成熟期,这不仅体现在荣家企业组织系统,还体现在业务范围、业务量没有大的变化,以及管理制度从此进入一个相对稳定阶段。此外,随着子辈的成长,家族儿子、女婿在这一个阶段逐渐介入,家族在企业的人力资本相对稳定。

---

① 直到 1945 年 6 月国民党政府经济部颁布《战时营利法人内迁登记条例草案》,荣德生二儿子正式申请登记,并于 1946 年 1 月领到"茂福申新面粉纺织股份有限公司"核准登记的执照,取得战后营利法人的资格。

（一）机构和业务的稳定与扩张

荣氏企业的面粉业在 1922—1931 年间大致经历三阶段,但总体而言相对稳定。1922—1923 年的第一阶段由于各主要资本主义国家经济在第一次世界大战后逐渐步入正轨,恢复进而加强对中国面粉的出口,加上国内小麦价格上涨,我国面粉业陷入行业性萧条,甚至出现麦贵粉贱。茂新和福新不得不削减产量,降低价格,并遭致巨额亏损,其中,1922 年竟然亏损约 50 万元。1924—1926 年的第二阶段,荣氏家族先是通过进口小麦降低成本,茂、福新逐渐扭亏为盈,1925 年竟然盈利达 85 万余元。1925 年五卅运动将荣家面粉业推向一个高潮,荣家也借机进行扩张。虽然扩张程度大不如前,但毕竟是抗战前最后一次扩张。除将福三改为被烧毁的福一,并购买兴华制粉厂补福三之缺外,基本是原有生产能力的部分扩充。1927—1931 年间,虽然也曾有 1931年福新各厂日产量创历史新高的情况,但由于受外国面粉进口增加的影响,整体经营已陷入困境。

与茂、福新系统基本没有扩张形成鲜明对比的是,申新系统在这一阶段扩张明显,此阶段结束时荣家已成为“棉纱大王”,申新纺织系统成为当时中国规模最大的民族纺织业资本集团。荣氏兄弟不但继续扩大申一、申二、申三、申四的生产能力,还新添 5 个纱厂,除申新八厂自建外,另外 4 个则是兼并而来。通过这种扩张,到申新系统全面投产的 1932 年年底共拥有纱锭 52 万多锭,布机 5000 多台,线锭 4 万多锭,年产棉纱 30 万多件,工人 3 万多。

规模扩张并不意味着业绩良好,荣家申新系统企业在这一阶段的经营受大环境的影响整体上可以说是举步维艰。20 世纪 20 年代后,中国大量进口棉纱的同时,外资,尤其日资纱厂大量涌入,这给棉纱业带来前所未有的市场压力,加之棉花市场逐渐卷入世界市场,导致 1922 年起连续 4 年出现“花贵纱贱”局面。荣家为自救,联合上海华商纱厂组成“华商纱厂联合会”也收效甚微。申新系统虽有面粉系统企业的包装袋用布为其解决部分销路,但 1923—1924 年仍然亏损超过 130 万元。比之于 1923 年旅大港抵制日货运动持续时间较短,只涉及日本不同的是,1925 年的五卅运动针对英国、日本货,都是民族棉纺织业的劲敌,因此这对申新在内的民族纺织业发展极为有利。1928 年因济南惨案“五三”引发的抵制日货范围广,时间长,也为民族棉纺织业发展带来短暂的喘息机会。申新系统受这些外部环境变化的影响明显,1925—

1926 年、1928—1929 年分别出现两次短暂的兴盛。

（二）家族控制逐渐定型

随着组织机构及业务的相对稳定，荣家子女相继成年并进入企业，荣氏兄弟管理经验的积累，荣家企业的管理逐渐步入规范，而这种规范主要体现在其家族性上。这种管理的基本特征是以荣宗敬为家长，以荣氏兄弟家族为核心，无锡籍员工为主，基本上是"任用亲属、同乡掌握全厂"①，如表6—2 在管理人员梁溪荣氏家族成员 117 个，占企业全部职员 957 人的 12.2%，虽然荣家企业系统的多数企业不在无锡，但无锡职员达到 617 人，占职员总数的 64.5%。

表6—2　1928 年茂、福、申企业系统荣家同乡、同族分布

机构	职员人数	无锡籍		荣姓		
		人数	比例（%）	人数	占总数比例（%）	占无锡比例（%）
总公司	60	41	68.3	20	33.3	48.8
茂新一、三厂	34	29	85.3	8	23.5	27.6
茂新二厂	23	19	82.6	4	17.4	21.1
茂新四厂	20	12	60.0	3	15.0	25.0
福新一厂	21	15	71.4	1	4.8	6.7
福新二、四、八厂	72	56	77.8	8	11.1	14.3
福新三厂	25	21	84.0	2	8.0	9.5
福新五厂	25	19	76.0	4	16.0	21.1
福六	20	15	75.0	0	0.0	0.0
福七	35	22	62.9	0	0.0	0.0
申一	97	57	58.8	11	11.3	19.3
申二	51	20	39.2	6	11.8	30.0
申三	94	86	91.5	10	10.6	11.6
申四	48	27	56.3	3	6.3	11.1
申五	54	30	55.6	8	14.8	26.7
申六	39	19	48.7	3	7.7	15.8
申七	100	31	31.0	2	2.0	6.5

① 上海社会科学院经济研究所：《荣家企业史料》上册，上海人民出版社 1980 年版，第 287 页。

续表

机构	职员人数	无锡籍		荣姓		
		人数	比例（%）	人数	占总数比例（%）	占无锡比例（%）
各地庄处	139	98	70.5	24	17.3	24.5
合计	957	617	64.5	117	12.2	19.0

资料来源：上海社会科学院经济研究所：《荣家企业史料》上册，上海人民出版社1980年版，第289页。表格最后一栏为笔者所加。

　　总公司牢牢地掌握在荣氏兄弟手中自不待言，即使是茂、福、申系统各企业的主要负责人，除荣宗敬担任各厂总经理外，也主要是与荣家关系密切的家族或泛家族化的成员。这在表6—3体现得非常明显，其中虽然不乏外人担任各分厂高级经理，但这些人主要是长期与荣家有宾主之交，或者是合伙人，而合伙的典型特征是"人合"，即相互间有密切的人际关系，有的二者兼而有之，加上荣家的相对强势地位，荣宗敬自然成为"家长"，相互之间形成了长期稳定的契约关系。

表6—3　1928年茂、福、申企业系统各厂负责人与荣家关系

厂名	职务	姓名	与荣家关系
茂新一、三厂	经理	荣德生	—
茂新二厂	经理	陆辅仁	无锡人，福二股东，荣家助手
茂新四厂	经理	张文焕	无锡人
福新一厂	经理	王尧臣	荣宗敬亲家
	副经理	浦志达	福新股东
福新二、四、八厂	经理	丁梓仁	荣宗敬姻亲
福新三厂	经理	王尧臣	荣宗敬亲家
	副经理	吴坤生	荣家助手
福新五厂	经理	荣月泉	同族，福五股东（1929年李国伟继任）
	副经理	李国伟	荣德生长婿
	副经理	华栋臣	荣家亲戚，李国伟表兄
福新六厂	经理	查仲康	茂新、福二、申一股东，荣家助手
	副经理	王尧臣	荣宗敬亲家

续表

厂名	职务	姓名	与荣家关系
福新七厂	经理	王禹卿	王尧臣兄弟
	厂务经理	王尧臣	荣宗敬亲家
申新一厂	经理	严裕昆	申一股东,荣家助手
	副经理	王尧臣	荣宗敬亲家
	代副经理	王启周	王尧臣儿子
申新二厂	厂长	朱仙舫	技术人员
	副厂长	荣溥仁	荣宗敬长子
申新三厂	经理	荣德生	—
	协理	荣鄂生	荣氏兄弟族叔
	助理	荣尔仁	荣德生次子
申新四厂	经理	荣月泉	同族,福五股东(1929 年李国伟继任)
	副经理	李国伟	荣德生长婿
	副经理	华栋臣	荣家亲戚,李国伟表兄
申新五厂	厂长	朱仙舫	技术人员,申七股东
	副厂长	荣伟仁	荣德生长子
申新六厂	经理	荣鄂生	荣氏兄弟族叔
	副经理	荣吉人	同族
申新七厂	厂长	朱仙舫	技术人员
	副厂长	荣伟仁	荣德生长子

资料来源:上海社会科学院经济研究所:《荣家企业史料》上册,上海人民出版社 1980 年版,第 287—288 页。另外,荣宗敬是各厂经理,表中未注明。

在茂、福、申企业系统中,荣宗敬不仅是总公司总经理,而且是各分公司总经理。法国学者白吉尔认为荣家企业之所以发展较好,主要在于荣宗敬与荣德生两兄弟的配合,在于荣宗敬主外,荣德生主内,按此逻辑两人应该在权力上是均等共享的。但正如高家龙所言,"在理论上,荣宗敬与弟弟分享权力,但实际上,他在公司中始终拥有决定权"①。从表6—3看,截至1928年荣德生只在茂新一、三厂,申新三厂担任经理,根本就不在荣家企业系统的福新企

---

① [美]高家龙:《大公司与关系网(1880—1937)》,上海社会科学院出版社 2002 年版,第156 页。

业任职,但这并不否定其作为其他企业的重要股东和与荣宗敬的兄弟关系对经营决策有重要影响。从现有资料来看荣德生的足迹基本上在无锡,而无锡只有茂新一、二、三,申新三厂,这可能也是其只担任三个厂经理的原因。无锡四厂的资本额 1932 年不过 416.6 万元,还不到当时荣家茂、福、申企业系统各厂总资本的 20%,占荣氏兄弟在这些工厂投资总额的比例也只有 18.2%。也可能是考虑到这种不均衡,在荣月泉 1929 年离开福五、申四后,就由荣德生女婿李国伟填补了他在这两个厂的经理职位。

实际上,荣家两兄弟早期在兼并或兴建企业的过程中意见不统一时,往往以荣德生的妥协为结果,哪怕这种妥协是消极的"不入股"方式。比如早年的申二,虽然荣德生"唯余意在锡,力言旧机不合"。但荣宗敬认为申二地理位置好,结果,荣德生还是"不违兄意,入股四成,是为申新二厂"。[①] 再如汉口申四,创建之初荣宗敬和荣德生就产生了分歧,结果荣德生"余力劝稍缓,才力两缺,不听,兄[荣宗敬]已允集股,创申新第四,余未加入"[②]。这是荣德生《乐农纪事》所载兄弟俩明显的两次分歧,说明荣德生还是一直"耿耿于怀"。

显然,荣氏兄弟并不是作为整体投资,而是以个人名义投资,且投资差异很大,说明兄弟俩有不同的利益诉求与思想的分歧。荣家有据可查的投资中,除早期依靠荣熙泰资金投资的广生钱庄、公鼎昌茧行、福一等极少数企业不能明确两人投资是否独立外[③],后来的投资基本进行了析分,而且兄弟俩投资对象具有一定的差异,这不仅表现在各投资对象投资额的差异上,还表现在投资对象的错位上,如果说这在茂、福、申企业系统尚且体现得不明显的话,系统之外就非常明显了。这在表 6—4 体现得非常明显,以个人名义在茂、福、申企业系统外的投资中,荣氏兄弟竟然没有在一家相同的企业投资,除了地产外,其他投资的行业也不同。从投资地点看,荣宗敬主要投资在上海,荣德生主要投资在无锡及附近。这虽然有可能是因为荣氏兄弟长期分居两地,集中投资有利于参与这些企业的经营管理决策,分散投资则相对削弱资本的经营控制

---

① 上海社会科学院经济研究所:《荣家企业史料》上册,上海人民出版社 1980 年版,第 59 页。
② 上海社会科学院经济研究所:《荣家企业史料》上册,上海人民出版社 1980 年版,第 86 页。
③ 笔者认为,虽然茂、福、申系统企业荣家具有相当高的股份,且多数情况下有控制权,但并不能将企业法人投资简单等同于荣氏兄弟的共同投资,故而这里不加考虑。

权,如两兄弟投资对象具有同一性,必然有一个在异地,这不仅意味着信息不对称,而且也增加了参与经营管理的交通、时间等成本。虽然兄弟俩可以相互代替,但这种代替的合法性是有限的,加上两地适应发展产业的差异,两兄弟的错位投资就顺理成章了。但是从荣氏兄弟在其主要投资企业不以家族而以个人名义投资来看,这应该不是荣氏兄弟内部合作的结果,而是家族资本析分的结果。这从申总法律顾问后来1959年的回忆可见一斑,"荣宗敬对上海各个行庄,都要搭上一点股子。他这一做法,荣德生、王禹卿都不赞成。荣宗敬曾对我说:'他们要懂得这个道理还早呢。我搭上一万股子,就可以用他们十万、二十万的资金'"①。

表6—4 荣氏兄弟各自在茂、福、申企业系统之外的投资对象

姓名	企业名称或项目内容	行业
荣宗敬	信康、荣康、汇昶、振泰、生昶、均泰、滋丰	钱庄
	保丰保险	保险
	统原银行、上海正大银行	银行
	维大纺织公司	纺织
	世界书局	出版
	三叉河地产	地产
	上海恒丰公司、福泰	不详
荣德生	福利垦殖公司	农业
	开原汽车	汽车
	开原电灯	电灯
	太湖饭店	饭店业
	用储蓄部资金,建楼房出租	房地产
	1931年曾在连云港种白杨,以期投资火柴	林业
	打算开发连云港	港口开发

资料来源:上海社会科学院经济研究所:《荣家企业史料》上册,上海人民出版社1980年版,第553—554页。

不过,也许正是荣宗敬兄弟间偶尔矛盾,反而成就了荣家企业。现代企业理论一般认为,大股东制衡有利于提高企业经营绩效。而因为兄弟情分,除了

---

① 上海社会科学院经济研究所:《荣家企业史料》上册,上海人民出版社1980年版,第553页。

制衡外,更有利于合作,降低了彼此间的协调成本。法国历史学家白吉尔就认为在中国资产阶级的黄金时代(1911—1937)最有效的经营方式就是两兄弟的合作,就荣氏家族而言,由于年龄和性格都非常相近,在企业的经营管理上始终保持密切合作,但由于荣宗敬是兄长,故而荣宗敬掌握了最高决定权。①

（三）企业系统资本结构

在整个荣家企业系统,荣家股份从创业期开始有逐渐增加趋势,企业自有资本所有权集中成为其家族控制的基础。荣氏兄弟采取无限责任公司的方式,虽然这有利于荣氏家族集权管理,但这种资本“人合”形式不利于其利用社会资本,资本具有高度封闭性。根据表6—5可以看出,荣家在茂、福、申企业系统自有资本的比例高达76.9%,即使不考虑垫借资本,荣家自有资本仍然占72.2%,尤其茂新系统高达91.5%,若将垫借资金看做荣家自有资本,申新系统自有资本接近85%,即使将垫借资本排除在外,也接近80%,最低的福新系统资本也在55.3%。茂、福、申企业系统自进入成长期以后,一直处于扩张状态,虽然其中多数是自有资金,也吸收部分外人股份,荣家企业在面粉和纺织工业的经营绩效也一直较好,在经营过程中还积累了一些资本,但总体而言更依赖间接融资,尤其债权融资。

表6—5　1932年茂、福、申系统荣氏兄弟投资情况

	厂名	股本（千元）	荣氏兄弟（千元）	其他股东（千元）	荣氏兄弟所占比重（%）
茂新系统	茂新一、二、三厂	1166.67	1067.50	99.17	91.5
	茂新四厂	416.67	381.25	35.42	91.5
	小计	1583.34	1448.75	134.59	91.5
福新系统	福新一厂	500.00	233.20	266.80	46.6
	福新二、四、八	2322.50	1402.09	920.41	60.4
	福新三厂	500.00	133.35	366.65	26.7
	福新五厂	1500.00	828.80	671.20	55.3
	福新六厂	—	—	—	—
	福新七厂	1500.00	900.00	600.00	60.0
	小计	6322.50	3497.44	2825.06	55.3

①　参见［法］白吉尔:《中国资产阶级的黄金时代》,上海人民出版社1991年版,第169页。

续表

	厂名	股本(千元)	荣氏兄弟 (千元)	其他股东 (千元)	荣氏兄弟 所占比重(%)
申新系统	申新一、八厂	3500.00	2216.55	1283.45	63.3
	申新二厂	(2483.33)	(2483.33)	—	(100)
	申新三厂	3000.00	2170.00	830.00	72.3
	申新四厂	285.00	150.00	135.00	52.6
	申新五厂	(1399.51)	(1399.51)	—	(100)
	申新六厂	1388.89	1388.89	—	100.0
	申新七厂	2500.00	2350.00	135.00	94.0
	申新九厂	694.44	694.44	—	100.0
	小计	(15251.17) 11368.33	(12852.72) 8969.88	2398.45	(84.3) 78.9
合计		(23157.01) 19274.17	(17798.91) 13916.07	5358.10	(76.9) 72.2

注:1. 各厂股本额系根据 1932 年各厂资产负债表上所列资本额计算。

2. 荣氏兄弟投资数,系根据该年或相邻年份的股份分配比例计算,因此笔者认为有可能被低估,因为其可能为激励股份较少的个别经理人股东,有意识地让其多受益。申六、申九的发展说明了这一点,两厂一直没合伙协议,直到 40 年代才先后给予经理人员部分股份。

3. 申二、五厂未设定股本,括号内数字为总公司垫借资金。以后,该二厂为荣氏兄弟所独有,这里将其作为资本看待,并加括号以示区别。

资料来源:上海社会科学院经济研究所:《荣家企业史料》上册,上海人民出版社 1980 年版,第 284 页。

　　由于荣氏兄弟有经营钱庄经历,对如何利用金融工具融资颇有经验,除了与日本东亚兴业银行、英商汇丰银行等作抵押贷款外,主要是通过股权参与的形式投资银行或者钱庄业,一方面拉近与这些金融机构主要投资人的关系;另一方面直接影响金融机构经营决策,从而以少量投资获得大量债权融资。荣宗敬以个人名义投资的钱庄、银行就有 9 家之多,在 1931—1932 年间,有据可查的信康钱庄、荣康钱庄、汇昶钱庄、振泰钱庄、生昶钱庄和统原银行 6 家,投资额共在 25 万元以上。在成熟期荣家企业扩张债权融资中起重要作用的还有以申新纺织总公司名义入股的中国银行、上海商业储蓄银行,这也可能是申新在荣家企业系统成熟期得以扩张的重要原因,其中尤以上海商业储蓄银行为甚,1919 年荣家投资 20 万元,占资本额 20%,最多时达到 45 万元,是该行大股东。就中国银行而言,荣家不仅进行了投资,而且荣德生还与其常务董事宋汉章结成儿女亲家。到 1931 年年底,茂、福、申新总公司向上海商业储蓄银行借款余额高达 536.1 万元,向中国银行借款余额为 434.7 万元,两家银行借款余额已略多于荣家行庄借款总额的 30%。① 除此以外,荣家还注意吸收职工存款,1928 年于总公司名下设"同仁储蓄部",1931 年存款余额近 650 万元。

1916 年起荣家企业持续不断扩张,但企业经营状况并不乐观。企业虽有盈利,但相对于迅速膨胀的规模而言仍然是杯水车薪,尤其茂、福、申企业系统一直采取债权融资方式,长期处于高负债状态。1931 年茂、福、申系统负债已经突破 4000 万元,接近 1927 年 2.4 倍。② 申新系统的情况最为糟糕,1932 年,申新系统自有资本 1802.2 万元,较 1923 年的 656.3 万元增加 1.75 倍。但 1932 年借入资金为 4374.1 万元,比 1923 年的 1166.5 万元增加 2.75 倍,借入资本与自有资本比率从 1923 年的 177.1% 增加到 1932 年的 242.7%。茂新、福新由于在成熟期基本上没有大规模扩张,因而与申新相比而言,财务状况要好得多,1932 年自有资本为 1110.9 万元,比 1923 年的 384.7 万元增加 1.89 倍。1932 年的借入资本为 1332.3 万元,比 1923 年的 715.5 万元只增加了 86%,因此借入资本对自有资本的比率反而出现下降,由 1923 年的 186.0% 降到 1932 年的 119.9%。③

四、衰退期的家族企业与家族控制

1931 年九一八事变和 1932 年"一·二八"事变使荣家企业丧失东北市场,华北市场也趋于萎缩,并一度停产,但就整体而言,在国内抵制日货的大背景下,荣家企业系统这两年并未明显衰退。但以这两次事变为导火索,以及荣家企业长期高度依赖债务融资,注定了荣家企业必然走向衰败,1932 年荣家企业的财务状况已经极度恶化,年底申新各厂流动资产为 2236 万元,而流动负债却有 2456 万元,各厂抵押贷款达 1917 万元。从 1933 年开始,荣家企业系统出现明显衰退,首当其冲的是申新系统。

申新虽然受两次事变的影响,产销有所萎缩,但抵制日货也部分促进其销

---

① 参见许维雍、黄汉民:《荣家企业发展史》,人民出版社 1985 年版,第 86 页。
② 参见上海社会科学院经济研究所:《荣家企业史料》上册,上海人民出版社 1980 年版,第 257 页。
③ 参见许维雍、黄汉民:《荣家企业发展史》,人民出版社 1985 年版,第 87 页。

售,加上在申新交易所做空头获利,1932 年竟然盈利超过 246 万元。不过,抵制日货的作用只是昙花一现,随东北市场的丧失,华北市场削弱,长期的高负债,决定申新系统必然走向衰落。1933—1934 年申新连续亏损,据不完全统计:1933 年亏损 133 万多元,1934 年仅上半年就亏损 86 万多元,全年亏损 200 多万元。更为关键的是,由于总公司在纱布交易所的策略出现失误,原料不能保证,加上日商等假冒,申新系统"人钟"商标贬值,人钟商标甚至于被纱布交易所弃用,加上日本棉纱的大量涌入,导致 1932—1934 年间该品牌各规格面纱价格基本直线下跌,甚至成本价格倒挂。

值得注意的是,申新总公司在 1934 年以前亏损的最主要原因并不是市场,而主要是由于国外市场的投机失败,以及投机亏损而产生的巨额利息。1930—1933 年间申新总公司国际市场投机巨额亏损超过 1150 万元,即使不算各厂借款利息支出,申新总公司利息支出也达 500 万元。①

屋漏偏逢连阴雨,汉口申四 1932 年向中国银行抵押贷款 275 万两规银,原拟次年还清,但 1933 年春,申四遭遇火灾。虽然保险公司进行了赔付,但荣家还对厂房进行扩建(也可能恢复原有规模资金也不足),不得已向中国银行续借,并再借 130 万两用于恢复设备,另向汉口中国银行借款 210 余万元用于营运。② 这无疑会给申新带来大量的利息支出。

税收也是导致经营不善的重要因素,正如 1934 年 5 月荣宗敬致彭学沛函所言"至负担太重,亦为纺纱业衰落之主要原因"。不过,虽然 1932 年的三年加税使荣家企业税负有明显增加,但税收负担切不可估计太高,因为申新系统 1933 年的税率棉纱 4.77%,棉布才 3.30%,附加值较高的绒毯也不过 5.95%。茂新、福新的面粉业就更低,面粉 3.47%,麸皮只有 3.10%。③ 这也许是因为荣家企业以前的税负水平太低,税负提高后,荣家备感压力。比如,申新一厂 1929 年捐税占当年收入的比重仅为 0.32%,到 1933 年则达

---

① 参见上海社会科学院经济研究所:《荣家企业史料》上册,上海人民出版社 1980 年版,第 397—398 页。

② 参见上海社会科学院经济研究所:《荣家企业史料》上册,上海人民出版社 1980 年版,第 396 页。

③ 参见上海社会科学院经济研究所:《荣家企业史料》上册,上海人民出版社 1980 年版,第 399 页。

4.03%,1934 年为 4.89%,税负相对水平明显增加,但总水平并不高。

申新系统危机必然会波及与其高度关联的荣家企业系统,尤其荣家各企业资本组织形式均为无限责任。这种情况下,荣家股份比例相对较少、经营和财务状况相对较好的福新系统于 1933 年从茂、福、申总公司分离出来,并且荣家对福新的控制削弱并不意外。就普通股东而言,害怕荣家利用福新解决申新系统危机,进而将福新系统也卷入危机,损害自身利益,更有将公司分离出来的动机。正如曾任福一厂长的蒲松泉 1961 年回忆:"王禹卿及福新其他股东看情况不对,深恐申新连累福新,于是从茂新、福新、申新总公司分出来,另立福新总公司,王禹卿任总经理。根据无限公司章程的规定,总经理对内对外实行独权处理,故福新公司归王禹卿独权掌握,各厂经理协助王禹卿主持厂务。福新总公司设业务、麦务、财务三部。业务部管粉麸出售,曹启东负责;麦务部管买麦,张春霖、浦志达负责;财务部管财务周转,总经理自己管。荣宗敬一方面因福新事情处理不好,另一方面他对福新也插不进去。"①当然,王禹卿掌权也符合荣家利益,至少可以避免茂新、福新负连带责任,保全荣家企业系统部分企业,而选择早年为茂新发展立下汗马功劳,又与荣家一起创办福新,还有姻亲关系的王禹卿担任总经理是较为理性的选择,至少可以保护荣家在福新的利益。正如荣德生《乐农纪事》所言:"[债务]越转越紧,往来银行看看数大,即商改押款。申新一至九,无不抵押。茂一、二、四亦押款。唯面粉厂福一、三、七未押出,而活动,有自营能力,且有私产,信誉未损。兄[荣宗敬]将面粉厂经理归[王]禹卿专营,俾易调度。"

总之,荣家并非不想控制福新系统。但一方面自家力不从心,这除了财务原因外,人力资本约束也是一个重要原因,荣宗敬忙于总公司及申新,荣德生则在无锡主要精力在茂新,而子辈影响相对有限。另一方面,荣氏兄弟企业系统出现危机后,由于公司是无限责任公司,股权不易转让,股东基本不能像股份有限责任公司那样"用脚投票",故而小股东也积极参与了权力争夺,荣家顺势将权力让渡给与自家关系密切,又是相对大股东,且有经营管理能力的王禹卿,既缓解了其他股东与荣家的矛盾,又有利于保全荣家申新之外的利益。

---

① 　上海社会科学院经济研究所:《荣家企业史料》上册,上海人民出版社 1980 年版,第 377 页。

　　荣家交出福新系统大权后,仅仅在汉口的福五由荣德生女婿掌管。由于继续实行总经理负责制,又没有董事会的制衡,王禹卿对福新的控制加强。正如上文所述,福新脱离总公司重要目的,就是保持其相对经营的独立性,保护在申新投资少,在福新投资多股东的利益,而王禹卿是后者利益的代表。因此,王禹卿对申新总公司"见死不救"也就完全合乎理性,尤其 1935 年申新系统确实已经资不抵债,福新经营也不是太景气时,王禹卿拒绝再为申新债务担保,甚至对当年 1 月通过的以福新盈余帮助申新的议案都找理由推脱。①

　　到 1934 年整个荣家企业系统都陷入困局,当年 6 月荣家企业负债已六千多万元,接近总资产。债权人除企业员工、股东存款外,主要是中国、上海银行,此外还有集益银团、汇丰银行、麦加利银行、通和洋行以及四五十家钱庄。

　　申新活动搁浅,总公司也处于瘫痪状态,业务运营一片混乱。荣宗敬托病,让王禹卿出任总公司总经理。同时他一直千方百计,力图申新及总公司渡过难关。最初无论是申新内部,还是行庄都希望经营面粉,对外有信用的王禹卿接替,但荣宗敬不愿意将权力交给他,有一次在申新开会荣宗敬还与其发生很大冲突,在申新搁浅之前荣宗敬意欲让李升伯代理,但李升伯拒绝了,荣宗敬不得不叫王禹卿代理。② 但王禹卿根本无法应付,故而只好"称病不朝",而李升伯则不仅登报申明不兼任申新经理,而且将继续代表政府对申新进行整理,荣宗敬不得不复职。这可能也是因为王、李二人意识到自己即使掌权也不过是替荣氏家族缓解危机,故而推卸责任就很正常。因此,荣宗敬在退职一星期以后又不得不走上前台,而荣宗敬在这次危机中始终没有考虑让荣德生接替自己,这一方面说明荣氏兄弟当时信誉扫地,关于这一点当时的实业部部长陈公博的话有很大可信度,"倘今日而仍以荣氏为中心,则外间已不信仰"③;另一方面也说明当时荣德生权力、威望与荣宗敬相去甚远。

　　20 世纪 30 年代适逢国民党经济统制政策实施,棉纺织业作为工业化的主导产业自然也是政府统制对象。申新系统陷入危机后,荣氏兄弟不得不求

---

　　① 参见上海社会科学院经济研究所:《荣家企业史料》上册,上海人民出版社 1980 年版,第 493—495 页。

　　② 参见上海社会科学院经济研究所:《荣家企业史料》上册,上海人民出版社 1980 年版,第 408—409 页。

　　③ 许维雍、黄汉民:《荣家企业发展史》,人民出版社 1985 年版,第 99 页。

助于政府,国民党政府则以申新系统资不抵债、荣氏兄弟管理难以为继为由,欲通过整理的方式收归国营之时,荣家通过无锡老乡吴稚晖与国民党高层的关系,终于获得继续"维持"申新的机会。但是,荣家对申新系统的控制已经大不如前,这主要是因为申新系统资产与负债接近,且缺乏营运资金。银行为保护自己作为债权人的利益,拍卖资产,则可能无人能买,甚至收不回债权,也可能受到政府干预,不得不成立银行为主的 8 人银团委员会(银团 5 人,荣家 3 人),垫款让其营运。当时申新系统资产和债务接近,且无法正常经营,大债权人银行介入获得部分产权就很正常。实际上,银团最终控制的也并非申新系统所有企业,上海经营状况良好的申三就在控制之外,而且各银行和钱庄可能只是对负债较多的某些企业控制。值得注意的是,申新系统虽然从 1932—1936 年间经营举步维艰,但凭借 1932 年、1933 年间增长的 20%产量,总产量还是增长了 23.9%,而企业资本构成则从早期的自有资本尚能占到 1/3,发展到后期自有资本微不足道,1935 年自有资本不足 1%,即使 1936 年生产有所好转,自有资本尚不到 7.5%。[①]

荣家企业的面粉企业的状况则相对较好。九一八事变以后,北方市场萎缩。南方市场难于开拓,面粉业陷入普遍萧条,荣家茂新和福新系统虽然尚能勉强维持,但也经常停工、停产。同样以福新为例,全年开工率很低,1932 年全年开工数不过 198.7 天,1933 年为 240.4 天,1934 年为 203.8 天,1935 年为 209.4 天,1936 年仅 162.7 天。[②] 整体而言,1932—1936 年,茂新、福新每年都有盈利 100 万元左右,但业务萎缩明显,1936 年面粉销售量仅为 1931 年的一半。1937 年以后先是日商抢购小麦,茂、福新的原料供应受其影响,随后抗战爆发,茂、福新更是落入敌手,企业生产更是一落千丈。

五、动荡期的家族企业与家族控制

(一)经营举步维艰

抗战期间,荣家企业损失惨重。淞沪会战期间,荣氏兄弟企业系统在上海、无锡两地损失相当惨重,整体而言"在这三四个月的时间里,荣家有三分

---

① 参见许维雍、黄汉民:《荣家企业发展史》,人民出版社 1985 年版,第 125—127 页。
② 参见许维雍、黄汉民:《荣家企业发展史》,人民出版社 1985 年版,第 120—121 页。

之二的事业竟付之东流,或被劫夺,或成灰烬,荣氏兄弟悲愤至极"①。就生产设备而言,纱锭、布机、粉磨分别被毁32.9%、51.4%和10.4%。粉磨之所以被毁较少可能是因为粉磨是钢磨,不易损毁及有3个面粉厂在租界之内没有受到破坏。另外,由于机器相对容易转移和保护,应该比厂房等资产损失小。申新各厂损失纱机36.4%,布机损失60.8%。茂、福新各厂损失,粉磨损失约占战前总数的18.4%,再加上其他各种损失,茂、福、申各厂战时损失折合战前币值达3500万元,相当于战前总资产的35%。② 但抗战前期个别厂还增添了设备,有的甚至增设企业。比如,上海的合丰纱厂,在后方新建造纸、煤矿等企业,但规模普遍较小。企业实际生产水平则更为糟糕,这主要是后方受政府经济统制政策制约,沦陷区则受战争破坏、军事掠夺,以及军管理,租借等影响。1945年荣家企业系统纱厂开工的仅申二、三、九厂等后方四厂,且各厂产量比战前低得多,申九棉纱线产量只有1936年的4%,棉布只有2.2%;内地申四棉纱、棉布产量仅相当于战前汉口的38.4%和34.3%。就面粉业而言,沦陷区荣家控制的只有福二、福七、福八且产量只及1936年的10.7%,内地福五则只有战前汉口的31%。

战后初期,荣家企业得到一定恢复,但直到1946年年底生产规模也远未达到战前水平。具体而言,申新纱厂纱锭恢复到战前76.5%,恢复运转的布机占战前47.4%,棉纱年产量恢复到战前60%,棉布则只有16.3%;茂福新系统生产能力恢复到战前67.9%,年产量则只有战前的47.5%。1946年荣家的企业虽"众枯独荣",当年仅申新账面盈利就达黄金8万多两,实际盈利可能更多,但这种以大量低价棉花进口为支撑,棉纺织品市场供不应求为基础的繁荣注定是昙花一现,或者说是回光返照。随着国民党政府对花纱布管制加强,荣家纺织系统只能代纺代织,逐渐陷入经营困境。与纺织业尚有短暂的回光返照相比,茂、福新面粉系统抗战结束后并没有丝毫好转迹象,主要靠代国民党政府和军队磨面支撑,而且境况一年不如一年。战后荣家企业虽然分裂成三个系统,但他们都尽力积聚资金,千方百计扩大规模,经过努力旧厂多数恢复,新厂也多有增设;厂数比战前增加,地区分布和经营均有所拓展。但从

---

① 许维雍、黄汉民:《荣家企业发展史》,人民出版社1985年版,第138页。
② 参见许维雍、黄汉民:《荣家企业发展史》,人民出版社1985年版,第205页。

整体来看,战后荣家企业规模除了纱锭设备比战前有所增加,增加数约占总数的24.4%外,其余布机和粉磨生产能力都没有达到战前水平,而是分别比战前下降了30%和13.5%。不过,荣家企业系统还是维持了在民族工业中棉纱和面粉业中的领导地位,其中纱锭数占全国总数的15%,超过民族资本总数的20%;粉磨则占全国面粉厂总数的25%。但到1948年,1949年新中国成立前夕,荣家企业几乎处于瘫痪状态。

（二）企业与家族分裂

1934年申新纺织公司搁浅后,在银团监督和控制下加强了企业内部整顿改革,提高产品质量、增加产量、降低成本,企业逐渐站稳脚跟,到1936年申新经营状况大为好转,福新系统的业务也呈上升趋势。正当荣氏兄弟希冀再展宏图之时,抗战爆发,荣家企业遂进入企业衰败与家企分裂期。衰败主要体现在企业资产受损严重,经营难以为继。家企分裂表现在企业组织机构的分裂,家族内部分裂,家族对企业控制权的丧失与分裂。

淞沪会战爆发后,荣宗敬留在上海租界,荣德生则逃到汉口,并力图继续生产经营。荣宗敬参加日本人组织的"上海市民协会",希望通过市民协会维持生产,但这一"协会"激起社会各界义愤,协会成员不时遭到暴力威胁,荣宗敬不得不于1938年年初逃离香港。荣德生和荣宗敬相继逃离无锡和上海,意味着荣氏兄弟不得不将两地的企业控制权交给他人。由于心力交瘁,荣宗敬于1938年2月在香港溘然长逝。

如果说荣宗敬、荣德生被迫离开上海、无锡是家族与企业空间分裂的话,荣宗敬离世则直接导致荣氏家族内部及相关企业控制权的分裂。荣宗敬去世,对庞大的荣氏兄弟企业系统来说,权力核心丧失,必然导致混乱。当时,荣德生尚在汉口,企业经营又难以为继,以信康钱庄为首的债权人为确保自己的债权得到清偿不断对荣家企业诉讼,进一步加剧混乱局面,因此迫切需要建立新的领导核心。荣氏兄弟子辈此时已经有多个进入企业系统,但尚未树立足够威信,而外人仍难以对荣家控制权形成威胁,即使是与荣氏兄弟一起创业,1933年起就控制福新系统,在公司地位仅次于荣宗敬的王禹卿也不例外。无论是荣家,还是其他股东都不得不维护自身利益,荣家的荣德生就成为首选。于是王禹卿、吴昆生等人致电荣德生:"令兄[荣宗敬]去世,纠纷日本,穷于应付。总经理一席,内外一致认为非公莫属,股东渴望早日莅申,借以安定人心,主持一切。"①

也许荣德生意识到企业内忧外患之时,贸然接手,若处理不当,必然导致自身权威丧失,更难以控制企业。因此,安排两个侄子和两个儿子担任总公司协理和襄理,并告诉大侄子荣鸿元:"叔通盘计划及复新程度,俟大局安定,即到申料理,然办事必归尔等兄弟四人。"言明自己有担任总经理之意,但须等待时机,这客观上有助于提高荣鸿元威信和实力。至于福新,考虑到福新总公司创立后就被王禹卿兄弟牢牢控制,故荣德生又无奈地嘱咐荣鸿元:"粉部由二王老伯[王禹卿、王尧臣]支持之。"②

1938 年 6 月荣德生终于抵达上海,并与银团钱庄商定分期付款的和解方案。但荣宗敬在世时潜伏的大房与二房之间及其与上海福新系统、汉口申四与福五系统的矛盾并未根本解决;相反,因债务摊派而加剧。荣德生回到上海与债权人和解债务纠纷之后,原来自己控制的申三、茂新系统早在战火中灰飞烟灭或被军队管理,个人失去控制整个企业系统的经济基础。上海沦陷区各厂的军队管理,公共租界内企业假借外国名称,王禹卿对福新系统的长期控制,荣鸿元对总公司及申新的控制,以及李国伟主持下汉口申四、福五内迁,整个企业系统可以说是各自为政。鉴于企业系统四分五裂的现实,荣德生意识到荣家已经不可能总揽全局,大、二房也没有继续合作的可能,荣德生并没有接任茂、福、申系统总经理这一虚职,而只是与原企业保持必要联系。

而荣家大房与二房的激烈争夺加剧了家族和企业的分裂。上海租界的申二、申九,在战时成为两房争夺的主要对象。申九虽然最初由荣宗敬、荣德生兄弟创办,但 1937—1940 年间申九偿还总公司大部分债务后,时任总经理的吴昆生威望进一步提高,并完全控制企业日常管理。不过,吴昆生与荣鸿元关系密切,这实际上意味着大房取得申九控制权。

虽然申二、申五还清债务后改订的合伙议据大房股份大于二房,而且处于绝对控股地位,但两厂自 1935 年以来一直由二房荣尔仁主持,大房代表荣鸿

---

① 上海社会科学院经济研究所:《荣家企业史料》下册,上海人民出版社 1980 年版,第 25 页。

② 上海社会科学院经济研究所:《荣家企业史料》下册,上海人民出版社 1980 年版,第 25—26 页。

元只是挂名，实际控制权倾向二房。战后大房的势力进一步削弱："到抗战胜利以后又有了进一步的发展，不仅经营独立，而且组织系统也完全独立，成立了以二房为主体的申新二、三、五厂、茂新、合丰等厂总管理处。"①

后方基本为李国伟控制，并于1943年年初建立总管理处。由于李国伟是后方五个公司的实际负责人，因此总管理处也可以说是李国伟的总管理处。1943年，除李国伟在后方企业自成系统外，上海和无锡沦陷区各厂已分裂成几个系统，各自开展经营活动。但荣家对整个企业系统可以说是割而不舍，还有将企业统一起来的打算，就需要借助此前茂、福、申新总公司的名义，但总公司一直没有正式法人地位，因此迫切需要争取到法律地位。

按照常理，总公司法人地位的获取理应由后方的李国伟办理，但荣家却派荣尔仁长途跋涉到后方活动。这可能是由于李国伟与荣家没有直接血缘关系，而只是姻亲，若由其处理，必然要向其透露一些家族机密，不利于家族控制。尤为关键的是，若总公司注册一事交由李国伟，李国伟的威信必然进一步提高，甚至在争取到法律地位后形成李国伟是茂、福、申新总公司总经理的既成事实，荣氏家族企业难免会落入"李姓"之手，这是大、二房所不允许的。

就荣家内部而言，荣尔仁1931—1935年任申一厂长，1935年起任申二、五厂厂长，其中尤其战时申二的经营成功，其在荣家企业中的地位甚至已经超过荣鸿元，加上其父荣德生的支持，派其到重庆也比较合理。荣尔仁到重庆后不久，即从上海股东处要到茂、福、申总经理的名义，并边向政府申请备案，边对外营业。并于1945年6月经济部颁布《战时营利法人内迁登记条例草案》后，正式向重庆市社会局办理茂新、福新、申新面粉纺织有限公司的登记，并于次年1月领到执照，取得战后营利法人资格。1944年春，荣尔仁制订了战后发展计划，其基本思想是扩张企业的生产能力，并且改变战前总公司有名无实、各企业各自为政的局面，建立集中统一管理的企业。荣尔仁到后方后，还企图控制经营状况良好的申四、福五，李国伟不仅予以抵制，连荣尔仁要求将申四所购美金储蓄券150万元交给"大申新"统一支配也予以抵制。另外，两人就集体订购机器问题，也各有打算。

---

① 上海社会科学院经济研究所：《荣家企业史料》下册，上海人民出版社1980年版，第170页。

李国伟与荣家早在战争初期申四、福五内迁之时就有前怨,荣家坚决主张不内迁,而李国伟则主张内迁,结果李国伟受到荣家种种责难。1940年李国伟给华栋臣的信中有明确表述:"回忆以前惊风骇浪,众谤喧腾,今始天日晴朗,草木皆春,而尚跋前踬后,动辄得咎,实有令人啼笑皆非,毫无生气。其精神之痛苦为何如?溯弟进此公司已二十二年矣,平日让财重义,乃遇危难之际,尽力为此局图利而尚未能见谅于人,是以未能免俗,亦作斤斤计较矣。"①内迁后,企业取得高额利润,作为负责人的李国伟准备利用内迁企业盈利重奖撤迁有功人员,结果又受到荣家的坚决抵制,称其不合规范,是非常之举,李国伟可能早已告诉内迁企业员工,结果弄得自己下不来台,与荣家矛盾进一步恶化。当然,李国伟在内迁企业不用荣姓族人,改用自己至亲好友,也是矛盾激化的原因之一。虽然李国伟特奖内迁有功人员的做法受到荣家反对,但还是提取一部分奖励内迁有功人员,并进而改订申四、福五分红比例,提高高级职员分红比例,并鼓励他们入股,以稀释荣家股份,对企业控制加强,均会引起荣德生、荣尔仁的不满。

1941年荣德生直接对李国伟表达了不满:"所商事不外法与理,人事情与理兼至。同人办事,勇往可喜,而宜顾及法理。如不合,主其事者即犯罪,少则罚金,重则徒刑。其次,无限重股权,各自代表其公司,此一句不可轻视。余回思,以往毛病出在好时候。公司总经理实对营业而言,不能全包,股东股权不在其内。可将'公司法'一阅,慎之!……来稿不敢轻允,非我允即了事,别人亦如此。顾法理须若此,可保永久,主其事者,亦顺理承当。"②作为岳丈的荣德生直截了当地告诉李国伟,其擅自增股的行为既不合理,也不合法。由此来看,荣德生对其所为应该极为不满。后来,荣德生和李国伟几乎诉诸法律,后在别人调解达成折衷方案,荣德生和荣鸿元申四股份维持在60%以上。这次增资冲突的结果是李国伟对荣家申四、福五产生二心,倾向于自办企业,创办自己控股的宏文造纸厂。

---

① 上海社会科学院经济研究所:《荣家企业史料》下册,上海人民出版社1980年版,第204页。

② 上海社会科学院经济研究所:《荣家企业史料》下册,上海人民出版社1980年版,第301页。

荣尔仁的计划首先受到了后方李国伟的抵制,但荣尔仁认为只要上海方面能同意,申四、福五就不是问题。笔者认为因为荣家大房、二房拥有绝对多数股份,荣尔仁若能得到大房荣鸿元及父亲的支持,李国伟也不得不就范。但在上海,荣尔仁方案首先受到大房长子荣鸿元抵制,荣鸿元虽然也同意总公司采取有限责任公司形式,但荣鸿元计划先统一申新、茂新、福新以后再说;荣鸿元强调总公司以现有组织为基础,荣尔仁则强调总公司的集权,产供销都由总公司集中管理。荣鸿元甚至在家庭会议上公开反对荣尔仁的计划,最后一次会议当荣鸿元听说不是讨论自己的方案,直接中止谈判。

荣尔仁计划不仅得不到李国伟、荣鸿元同意,也没有得到父亲支持。虽然荣德生和荣尔仁都想建立茂、福、申总管理处,但两者基本思路不同。荣德生的基本做法是先定权数,有权者为总机构理事,再由理事产生常务理事,从其规划来看,注意到大、二房平衡,大房权数甚至多于二房,荣尔仁甚至被排除在外。① 而荣尔仁虽然没有明说谁控制总公司,但从其言行来看是偏向于自己。当然父子两人的最大分歧在无限责任还是有限责任:"福新开过股东会,荣尔仁代表荣德生出席,会上一致同意组织股份有限责任公司,并托江万平会计师办理手续。钱孙卿之子把无锡这事告诉荣德生,荣德生来信声明未托荣尔仁为代表,也不赞成组织有限公司。当时荣尔仁非常难堪,无法下台,几乎想和荣德生脱离父子关系。"②

第二次世界大战后,荣尔仁派出大批重庆总公司和内迁申福新系统的资方或其代理人对沦陷区企业进行接收,尤其将接收敌伪机构和产业的方法,搬用到申新,造成企业内部极大的矛盾,荣鸿元的上海总公司系统听到接收消息后也很愤慨,有些厂长、经理也坚决拒绝。荣鸿元还一度反映到国民党政府苏浙皖区敌伪产业处理局局长刘功芸处,指出申新内部不存在接收,这也意味着二房难以进入大房控制的上海申新系统以及大房与二房矛盾的激化。此外,已经分离多年,王禹卿已控制多年的福新系统,由吴昆生父子控制的申九,负

① 参见上海社会科学院经济研究所:《荣家企业史料》下册,上海人民出版社 1980 年版,第 393—394 页。

② 上海社会科学院经济研究所:《荣家企业史料》下册,上海人民出版社 1980 年版,第 395 页。

责人都反对荣尔仁对他们的控制。茂、福、申系统所有权绝大多数属于荣家，代表大房与二房的荣鸿元与荣尔仁谈判决裂，也意味着战后将三大系统统一的计划宣告破灭。

因此，抗战结束后，荣家原有的企业系统，在大房和二房之间产生了分裂，形成三个系统。大房方面，荣鸿元虽然继承了总公司名义，但只管辖申新一、六、七、九厂及福新系统除福四以外的部分。内部情况则更复杂，福新继续由王禹卿主持；申新九厂在荣宗敬老友吴昆生的主持下处于独立状态，申新一厂抗战期间由荣宗敬女婿王云程（王禹卿侄子）主持，战后也倾向于独立发展，因王云程与荣鸿元的郎舅关系没有独立，而处于半独立状态；申新六、七厂虽在荣鸿元的领导下经营管理，但申六主持人荣鄂生也有独立资格，只是他一向听从荣鸿元总经理的领导。二房一支则以荣德生为代表，名下有申新二、三、五厂，茂新一、二、三、四厂，天元、合丰等厂。除了大房和二房之外，二房女婿李国伟控制了战时内迁的申四、福五等厂。①

以荣鸿元为代表的大房在 1948 年遭致官司之后离开大陆，荣家大房与二房从此开始了空间上的长期分离。荣德生先给党口信："希望共产党来后仍能让工厂开工生产，做生意有保障"，得到党的答复"荣德生的要求是符合党的政策精神的，是一定要办到的"以后，留在了大陆。荣德生在无锡解放后一方面积极参加人民政权，并依旧关心自己家族企业的生产，但因为各方面原因荣德生壮志未酬，尤其是："余唯一困难，即在人人心目中以我为'大老板'，一切'不在乎'。即此一句，便坏事有余矣！须待将来大家明白了此种观念之不当，足以阻碍事业发展，停止社会前进，此时方能进步。""视余若'铜山金穴'，盲呼盲从，不知进退，余心中烦闷，无法应付。"②带着这种遗憾，荣德生于 1952 年离开了人世。尤其是随着 1953 年以后社会主义改造的开展，荣氏家族企业在中国大陆逐渐退出舞台。荣德生长婿李国伟也留在了大陆，新中国成立后也积极投身政治。

最后，要理解荣家企业的家族性，有必要专门介绍一下荣德生这一支的天

---

① 参见上海社会科学院经济研究所：《荣家企业史料》下册，上海人民出版社 1980 年版，第 396 页。

② 荣宗敬、荣勉初等：《梁溪荣氏家族史》，中央编译出版社 1995 年版，第 227 页。

元实业公司。实际上,申四、福五内迁以后,荣德生就准备创办一个没有外姓资本参加的企业,即天元实业公司。1945 年公司注册时,实际只是荣德生独资企业,但因登记为有限公司,不得不有股东,故而在股权分配上荣德生和次子荣尔仁(长子荣伟仁已逝)各占 1000 股,荣毅仁、荣研仁、荣纪仁、荣伊仁及荣熙仁(孙)各 500 股,四个女婿李国伟、宋美扬、唐能源、李冀曜及顾鼎吉(与荣德生关系不明)每人 100 股。荣德生早年谋划天元实业公司时,就有"先将余名下茂、福、申新资金划分股份,余任总经理,七个儿子副之,年长者日后得代替总经理……回想先兄在日,余无一不推兄为先,由兄总揽全局,企业得有今日之扩大,不幸兄殁,现侄辈皆能自立,故不能不设法也"[1]。从上述资料似乎可以推断出,荣德生的天元计划完全将大房子侄排除在外,而这种排除从心理上觉得是因为自己长期支持荣宗敬,但在荣宗敬死后,本该属于自己的控制权却被大房荣鸿元等把持,因此其天元计划安排 7 个儿子担任副经理,并且强调将来长者为总经理,这说明荣德生有的还是家庭血缘观念。这种血缘观念还表现在对女婿的排斥,对女儿也没有纳入家族事业范畴,这充分说明传统的家族观念在荣宗敬心中仍然存在。股东女婿中至少李国伟、唐能源、李冀曜都精通经营管理,而且都为荣家企业做过贡献,其中李国伟尤其突出,他不仅在筹划时就被排除在重要职位之外,而且即使后来的挂名股东,其所占股份都远不如儿子。女儿根本就没有考虑在内,其六女荣漱仁在 20 世纪 40 年代就在上海兴办民族工业,1949 年还接办鸿丰粉厂,新中国成立后政绩非常突出,应有经营能力,公司注册时也已三十出头,应该已经崭露头角,但无论是公司股份,还是副经理职位从来没有考虑她。另外,7 个儿子无论贤愚都担任副经理,而且将来长者为经理的做法表明他还有明显的诸子均分、长者为尊的思想。不过,考虑到荣尔仁参与最初筹建,相比其他儿子而言多给 500 股,还是有诸子均分基础上的"论功行赏"之意。

　　但后来天元实业公司正式运行时只设一个副总经理,而且这一副总经理并不是早年在家族企业打拼并有突出成绩的荣尔仁、荣伊仁、荣毅仁,而是刚从美国归来,毕业于美国罗伟尔纺织大学,并在美国企业有任职经历的五子荣

---

① 上海社会科学院经济研究所:《荣家企业史料》下册,上海人民出版社 1980 年版,第 179 页。

研仁(实际由其统管整个天元)。这说明家族化经营同样可以实现专业化管理,当然这也意味着为了家族长久利益,打破了传统长者为尊的范式,在家族内部根据贤能任职。但对男性血缘关系的重视似乎没有削弱,1947 年天元实业公司连续召开三次董事会,资本扩充彻底将四个女婿及顾鼎吉排除在外,资本由原来 5000 万元扩充为 200 亿元,股东由原来 12 人减到 7 人,其中荣德生 60 亿元,荣尔仁、荣伊任、荣研仁、荣毅仁、荣纪仁、荣鸿仁及荣熙仁(孙)各 20 亿元。这样"天元计划"就完全变成了一个由荣德生父子合伙经营企业。

第三节　西化典型:郭家永安百货

一、案例基本特点①

一般认为我国近代企业所有权高度集中,两权合一,家族往往依靠所有权与经营权的高度集中,实现对企业的有效控制,但正如本章第一节的分析,可能事实并非如此,这里以百货业的上海永安股份有限公司(下文简称永安公司)为例加以说明。之所以选择永安公司主要考虑有三点:一是这家公司的两权关系确实与一般家族企业有差异;二是这一企业注册在香港,而香港虽已沦为殖民地,但还是中国领土;三是永安公司的控制家族有海外背景,对其分析可以管窥华人对西方现代管理的反应。因此,这里选择近代上海永安股份有限公司(下文简称永安公司),以所有权与控制权为出发点,对其治理机制进行分析。

永安公司是以郭氏家族为核心的永安资本集团于 20 世纪早期创立的股份有限公司。郭乐等人于 1916 年年底向英国香港当局注册了永安公司②,并于 1918 年正式营业,永安公司成立之初确立了经营环球百货的方针。该公司从开业直至 1930 年发展都十分顺利,到 1930 年为止,利润累计高达港币 1070

---

① 本节所引资料除特别说明外,均参见上海社会科学院经济研究所:《上海永安公司的产生、发展和改造》,上海人民出版社 1981 年版;上海市档案馆:《旧中国的股份制》,档案出版社 1996 年版。

② 参见上海社会科学院经济研究所:《荣家企业史料》上册,上海人民出版社 1980 年版,第 284 页。

万元,是原始资本 250 万元的 4 倍多,其中 1930 年(股本已增至 500 万元)利润率接近 50%,如此业绩在当时民族资本中是极为罕见的。众所周知,20 世纪 30 年代初开始,国内国际形势发生了显著变化,20 年代相对稳定的社会经济环境已经不复存在,永安公司的治理结构也适应环境的变化而不断调整,其治理结构具有不确定性,因此本部分时间下限为 1930 年。

二、基本产权结构

现代公司最基本的特点是其资本分成若干股份,各股东按所持股份承担相应比例的责任和享有相应权利。股权结构是股份公司产权的基础,这在早期公司中尤其明显。因此,我们的分析首先从股东构成入手。

表6—6　1919 年上海永安公司股本来源及股权分布①

单位:股(每股 100 港元)

投资人		合　计			华侨股比例(%)	非华侨股比例(%)	未查是否华侨(%)
		股东数	股数	比例(%)			
总　计		1498	25000	100.0	91.3	3.2	5.5
香港永安投资		1	5000	20.0	20.0	—	—
郭氏直接投资		22	1405	5.6	5.6	—	—
其他投资	合计	1475	18595	74.4	65.7	3.2	5.5
	1—10 股	1175	8470	33.9	28.0	2.0	3.9
	11—50 股	269	6335	25.3	22.5	1.2	1.6
	51—100 股	21	1740	7.0	7.0	—	—
	100 股以上	10	2050	8.2	8.2	—	—

资料来源:上海社会科学院经济研究所:《上海永安公司的产生、发展和改造》,上海人民出版社 1981 年版,第 11 页。

股东在早期股份公司中地位相当重要,股权结构往往体现了各股东在公司的地位,而永安公司股权分布的基本特点是其分散性,这在表6—6 中体现得非常明显。永安公司的 1489 户股东中,股本 10000 港币以上股东,除控制

---

①　虽然上海永安公司 1927 年配股 25000 股,但都是来自未分配利润,且配股方式为原股东股数自动增加一倍,而当时股权中途转移的比例极小,因此各股东,尤其大股东在公司中的地位不会有明显变化。

在郭氏家族手中的法人股东香港永安公司和郭家(仅指郭乐兄弟子侄)外,只有10户,而10户大股东中基本是郭乐早年在澳洲、香港创业时的合伙人,与郭家关系密切。比如,核心家族之外的最大股东郭标不仅是郭乐堂兄,而且是其早年在澳洲创业时的老东家和合伙人。其他小股东(100股以下)共1465户,达到股东总数98%。其中,10股以下小股东接近股东总数80%,户均股份仅为11.29股,户均股本为1129元,而这一部分股东所占股份达66.2%。而核心家族郭氏家族股份也不过5.6%,户均仅为63.86股。如果我们不考虑香港永安公司这一法人股,则上海永安公司1497户自然人股东,共20000股,户均不到14股,显然永安公司股权分布十分分散。

虽然现代公司发展证明,股权高度分散时,持有较多股份的股东容易实现对公司的控制,但股份必须达到一定额度。普通家族企业的核心家族往往持有相当的比例,尤其早期家族企业,核心家族往往处于绝对控股地位。比如,1932年的荣家企业[①],荣氏兄弟持有茂新系统总股本91.5%,福新系统总股本55.3%,申新系统总股本之78.9%,同是华侨创办的广东南洋兄弟烟草公司,简氏兄弟(大房)占47.1%,简家二房之简孔昭也占47.1%,简氏共占94.2%,而其前身广东南洋烟草公司简家股份高达48.2%,1918年由无限公司改组为有限公司后,简家股份竟达100%[②],而郭氏家族凭借区区5.6%的股份,成功实现对永安公司的全面控制,且没有南通大生和天津启新之经营决策者特殊地位。这在当时公司制度最为发达的美国,也是难以想象的,即使当代中国,持如此之低的股份而对公司实现全面控制的家族企业也是极为罕见的。之所以出现这种情况,可能有以下几方面原因。

首先,永安公司股权结构便于郭氏家族对公司控制。从表6—6中我们不难看出,永安公司股权结构的第二个特点是华侨股占绝大多数。在所有股本中华侨股份至少占91.3%,而且非华侨股份都属于小股东,且以10股以下小股东为主。现代企业理论认为小股东一般有"搭便车"倾向,缺乏"投票"积

---

① 参见上海社会科学院经济研究所:《荣家企业史料》上册,上海人民出版社1980年版,第284页。

② 参见中国科学院上海经济研究所、上海社会科学院经济研究所:《南洋兄弟烟草公司史料》,上海人民出版社1960年版,第2、5、11页。

极性。占绝对多数的华侨股东基本旅居海外,意味着他们不可能对上海永安公司经营情况有深入了解,自然不会对经营决策产生重大影响,特别是永安公司华侨多源于美国和澳大利亚,这些地方家族企业正发生经理革命,股权逐渐稀释,身处其间的股东自然有所耳闻。事实上,很多股东根本不参加公司的股东大会,这一点在 1916 年的公司章程中有所体现,该章程第五十二条第一句"凡遇大叙会,如有七人亲自到场,便算合额开议"。从股东与郭氏家族关系来看,永安公司"人合"性质很强烈,投资入股者一般都与公司创办者关系密切,彼此信赖,对经营者能力也相当信任,在中国传统文化的影响下,普通股东是不会对公司事务有太多的兴趣的。这就决定了永安公司绝大多数自然人股东没有也不可能有"用手投票"的积极性。而早期上海永安公司的股票缺乏流动性,因此其经营管理者不会受到股票市场"用脚投票"的制约。

其次,就投票方式而言,《永安股份有限公司章程》第五十七条中有如此规定:凡有叙会,除下文所规定要求投票取决外,每一议案,须举手取决。说明在某些场合可以实施"一人一票",户数上占绝对优势的小股东可能对公司决策产生影响。但该章程第五十八条有如下规定:"叙会时,至少须有亲自到场,或由代表到场,及有决议之股东三人,要求投筒,或根据章程第七十五款,要求投筒,方可以投筒取决。其投筒之时刻办法,由主席定之,投筒时在场之股东,或派人代表之股东,所应有之投筒权,须照下文所规定之。"章程七十五条有"选举董事时,凡出席或派代表出席及有决议权之股东,均可要求投筒选举"。这说明,由"一人一票"的举手表决改为"一股一票"极为容易,这对占有较多股份的郭氏家族实现对公司的大叙会(股东会)控制是非常有利的。而投筒权在章程的六十条有规定:"每一股东,按照其所占本公司之股份,每股得有投筒权一筹。"而无论近代还是现代股份公司,一般为限制大股东的权力,当股份达到一定份额时,一股往往得不到一票,如当时与永安公司同为上海四大百货公司之一的新新公司就明文规定:超过十股部分之表决权概照八折计算。显然,上海永安公司投票机制更有利于郭氏家族对公司控制。

再次,上海永安公司唯一法人股东香港永安公司是郭氏家族资本集团控制的公司,这就是现代日本企业盛行的交叉持股。其在上海永安公司所占股份达到20%,这对股权相当分散的上海永安公司来说具有重要意义。正如上文所述多数股东对公司经营管理毫无兴趣,或者说根本就不能产生有效的作用,而且在公司任何问题上都采取"一股一票"制度,这就进一步将公司小股东的影响限制在更小范围内。这样郭氏家族5.6%的股权,加上其控制下的香港永安公司20%股权,完全可以实现对永安公司的控制(股东会的控制)。当然,香港永安公司在上海永安公司经济困难时往往能够提供资金融通,这也利于确立郭家控制的权威性。

最后,从上海永安公司董事局构成来看,1916年注册时董事局共有8人,除郭乐、郭泉兄弟外,其余6人全为香港永安公司董事或者高级职员,其中杜泽文、孙智兴还与郭氏有姻亲关系,郭乐为董事局总督理。而8个董事局成员中除郭乐以总监督身份长驻上海,直接参与企业经营管理外,其余董事局成员都居住在香港,他们不可能对上海永安公司经营情况有深入了解,多数信息来源于郭氏家族,这必然造成企业最高决策机构董事局(董事会)事实上控制在郭氏家族手中,而董事会在公司治理中发挥着举足轻重的作用,郭氏家族控制董事局,也就控制了公司经营大权。

郭氏家族不仅通过大叙会、董事局等控制了上海永安公司的经营管理大权,而且其对永安公司的控制还渗透到日常的经营管理。虽然郭葵在上海永安公司的筹建过程中因病死亡,郭氏家族被迫任用非核心家族成员杨辉庭为上海永安公司正司理,但永安公司日常经营管理权并未旁落。一方面,杨辉庭是郭氏家族极为信任的原香港永安公司副司理,而香港永安公司是郭家控制的,杨在公司长期任职,成为郭家忠实代理人,并深得信任,可以说与郭家有泛家族的关系;另一方面,也是最重要的,郭氏集团核心人物郭乐以监督身份长驻上海,直接参与企业经营管理,而且事无巨细。公司另一监督郭标虽然并非家族核心成员,但既有同乡之谊也有血缘关系,还有早年对郭家核心人物的郭乐知遇之恩,而且其作为监督对公司业务活动仅限于公关活动。此外,从永安公司开业时50个高级职员中只有6个不是广东人推断,高级职员中有相当一部分与郭氏家族有姻亲或乡亲关系,在此情况下,近代浓厚的家族观念和乡亲观念无疑会增强郭氏家族在上海永安公司的凝聚力,从而有利于其对公司的控制。

三、家族控制有效性

即使在现代公司中经营管理者如果所持股份过低,也会影响经营管理者积极性。而永安公司核心家族共 22 户股东,所占股份只有 5.6%,郭氏家族企业的核心人物郭乐所持股份只有 3.65%,其他经营管理者的股份更少。而更重要的是,近代上海永安公司的所有股份全是以货币资本入股,其中并没有企业家才能股。而且永安公司的股东会、董事会都控制在郭家手中,当时也没有股票市场掣肘,这为其提供了“偷懒”的机会,按常规,永安公司主要经营管理者应该缺乏积极性,或者产生控制性股东的“掏空”行为,但永安公司郭家内外,尤其郭家的经营管理者在实际均有很高的积极性,贵为董事局总督理和公司总监督的郭乐更是事必躬亲,而且在公司经营过程中就目前资料而言,并未见明显的掏空行为。究其原因,主要是以郭氏家族为核心的永安公司经营管理者利用对公司的控制,制定了利于对经营管理者和大股东的激励机制。这在货币激励方面体现得尤为明显,下面的分析就从此展开。

在货币激励方面,主要是收入分配机制。作为永安公司主要经营者和大股东的郭乐,个人收入由岗位收入、花红、股金收入三部分组成,其中的岗位收入由薪水、升工和补工、交通补贴、板箱钱、饭钱共五部分组成。1930 年郭乐薪水为 7193 元,占 3/4 强,而其他四部分不到 1/4。岗位收入虽然比重不高,但基本上与公司经营业绩无关,可以看做固定收入,而花红、股金收入虽然在经济效益好的年份较多,但波动性较大。当时公司另一监督郭标及正副司理等高级经营管理者岗位收入构成与郭乐相似。永安公司当年以经营管理者工资高闻名于上海滩,1925 年上海永安公司的“管理”、部长、账房间职员的平均工资分别为 135 元、59 元、63 元,均远远高于普通企业同级管理人员的工资①,而且永安公司主要经营管理者的工资从开业到 1930 年一直以较大幅度增加。这除了与侨资企业薪水偏高和永安公司对高级职员业务素质的要求高有关外,主要是公司经营管理者借助这一机制以实现自我激励的结果。

由于郭乐等人既是永安公司主要经营管理者,又是公司大股东,而且公司经营业绩一向不错,因此股金在其收入构成中占重要地位。郭乐 1930 年收入中股息达到 21936 元,加上当年未分配利润中应得 50526 元,股金收入实际达到 72462 元,超过其总收入的 3/4。郭标等人在公司中也有相当股份,其收入可能以股金收入为主。而一般高级经营管理人员股份不多,但考虑到其岗位

---

① 1920—1925 年间上海商业企业的普通经理工资水平仅为三十元至五十元。

收入、花红收入亦较少,股金收入也不容忽视。

1930 年作为主要经营管理者和股东的郭乐收入构成中,类似奖金的花红在其收入构成中仅次于股金收入,达 13633 元,接近总收入的 15%。考虑到其他主要经营管理者股份并不多,其股金收入较少,而花红分配基本与所持股份不挂钩,这部分在收入中地位会相应上升。最为重要的是,花红分配在永安公司治理中对经营管理者的激励作用最为明显。因此下文重点对此进行分析。

1916 年的公司章程规定,以郭乐为代表的主要经营管理者可以分到数量颇多的花红,这主要由介绍别人认股(主要是公司大股东或主要经营管理者)花红、董事花红、受职股东(主要是拥有股份高级职员)花红,其中除董事花红有固定分配方案外,其他两种花红分配则由董事掌握,这显然有利于公司经营管理者。

1927 年所有职工都参与分配后,并没有削弱花红对经营管理者的激励作用,而是有所加强。公司控制者利用权力,修改章程,提高了花红在利润中的比例,总比例由壹分五厘增加到二分,而西家职员(普通职员)参与分配的花红仅占"叁厘",也就是说公司经营管理者所分花红净增二厘。可见,在正常情况下,公司经营管理者分配的花红比例、总量都多于 1916 年。不仅如此,将原至少留足股息一分后才可分配的花红,改为只留八厘即可,这无疑更有利于经营管理者,而不利于没在公司任职或职位较低的小股东。

上海永安公司章程所规定的花红分配方案在实际执行过程中更加有利于公司经营管理者,这在表6—7 体现得非常明显。1918 年由于开业较晚(9 月 5 日),因此当年利润总额只有 14 万人,在没有扣除股息的情况下,直接将 2.1 万元划为花红。1919 年开始,花红在分配利润总额中比例呈不断上升趋势(1927 年除外),1919 年仅占分配利润总额 18.32%,1920 年上升到 23.78%,1925 年超过 1/4,而 1929 年则由 1928 年的不足 30% 陡然涨到 35.55%,1930 年近 40%。再从花红占扣除股息后剩余利润比例来看,1918 年未扣除股息的情况下直接分配 15% 作为花红,这明显与公司章程不符。1919—1921 年花红占扣除股息后利润额的比例基本维持在 15% 左右,1922—1926 年虽然章程上仍然规定 15%,但实际都在 17% 以上。1927 年公司章程将花红比重提高,一方面使公司主要经营管理者扩大花红比例的愿望得以实现;另一方面也使早已超过 15% 的既成事实契约化。而 1927 年以后各年,实际分配花红比例均超过章程规定 20%。

表 6—7　1918—1930 年永安公司利润分配情况表

单位:大洋千元

年份	利润总额	分配利润总额	股　息		花　红		
			金额	比例(%)	金额	比例(%)	占除股息后利润比例(%)
1918	140	21	—	—	21	100.00	15.00
1919	536	262	214	81.68	48	18.32	14.91
1920	771	328	250	76.22	78	23.78	14.97
1921	724	321	250	77.88	71	22.12	14.98
1922	966	482	375	77.80	107	22.20	18.10
1923	1016	490	375	76.53	115	23.47	17.94
1924	1051	495	375	75.76	120	24.24	17.75
1925	1103	503	375	74.55	128	25.45	17.58
1926	1160	512	375	73.24	137	26.76	17.45
1927	702	461	400	86.77	61	13.23	20.20
1928	1465	703	500	71.12	203	28.88	21.04
1929	2058	931	600	64.45	331	35.55	22.70
1930	2378	996	600	60.24	396	39.76	22.27

资料来源:上海社会科学院经济研究所:《上海永安公司的产生、发展和改造》,上海人民出版社 1981 年版,第 65 页表格数据整理而成。

特别值得一提的是,在工人运动的 1927 年,公司利润由 1923 年以来的 100 多万元骤然降到 70 万元,加上公司配股,股息支付刚达到法定的 8%,而花红的分配仍然超过了剩余利润 20%,而且公司的主要经营管理者还嫌 6.1 万元花红太少,又另拨 3 万元津贴,作为花红分配,使当年花红总额实际达到 9.1 万元,超过章程所定分配额 50%。据此我们可以推断:当时公司章程对公司主要经营管理者缺乏硬性约束,如果永安公司的经营效益不佳,他们必然会利用手中权力,采取各种方式使自身货币收入得到保证。当然,这客观上有利于提高公司经营管理者的积极性。

除了上述有利于公司经营管理者的收入分配机制外,公司章程授予主要经营管理者很大的权力,授权激励作用也不容忽视。其中最为重要的是,1916年公司章程第73款有:"各董事中,如有与公司订约买卖等事,不能谓其有碍职守。或有代公司订立约章,而该董事与该约章有关系者,亦不能作为无效。又凡董事之订立此等约章,或与有关涉者,不得藉口以此身为董事,或须以效忠于公司为词(辞),要其担任将关于此等约章所获利益,交回公司。"姑且不论公司董事可以利用这一条款损公肥私,但这至少是有利于另有企业的郭乐、郭标等公司主要经营管理者,使公司经济活动直接或间接服务于其利益,其中最为明显的就是上海永安公司对郭氏家族的大量联号企业和其他企业投资和提供经营资金。联号企业间的相互业务往来还可形成双边垄断,使拥有联号企业的主要经营管理者更能进一步控制企业,这也是郭家能以少量股本控制整个永安资本集团的重要原因。

除了经济利益驱使外,包括郭家在内的永安公司主要经营管理者多是澳洲、美国等地的归国华侨,他们往往具有强烈民族意识。这种民族意识在一定程度上是对经济激励不足的补充。这种激励在公司经济效益不佳时尤其重要,它使公司经营管理者在缺乏监督和所持股份较少的情况下仍能保持很高的经营积极性。

四、经验与启示

本节对郭家上海永安公司治理结构中的控制与激励问题讨论结果表明:

第一,郭氏家族作为近代上海永安公司控制者,凭借不到6%的股份而实现了对家族企业的全面控制,这在早期家族企业中是极为罕见的现象。这主要与该公司股权极为分散,绝大部分股东为华侨股东,且与郭氏家族关系较为密切有关;董事会成员和企业中高级经营管理者多与郭氏家族有姻亲、乡亲或者拟家族关系;唯一法人股东,香港永安公司实际控制权掌握在郭氏家族手中。

第二,主要经营管理者所持股份较少,且股份根本没有体现其企业家才能,但以郭氏家族为核心的公司经营管理者在实际经营中却体现出相当高的积极性,这主要是由于公司经营决策权控制在郭氏家族手中,他们相应地制定了有利于自身的激励机制,主要体现在经营管理者的高岗位收入、高股金收入和利于自身的花红分配机制,赋予主要经营管理者很大的权力,而民族意识等也有一定激励作用。

第三，从以上两点可以看出，家族公司并非一定要绝对控股，如果能设计出有效的资本参与方式（如金字塔结构和交叉持股）充分有效的控制与激励机制，较少的家族资本仍然能够控制规模较大的社会资本，并且大股东积极经营，并未采取隧道行为。就我国目前私人资本较为缺乏的现实而言，尤其有意义，这也可能是我国现代家族企业演进趋势之一。

第四，从上海永安公司的治理机制可以看出，仅仅将家族或者个人所有权看做家族企业的标志是远远不够的，从上海永安公司的经验也可以推断出，伯利和米恩斯选取 20% 为 1929 年美国最大 200 家非金融企业的临界控股权可能明显偏高，这不仅体现在伯利和米恩斯研究对象是美国 200 强企业，美国是钱德勒所说的现代企业的策源地，企业绝对规模大，还体现在近代美国证券市场主要体现为资本市场，而中国近代的证券市场却蜕变为债券市场，注定企业资本社会化程度较低，但在这种情况下永安郭家等人能通过极少股份实现对企业的控制。

第七章　现代中国的家族企业

在开始本章的讨论之前,需要说明的是,新中国成立以来家族企业的发展从不同视角应有不同分期方式。比如,家族企业是私营企业的重要组成部分,因此武力对中国私营经济发展 60 年的分期有借鉴意义,即"分工合作、各得其所"的 1949—1952 年,走向"公私合营"的 1953—1956 年,认识误区下私营经济消失的 1957—1978 年,重登历史舞台的 1979—1991 年,名正言顺的私营经济时期(1992—2008)。[①]

还有一点需要引起重视的是,理论和实践常将中国大陆家族企业混同于私营企业,至少绝大多数私营企业是家族企业,家族企业也基本是私营企业,因此需要关注私营企业的界定问题。根据国家统计局、国家工商行政管理局《关于划分企业登记注册类型的规定》(1998 年 8 月 28 日,国统字[1998]200号)的第九条:私营企业是指由自然人投资设立或由自然人控股,以雇佣劳动为基础的营利性经济组织。包括按照《公司法》、《合伙企业法》、《私营企业暂行条例》规定登记注册的私营有限责任公司、私营股份有限公司、私营合伙企业和私营独资企业。笔者认为,私营企业还包括后来赋予法律地位的个人独资企业等,以及适应现代企业发展的最终控制权是自然人的法人企业投资的企业,甚至可以说是新中国成立以来各个历史时期各类型的非公企业,不过,基本针对本土背景的企业而言。

---

① 参见武力:《中国当代私营经济发展六十年》,《河北学刊》2009 年第 1 期。

第一节 1949—1978年:家族企业窒息时代

一、1949—1956年:家族企业到家庭经营

新中国成立后,家族企业一度在国民经济恢复时期得到部分恢复和发展,但就整体而言,家族企业更多受到政治冲击。这主要体现在以下几方面:首先,规模比较大的家族企业在新中国成立前夕,甚至第二次世界大战中就开始外迁(包括港台),这是家族力量削弱的重大表现,比如上一章提到的荣家大房。

其次,1951年政务院第66次会议通过的《关于企业中公股公产清理办法》规定,企业公股公产包括国民党政府及其侨民的股份及财产;已经依法没收的战犯、汉奸、官僚资本家的股份及财产;其他依法没收的股份和财产;新中国成立后属于国家的投资。应该说前两项在新中国成立前都不乏家族资产,即使是国民党政府的股份和财产也往往是私人家族的,也正因为此,学术界至今仍难以将国民党时期的国家资本与私人官僚资本有效区分开来,而国民党侨民、战犯、汉奸、官僚资本家所投资的企业一般来说资本较多,规模较大,将其国有化以后,无疑是会导致民间家族私人资本比例的大为降低。外资中应不乏戴"洋帽子"的华人企业,而社会主义政权先是将日、德、意法西斯在华财产没收,后又通过管制、征购、征用、代管等措施将美英等国在华企业转变为国有企业。可以说,无论从所有权还是经营权来看,新中国成立之初大陆企业的家族经营大大削弱。不仅如此,新中国百废待兴,加上大量富人、资本的外逃,大城市购买力迅速下降,都不利于家族经营。

再次,国有企业挤占私营企业生存空间,私营企业在国有化及政府管制加强的背景下,不敢放开经营。

最后,也是最关键的,受"左倾"思想影响,排挤、打击私营工商业,私营工商业无论政治还是经济上都失势。劳资关系上,部分干部,迁就工人的不合理工资、福利、就业等要求,使新中国成立前就多已陷入困境的私人资本家经营雪上加霜。税收方面,据上海税务局长报告:补税增税的款子收不上来,资本家赖账的、哭穷的、自杀的、假自杀的都有。这反映出家族经营当时承受了沉

重的税务负担,客观上会阻碍家族经营发展。近代著名企业家刘鸿生甚至直接致信上海市长陈毅:公债买了十几万,现要交款,还要纳税、补税、发工资,存货卖不动,资金没法周转,干脆把全部企业交给国家算了,办不下去了。① 虽然新中国成立前夕刘少奇鼓励资本家放手经营,《共同纲领》也规定:"凡有利于国计民生的私营经济事业,人民政府应鼓励其经营的积极性,并扶助其发展。"为私营经济的生存和发展提供了法律支持,但具体执行受"左倾"影响,严重失灵。

结果,新中国成立之初,以家族企业为主体的私营企业数量出现明显萎缩。据统计,1950年第二季度,上海、北京、天津、武汉、广州、重庆、西安、济南、无锡、张家口10个大中城市,开业私营工商业5903家,歇业12750家。② 同年5月,全国私营工业企业重要产品产量同1月份相比,棉花少38%、绸缎少47%、呢绒少20%、卷烟少59%、烧碱少41%、普通纸少31%。由于停业、歇工,失业人数大量增加,全国29城市的失业、半失业人数达166万,仅上海就有15万左右。③

中央很快注意到私营企业发展的困境,1950年4月中旬毛泽东提出调整工商业问题,同年6月的七届三中全会后,展开了全国范围的工商业调整。就与私营家族企业关系最为密切的公私关系调整而言,工业方面,主要扩大对私营企业加工订货和产品的收购,并通过工缴费和货价使之取得正当利润。商业方面,主要调整公私商业企业经营范围和价格。适当扩大私营商业企业商品品种,在保证价格稳定的原则下,国有商业经营商品主要是粮、煤、纱布、食油、盐、石油6种日常必需品,给私营商业释放一定市场空间;价格政策也给予一定灵活性,以便私营商业有利可图,以鼓励其经营的积极性。通过税收等手段减轻商民负担,就工商税而言,货物税由1136种减为358种,工商营业税都改为依率计征,盐税税率减半。

以上政策取得了立竿见影的效果,使许多濒临破产倒闭的家族私营工商

① 参见赵士刚:《回顾与思考 共和国经济建设之路》,经济管理出版社1999年版,第120页。
② 参见中央工商行政管理局、中国科学院经济研究所《资本主义改造》研究室:《中国资本主义工商业的社会主义改造》,人民出版社1962年版,第109页。
③ 参见曾璧钧、林木西:《新中国经济史》,经济日报出版社1990年版,第19页。

业得以复苏。据统计,北京、上海、天津、武汉、广州、重庆、西安、济南、无锡、张家口 10 个大中城市,1950 年第三、四季度,私营企业有 32674 家开业,只有 7451 家歇业。由于新中国成立后开业的一般规模较小,因此可以判断其绝大多数无论所有权还是经营权均具家族性。1951 年同 1950 年相比,全国私营工业企业户数增长 11%,职工人数增长 11.4%,总产值增长 39%;私营商业户数增加 11.9%,从业人数增长 11.8%,批发、零售额增长均超过 35%。① 国民经济恢复期内,私人资本主义工业厂家由 12.3 万户增加到 14.96 万户,增长 21.6%,职工人数由 164.38 万增加到 205.66 万,增长 25.1%。工业总产值由 68.28 亿元增至 105.26 亿元,增长 44.2%。②

但是,无产阶级专政加上"左倾",私营家族企业主已在政治上失势,家族私营工商业的发展必然受到限制。荣德生较为客观地描述了国民经济恢复时期家族企业的窘境:"工厂全归工人主政,究尚在试验时代,财力困难,设备增加不易。政令新行,办事水平尚浅。以我处各企业而论,开支较前增加,产量反而减半";"日下工人兴奋,农民观望,商人落后,农工商三者名为协调,实则仅属表面,劳方视资方如敌对,工人以商人为剥削,如何能望其协调? 新政初行,此时一切尚在试验,但下级颇多趋于极端,不问合理与不合理,一反从前所为";"不从脚踏实地做起,高级者未能了解具体实况,下级者缺乏改进精神,下情壅于上闻。常此以往,必致富力大减,贫困日增,若不亟改,难忘转机也。"更糟糕的是:"余唯一困难,即在人人心目中以我为'大老板',一切'不在乎'。即此一句,便坏事有余矣! 须待将来大家明白了此种观念之不当,足以阻碍事业发展,停止社会前进,此时方能进步。""视余若'铜山金穴',盲呼盲从,不知进退,余心中烦闷,无法应付"。③ 就连时任华东军政委员会副主席的荣德生都有这种不安全感,其他家族企业所有者的境况就可想而知了。

因此,虽然国民经济恢复时期私营家族企业有所复苏,但就整体而言,私营家族企业发展环境越来越恶劣。潘必胜对大生、启新、恒丰、大隆、阜丰、南

---

① 参见曾璧钧、林木西:《新中国经济史》,经济日报出版社 1990 年版,第 19 页。

② 参见王炳林:《中国共产党与私人资本主义》,北京师范大学出版社 1995 年版,第 319 页。

③ 荣宗敬、荣勉初等:《梁溪荣氏家族史》,中央编译出版社 1995 年版,第 225—227 页。

洋兄弟烟草公司、荣家企业、刘鸿生企业、永安纱厂等家族企业的研究结果表明①，1950—1954年家族绝对控股企业比例急剧上升，到1954年左右达到80%，而分散持股企业则为零，这应该是家族企业受到政策和民众抵制，无法获取外部资本的表现。1955—1956年绝对控股比例急剧下降，直至退出历史舞台。这一阶段的政府并不是晚清和北洋政府消极股东的角色，也不是南京政府那样心有余而力不足，恰恰相反新政权利用强势的政治力量，短短几年就实现了对家族企业的绝对控制，规模较大的典型家族企业逐渐被"社会化"（社会主义改造），原控制性家族逐渐被驱逐。比如，原来完全家族经营的恒丰纱厂，新中国成立之初尚由私股主持经营，但1952年"三反五反"运动聂家被定位为半守法半违法户，私人股东遭到沉重打击，第二大股东吴柏年被捕，政府对其罚款21.6万元。1954年清产核资，企业总股本有480万元，政府随即将罚款转做股本，占总股本0.45%。1954年公私合营开始，公方虽然仅仅持股0.45%，但明确规定董事会不能作为企业领导机构，最高领导机构是纺织局，决策权从企业转移到政府。大隆机器厂在"五反"运动中被定为严重违法户之后，即被纳入国家资本主义的加工订货方式，私人所有者失去对企业的控制权，而1954年公私合营则彻底剥夺了严家的控制权。在新中国成立前官股较多的大生、南洋兄弟烟草公司早在1951年就完成了公私合营。

受此影响，国民经济恢复阶段，尤其"五反"运动中，规模较大家族企业业务可能萎缩。比如，全聚德1950年建立工会组织，对企业经营管理权、财产支配权、工人解雇权工会可参与意见，杨家的权利大为削弱，业务萧条、收不抵支。1952年年初的"五反"运动，工人又起来揭发其不法行为，原资方代理人杨魁耀不得不以"体弱多病，不能支撑店务"为由，让其侄子在店参加"五反"运动。后经核实虽然全聚德属基本守法户，但已处于停业状态，工人们不得已卖铺底维持生活，遂不得不主动提出公私合营。②

社会主义改造则将私营家族企业推向不归路，1954年七届三中全会批准"一化三改"的过渡时期总路线，同年9月全国人大一次会议将其作为过渡时

---

① 参见潘必胜：《中国的家族企业：所有权与控制权（1899—1956）》，经济科学出版社2009年版，第211—212页。

② 参见李燕山：《全聚德的故事》，北京燕山出版社2001年版，第22—23页。

期的总任务写入《中华人民共和国宪法》。虽然最初一化三改的时间相当模糊,但 1955 年一届人大二次会议通过的"一五计划"主要内容则与"一个相当长的时期内"直接冲突,与家族经营直接相关的占据基本内容三个方面中的两个,即要在 1957 年"一五"结束时,建立对农业和手工业社会主义改造的初步基础;建立对私营工商业社会主义改造的基础。这实际上限制了私人生产经营及其对资产的处置权。即使基本内容的另一个方面——建立社会主义工业化初步基础,加强国家投资,也对私人投资有挤出效应。

新中国成立后一段时间,农业和手工业均主要是小规模的家庭经营,虽然其数量很大,但所占份额相对较小,因而这里主要讨论资本主义工商业的社会主义改造。"一五"期间,中国对资本主义工商业的社会主义改造,先经历了主要以收购、加工、订货、统购、包销等为主要内容的初级形式。初级形式从名义上并未改变企业所有权与经营权,但实质上私人资本所有者没有产销自主权,私营家族控制范围已经大为萎缩。高级形式公私合营,分为两个阶段,即个别公私合营和全行业公私合营,但不管哪种形式,私营家族企业都处于被动地位。个别公私合营是对具备条件的企业逐个公私合营,其与一般性质的合股公司不同之处在于社会主义企业的领导地位。全行业公私合营是在全行业安排生产和改组基础上进行,是家族为基础的"资本家所有制"过渡到全民所有制的基本形式。

具体而言,1956 年以北京为先导,全国范围内实行全行业公私合营和定息制度后,虽然名义上私人家族还拥有企业的部分所有权,但其产权已非常不充分。私人家族已经彻底失去控制权,企业财产已由国家统一使用、管理和支配,私人家族只是拥有部分收益权(定息,实际上类似于国家支付家族私有资产租金,但有强制性,私人家族没有定价权),以及部分家族成员担任企业技术人员和管理人员,全行业公私合营的企业已被"社会主义化",工人在企业中居于支配地位。可以说,全行业公私合营以后,家族所有、家族控制的企业遂退出历史舞台。[1] 不过,农村情况稍有不同,1956 年我国社会主义改造基本完成,单一公有制和计划经济的弊病初步显露。为了解决统得过死的问题,同时也探索社会主义建设道路,部分地区尝试开放了农村自由市场,放宽对农民

---

[1]　参见姜恒雄:《中国企业发展简史》上卷,西苑出版社 2001 年版,第 359 页。

和小商贩的贸易控制。但这对计划经济和单一公有制构成威胁,1957年下半年的粮食收购和社会主义教育运动时再次关闭。①

整体而言,社会主义改造,大资本家或者说家族企业经营者基本:"是在怀着悲凉心情的同时,'高兴'地接受公私合营的命运安排的。"②公私合营实质是以公有取代私有,以计划取代市场,而家族经营的基础是产权私有和市场机制,两者之间存在激烈的冲突,更为关键的是在强势政治的推动下,大资本家丝毫没有选择余地。当然为缓和矛盾,政府也出台一些折中措施。比如,给资本家提供饭碗、高薪、职位、政治地位方面的好处。资本家也理性地认识到,大环境下家族经营在经济、政治上没有出路,政府采取的缓和措施给了资本家一个稍微体面的台阶,因此资本家主动选择公私合营无疑是理性选择,这也是全行业公私合营迅速实现的关键。

工业(1949—1956)、批发业(1950—1956)和零售业(1950—1956)从新中国成立到社会主义改造完成阶段,公有制逐渐完成对私有制的替代。1949—1956年社会主义性质的工业企业所占比重基本是直线上升的,私营家族经营的部分所占比重是直线下降的,而国家资本主义性质的工业企业所占比重,随私人家族企业不断纳入而持续上升。③ 就内部结构而言,有一定自主权的加工订货最初只是加强对私营工商业控制,加工订货的比重不断上升,但到后期迅速下降,甚至消失;资本主义性质的公私合营,比例不断上升,在1953—1954年、1955—1956年公私合营所占比重的增长率超过100%。这些以私营家族企业经营自主权的丧失为代价,第一个高增长(从5.7%增至12.3%)源于自产自销的私人家族经营比例下降60%以上,受到限制的加工订货所占比重也下降3.2%。1956年和1955年相比,公私合营的比例从16.1%增至32.5%以基本消灭家族自产自销及加工订货为基础。而且,此时的公私合营非彼公私合营,私人家族除了定息收益权外(1966年终止),对资产已经丧失控制权。批发业国有化1954年以前一直高速增长,1954年达到顶峰,占

---

① 武力:《从1956年前后农村市场兴衰看原有体制的局限》,《改革》1999年第3期。
② 桂勇、吕大乐、邹旻:《私有产权的社会基础:历史的启示——以对民族资本主义企业的社会主义改造为例》,《华中师范大学学报》(人文社会科学版)2005年第3期。
③ 参见曾璧钧、林木西:《新中国经济史》,经济日报出版社1990年版,第19页。

83.3%。① 这与国家从1954年下半年采取以"留"、"转"、"包"为主要内容的一系列限制私营批发商业的活动及代替私营批发商的政策措施有关。1956年的批发业实行全行业公私合营以后,家族对企业的影响荡然无存。零售业与此类似,并在1956年第一季度就完成全行业公私合营。②

二、1957—1978年:家族企业的变态

毫无疑问,1957年以后的二十多年,家族企业受到法律彻底否定,但家族经营仍以各种变态方式存在,据笔者初步考察,社会主义改造完成后家族所有或家族经营主要有以下形式。

(一)有限的个体工商户

无论是社会主义改造,还是大跃进与人民公社,抑或"文化大革命"时期,以家庭为基本经营单位,且以市场为依托的个体工商业者长期存在。新中国成立到社会主义改造完成前,个体工商从业人数虽然有所反复,但一直高位运行。1949年为724万,1952年为883万,1953年为898万,1954年和1955年可能受逐渐展开的社会主义改造之影响,故而有所下降,个体工商业从业人数依次为742万和640万。1956年社会主义改造基本完成,个体工商户从业人数陡降到16万。但对个体及私营工商业改造过快、过猛,导致市场商品供应比较紧张,加上就业等问题,1956年10月国务院发出《关于放宽农村市场管理问题的指示》,赋予个体手工业者的企业经营性质,遂有所发展。比如,浙江1957年有一批小商小贩活跃在城乡市场,据统计约有5万人,其中有证商贩4万人,无证商贩1万人。随后,许多地方又自发形成一些小型个体手工业和小商小贩,个体工商户再次突破100万,这一状况延续到1969年,1963年曾有231万,但此后持续下降,1970年再度少于100万,1977年和1978年均只有15万,竟然低于1956年。③

从社会主义改造完成到改革开放前的历史经验看,经济发展正常年份,个体经营发展也呈现出比较好的态势,但即使政治挂帅的年代也始终没有彻底

---

① 参见曾璧钧、林木西:《新中国经济史》,经济日报出版社1990年版,第76页。
② 参见曾璧钧、林木西:《新中国经济史》,经济日报出版社1990年版,第76页。
③ 参见浙江省商业厅商业史编辑室:《浙江当代商业史》,浙江科学技术出版社1990年版,第132页。

消灭家庭经营,这从一定程度上验证了家庭经营的生命力。其间,反常的现象是 1957—1963 年个体工商业者出现持续的增长,而 1963 年以后直到 1977 年个体工商户又持续下降。尤其第一阶段,1957 年中共中央出台的《关于继续加强对残存的私营工业、个体手工业与小商小贩的社会主义改造的启示》及随后的大跃进及人民公社化运动似乎必然导致个体工商户减少,但却出现持续上升。笔者认为可能是因为以下三个因素导致了这种反常:一是社会主义改造完成后,民间尚有一定财富。国民经济恢复期,广大居民应该储存了一定财富,尤其抗战以来社会动荡,居民尤其工商业者会增加储蓄备荒,而且民族工商者尚能取得定息。因此,虽然实行了公有制,但私人仍有一定购买力,居民可以进行制度之外的"地下"消费。而随着时间推移,原有财富消耗殆尽,以及"文化大革命"中盛行的抄家,定息制的废除,民间财富必然锐减,地下消费明显减少。二是无论大跃进还是人民公社都以发展生产力为己任,没有前一阶段与后一阶段阶级斗争的喧嚣。三是 1957—1962 年,国营和集体企业重心在上,这为个体工商户提供了一些生存空间,但 1962 年以后重心下移,大大挤占了个体工商业生存空间。①

　　1964 年以后由于整顿经济秩序,"左倾"的抬头,个体工商业从业人员明显下降。1966 年 1 月,中共中央批转中央工商行政管理局党组《关于当前反对资本主义势力的斗争和加强市场管理的报告》指出,资本主义势力总是试图捣乱,要进一步打击投机倒把、加强市场管理等限制市场,私人经营的措施。"文化大革命"爆发后很快将扩大化的资产阶级等作为牛鬼蛇神,被人民日报社论列为"打得落花流水,使他们威风扫地"的对象。1966 年 8 月红卫兵第一个目标就是砸掉名店、老店的招牌,换上具有政治色彩的新名称,这对个体工商户的打击几乎是致命的。比如,当时上海市一商局下属公司有零售商店三千七百多家,"破四旧"时被改换招牌的超过 3000 家。② 同年 9 月,《关于财政贸易和手工业方面若干政策的报告》将公私合营改为国有企业,取消定息和资方代表,从形式上也否定了家族所有权和经营权。在计划经济时期,个体经

①　参见姜恒雄:《中国企业发展史》,西苑出版社 2001 年版,第 438 页。
②　参见柳随年、吴敢群:《"文化大革命"时期的国民经济(1966—1976)》,黑龙江人民出版社 1986 年版,第 14 页。

营由于与社会主义经典制度发生冲突,因此越是政治中心,其数量越少。比如1978 年年底,北京只有个体工商户 259 户。[①]

以上主要讨论的是大城市或者较大区域的情况,下面以私营经济自宋以来比较发达的河北清河为例对基层的情况加以说明。[②] 就商业而言,1939 年日军轰炸前清河有商户 976 户,商店 230 户,从业人员约 1000 人。由于规模较小,可以肯定基本上是单个家庭或家族经营管理。新中国成立后,1955 年全县私营商业企业发展到 1063 家,从业人员 1107 人,由于每家从业人员较少,应为家庭经营。上述数字应该是相对保守的,因为 1955 年改造 261 户后,1956 年掀起对私营商业社会主义改造高潮时,对私营商业全面普查,结果私营商业有 3275 户,从业人员 3728 人,其中手工业 2000 户,私营商业 1275 户。个体商业方面,1957 年全年共有商贩 185 人,1960—1962 年剩下 130 人,1962年增加到 195 人。"文化大革命"后个体商业则被取消。[③]

(二)地下家族经营

计划经济时期个体工商户的经营环境极为恶劣,业务和规模都有严格限制,尤其不准长途贩运,但一些人受利益驱使,不惜铤而走险,成为地下家庭经营者。比如,张家港永联村党委书记吴栋材回忆:"1962 年回来后,我和我弟弟到福建去过一次,从这里收些土布鞋到那里去卖,赚了一些钱。卖了布,他去厦门买了香烟、手表等准备带回再卖出去。我们还上山砍了一些毛竹片托运回来。"如果说其回忆可能有失真的成分,那么其档案中的"自我检查"应该不会夸大自己的"罪过",而应尽量掩盖自己"罪行",而显得谨慎。吴栋材档案中 1963 年 3 月 20 日的一份检查写道:"我 1961 年冬从无锡砖厂回来,有自发的资本主义倾向,缺乏艰苦朴素精神,被个人发家思想冲昏头脑,利用自己外边情况熟的条件,走资本主义个人发家之路。1961 年寒天贩石灰 10 吨,亏本 80 元左右;1962 年前后去福建 4 次,走时带棉布、现金,来时带香烟、糖精、手表等,亏掉 680 元左右;1962 年年底去兰州,带去棉工呢 17 丈,换水烟 1100

---

① 参见蒋泽中:《新潮一族——当代中国的个体户》,山西经济出版社 1993 年版,第 9 页。

② 参见河北省清河县地方志编纂委员会:《清河县志》,中国城市出版社 1993 年版,第 317 页。

③ 参见河北省清河县地方志编纂委员会:《清河县志》,中国城市出版社 1993 年版,第 318—319 页。

块,没运回,放在兰州李国均家,亏掉 180 元;贩空心砖因运费高昂,亏损自行车一部,人民币 350 元,只剩砖 600 块左右,前后共弄掉人民币 1200 元。我深刻认识到走资本主义道路是死路一条! 这条路走不通!"①虽然当时政策环境不允许私人经营,尤其长途贩运,没收、扣压、罚款、批斗、抓人等是常用手段,并不排除吴栋材确实每一项都亏损可能,但为什么他屡败屡战,只有两种解释,一是受别人"投机倒把"致富的诱惑,二是确实赚了钱,但为减轻自己的罪行,或者怕所得被没收,故而把自己说成深受资本主义的害。吴栋材的这种现象,在个别区域还有一定普遍性,比如,据不完全调查,20 世纪 70 年代初温州地区有 5200 个地下商贩,1974 年增加到 6400 个,1976 年增加到 11000 个。②

个别地方以家庭为经营单位的地下黑工厂,甚至有公开化倾向,这以著名侨乡福建石狮尤为典型。20 世纪 60 年代的石狮小商品市场异常繁荣,形成以"估衣"为主的小洋货市场,"文化大革命"后期,私人家庭经营者冒着被批判和坐牢风险,大规模从事商品生产经营。"文化大革命"时石狮镇的家族经营相当普遍,整体而言:"以自由市场闻名全国的侨乡石狮镇,四千余户的乡镇就有近千家的小摊贩,每天上市的有二万五千多人,成交总金额达 670000 元,比国营合作商店的营业额还多一倍以上,经营行业二三十种,国家一二类物资以及三十多个国家的进口商品充斥市场,各类工业品之多更是数不胜数……这些摊贩布满大街小巷,一层挨着一层,一摊连着一摊,一直摆到国营商店的柜台边,几乎占领了社会主义的商业阵地……在这资本主义全面复辟,自由市场严重泛滥的妖雾里,贪污盗窃,投机倒把分子乱中求利,大发横财,垄断实施市场的'八大王'就是其中的典型一例。"③由于家庭经营受到意识形态歧视,1975 年石狮"八大王乱市场"作为全国典型批判对象,并一直延续到"文化大革命"以后一段时间。

(三)社队企业的变态

与地下经营完全游离于法律之外不同的是,变态家族经营往往假借非家

---

① 新望:《一位苏南农民企业家的成长史》,《中国国情国力》2002 年第 5 期。
② 参见周尔鎏、张雨林:《城乡协调发展研究》,江苏人民出版社 1991 年版,第 114—115 页。
③ 张厚义、侯光明、明立志等:《中国私营企业发展报告(2005)》,社会科学文献出版社 2005 年版,第 345 页。

族性的合法外衣,但起主导作用的却是私人家族,这与后来的"红帽子"、"洋帽子"家族企业类似。虽然社队企业和其他公有制企业,本应排斥家族,但现实中却出现一些家族化倾向。国有化程度越低,越是基层,企业规模越小,国家管制越少,政治越是边缘化的地区公有制企业家族化程度越高,其中尤以乡镇企业前身——社队企业为典型。

大跃进时期在赶超战略驱动下社办企业迅速增加,然而"整个过程在农村地区造成了强大的社会压力,看上去像是一场彻头彻尾的抢劫"①,这决定其必然昙花一现。于是大跃进和人民公社运动后期开始整顿,社办企业迅速萎缩,国家要求公社退还从小集体和农民手中征集的财物。1962 年,中共中央多次对整顿社队企业发出指示,规定"公社和生产大队一般不办企业,不设专业的副业生产队。原来公社、大队把生产队的副业集中起来办的企业,都应该下放给生产队经营"②。正如潘必胜所言③,队办在北方更多与家族范围一致,在南方,尤其山区家族范围与大队一致,也就是说,队办企业具有天然的家族基础。随后,社办、村办、生产队办企业得到较大发展。到 1970 年仅社办企业就有 4.5 万个(1965 年仅 1.2 万个),而产值也迅速增长。1971 年农业机械化会议要求农村发展与农业机械化有关的小企业,这进一步为社队企业发展提供了制度空间。1971 年社队企业达到 5.31 万个,产值 92 亿元,并进入一个稳定发展期。浙江、江苏、广东等有手工业传统的省份基层,在人地矛盾突出背景下,借农业机械化之名,创办各种手工业。1975 年,中央已经公开支持社队企业的创办。到 1976 年全国已有各类社队企业 111.5 万个,1978 年更是达到 152.4 万个。④ 社队企业的蓬勃发展,需要专门的管理机构,1975 年山西首先设立社队企业管理局,1976 年 2 月国家社队企业管理局成立,需要地方成立相应配套部分,因此到 1977 年除西藏外都成立了社队企业局。

由于多数社队企业都是在 20 世纪 60 年代中期以后才建成的,时间并不

① 潘维:《农民与市场 中国基层政权与乡镇企业》,商务印书馆 2003 年版,第 65—66 页。
② 《建国以来重要文献选编》第 15 册,中央文献出版社 1997 年版,第 703 页。
③ 参见潘必胜:《产权、家庭效率与家族非效率——农业社会中家庭经济行为分析》,《中国农村观察》2001 年第 4 期。
④ 参见颜公平:《对 1984 年以前社队企业发展的历史考察与反思》,《当代中国史研究》2007 年第 2 期。

长,又在家族文化浓厚的农村基层,故而有些是农村中掌握基层政权的家族或者能人控制是完全可能的。与此类似,其他公有制企业也应有一定的家族性,但由于最终产权不归家庭所有,控制可能相对不稳定,且在计划经济的大背景下,其运行的基本方式仍是计划色彩极为浓厚,家族控制可能更多体现在与人事权相关的权益上。"文化大革命"期间虽然在"割资本主义尾巴"的影响下,集体企业向全民企业升级,个体企业萎缩,家庭经营、家族控制应该大为萎缩,但从1966年开始国家通过财政、物资供应等手段鼓励地方小企业,1967—1968年地方小企业开始迅速发展,其中1970—1976年间地方小工业增长最快。① 可以想象,因为当时政治动荡,这些小工业又下放到地方、部门,随着中间环节的增加,政治权力的影响难免失灵,对一些基层,尤其远离政治中心的企业而言必然会形成家族控制的事实。

事实上,早在改革开放前就有一些农村基层为缓解人地矛盾,私下支持合伙经营企业采用集体名义,这在温州可能最为明显,最初是一些大队与农民合作,办起假集体企业。因为严重违法,属于投机倒把,数量极为有限,故而仅限于大队以下,这可能与大队不属于国家行政体系之列有关。最早利用集体名义经营者往往由能人带动,能人家族往往是企业事实上的控制者。乐清柳市的低压电器最初就是采取这种经营模式,1970年,马仁乡农民陈庆瑶到安徽某煤矿访友,朋友询问温州是否有"交流接触器动静触头"(国有企业不生产),以解企业燃眉之急。虽然家乡根本没有低压电器产品,但陈庆瑶意识到这是一个商业机会,故而答应回温州发货,同时将触头临摹到白纸上带回温州。回到家后,偷偷从温州永久锁厂请技术员指导,再利用住房、简单工具,家庭成员模仿加工,第一批产品遂告出炉。② 1972年年初陈庆瑶、陈维松等11位农民借马仁桥大队集体之名,每人投资200元,创办乐清县苔东五金电器制配厂。值得注意的是,虽然是合股经营,但因陈庆瑶是柳市最先生产低压电器者,又有市场,当时企业日常经营可能被他控制。

"文化大革命"以后,随政治形势缓和,一些公社也敢冒风险,容许家族经

---

① 参见姜恒雄:《中国企业发展史》,西苑出版社2001年版,第515—518页。
② 参见史晋川、金祥荣、赵伟等:《制度变迁与经济发展:温州模式研究》,浙江大学出版社2002年版,第158页。

营。同样是乐清县①,1976 年下半年,虹桥公社把 150 名手工艺人集中起来,成立 8 个假合作真私有(家庭经营)的企业,在其带动下,蒲岐公社、慎江公社、慎海公社也将农村工匠组织起来,组成五十多个挂名集体的私营企业。为方便管理(收税费、应付法律),一些公社很快又将地下工厂挂靠到合法的乡镇企业名下,比如,1977 年 4—6 月,三山公社将全公社五十多家地下工厂挂靠到三山农机厂、三山机修配件厂等集体企业名下。8 月份,乐清县"推广"三山公社做法,到年底全县约有六百多家家庭工厂找到挂靠的集体厂,以集体名义经营。值得注意的是,挂靠行为得到县的推广,说明家庭(族)经营已经得到更高层的支持,也说明这在温州其他县市可能已有一定普遍性,否则县政府不会冒政治风险将其"推广"。

第二节　转型期的家族企业

一、1979—1988 年:家族企业的合法化与再生

(一)家族企业的合法化

改革开放后,曾经在计划经济时期被正式制度驱逐的非公有制经济逐渐获得生存空间。非公有制经济普遍以家族控制为基础,这有多方面原因:首先,家庭联产承包责任制使农业劳动者创造的产值超过个人需要。伴随劳动生产率的提高,加上分配方式的变革,多数农民拥有数量不等的剩余资金。农民家庭由计划经济时期的单纯生活消费功能向传统多元化功能回归,尤其家庭联产承包责任制使经济功能普遍回归家庭。家庭联产承包责任制赋予了农民家庭对土地的自主经营权,使家庭劳力向土地经营外转移成为可能,而农地规模相对较小,则意味着仅仅经营土地,家庭内部必然出现剩余劳动力。结果,农村土地经营制度的变革,虽然其初衷并不是为了促进私营经济,但却间接为非农个体经济的发展准备了资金、劳动力和土地。

企业的生存前提是市场,而改革开放后城乡市场的拉力对家族企业的兴

---

① 参见赵顺鹏、朱知喜:《超前与裂变——走进乐清的改革开放》,浙江大学出版社 2000 年版,第 273 页。

起和发展起了关键作用。在城镇,1957 年尚有零售、饮食、服务商业网点 100 万个,到 1979 年 10 月反而只有 17 万个,其分布特征已由 1957 年的"小、密、多"变成"大、稀、少",因供不应求,完全处于卖方市场,企业吃大锅饭,注定这些商业网点普遍缺乏服务意识,根本满足不了居民日益增长的消费需求。计划经济时期虽然是短缺经济,但是相对于人们的购买力以及票证经济而言似乎并不明显。改革开放后,随着经济发展,尤其分配体制的改革,无论从整体还是个体来看都有更多商品需求。在农村,1979—1983 年农民人均纯收入由 133.6 元增长到 309.8 元,增长 1.3 倍,年增长率为 18.3%。同时农村由自给自足的自然经济向商品经济转型,传统计划经济带来的买难、卖难在这个时期暴露无遗。

有鉴于此,党和政府在"解放思想,实事求是"的思想指导下,逐步赋予了主要以家族(庭)企业为主的非公经济法律保障,表 7—1 大致描述了以家族企业为主的个体家庭经营,私营经济获得法律地位的过程。与经济体制改革率先从农村展开一致,十一届三中全会率先给农村家庭经营工商业开了绿灯。次年,开始在城市鼓励个体,叶剑英的讲话肯定个体经济对社会主义公有制经济的积极意义,《关于城镇非农业个体经济若干政策性规定》第一次系统地阐明了个体经济政策,尤其允许其雇工,这不仅有利于个体工商户扩大规模,也是私营(家族)企业产生和发展的前提。1982 年宪法修正案肯定、支持个体工商户发展的条文,则进一步巩固了个体工商户的地位。此后,对超过雇工规模的个体工商户采取"看一看"态度,则为个体工商户经营向社会化方向发展"法外开恩",并进而在 1987 年认同多种经济成分并存,允许私人企业存在,再将其写进宪法,制定一系列专门的私营企业法规,最终让家族企业逐渐由"幕后"走向"台前"。

表 7—1　十一届三中全会到 1988 年有关家族(庭)经营政策法规的演变

时间	形式	主要相关内容
1978 年 12 月十一届三中全会	中共中央关于农业发展若干问题的决定(草案)	社员自留地,家庭副业和集市贸易是社会主义经济正当补充,绝不允许批判和取缔;相反地,巩固和发展集体经济同时,应当鼓励和辅助农民经营家庭副业,增加个人收入,活跃农村经济。

时间	形式	主要相关内容
1979 年 2 月	工商行政管理局长会议报告	各地可以根据当地市场需要,在取得有关业务主管部门同意后,批准一些有正式户口的闲散劳动力从事修理、服务和手工业等个体劳动,但不得雇工。
1979 年 9 月	叶剑英庆祝新中国成立 30 周年的讲话	目前在有限的范围内继续存在的城乡劳动者个体经济,是社会主义公有制经济的附属和补充。
1980 年 7 月	关于召开全国劳动就业工作会议问题的通知	允许劳动力自谋出路,从事个体工商业,使个体工商业有适当的发展;积极鼓励和扶持个体经济的发展。
1981 年 7 月	关于城镇非农业个体经济若干政策性规定	第一次较为全面、系统地阐明了我国的个体经济政策,对城镇个体经济性质、经营范围,以及如何扶持和保护作了明确而详细的规定,个体工商户可以雇工为其扩大规模提供了法律依据。
1981 年 10 月	关于广开就业门路,搞活经济,解决城镇就业问题的若干规定	今后必须重开辟个体经济就业渠道;一定范围的劳动者个体经济是社会主义公有制经济的必要补充;个体劳动者是社会主义劳动者,社会政治地位和集体、国营职工一视同仁,不从收入水平上卡他们;个体劳动者财产受法律保护,改变歧视、限制、打击、并吞个体经济的政策措施,代之以引导、鼓励、促进、扶持。
1982 年年初	全国农村工作会议	对于家庭副业和专业户,必须采取扶持政策,并注意组织必要的协作和联合。
1982 年 9 月	十二大	在农村和城市,都要鼓励劳动者个体经济在国家规定的范围内和在国家工商行政管理下适当发展,作为公有制经济的必要的有益的补充。
1982 年 12 月	宪法修正案	在法律规定范围内的城乡个体劳动者经济,是社会主义公有制经济的补充。国家保护个体经济的合法权利和利益。国家通过行政管理,指导、帮助和监督个体经济。
1983 年 1 月	当前农村经济政策的若干问题	对超过规定雇请较多帮工的,不宜提倡,不要公开宣传,也不要急于取缔,而应因势利导,使之向不同形式的合作经济发展。
1983 年 4 月	关于城镇非农业个体经济若干政策性规定的补充规定	放宽个体工商业市场准入条件;针对个别地方对个体工商户乱收费、乱摊派现象,要求各部门采取有效措施,切实保护个体工商户的合法权益。

续表

时间	形式	主要相关内容
1984 年 10 月	中共中央关于经济体制改革的决定	论述国有经济改革时强调个体经济作用，要求为个体经济发展扫除障碍，创造条件，并给予法律保护。特别在劳务为主、适应分散经营的应该大力发展。
1986 年 9 月	关于社会主义精神文明建设指导方针的规定	中央文件首次提到多种经济成分，并鼓励一部分人先富起来。
1987 年 1 月	把农村改革引向深入	允许规模化的个体经济发展，对其采取"允许存在，加强管理，兴除利弊，逐步引导"。
1987 年 8 月	城乡个体工商户管理暂行条例	统一城乡个体工商户法规，个体工商户必须向工商管理机关登记，并办理执照。工商户获得银行开户，开发票等权利。
1987 年 10 月	十三大报告	改革开放后，首次承认并允许私营经济发展。允许私营经济存在和发展是社会主义初级阶段生产力水平决定，明确承认私营经济的合法存在，并阐述私营经济地位、性质和积极作用，提出党对私营经济的基本政策是鼓励、保护、引导、监督和管理。
1988 年 4 月	宪法修正案	国家允许私营经济在法律规定的范围内存在和发展，私营经济是社会主义公有制经济补充，国家保护私营经济的合法权利和利益，对私营经济实行引导、监督和管理。
1988 年 6 月	《中华人民共和国私营企业暂行条例》等	对私营企业进行明确界定的基础上，具体规定了私营企业的标准、特点、作用、种类、开办条件、登记内容、权利义务以及国家对其监督管理的基本内容，从而把私营企业的发展和管理纳入法制轨道。

资料来源：中华全国工商业联合会信息中心：《个体私营经济政策法规选编》，企业管理出版社 1996 年版；张厚义、明立志：《中国私营企业发展报告》，社会科学文献出版社 1999 年版；中共中央文献研究室：《三中全会以来重要文献选编》（上、下册），人民出版社 1982 年版；中共中央文献研究室：《十二大以来重要文献选编》（上），人民出版社 1986 年版；中央文献研究室：《十三大以来重要文献选编》，人民出版社 1991 年版。

（二）再生表现：个体经济大发展

改革开放后家庭经营率先获得新生，其突出表现就是个体工商户的大发展。整体而言，"家庭作坊广泛地存在于前工业化社会，但在我国改革开放前的二十多年里一直被视为异端。改革开放以后，家庭小作坊被允许经营并迅猛发展。在沿海一带,家庭作坊甚至成为当地经济发展的重要力量之一,它对人们经济收入的贡献甚至超过国有和集体企业。其中,'温州模式'便是以较早发展家庭私有经济而著名"①。

十一届三中全会后,个体工商户无论总户数还是就业人员均明显增加。1979—1980 年年均比上年从业人数增加一倍以上,尤其 1981 年正式确认个体工商户法律地位之后从业人数陡然从 1980 年 81 万增加到 227 万,自 1970 年以来,首次突破百万大关,增加 1.8 倍。② 这可能是由于《关于城镇非农业个体经济若干政策性规定》出台后,个体工商户从地下走向公开的结果。1982 年宪法增加了个体工商户内容,进一步强化了其法律地位,个体工商户和从业人员数又比 1981 年增长 40%以上。1983 年 1 月中共中央《当前农村经济政策的若干问题》对个体工商户规模化发展的观望态度,给了民间信心。因此当年无论工商户数量还是从业人员又都在 1982 年基础上翻了一番多,接下来的 1984 年再在此基础上总户数增长接近 60%,就业人数增加近 3/4,首次突破千万人。1985 年继续保持了较快增长(分别为 25.5%和 35.5%),个体工商户数量首次超千万。此后,除 1987 年增幅超过 10%外,增幅都不是很明显,但仍保持正增长。1979—1988 年个体工商户从业人员竟增加 150 倍,1981—1988 年个体工商户数量增加近 7 倍。总之,家庭所有、家庭经营个体工商户取得了迅速发展,进入一个相对兴盛的阶段。

1978—1988 年间个体工商业城乡表现各有侧重,城镇是个体,农村是"两户一体"(专业户、重点户和新经济联合体),但两者均有家族经营特征。表7—1 可以看出,党中央出台的一系列个体,甚至私营企业的法规,多以就业为目的,其初衷并不是发展个体、私营,而是为了缓解巨大的就业压力。改革开放之初的城镇,一方面公有制企业活力不强,人浮于事,人多事少,解决就业能力极为有限,国家通过发展个体经济来解决就业就很自然。1979 年起城镇就鼓励、支持发展个体经济,1981 年《关于城镇非农业个体经济若干政策的规

---

① 史晋川、金祥荣、赵伟等:《制度变迁与经济发展:温州模式研究》,浙江人民出版社 2002年版,第 129 页。

② 参见张厚义、明立志:《中国私营企业发展报告(1978—1998)》,社会科学文献出版社1999 年版,第 92—93 页。

定》允许个体请帮手、带学徒,而后来的私营企业恰恰是以此时规定的帮工、学徒数量为划分依据。在这种制度引导下,城镇个体劳动者从 1979 年开始恢复,1981—1983 年由 105.9 万人增加到 208.6 万人,年均增加 51.35 万人;户均注册资金由 242 万元增加到 464.8 万元,增长了 90% 以上;户均从业人数虽没有变化,但营业额却由 1981 年不到 1300 元增加到 4200 多元,增加两倍多。①

十一届三中全会以后个体工商户数量虽然保持了高速增长②,但是因为对个体经济的发展方向还存在争议,尤其对雇工规模等还比较敏感,因此个体工商户规模化举步维艰。规模较大的私营家族企业由于没有法律地位,不得不借助包括个体工商户在内的各种"帽子",以规避所有制歧视隐藏的政治风险,并且尽可能多地获得贷款、税收、购销和人事管理等方面的国民待遇。整体而言,个体工商户平均从业人员虽持续增加,但并不明显,1981—1988 年,个体工商业户平均从业人员仅从 1.2 人增加到 1.6 人③,增幅只有 33%,远逊于个体工商户数量和从业人员总数的增长。这主要有两方面原因:一方面,市场化空间还极为有限,多数个体工商户只能从事小商品、小服务;另一方面,无论是理论还是实践对雇工、剥削等均比较敏感,即使在某些间隙有规模化的市场,个体工商户也只能"地下"进行,或者借助于"红帽子"庇护,瞒报、少报,甚至不报从业人员实属正常。总之,这段时间非公有制经济中具有企业性质的经营主体主要是家庭经营方式,并没有拓展到家族的范围。

二、1989—1991 年:法律地位摇摆与发展波动

(一)法律地位的摇摆

1989 年以后,一方面是家族企业的重要载体个体私营经济获得法律地位,相当数量的私营企业注册登记,原来戴洋帽子和红帽子的部分企业揭帽,

---

① 参见张厚义、明立志:《中国私营企业发展报告(1978—1998)》,社会科学文献出版社 1999 年版,第 16 页。

② 参见张厚义、明立志:《中国私营企业发展报告(1978—1998)》,社会科学文献出版社 1999 年版,第 93 页。

③ 参见张厚义、明立志:《中国私营企业发展报告(1978—1998)》,社会科学文献出版社 1999 年版,第 93 页。

其家族控制由隐性变为显性。据中央统战部、全国工商联和中国民（私）营经济研究会第四次私营企业抽样调查：1989—1991 年间摘帽的占戴"帽子"私营企业的 12.3%。① 另一方面，则是个体私营经济就业人数和就业数量的增长速度放慢，甚至是倒退。这有多方面原因②：第一，国家采取以通货紧缩为主的经济治理整顿，虽然物价的稳定客观上有利于个体私营经济的发展，但对个体私营经济的负面效应远大于公有制经济。比如，对小纱厂、小烟厂、小炼油厂等要坚决停止贷款，清理整顿非银行的金融机构，特别是提高个体私营经济贷款门槛，私营企业贷款利率高于集体企业，挤占了家族企业的生存空间。第二，要求各地采取措施，认真整顿市场秩序，坚决取缔和打击囤积居奇、投机倒把、哄抬物价、扰乱市场等行为，对个体、私营企业经营范围作明确限制。如"严禁私人从事重要生产资料的经营活动"，"禁止私人从事长途批发业务。禁止私人经营对外贸易"③，明确禁止个体工商户和私营企业不能经营 41 种重要生产资料和 36 种紧俏耐用消费品。第三，由于国内国际政治形势的恶化，尤其"六四事件"导致党内"左倾"一度抬头，对个体私营企业"姓社"和"姓资"的争论重新抬头，经济有政治化倾向，建立在家庭、私有基础上的个体私营企业再次处于风口浪尖。中共中央《关于加强党的建设通知》（1989 年 8 月 29 日）甚至明确指出，私营经济存在剥削，私营企业主不能入党，这无疑给个体私营经营者施加了强大的政治压力。第四，是一些直接针对个体私营经济的清理整顿政策。1989 年 7 月，国家工商局《关于对个体工商业和私营企业加强管理的通知》要求各地工商行政管理机关会同有关部门对个体私营进行全面清理和检查，8 月国务院又发文要求在全国进行一次个体工商户和私营企业税收大检查，而且清理整顿具有明显政治化倾向。

总之，虽然 1987 年、1988 年国家相继出台有利个体私营经济发展的系列法规，给其一丝发展的曙光，但只是给个体私营经济提供了一点生存空间，在税收、经营范围等方面并不比其他性质的企业优惠，再加上政治歧视，原有国有、集体、

---

① 参见戴建中：《现阶段中国私营企业主研究》，《社会科学研究》2001 年第 5 期。

② 参见凌四立、欧人：《1989—1991 年个体私营经济徘徊的政策性因素》，《重庆大学学报》（社会科学版）2004 年第 4 期。

③ 《中共中央关于进一步治理整顿和深化改革的决定》中发［1989］11 号。

新经济联合体的真私营、个体就没有将其企业改注为名义上的个体私营经济的激励。与此相反,有些地方借口"壮大集体经济",擅自将个体、私营企业收归集体,因此,一些个体私营家族企业不得不压缩规模,或虚报规模,或继续寻求"红帽子"庇护,个体私营的经营出现波动。比如,河北省保定市1991年1—4月间,私营企业注销286户,其中因经营范围的限制而改变私营经济性质的占总数的22.7%;因资金短缺,无力经营而停业、歇业的占总户数的19%;因减少雇工,由私营企业变为个体工商户占总数的20.28%;因市场萧条、产品积压造成停业的占注销户38%。[①] 当然,这一阶段也有一些积极变化,1988年以前只有后顾之忧较少的农民及部分工人从事个体经营,规模化后演变为私营企业,但在1989年以后部分干部、专业技术人员逐渐步入私营企业主行列。[②]

当然在这一阶段,政府还是采取了一些相对来说有利个体私营企业发展的政策措施。1989年9月29日,江泽民在庆祝新中国成立四十周年讲话中明确表示,要"继续坚持以公有制为主体、发展多种经济成分"的方针。1990年国务院顺应形势提出调整私营企业的四条措施:把私营企业从其他经济成分中划分出来,改变经济成分混乱状态,使私营企业经济活动得到有效的引导和必要的监督;运用税收杠杆管理私营企业,做到寓征于养,并对某些私营企业实行适当优惠;采取有效措施,制止"三乱"现象;改变政出多门状况。而在争论过程中,党中央的思路越来越清晰,邓小平同志首先指出计划与市场并不是判断资本主义与社会主义的标准,针对反对资产阶级自由化的"左倾"倾向,邓小平等通过各种途径坚定了中国坚持改革的方向。中发〔1991〕15号文件要求统战部和工商联及时把非公有制经济人士纳入统一战线范围,引导他们参政议政,个体私营家族经营者政治地位也相应提高。

(二)发展的波动

1987年法律规定个体工商户可以不挂户经营,尤其是1988年私营企业法律地位的确定,个体工商户,大规模的家庭经营理应从隐性走向显性,但现实却非如此,这主要是受当时政策波动的影响。1989年以后,个体工商户数

---

① 参见张厚义等:《中国的私营经济与私有企业主》,知识出版社1995年版,第52页。
② 参见《中国私有企业主阶层研究》课题组:《我国私有企业的经营状况与私有企业主的群体特征》,《中国社会科学》1994年第4期。

量不但没有上升,反而出现下降,私营企业也没有出现迅速增加迹象。家庭经营为主的个体工商户数量结束了改革开放以来的持续高速增长态势(虽然1979—1980 年缺乏统计数据,但据从业人数等简单判断,这两年户数应显著增加),1989 年与 1988 年相比减少 206 万户,下降 14.2%,此后虽有所回升,但直到 1992 年才超过 1988 年水平,从业人员情况与此类似,而且波动幅度更大,产值却一直呈上升趋势(见表 7—2)。1989 年山西、青海、安徽等省,个体工商户数量及从业人员下降幅度均超过 30%,山西从业人员减少近一半。当然,1989 年也有新开张的个体企业,但歇业户数和歇业人员比 1988 年分别增加 65% 和 57.8%,这不能解释为私营企业对个体工商户的替代,因为私营企业的数量太少。事实上,1989 年私营企业 9.8 万户(1987 年私营企业虽获法律地位,但直到 1989 年才有统计),从业人员仅 164 万人,减少的二百多万户个体工商户及减少的 364 万从业人员重组成不到 10 万家私营企业的可能性并不大。不过,个体工商户的产值继续增加,说明就个体而言还是有所发展。私营企业的增长则相对有限,1989 年为 9.1 万户,1990 年为 9.8 万户,1991 年10.8 万户,即使 1992 年也只有 14 万户。而据国家工商局 1988 年的摸底调查,全国符合私营企业条件(即雇工 8 人以上)的经济实体约有 22.5 万家。[①]

表 7—2　1988—1992 年个体工商户基本情况

年份	户数(万)	从业人员(万)	产值(亿)
1988	1453	2305	312
1989	1247	1941	347
1990	1328	2093	397
1991	1417	2258	488
1992	1534	2468	601

资料来源:张厚义、明立志:《中国私营企业发展报告(1978—1998)》,社会科学文献出版社 1999 年版,第 93 页。

在这一阶段后期,个体经济的发展有所恢复,这与相关政策的调整步调基本一致。1990 年 4 月起全国个体工商业注册数量出现回升,私营企业注册数量下半年也出现回升。年底个体工商户数量和从业人员分别比上年增加

[①]　参见李秀潭、胡修干:《中国私营经济研究报告》,浙江人民出版社 2004 年版,第 13 页。

6.6% 和 7.8%，私营企业户数、投资人数和雇工人数分别比上年增长 8.3%、4.6% 和 3.7%。① 但整体而言，个体私营经济的政治地位仍然极为微妙，直到 1991 年个体户数量、从业人员数量还没有恢复到 1988 年水平，而曙光重现的私营企业 1991 年甚至还不到 1988 年摸底数一半。

三、1992 年以来：法律地位稳步提高与大发展

（一）法律地位的稳步提高

1992 年年初邓小平南方谈话及同年 10 月的十四大明确了建立社会主义市场经济的改革目标，以家庭、家族为经营核心的个体私营经济法律地位的提高已成历史必然，此后非公有制经济法规不断完善（见表 7—3）。

表 7—3　1992 年以来有利家族企业的主要政策法规简表

时　间	形　式	内　容
1992 年春	邓小平南方谈话	打破"姓社"和"姓资"的空洞争论，坚持解放思想、实事求是；提出社会主义本质是解放生产力而非公有制；突破将计划与市场绝对对立的认识误区。
1992 年 10 月	十四大报告	确立社会主义市场经济体制的改革目标模式；提出多种经济成分长期共同发展；非公有制企业可进入市场竞争；不同经济成分可以实行联合经营。
1993 年	宪法修订案	非公有制经济是社会主义市场经济的重要补充。
1993 年 4 月	关于促进个体私营经济发展的若干意见	个体私营经济的经营主体资格、经营范围、经营方式、注册资金及登记审批程序等方面均放宽政策。
1993 年 11 月	十四届三中全会《中共中央关于建立社会主义市场经济体制若干问题的决定》	公有制在国民经济中应占主体地位，但有的地方，有的产业，可以有所区别；国家要为各种所有制经济平等的参与市场竞争创造条件，对各类企业一视同仁；一般小型国有企业，可以实行承包、租赁经营，改组为股份合作制，也可以出售给集体和个人。
1994 年	中华人民共和国公司法	为企业依法运行，融资等创造了条件。

---

① 参见国家统计局：《中国经济年鉴（1991）》，中国经济出版社 1991 年版，第 269—270 页。

续表

时 间	形 式	内 容
1995 年 9 月	中共中央关于制订国民经济和社会发展"九五"计划和 2010 年远景目标的建议	提出对外商投资企业逐步实行国民待遇,个体、私营企业地位相应上升。从此,我国政府加快了以实现国民待遇体制为主要方向的外资政策改革步伐。在税收等领域逐渐取消外资企业的超国民待遇。
1997 年 9 月	十五大报告	公有制为主体、多种所有制经济共同发展,是我国社会主义初级阶段的一项基本制度。非公有制经济是社会主义市场经济的重要组成部分,个体私营经济向享受国民待遇方面迈出重要一步。
1998 年 3 月	关于印发《清理甄别"挂靠"集体企业工作意见》的通知	要求各级工商行政管理部门对各类"挂靠"集体企业进行全面清理甄别,明确企业财产所有权和财产归属关系。
1999 年 3 月	宪法修正案	个体、私营经济等非公有制经济,是社会主义市场经济重要组成部分。国家保护个体经济、私营经济的合法权利和利益。社会主义初级阶段坚持以公有制为主体,多种所有制经济共同发展的基本经济制度,坚持按劳分配,多种经济成分并存的分配制度。
1999 年 8 月	个人独资企业法	与私营企业相比:不需验资,投资者不一定要有行为能力;依法取得土地所有权、申请贷款、取得外贸经营权,设立分支机构等;取消雇工 8 人限制;明确个人独资企业财产归个人所有。
1999 年 9 月	中共中央关于国营企业改革和发展若干重大问题的决定	国有经济的主导地位定位于增强对国民经济的控制力上,国有经济要在关系国民经济命脉的重要行业和关键领域占支配地位,而在其他领域则要"有进有退","有所为有所不为"。
2001 年 7 月	中国共产党成立 80 周年大会上的讲话	非公有制经济是有中国特色社会主义建设者,财产不能作为判断政治落后与先进的标准,非公有制经济中的优秀分子可以入党。
2002 年 11 月	十六大报告	必须毫不动摇地支持、鼓励和引导非公有经济的发展。一定要把坚持公有制为主体,促进非公有制经济发展,统一于社会主义现代化建设进程中,不能将二者对立起来。一切合法劳动收入和合法的非劳动收入都应该得到保护,要完善保护私人财产的法律制度,要逐步形成与社会主义初级阶段相适应的思想观念和创业机制。

时　间	形　式	内　容
2003 年 10 月	中共中央关于完善社会主义市场经济体制若干问题的决定	个体、私营等非公有制经济是促进社会生产力发展的重要力量,要大力发展非公有制经济,支持非公有制中小企业的发展,鼓励有条件的企业做大做强。从体制消除限制非公有制经济发展的障碍,放宽市场准入限制,允许非公有资本进入法律未禁止的基础设施、公用事业及其他行业和领域。非公有制经济在投融资等方面与其他企业享受同等待遇。
2004 年	宪法修订案	公民合法私有财产不受侵犯,国家依照法律保护公民的私有财产权和继承权。非公有制经济人士是社会主义的建设者。并在宪法中首次提出鼓励、支持和引导非公有制经济的发展。
2005 年 2 月	国务院关于鼓励支持和引导个体私营等非公有制经济发展的若干意见	我党我国有史以来最为详尽,最为系统全面地非公有制经济的政策措施。在市场准入、财税金融支持体系、社会服务、企业和职工合法权益、企业素质、监管、强化与监管等七个方面,均有所突破,尤其在市场准入方面取得了突破性进展。

资料来源:国家工商行政管理局个体私营经济监管司:《个体私营经济法规集成》,工商出版社 2001
　　年版;张厚义、侯光明、明立志等:《中国私营企业发展报告》,社会科学文献出版社 2005
　　年版,第 5—6 页;杨在军:《我国非公有制演进的三个阶段》,《经济学消息报》2005 年 4
　　月 8 日等。

(二) 家族企业的大发展

　　1988 年《中华人民共和国私营企业暂行条例》为规模化的家庭经营提供了基本法律保障,但这并没有从根本上为家族经营扫清障碍,因为中国家族企业还缺乏两个最根本性的保障,一是企业生存的基础——市场;二是私有产权得不到法律保护。一般认为市场经济条件下企业根本目的是实现利润最大化,而利润的最终归属应该是私人、家庭。如果没有外部法律体系保障私人、家庭的利润所得,那么这就从根本上否定了企业追逐利润最大化的终极目标,既然这一终极目标无法得到保障,那么私人也就缺乏投资动机,或者企业追求利润的目标就会扭曲,私营家族企业的发展就相对有限。1992 年以后,随着时间推移,不但个体、私营经济从体制外边缘生存走向体制内发展,而且法律对家庭、个人财产保护真正为家族企业解除了后顾之忧,家族企业发展提速。

这从规模化家族企业——私营企业 1989—2007 年的变化可见一斑（见图7—1）。

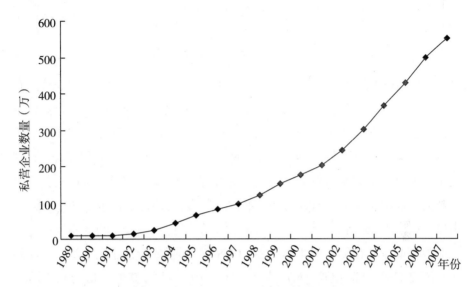

图7—1　1989—2007 年私营企业数量变化图

资料来源：国家工商行政管理总局统计资料。

1989 年上半年开始，在反对资产阶级自由化的大背景下，1987 年和 1988 年已经见到一缕阳光的家族经营，顿时又阴云密布，私营企业并没有大量涌现，只是缓慢增加。这可能是由于一些符合条件的私营家族企业还是不得不采取诸如戴"红帽子"、"洋帽子"、"小帽子"等变态方式规避政治风险①，并获取更多的经营资源。1992 年建立社会主义市场经济体制的改革目标确定后，伴随而来的乡镇集体企业以产权改革为中心的改制，原来被压抑的家族经营力量迅速迸发出来，私营企业数量进入一个快速增长的阶段。1992 年即比 1991 年增加 28.8%，1993 年增幅达 70.4%，1994 年增幅进一步提高到 81.7%，1995 年增幅为 51.4%。原来隐性家族经营逐渐显化的突出表现是，

---

① 2000 年中国第四次私营企业抽样调查显示当初戴上国营帽子的占 5.2%，城镇集体企业的为 31.3%，农村集体企业为 18.0%，联营企业为 4.5%，股份制企业为 7.9%，"三资"企业为 1.0%，个体户为 31.1%，其他 0.9%。引自中华全国工商业联合会：《1993—2006 中国私营企业大型调查》，中华工商联合出版社 2007 年版，第 110 页。

1992 年以后发生的戴帽现象减少,而摘帽则大大加速,1992 年以后发生的戴帽为 22.6%,而 1992—1996 年间发生的摘帽占 48.1%,1997 年以后摘帽的又占 39.6%,到 2000 年中国第四次私营企业抽样调查时戴帽子企业已经微不足道。①

前一阶段的制度创新效应逐渐弱化,个体私营经济基数的提高,加上 20 世纪 90 年代中期我国经济整体从卖方市场逐渐步入买方市场,宏观经济逐渐由过热而实现软着陆,结果从 1996 年开始,以家族企业为主的私营企业数量增加速度明显下降。1996 年增幅降为 25.4%,1997 年则只有 17.3%。1997 年以后有关文件对非公有制经济地位的强调,以及国企改革的逐渐深入,特别是十五大以后国家大力规范市场经济的管理行为,至 1998 年 6 月底止,中央各部门已取消企业不合理收费 424 项,各省、市、自治区政府取消 2028 项,地市以下取消 18261 项,大大减轻个体私营企业负担。② 因此,1998 年以后私营企业数量增速又有所上升,1998 年和 1999 年的增长速度均超过 25%。此后虽然增速有所下降,但除 2007 年增长只有 10.6% 外,其他年份增长率均在 15% 以上,从 1992—2007 年的 16 年间年均增幅高达 27.86%。这应该也是 1992 年后中国经济持续、高速增长的活力之源。

再看家族企业为主的私营企业资本组织形态,1990—1999 年间,独资企业数量年均增长 27.99%,合伙企业年均增长 14.23%,有限责任公司数量年均增长 80.42%,相应的各种资本组织形式的私营企业在私营经济中比重也发生变化。1990 年独资、合伙企业与有限责任公司比重分别为 54.50%、41.07% 和 4.43%,到 1999 年,则分别变为 32.78%、8.85% 和 58.36%。③ 私营股份有限公司从 1999 年开始登记,户数 115 户,投资者 2357 人,注册资本超过 45 亿元。④

---

① 参见中华全国工商业联合会:《1993—2006 中国私营企业大型调查》,中华工商联合出版社 2007 年版,第 110 页。

② 参见中华全国工商业联合会:《1993—2006 中国私营企业大型调查》,中华工商联合出版社 2007 年版,第 88 页。

③ 参见张厚义、明立志等:《中国私营企业发展报告(2001)》,社会科学文献出版社 2002 年版,第 14 页。

④ 参见张厚义、明立志等:《中国私营企业发展报告(2001)》,社会科学文献出版社 2002 年版,第 15 页。

与规模化家族经营为主体的私营企业数量保持持续稳定高速增长不同的是,家族经营的典型形态——个体工商户总量虽然较多,发展却显得相对"曲折"(见图7—2)。1989—1999年个体工商户数量继续了改革开放以来的高速增长趋势,尤其1992年以后的三年个体工商户数量同比增长均超过15%,1994年甚至接近24%,但从1996年开始增幅明显放缓。这可能与私营企业增速放缓的原因相似,即主要由宏观经济环境变化引起,从上面的分析可以看出,私营企业数量同比增长高峰与个体工商户完全一致,都发生在1995年,这从侧面说明市场机制与家族经营有天然亲和力。但整体而言,个体工商户的增长速度显然不及私营企业,即使增长最快的1994年也不过23.8%,比1992—2007年间私营企业数量的年均增长率还少4个百分点。1992—2007年间年均增长率更是只有4.2%,只有私营企业增长率的1/7强。值得关注的是,个体工商户数量在1999年达到历史最高峰3160万户以后出现持续多年下降,直到2005年才有所回升(当年新开业户数仍然减少1.8万户,减少0.3%[1]),虽然此后几年保持了回升态势,但直到2007年也只有2741万,只有1999年的86.7%。其中,2000年比1999年陡然减少18.6%,这可能与当年《个人独资企业法》的颁布实施使一部分规模较大的个体工商户觉得个人独资企业组织形式比个体工商户更适合自身发展,从而重新注册登记为个人独资企业有关。当然,也不能过高估计个人独资企业对个体工商户的替代作用,比如偌大一个大连市,1999年由个体工商户转向注册个人独资企业的仅有400多户[2]。当然,个人独资企业与后来的个人公司类似,其所有权属于个人家庭所有,而且雇用的外人较少,因此仍然属于典型的家有家营的古典家族企业。

2005年以后个体工商户数量之所以停止下滑,笔者认为主要与私人财产权利得到法律保护,非公有制经济的法律地位得以强化,尤其《国务院关于鼓励支持和引导个体私营等非公有制经济发展的若干意见》出台有关。实际上,从2000年开始,个体工商户的数量下降幅度是越来越小,2000年是

---

[1]　参见国家工商总局办公厅统计处:《全国个体私营经济发展基本情况》,《中国工商行政管理》2006年第4期,第69页。

[2]　参见于立、于左等:《中国乡镇企业产权与治理结构研究》,经济管理出版社2003年版,第41页。

图7—2　1989—2007年个体工商户数量变化图

资料来源:国家工商行政管理局统计资料。

18.6%,2001年为5.4%,此后三年分别是2.3%、1.1%和0.1%。2005年起止跌回升,到2007年已达2741万户,已经超过1999年最高峰的85%。

个体工商户之所以在1996年以后数量增长缓慢,甚至倒退,根本原因是高速增长的私营企业对个体工商户的挤出效应。这主要体现在两方面,一是私营经济利用规模优势、组织优势、人力资源优势等将原由个体户经营的个体裁缝、小修补等替代;二是短缺状态的逐渐结束,国有企业改制,集体企业改制,外商直接投资长期持续稳定发展,私营企业等发展的结果使个体工商户面临更加激烈的竞争,市场空间越来越小,其有限的利润、加上不稳定的经营甚至还不如给发展起来的有品牌知名度、规模较大的企业打工,故而很多个体工商户放弃了个体经营。还有一个不容忽视的因素是,市场化程度的提高为个体经营提供大量方便的同时,也因为规模化的私营经济、三资企业的发展,个体企业相对来说并不显眼,对地方财政、税收的贡献不大,且征收成本较高,因此地方政府往往采取"放水养鱼"的策略,很多个体工商户在新形势下又以新方式"隐蔽"起来。尤其在农村,一些从事小商品加工的农户,完全在家庭内部生产,而在分包制下,这些家庭手工业并不直接面向市场,也没有主动向工商部门申请缴纳"税费"的必要。

个体工商户从业人员平均数量一直不多,20世纪80年代末90年代初平均已1.6人,而1998年以来只是长期维持在2.0人左右(见图7—3)。这主要有两方面原因,一是由于规模较大的个体工商户名正言顺的采用私营企业等法律形态;二是统计数据的失真,虽然这一现象可能长期存在,但 1992 年以后,失真的程度可能更高,因为对于个体工商户来说从业人员数量具有一定随意性。值得注意的是,虽然个体工商户从业人员数量增长缓慢,但户均注册资金、户均工业总产值、户均销售总额或营业收入、户均社会消费品增长速度均明显高于户均从业人员增长速度。比如,1994 年时户均从业人员为 1.7 人,与此相对应上述四项指标依次为 6029 元、7488 元、27998 元、19256 元,2004年户均从业人员 1.95 人,其他四项指标则分别为 21523 元、34451 元、83741和 52127 元,且后三项指标都不是相邻年最高。

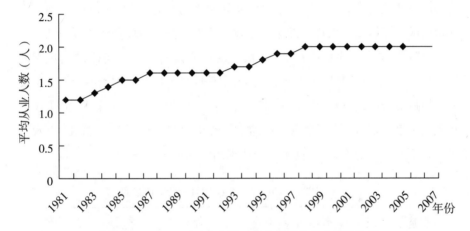

图 7—3　1981—2007 年个体工商户平均从业人员演变图

资料来源:国家工商行政管理局统计结果。

值得注意的是,这一阶段家庭经营的个体工商户数量比其他企业类型的多,这从世界范围看也有普遍性、长期性。比如,被视做盛行大企业的美国,1986 年申报联邦企业税的 1700 万个企业,竟然有 1300 万个企业没有雇员,500 人以上的企业仅 1 万个。与殖民地时期相同,大多数企业依旧以高度个人化的方法进行经营。1982 年,法人企业建立的有 280 万个,以独资和合伙形式创办的分别为 975 万和 150 万。①

———————

① 参见[美]曼塞·G. 布莱克福德:《美国小企业成长与创新》,经济管理出版社 2000 年版,第 193 页。

　　其他所有制的企业,尤其国有、集体企业1992年以后大幅度减少(见表7—4)并没有为个体经济发展腾出空间。国有集体企业多数用工较多,数量的减少主要是因为改制,即使是破产,也往往被私人家族企业取得控制权,因此其主要方向均是私营家族企业。事实上,从1992年部分乡镇集体企业的股份合作制、股份制在实践中都为"能人"所控制,以原来企业经营者为主的能人及其家族逐渐控制了企业。而承包、租赁等方式则为一部分能人积累了原始资本,并进而为其创办规模较大的私营企业创造了条件,或者在后来产权的"私有化"过程中"近水楼台先得月",获得这些乡镇集体企业绝对或相对多数的所有权,并进而实现家族控制。而国有企业改革的深化,"抓大放小","国进民退",不仅使个体、私营企业的活动领域大为拓宽,还意味着一些国有企业直接或间接转化为大规模的家族企业。当然,国有、集体企业的减少还有前一阶段戴"红帽子"的企业在个体、私营企业从体制外生存向体制内生存转化,并且法律地位越来越高的大趋势下,主动或被动揭掉红帽子的结果。外资企业的减少,部分也应归因于戴"洋帽子"的民营家族企业摘帽子,但更主要的可能是由于随着中国关税壁垒取消,外资企业"超国民待遇"淡化,以及中国民族企业竞争力增强,外资中小企业退出的结果。

表7—4　1994—2004年间各类所有制企业户数变化

增长率	国有	集体	外资	私营	个体
年均增长率(%)	-8.20	-12.97	1.34	23.87	0.72

资料来源:张厚义、侯光明、明立志等:《中国私营企业发展报告》,社会科学文献出版社2005年版,第5页。

　　我国家族企业发展过程中有向城镇集中的趋势,这从相对规模化的私营家族企业可见一斑。2004年第六次私营企业大型调查结果显示,企业总部和生产经营场地向城市和开发区"集聚",农村和镇的比例已不足30%,尤其农村分布已经不到10%。[①] 2005年调查显示农村、镇的比例有所上升,这可能是因为农村拥有廉价劳动力和土地,以及煤、铁等景气产业所在地有关。如果

──────────

　　① 参见中华全国工商业联合会:《1993—2006中国私营企业大型调查》,中华工商联合出版社2007年版,第167页。

时间再往前追溯则会进一步发现,随着私营家族企业法律地位的提高,分布在城市的比例有逐渐升高之势。从 1989 年私营企业获得法律地位以来的城乡分布变化基本情况来看,早期私营家族企业主要分布在农村,城乡私营家族企业分布比例似乎与其法律地位高度相关,1989—1992 年虽然私营家族企业获得法律地位,但很快出现政策摇摆,因此虽然城镇比例逐年上升,但早期规模化的个体工商主要分布在农村,结果直到 1992 年农村私营家族企业比例仍然超过城市;1992 年邓小平南方谈话以及社会主义市场经济体系改革目标的确立,私营家族企业地位大为提高,1993—1996 年私营家族企业在城镇分布比例超过农村;1997 年私营家族企业成为国民经济重要组成部分后,城镇私营家族企业基本占总数的 60% 以上。① 之所以出现城镇私营家族企业分布比例与其法律地位提高基本同步的情况,主要有两方面原因:一方面是因为私营家族企业在转型的政治敏感性;另一方面是因为城镇由于人流、物流、信息流、资金流较集中,一般比农村更适合家族企业发展。

我国家族企业与西方市场经济国家的不同可能还体现在治理结构上体现出一些社会主义市场经济的制度特色,这在大型家族企业中尤其明显。比如,在规模化家族企业中党委(支部)、工会的普遍建立,直到 2004 年上规模民营企业建立党委(支部)和工会的比例都超过 60% ,而股东大会和监事会的比例都不足 50% 。② 这从某种意义上说是家族企业适应社会主义市场经济体系的结果。

第三节 转型期家族企业的特殊形态

一、"红帽子"与"洋帽子"

（一）"红帽子"家族企业

20 世纪 80 年代中期,中央和地方都有意识将个体工商户引向联营、合

---

① 参见黄孟复:《中国民营企业发展报告 No.1(2004)》,社会科学文献出版社 2005 年版,第 171 页。

② 参见中华全国工商业联合会:《1993—2006 中国私营企业大型调查》,中华工商联合出版社 2007 年版,第 362 页。

作,而个体工商户也迫切需要"红帽子"保全自己,这是"红帽子"家族企业在这一阶段较为普遍的重要原因。"红帽子"家族企业是指国家对企业所有制偏好背景下,一些家族企业不得不以各种方式假借公有制而谋取有利生存空间而形成的家族企业特殊形态,地方尤其基层政府和集体往往成为企业利益的直接获取者。"红帽子"家族企业在转型初期相当普遍,据统计,1985年全国已有"红帽子"企业22万家,浙江省至少有10万家;人称"私营之都"的温州,工商部门登记在册的私营企业只有1200多户,而归口乡镇企业局的股份合作企业却高达24000多户,后者大多数为"红帽子"企业;保守估算,截至1995年全国各种"红帽子"企业至少还有60万户。① 但红帽子企业本身适应其政治地位的不稳定而生,政府、集体本身是政治主体,决定其与私人投资者间存在不平等博弈。特别是红帽子企业由于产权不明晰,纠纷不断,相对于强势的政府私人家族利益难以得到有效维护,客观上需要正式法律制度以建立政府与公民间的合作博弈机制。②

早期个体工商业者为扩大经营往往千方百计采取规避国家政策的手段,地方政府也普遍出台变通措施,这以中国民营经济最具活力的地区之一温州普遍化的挂户经营为典型,其突出表现是挂户经营的红帽子企业朝普遍化、公开化、系统化方向发展。其中,向挂户业务的机构,不但有集体,还有众多的县属行政事业单位与县办公司。在流通环节,凡是个体供销员法律和规章不能办的事,都由挂户机构代办,逐渐发展成"公司式挂户",提供挂户者提供各种挂户服务,并收取管理费。与此同时,挂户经营也公开扩展到工业生产领域,称为"分户经营"③,还有"一村一厂,全面挂户"为主要特征的"总厂式挂户"④,挂户经营遂

---

① 参见周冰:《"红帽子"企业产权现象的理论命题》,《中国流通经济》2005年第1期。

② 参见湛中乐、韩春晖:《"红帽子"企业的财产权与法律保护——从温州"鹿运事件"出发》,《公法研究》2005年第2期。

③ 企业由集体统一兴办,设厂长、会计和出纳行使有关职能,在企业名下允许个人办家庭分厂,可以一户独办,也可以联户合办。家庭分厂须自筹资金、自找生产场地、自行联系业务、自负盈亏,由挂靠企业提供公章、合同书、发票和银行账户,并向挂靠企业缴纳税金、集体积累和管理费。

④ 即一个村庄只设立一个村级集体企业,各家各户自办家庭工厂,每一个家庭工厂都挂靠在村集体企业名下从事生产经营。厂部由厂长、会计、出纳、开票员组成,厂长由村庄领导人兼任。村庄对外只有一个法人代表,统一银行账户和发票、统一纳税和提取集体积累;在村庄内部各家各户自筹资金办厂、自找业务、自负盈亏。

成为家庭工业起步期主要经营方式。部分乡镇几乎所有的农户都参与进来，"假集体，真家庭"成为经营特色。通过这种方式，温州等地的个体工商户成功"借壳上市"。

温州地区家庭经营体现的相对效率，诱致部分集体企业演化为"挂户体"。之所以出现这种情况，还由于温州等地多数农村集体企业发展不充分、规模不大，尤其集体企业自身活力不强，集体还是个人从企业得到的利益都不如将企业分解成家庭经营为基础的挂户体。这在大队以下尤其明显，工厂的各车间本身是兄弟车间、父子车间，有的虽然不是但其内部关系往往难以协调，且分拆成家族(庭)经营后并不会规模不经济，因为温州等地早期多是对国家控制产品拾遗补缺的小商品，固定资产投资并不多，多方博弈的结果还不如以家庭为单位进行生产，集体企业个体化，车间个体化遂在一些集体企业流行，集体企业逐渐成联结家庭生产的"虚拟企业"①。

挂户经营是典型的"红帽子"行为，是转型期国家对私人经营持谨慎观望态度之时，地方基层以及企业经营者普遍采取的权宜之计，这决定了其不可能有旺盛生命力，反而由于天然的产权缺陷，注定不会走得太远。其显著缺陷是严重的"品牌公地悲剧"，以及商品同质性带来的恶性竞争。20世纪80年代中期温州地区挂户经营的产品几乎成假冒伪劣的代名词，温州经济、温州市场、温州企业，甚至温州各级政府都进入了一个艰难的时期，温州皮鞋业的经历就是当时的一个缩影②。

除了挂户经营这种"假集体"外，联营往往也是假集体，因为集体企业在各方面具有优势，而集体资源的拥有者便奇货可居，高价待沽，但其具有天然的产权缺陷，结果给集体、私人等都带来一些不必要的麻烦，但私人受伤害最重。比如，1981年河北邯郸农民冯天印与某街道办事处联合开一家商店，协议规定，资金由冯天印筹集，并由其负责日常经营管理，办事处负责办理集体营业执照，企业将30%纯利交办事处。结果冯既依法纳税(以集体名义)，又

---

① 虚拟企业本意是指将非核心业务外包给其他企业，而自己专注于某一核心环节业务的企业，其典型是从事品牌运作的耐克公司，而给家庭经营提供挂户"服务"的集体企业几乎不从事业务经营，而只是提供挂户服务。

② 叶建亮:《"次品市场"是如何恢复为"正品市场"的? ——温州皮鞋业从制假售假到创保品牌的案例研究》,《浙江社会科学》2005年第6期。

向办事处交了 30% 纯利,却因从利润中拿出 4.75 万元偿还借款,结果被人告发有贪污罪。1982 年冯天印被司法机关收审,1984 年被市中级人民法院判处死刑。冯天印不服,上诉到最高人民法院,最高人民法院采信了国家工商行政管理局意见,认为这家企业不是集体企业,而是私营企业,冯天印才于 1987 年无罪释放,此时法律刚刚承认私营企业地位。因此虽然冯天印因为假集体被关押了 6 个年头,自己的经营收入也可能在这期间丧失殆尽,但已够幸运,如果不上诉,如果司法机关办案效率高一点,不拖 6 个年头,熬到国家私营企业法规出台,恐怕连命都保不住。

1984 年中央下发的《关于 1984 年农村工作的通知》提出引导个体工商户向联营方向发展,使联户经营合法化。联户经营主要是由于市场竞争加剧,需要将资金、设备、劳动力整合起来,而联户的公有制性质可以降低规模化家族经营的政治风险。20 世纪 80 年代家族经营的个体私营经济发展,在一些地方主要体现是联户经营的大发展。比如,1983—1986 年民营经济较为发达的福建省晋江市乡办和村办的乡镇企业数分别减少 16.9% 和 51.8%,联户办企业则增加 5.06 倍。1986 年参加联户集资的达 34600 户,占全县总户数的 16% 以上,到 1986 年,联户办企业的户数、从业人数和总收入,分别占全县乡镇企业总数 79.9%、67.7% 和 67.9%。[①] 当然,联户经营的企业绝大多数都是家族企业,比如,乐清“在 1984 年前后出现的‘经济联合体’,实质上就是合伙制企业,是富有中国特色的家族企业和‘结义企业’。它们大多以血缘或友情为纽带……”[②]

但由于当时联营、合作的法律体系既不完善,个体工商业者又基本是政治和社会地位的边缘人,经营管理水平有限,就很难保证其联营、合作效果,而且联营本身是一种产权极为模糊的企业组织形式,这进一步加剧其管理的复杂性,结果往往惨淡收场,这以早期规模化经营的个体工商户标志性人物年广久的经历最为典型。

出生商贩之家的年广久,1981 年创建“傻子瓜子”,同年 9 月《芜湖日报》

---

① 参见张厚义、明立志:《中国私营企业发展报告(1978—1998)》,社会科学文献出版社 1999 年版,第 34 页。

② 参见史晋川:《中国民营经济发展报告》,经济科学出版社 2006 年版,第 188 页。

专题报道扩大了傻子瓜子的市场影响,加上年广久采用一些适应市场需求的营销策略,经营规模迅速扩大。1981—1984 年,雇工由几人增加到上百人,年产销量由几万斤增加到近千万斤,资产由几千元增加到几百万。傻子瓜子现象很快引起社会各界广泛争论,不过,时任党和国家领导人邓小平、胡耀邦、姚依林等均发表对"傻子"规模化经营看一看的言论,这客观上为其发展提供政治空间。政治风险加上地方政府的推动,1984 年傻子瓜子开始与芜湖市新芜区劳动服务公司、芜湖县清水镇工业公司开始联营,两家公有制企业提供资金,年广久以其商标、技术入股,并担任总经理。最初产销两旺的同时也暴露出管理不善,1985 年随国家政策调整而开始走下坡路。比如,联营公司因1985 年国家取消有奖销售而直接经济损失约 62 万元,违约损失上百万而开始走下坡路。傻子公司声誉锐减,只能以小批量生产和代销来维持生存,1989年联营期满,公司资不抵债,亏损 28 万元。[①] 同年,年广久被以贪污、挪用公款罪逮捕,但经法院审理查明,年广久并不存在上述两项罪名,但还是以可能"莫须有"的罪名将年广久"判三缓三"。

笔者认为,文盲的年广久在家有家营时没有建立财务制度实属正常,联营后仍然不知道现代企业财务管理,不做账也在情理之中。年广久之所以遭受牢狱之灾,根本原因在与其联营的两家企业是名副其实的公有制企业。在所有制歧视的背景下,有关方面总是千方百计为公有方开脱,将责任推到私人家族,而各种法规的不完善注定受害的往往是私方,即家族资本的代表者。这一阶段,由于家族经营风险较大,家族企业采取多种灵活方式以保持适应性,年广久也不例外。年广久适应当时复杂的政治形势,与儿子们分开经营,结果在自己遭致牢狱之灾之时,家族仍然继续经营傻子瓜子,这虽然为 20 世纪 90 年代中期以后的家族产权之争埋下伏笔,但无疑在多事之秋保全了"傻子瓜子"。

整体而言,"红帽子"家族企业的兴起主要是诱致性变迁的结果,张曙光指出红帽子是悬在这类企业头上的定时炸弹,但"红帽子"家族企业承上启下的作用不容忽视。红帽子虽然是政府与家族企业主共同的行为,但更多的是

---

① 参见陈昌茂、余耀中、施广勇:《傻子瓜子起始至今的社会轨迹及对我国民营经济 16 年历程的思考与启示》,《理论导刊》1996 年第 5 期。

家族企业主边缘化生存的无奈选择。这客观上也让长期以来高高在上的政府认识到草根企业——家族企业的重要性，并进而赋予其合法性。就私营企业主而言，戴红帽子首先是为了政治上的安全，其次是得到信贷、税收、平价和中价生产资料，无偿的技术服务和信息服务，以及在存在所有制歧视的背景下先天享有一定市场声誉。地方政府则主要出于两方面考虑，一方面是截流——在中央实行财政集权的背景下，以管理费方式将国家应得税金变为地方计划外收入；另一方面是在所有制还存在意识形态争议的背景下，地方政府支持家族企业戴红帽子有利于减少政治风险。此外，地方官员从中获取灰色乃至黑色收入也是一个不容忽视的因素。当然，也不排除地方官员发展本地经济的单纯动机。这以温州模式的形成为典型，20世纪70年代末80年代初，温州家庭工业迅速兴起，乡镇乃至县级政府的官员随之采取暗中保护和支持的态度，并承受一定的政治压力。温州模式形成的20世纪80年代及90年代前期几任市委书记在肩负纠正温州经济发展"资本主义化"的使命赴任，几任书记到任之初或多或少都有压制温州市场化改革的举动，但他们主政一段时间之后，最终都演变成为以家庭、家族经营为基础的温州模式最坚定的支持者和辩护者，演变为自上而下的政治压力的抵制者和化解者，1988年温州试验区就是家族经营获得法律认可的标志性成果之一。

"红帽子"家族企业终究不过是一种特殊的转型现象，其背景是20世纪80年代中期到90年代中期，中国的计划经济体制经过市场化的初步改革，形成非常典型的但又很不规范的双轨制。"红帽子"企业这种法律形式与经济内容不一致的、名实不符的、不规范的产权制度安排，就成为一种最有效率的产权制度安排，因此大量涌现，迅速发展，但到20世纪90年代后期，社会主义市场经济体制基本框架已经建立，"红帽子"企业这种法律形式与经济内容脱节的私有企业，不再适应新的体制环境的产权制度安排，其本来固有的弊端开始凸显为一种相对劣势，"红帽子"企业就纷纷开始进行产权制度改革，摘掉这顶帽子。[①] 当然，政治保护是必需的，继红帽子之后是建立党支部与升格党委，乃至企业主进入人大与政协，从而实现家族与国家政治的融合，从最初的戴红帽子争取经营合法性，避免政治歧视，再上升到政治谈判能力，也凸显出

---

① 参见周冰：《"红帽子"企业产权现象的理论命题》，《中国流通经济》2005年第1期。

民营家族企业地位的提高。①

（二）"洋帽子"家族企业

如果说"红帽子"企业随着改革开放的深入已经逐渐淡出历史舞台的话，"洋帽子"家族企业在21世纪仍有很大的市场。"洋帽子"家族企业，即由大陆私人创办，但假借外资、合资名义的民营家族企业，其产生背景是所有制歧视下"洋帽子"企业比之于草根民营企业获得更多好处。从某种程度上说，自改革开放以来的相当长一段时间内，公有制企业享有国民待遇，外资企业享有"超国民待遇"，而以家族企业为主体的个体私营经济却并不享有国民待遇。外资在中国享有的优惠政策仅纸面上的就比内资政策要多得多，虽然这种超国民待遇随改革的逐渐深入而逐渐弱化，但直到21世纪的今天内外资企业政策差异仍然悬殊（见表7—5），难怪早期民营家族企业热衷于戴洋帽子。外资获得优惠最为突出的是税收，除地方政府给予的各种税收优惠外，外资企业在增值税、消费税、营业税、企业所得税、城镇土地使用税、车船税、城市维护建设税、教育费附加税、耕地占用税和房产税等方面均有优势，外资都曾享受超国民待遇，但随国务院发布《关于统一内外资企业和个人城市维护建设税和教育费附加制度的通知》，从2010年12月开始内外资企业税制将全面统一。②"洋帽子"和"红帽子"类似，客观反映了不同类型企业政策的不平等，一旦给所有企业以"国民待遇"，也就不会有这种那种"帽子"，但至今由于文化等因素，洋帽子企业仍然颇具吸引力。从微观视角考察，洋帽子企业的最大缺陷是产权不清，但直到今天，对投资者而言，模糊不清的产权带来的成本还是少于洋帽子带来的各项收益。

表7—5　我国当代内外资企业享受政策差异概况对比表

政策分类	外资企业	内资企业
经营管理	充分享有生产经营自主权；拥有出口经营权；在土地使用、监管等方面享有诸多超国民待遇。	尚未充分享有生产经营自主权；大部分不拥有出口经营权；要承担更多的社会义务；在土地使用、监管方面受到更严格限制。

---

① 参见曹正汉：《从借红帽子到建立党委——温州民营大企业的成长道路及组织结构之演变》，载《中国制度变迁的案例研究》第五集，中国财经出版社2006年版。

② 参见杨华云、胡红伟：《内外企税费不平等待遇全废除》，《新京报》2010年10月22日。

续表

政策分类	外资企业	内资企业
外汇管理	全额持有所创外汇;自由选择买卖外汇;直接向外资银行借贷外汇。	不能全额持有所创外汇;无法自由选择买卖外汇;限制向外资银行借贷外汇。
设立程序	认缴资本制;先设立,后出资;出资可分期缴清。	实缴资本制;先出资,后设立;出资一次缴清。
信贷管理	审批手续简单。	审批手续复杂。
税收	诸多税收优惠。	相对没有优惠。

资料来源:杜正艾:《我国对外经济政策需要实现五大转变》,《广东行政学院学报》2009 年第 2 期。

　　洋帽子企业的典型地区是福建泉州的晋江、石狮,泉州有近万家外资企业,尽管从法律上找不出任何瑕疵,但至少 70% —80% 只是戴"洋帽子",法律上由注册在中国香港或 BVI 等避税港的公司控股。保留"洋帽子"或外商投资企业身份最大的实惠是可以享受税收优惠政策(两免三减),以及方便企业境外上市,但其主要股东及控制人均为本地人或本地家族。[1] 中国香港等避税港较低的税负还吸引企业利用洋帽子把国内利润通过转移定价(高进低出)或特许权使用等方式转移到境外,降低税收负担。对于纯内资民营企业,更可通过设立境外壳公司变身为外资公司而获得税收优惠,从而将税后利润增加 20% 以上,"洋帽子"企业即境外控股公司的另一个好处是成为境外上市的发行主体。境外控股公司作为母公司控制境内多家外资子公司,各子公司可以享受有关税收优惠,还能将利润合并到境外母公司,其股权结构不需调整,还可以较低成本重组国内子公司资产,并符合境外上市的规定。因此,"洋帽子"企业不但可以有效地规避目前国家对境外上市的监管和并购的限制,而且节省在境外设立壳公司的重组成本,并享受各种境内外税收优惠。这也是"洋帽子"企业至今仍然在一些地区盛行的重要原因。

二、改制型家族企业

(一)普遍性及其诱因

相对于"红帽子"、"洋帽子"家族企业的假借合法外衣,改制型家族企业

---

① 参见黄松琛:《晋江突破:"洋帽子"企业的回归之路》,《深交所》2007 年第 8 期。

是在国有、集体等公有制企业产权改革的基础上形成的一种家族企业特殊形态。这种家族企业不但有法律保障,而且往往由政府积极推动。这种类型家族企业在前经典社会主义国家向社会主义市场经济、资本主义、民主社会主义国家转型期普遍存在。

当代中国改制型家族企业相当普遍,据中国私营企业研究课题组第五次调查:2001 年有 25.7% 私营企业由国营、集体企业改制而来,其中,源于国营企业的占 25.3%,城镇集体企业的占 41.9%,农村集体企业的占 32.7%。就居于控制地位的企业主而言,60.6% 的是原企业负责人,9.8% 的企业主是原企业一般职工,有 23.1% 的企业主与该企业没有关系,而是通过外部收购而来,以其他方式收购的企业主占 6.5%。[①] 到中国私营企业研究课题组第七次调查时,私营企业的 20.3% 是通过改制、收购原国有、集体企业而发展起来的,其中 1998—2003 年最频繁,超过总数 70%。具体而言,35.2% 的改制型企业源于国有企业,42.4% 源于城镇集体企业,而 22.4% 源于农村集体企业。而一般认为我国的私有企业超过 90% 是家族企业,因此改制型家族企业在我国当前的企业中占有相当重要地位。

在城市,国有、集体企业一般在产权改革过程中采取分两步走的做法,使绝大多数公有制企业成为改制型家族企业。首先,国有、集体资产减持变现,由企业职工出资购买;其次,股份向原企业管理者个人和高层管理者倾斜,通过挂账、分期付款等方式一次性买断,国家、集体资本基本退出。在农村,邓小平南方谈话,尤其十五大以后乡镇企业改制全面铺开,到 2004 年,与 20 世纪 80 年代初期集体企业一统农村非农产业形成鲜明对比的是,集体企业在全国乡镇企业的户数仅占 3.8%。事实上,到 2001 年伴随苏南 93% 的乡镇集体企业改制为私营企业,江苏私企总数接近 30 万户,超过广东,位居全国第一,因此有学者据此认为以集体经济为依托的苏南模式消失了。到 2004 年,江苏省 100 多万家乡镇企业有 95% 的改制,原来的"江苏省乡镇企业协会也有名无

---

① 参见中华全国工商业联合会:《1993—2006 中国私营企业大型调查》,中华工商联合出版社 2007 年版,第 133 页。

实"，而"江苏省民营企业发展促进会"应运而生。①

从某种意义上说，改制型家族企业普遍化是对公有制企业内部家族化的现实反映，虽然改制前国家、集体还拥有最终产权，但个别家族已经对企业经营权高度控制。以国有企业为例，一些领导利用手中"绝对化"权力，通过对企业科层制大范围"改造"，将内部管理权力向家族成员转移，把家属亲属安插进企业的各级管理层，形成"内部人控制"的"家天下"。有的国企领导还借改制设法成为企业大股东，组建家族化色彩浓厚的权力关系网。② 不仅如此，如果说在计划经济时代，国有企业的家族化往往局限在企业内部的话，进入转型期，企业逐渐市场化，国有企业家族化从企业内向企业外延伸。家族化的向外延伸往往伴随国有资产或明或暗的流失，导致国企估价难以准确，客观上给社会并购增加成本，为管理层收购提供便利。随着时间推移，一些国企负责人对财产资源的侵占已经从对生活资料的占有向对生产资料的侵占发展，并呈现出家族化特征。许多国企高层职务犯罪案件往往是"左肩国企厂长右肩私企老板"的"两面人"现象严重，成为国企财产资源占有"家族化"的最突出表现。一些国企高层身在国企心在"家族"，挪用国企资金，占用国企设备、生产资料和业务渠道，打着"国有牌"，开设"私家店"。而更普遍的现象是，国企负责人"内外家族勾结"，为国企外家族成员做国企生意开绿灯，间接侵占国企利益。

笔者认为，上述现象是转型期国有、集体企业面临的普遍现象，这意味着计划经济下企业范围的家族化向企业外的显著延伸，企业内部的家族化由隐性走向显性，并有其合理性。计划经济时期因为就业门路少，社会流动性差，企业控制者及其家族往往长期"锁定"在企业，与企业形成长期的合约，以企业为家，主动为企业争取更多资源。在转型期，尤其企业预算逐渐硬约束加强的背景下，企业控制权受到内部和外部的竞争，家族控制权稳定性差，加上就业门路增多，居民城乡、地区，甚至国际流动大大提高，家族的理性选择是短期行为，千方百计将企业资产转移。这也是国有、集体企业经过一段改革摸索

---

① 参见黄孟复：《中国民营企业发展报告 No.1（2004）》，社会科学文献出版社 2005 年版，第 224—226 页。

② 参见黄庭满：《权力近亲繁殖 部分国有企业"家族化现象"透视》，《经济参考报》2003 年 12 月 29 日。

后,不得不从产权层面对企业进行改制的重要原因。

值得注意的是,一度盛行 MBO(管理层收购)的不但是国有、集体企业家族化的体现和结果,而且也是一种相对效率的制度选择。郎咸平等认为我国尚不具备管理层收购所需要的社会和法制框架的要求,滥用 MBO 会导致对国有产权的践踏和藐视虽有一定道理①。但任何一种创新都有成本,所产生的风险和成本往往是初始状态所没有的,因此更应关注创新前后综合绩效比较。整体而言,管理层收购不但促进我国经济持续稳定增长,而且与我国经济体制的改革目标——建立社会主义市场经济体系相符。虽然原来经营企业的管理层收购,难免会产生腐败,但被其他人收购并不一定就能杜绝腐败。另外,这种模式似乎有利于企业的长期稳定发展,有利于经济的平稳过渡,是多次"试错"后的有限理性选择。原企业经营者在企业多年的生产经营,已形成了一定的隐形资本,对企业的人力资源、资金、组织结构、运作机制等内部情况有深入了解,同时对企业与供应商及销售商的关系等外部市场环境也有深度掌握,甚至在一定程度上构成垄断。故而,如果原企业经营者离开企业,企业有形、无形资产,社会资本恐怕难以有效利用。因此,企业改制时会有一点损失,但从长远来看,企业生存下来并进一步发展壮大能带来更大的综合收益。

(二)农村典型:华西集团的家族化②

相对于国有和城市集体企业而言,农村家族氛围较为浓厚,原集体企业已有家族控制的底蕴,改制出现更普遍的家族化倾向,这以中国第一村的华西集团为典型,这里专门对其家族化过程进行详细分析。

华西村是中国第一村,素以"集体经济+共同富裕"闻名,华西集团则是其当代经济的组织载体。中国第一村早期核心人物吴仁宝,从 1961 年起一直担任村支书到 2003 年。长期以来,吴仁宝被视做发展集体经济的典型,其一心为公,以身作则广为人知,这可以从他的三个保证可见一斑,即不住全村最好

① 参见郎咸平、张鹏:《还 MBO 的本来面目》,《董事会》2006 年第 10 期。
② 这一部分主要参考周怡:《村庄的家族政治:权威、利益与秩序——华西村个案研究》,载黄宗智:《中国乡村研究》第三辑,社会科学文献出版社 2005 年版,第 293—341 页;章敬平:《士绅吴仁宝和他的接班人——近代士绅阶层在苏南悄然"复兴"》,《南风窗》2003 年第 16 期;石磊:《解析一个企业化的社区组织:华西村》,《学海》2000 年第 3 期;中共无锡市委政策研究室:《华西村经济社会发展调查》,《中国农村经济》1996 年第 3 期等。

的房子,不拿全村最高的工资,不做华西特殊公民,把自己置身于华西村群众之中。

早年吴仁宝无疑是"大公无私"的典型,但2003年吴仁宝主持的改制和华西村内部的权力机构演变说明吴仁宝也有浓厚的家族情结。从某种意义上说,华西村集体资产的所有权与控制权在他数十年的努力之后为吴家所控制(因华西村政企基本合一,是一个"企业化的社区组织",权将华西村看做一个企业),他在华西村掌权的42年,就是华西村"吴家化"的过程。2003年2月吴仁宝宣布"全村的总资产管理,我吴仁宝占51%,其余49%由下属8大公司分摊";当年7月华西村委改选,吴仁宝将自己执掌了42年的华西村政权,交给自己的四儿子吴协恩。从所有权来看,在集体经济时期,吴仁宝家族作为集体的一份子,从法律层面来说应该是与大家均等的,2003年产权改革后,吴仁宝股份超过其他所有人之和,处于绝对控股地位,家族其他成员也有不少股份,如果考虑现金流,吴家控制率竟然超过90%。

与普通家族企业的控制权最初建立在所有权基础上不同,对于华西村村委、党委、集团公司这种三位一体的集体企业来说,由于政权是取得集体产权的基础,因此家族对经营权的控制始于基层政权。1961—1974年是华西村的纯农阶段,1961年吴仁宝成为华西村一把手之初,领导班子没有家族倾向,高级社解散后建立的人民公社下的村政权可能考虑到各自然村的平衡,领导成员来自5个自然村,其中村支书和会计吴克勤均来自吴家基,可能属于同一宗族,但非同一家族。第二届也没有吴仁宝家族成员,但第三届可能因为进入"文化大革命",政治动荡,吴仁宝凭借其三代贫农优势继续掌权,村干部成员一下子有4个是吴仁宝家族成员,尤其村支部,除吴仁宝是书记外,另外三个副书记中,有两个是家族成员。1971年第4届村领导集体中家族成员增加到5人,1974年第5届仍然有4个家族成员。从整体来看这一阶段吴仁宝的威信越来越高,在其领导下,华西村集体农业经济得到大发展,成为"全国先进农业标杆村",但可能吴仁宝的子女尚年轻,这一阶段尚没有其直系后代领导班子。

1974—1987年则进入一个重要阶段①,笔者认为这一阶段是吴氏家族权

---

① 周怡将第二阶段划为1976—1992年,但笔者认为从权力的角度考察则将1974—1987年划为第二阶段更为确切些。

力得到空前加强的阶段,这为后来吴家控制华西村奠定了基础。1974—1987
年间,吴仁宝并不单纯是不纳入国家行政系列的村干部,相反不但成为了国家
正式干部,实现了"农转非",而且直接成为副处级,甚至处级干部,先后担任
江阴县委副书记、书记、人大副主任,这是普通村官难以达到的高度。吴仁宝
还在这一阶段"脚踏两只船",即同时出任县处级干部和村支书。虽然我们无
法确认当时吴仁宝是否将江阴市资源作出有利于华西村的配置,但笔者认为
至少从客观上讲,江阴市的资源配置当时应该是更有利于华西村,至少不会作
出损害华西村利益,这自然会提高吴仁宝对华西村的影响。值得注意的是,
1980 年吴仁宝担任县委书记竟然没有被选举为县党代会代表,次年也从正处
级退居二线,而且是以副处级的身份担任江阴市人大副主任,虽然无法得知其
中缘由,但中国官场的惯例,如果没有犯错误,绝不可能无缘无故降级,笔者估
计这可能是由于其偏袒华西村而导致政府官员的"公愤"。

这一阶段吴仁宝国家正式干部的经历,有助于其个人及华西村构建与政
府等的关系网络,而转型期政府在经济发展中起主导作用,这使华西模式能够
得到各级政府、官员个人持续稳定的支持。就吴仁宝而言,县处级干部的经历
必然会大大开拓其视野,通过"干中学"提高自身经营管理能力,这些都不是
普通村干部所能具备的,加上其长期对华西村的贡献决定其在华西村的绝对
威信。与此相对的是,其他村领导的影响力在这一阶段大为削弱,甚至沦为从
属地位,这利于其家族控制。

1974—1987 年间随着吴家子女成年,家族控制逐渐体现为以吴仁宝为核
心的家庭控制。1976 年年初吴协东先是担任党总支副书记,不久成为华西样
板田支部书记,由于"试验"各项投入(包括权力)的"软约束"性质,对培养吴
协东的能力和威信相当重要。1983 年二儿子吴协德也成为村领导成员之一
(党委委员、民兵营长),1987 年吴协东回村任党总支副书记。1981—1984
年,吴家成员任村领导数量较少(包括吴仁宝往往只有 2—3 人)。这不但与
吴仁宝政治上"受挫"及两线作战,家族成员尚未成长起来有关,而且可能还
与吴仁宝有意识地将非自己直系后代的家族成员排挤,以造成民主"假象",
以缓和资历不够的儿子进入村领导层引发的矛盾有关。

1987—2003 年间是家族对华西村的控制从权力控制到产权为基础的演
化阶段。先是从政十多年的吴仁宝荣归故里,并凭借能力、魅力与业绩,威信

进一步提高,家族控制进一步巩固。吴仁宝回村后的第一届(1989)村领导家族成员即达到史无前例的六人,1992年得以延续,而1995年吴仁宝家族成员竟占了18个村领导岗位的11个,比例超过60%,1998年领导班子19人,吴家同样占11人,而且这11人与上一届完全重合。到2000年,村领导班子有吴氏家族成员20人,占总数40%,且吴家占据前8位要职。值得注意的是,这一阶段除吴仁宝外,华西村集体经济时期的村干部彻底退出,非家族成员的进入应得到吴家认可,甚至是从属于吴家的。

2003年既是承上启下的关键一年,又是家族权力获得产权支持的决定性一年。吴仁宝取得全村总资产管理权的51%之前,所有资产从法律上看都是集体的,吴家对华西村集体权力的控制缺乏"所有权"基础。由于吴家在华西村权力结构的绝对支配地位,加上年初的管理权划分以及吴仁宝的绝对权威,2003年7月华西村一把手的子承父业,吴仁宝对四子吴协恩有意识的培养和强烈推荐,村党委书记的改选不过是徒增形式而已。

正如前文的分析,公有制企业改制后无论从所有权还是经营权来看,控制企业的仍然是原来的经营管理者,对企业,还是对普通员工而言均是利大于弊。在村党委、村委、企业三位一体的华西村,吴家不仅能力、社会资源在当地都鹤立鸡群,并将一个落后的小村庄变成了中国第一村,家族后代又人丁兴旺,而且正当壮年,这些都决定了吴家获得所有权与控制权成为必然。值得注意的是,相对于国有企业政府可以合法干预,华西集团由于农村基层民主、村民自治,上级主管部门并无法定的干预权,这就更强化了吴家的控制。吴家对华西村的控制是在社会主义市场经济大背景下,以及村民自治体系下的必然结果,从交接班后的几年来看,似乎华西村并未产生大的动荡,这也从侧面说明吴家确实具有经营管理能力,村民亦普遍认可其家族控制。

三、上市家族企业

一般认为,上市公司不但可以融资,而且可以提高企业知名度,促进企业改善管理,实现所有权与经营权的社会化,加上我国企业上市有高门槛,但早期没有退出机制,可以为企业尤其大股东带来诸多利益。因此,一般认为我国家族企业上市对家族企业发展具有里程碑意义,故专门讨论。

(一)数量和影响有限

整体而言,2001 年年初民营家族企业首次在国内股票交易所直接上市,此后一直呈蓬勃发展之势,无论上市公司数量还是公司市值及在股市所占比重都直线上升。不过,相对而言中国大陆上市家族企业无论从数量,还是市场影响力来看,在上市公司中的份额都是极为有限的。郎咸平、张信东等根据控制权情况将上市公司分成了八类,分别为公众持有类、家族控制类、国家控制类、公众持有的金融企业控制类、公众持有的企业控制类、持股会(工会)控制类、集体企业控制类和外国企业控制类,对中国上市企业所有权结构进行了分析。① 1050 家样本公司,为国家所控制的公司占 80.5%,是所有东亚国家中最高的。仅有 10.7% 的上市公司是为家族所控制,这一比例稍高于日本的 9.7%。公众持有的上市公司则更少,只有 5%,是东亚国家中最少的,比印度尼西亚还少。中国还没有公众持有的金融企业控制类和公众持有的企业控制类上市公司。另三种则是中国特有的,持股会(工会)、集体企业和外国企业共控制了 3.8%。

郎咸平还计算了其中最大的 1 个、5 个、10 个和 15 个家族所拥有的市值总额占市场总市值的比例。中国内地最大的家族所控制的 4 家上市公司的总市值 309 亿元,占总市值的 0.7%,而前 5 名、10 名、15 名家族所控制的市值比例分别为 1.7%、2.4% 和 3%,均处于最低水平。15 个家族企业控制市场总额占 GDP 比例为 1.3%,也是最低水平,只有日本与中国相似。据《证券市场周刊》统计 2006 年中国内地的 1520 家上市公司中,家族控股企业 419 家,占 27.57%,而 2005 年和 2004 年的家族控股企业分别为 360 家和 347 家,占上市公司的比例分别为 24.57% 和 23.75%。截至 2006 年年末,383 个家族控制的 419 家上市公司,财富总额达到了 2107.00 亿元,控制金额为 2968.02 亿元,控制上市公司的总市值达 8899.26 亿元,占中国内地所有上市公司总市值 10.32 万亿元的 8.62%。当然,上市家族企业的总财富金额和控制金额整体呈上升趋势,2006 年家族企业的总财富金额分别是 2004 年和 2005 年的 1.94 倍和 2.24 倍,2006 年家族企业的总控制金

---

① 参见郎咸平、张信东等:《家族股——中外家族控制上市公司比较》,《新财经》2002 年第 8 期。

额分别是 2004 年和 2005 年的 1.85 倍和 2.23 倍。2006 年家族企业持有上市公司的股东权益也有一定程度的增加,分别是 2004 年和 2005 年的 1.23 倍和 1.25 倍,平均每个家族控制的上市公司市值在 2006 年的增幅都较大。① 因此,可以说,中国上市公司目前的家族控制并不明显,其中的关键是国有政府控制的企业相对较多。

同样,刘芍佳、孙霈和刘乃全用终极所有权对中国上市公司重新分类的结果表明,84.1% 上市公司所有权掌握在政府,非政府控制仅占 15.9%,其中非政府控制的上市公司仅占 0.4%,未上市的集体企业与乡镇企业 7.0%,未上市的国内民营企业 7.5%,外资企业仅 1%②,这与郎咸平的研究非常接近。③ 徐莉萍等对 1999—2003 年 4845 个上市公司年度观测值的分析结果与此类似。④ 甄红线、史永东对 2006 年沪深股市对 1410 家企业终极所有权结构的研究表明,89.02% 上市公司有终极所有者,国家是最重要的终极所有者,最终控制的公司占样本总量的 59.73%,占有终极控制权企业的 67.1%。境内自然人控制比例为 27.47%,占有终极所有权企业的 31.6%,家族控制应是其中一部分。⑤ 而最近《福布斯》中文版所做的《中国家族企业调查》的定义与统计,截至 2010 年 6 月底,沪深两地证券市场的上市企业一共有 305 家为家族企业,占民营上市企业总数的 36.2%。上市家族企业的总市值为 14657 亿元,约占沪深上市企业总市值的 7%。⑥

值得注意的是,中国大陆家族企业是大陆经济活力的重要因素。这主要体现在上市家族企业的效率高于非上市家族企业,上市家族企业的地域分布特征与经济活力地域分布高度重合。《福布斯》中文版 2010 年首次推出的

---

① 参见《家族企业富豪榜:383 个家族控制 419 家公司》,《证券市场周刊》2007 年 8 月 31 日。

② 这一数字在原文中为 10%(150 家),但根据其他数据推断,应为 1.0%(10 家)。

③ 参见刘芍佳、孙霈、刘乃全:《终极产权论、股权结构及公司绩效》,《经济研究》2003 年第 4 期。

④ 参见徐莉萍、辛宇、陈工孟:《控股股东的性质与公司经营绩效》,《世界经济》2006 年第 10 期。

⑤ 参见甄红线、史永东:《终极所有权结构研究——来自中国上市公司的经验证据》,《中国工业经济》2008 年第 11 期。

⑥ 参见新浪网:《福布斯首度发布中国家族企业调查》,http://finance.sina.com.cn/leadership/crz/20100915/17168662918.shtml。

《中国家族企业调查》报告显示①,内地上市家族企业的整体表现优于其他上市非家族企业,虽然当代家族企业比之于国有企业长期处于边缘化状态,但上市家族企业绩效明显好于国有企业,上市家族企业最近3年的销售增长率达到17.24%,而上市国企同期销售增长率仅为7.04%。从赢利能力视角看,上市家族企业3年平均净利润率达到12.53%,上市国企只有2.85%。从上市家族企业所在地区来看,华东地区和华南地区的上市家族企业数量最多;以省/直辖市为单位,广东、浙江、江苏的上市家族企业数量位列前三甲。深圳则是家族企业最集中、最活跃的城市,上市家族企业数量接近京沪穗三地总和。

(二)两权高度集中

上市一般被看做两权社会化的重要标志,但就目前我国情况而言,绝大多数上市家族企业的控制性家族仍然牢牢掌握着企业所有权和经营权。目前,就家族上市公司的来源而言,一部分源于家族私营企业改制上市,另一部分源于集体企业或国有企业改制成私营家族企业上市,还有一些则是家族企业在资本市场上通过"兼并"或"重组"等方式间接上市。总体上看,大多数家族上市公司由家族控股公司间接控股,少数由自然人(家族股东)直接控股。这些家族上市公司的所有权首先表现为,家族股东"一股独大"的现象比较普遍,即不论是家族控股公司(法人)间接控股,还是家族股东(自然人)直接控股均普遍存在"一股独大"现象。表7—6的61家上市家族企业有23家第一大股东所持股份超过50%,所有公司第一大股东持股均超过10%,而第一大股东背后往往还有家族力量,因此第一家族股份比例应更高。

表7—6 61家家族上市公司第一大股东控股比例

持股比例(%)	公司数量(家)	所占比重(%)
10—24.99	11	18
25—49.99	27	44
50以上	23	38
总计	61	100

资料来源:李春琦:《影响我国家族企业绩效的经验证据——基于对家族上市公司控股比例和规模的考察》,《统计研究》2005年第11期。

---

① 参见《福布斯首度发布中国家族企业调查》,http://finance.sina.com.cn/leadership/crz/20100915/17168662918.shtml。

之所以出现这种情况,可能是家族上市公司创建时通常只有少数几个发起人,这些人往往具有一定的血缘、亲属关系,自然形成高度集中的股权结构,而家族企业的上市通常又是通过这些家族高度控股的公司直接或间接上市的,而对社会公众发行的股份数量占总股份比例较低的结果。当然,家族股东一股独大也受普通股东欢迎,比如在股票市场动荡的 2008 年,在证监会等的推动下,无论是家族企业还是非家族企业,在一些大股东承诺不减持,甚至增持股份的情况下,这些上市公司的股价普遍出现了不同程度的上扬。A 股市场之外,受募资不超过净资产两倍的限制,中小企业板块公司非流通股平均比例高达 70%,流通股(公众股)平均比例仅 30%,而非流通股往往集中在几个少数股东,故家族所有权应更为集中。

不容忽视的是,我国上市企业普遍表现出一股独大趋势,并非家族企业所独有。就终极所有权而言,我国上市公司第一大股东平均占有公司发行股票数的 44.6%,国家控制的平均控制 46.5% 的股份,而非国家控制的公司最大股东平均控制的股权为 34.8%,其中非政府控制的国内上市公司的最大股东平均持有 37.7%,未上市的国内民营企业控制的大股东平均控制 33.3% 股份(家族控制公司应归于此类),外资控制 10 家最大股东持有股份也达 25.8%。[①]

所有权高度集中、转型期的不规范、要素市场发育不充分等诸多因素,加上股权分置导致的流通股与非流通股同股不同权、同股不同责,同股不同利,决定上市家族公司经营权保持高度封闭性。2010 年《福布斯》首次推出的《中国家族企业调查》披露的控股股东与实际控制人为核心,在公司的前 10 大股东、前 10 大流通股股东以及董事、监事、高级管理人员中,梳理、归纳家族关系,将沪深上市家族企业中主要存在的家族关系归纳为夫妻关系、父子/母子关系、父女/母女关系、兄弟姐妹关系和姻亲关系等 10 种家族关系。[②] 其中有一、二代关系的企业合计为 153 个,占总数的 50% 强,可见内地上市家族企业

---

① 参见刘芍佳、孙霈、刘乃全:《终极产权论、股权结构及公司绩效》,《经济研究》2003 年第 4 期。

② 参见《福布斯首度发布中国家族企业调查》,http://finance. sina. com. cn/leadership/crz/20100915/17168662918. shtml。

的家族内分享及传承意味较为浓厚。上市家族企业所有权集中,所有权与经营权统一除了后文论及的转型期家族企业普遍两权合流的原因外,大型国有企业对民营家族企业的挤出效应明显,以及我国企业没有发生钱德勒所说的导致两权分离的大兼并潮都是不容忽视的因素。

（三）大股东普遍侵害小股东

我国家族企业所有权与经营权高度集中于企业主,而所有权决定经营权,因此我国的家族企业目前所出现的代理问题既包括大股东与小股东之间的委托代理关系,又有企业主与家族/非家族雇员之间的代理问题。上市家族公司所有权与现金流发生分离程度远远大于普通家族企业,但经营权却牢牢掌握在企业主家族手中,因此第一重代理关系更为明显,第二重委托代理关系则相对较弱。据苏启林、朱文以2002年上海和深圳证券交易所公开上市的128家家族类公司的研究表明,家族企业内部存在的所有权与经营权的代理冲突并不一定对家族企业发展不利。① 因此,这一部分主要讨论大股东与小股东之间的代理问题。

在资本市场,家族通过亚洲普遍盛行的金字塔结构,即多重控股公司对上市公司进行控制,控制权与现金流权的分离造成控制性家族对少数股东的"剥削",这种"剥削"导致家族类上市公司价值较低,当然这并不否定家族企业的经营效率。家族控制的金字塔结构从侧面说明,资本的社会化并不等同于管理社会化,法人持股往往只是家族利用有限资本控制更多外部资本的有效手段,而不是管理社会化的表现。苏启林、朱文的研究还验证了家族企业在发展阶段使用家族成员效率较高,随企业发展使用非家族成员的机会成本大于道德风险,家族在经营层面使用非家族雇员有利于提升家族企业价值。

大股东与小股东之间的代理问题主要表现为大股东的隧道行为,中国家族企业一家独大,隧道行为较为普遍,大股东的隧道行为又直接打击其他投资者积极性,很多学者认为这是我国家族上市公司最大的弊端,客观上不利于企业做大,故而有必要对其专门分析。申明浩利用2002—2004年280家民营上市样本检验了内部公司治理机制对家族控股股东隧道行为的关系②,其结果

---

① 参见苏启林、朱文:《上市公司家族控制与企业价值》,《经济研究》2003年第8期。

② 参见申明浩:《治理结构对家族股东隧道行为的影响分析》,《经济研究》2008年第6期。

可以说对我国规模化的家族企业股东的隧道行为有一定代表性,而规模较小的家族企业由于基本是单一家族所有,单一家族经营,缺乏隧道行为的动机和可能,只是在家族内部存在代理问题。申明浩将家族企业分为"资本家控制"和"企业家控制"两类,结果发现,资本家家族的隧道行为动机和强度远远高于企业家家族,这是因为企业家家族有大股东监督的倾向。资本家家族倾向于通过构建多层控制链实施隧道行为;企业家家族成员在上市公司任职有利于形成合谋挖掘隧道行为;控股股东以企业集团形式存在的公司遭受最严重的掏空;家族控制的上市公司独立董事没有发挥有效的监督作用;总经理持股比例与隧道行为强度呈现 U 形关系,即存在"监管激励效应"和"合谋掏空"效应。针对上述问题,申明浩提出分级分类监管,监管重点放在大所有者家族控制的公司。此外,陈晓红、尹哲、吴旭雷以 A 股上市公司家族企业为样本,采用 2003—2005 年的面板数据进行实证研究,结果表明:家族控制企业同样有侵害其他股东的动机和具体行为;成"系"企业加大了家族控制股东侵害少数股东权益的概率和程度;家族控制企业一致行动人累计股权比例与企业价值呈现一定的 U 形关系;独立董事参与公司治理亦没有起到制度上防止掏空的监督和制约作用。①

两权高度集中,家族一股独大,监管不严往往被视做大股东侵害的重要原因,但中国特有的股权分置现象绝不容忽视。股权分置是指中国股市因特殊历史原因和特殊的发展演变中,与世界其他国家和地区上市公司股票具有完全流动性不同的是,中国 A 股市场的上市公司内部普遍形成了"两种不同性质的股票"(非流通股和社会流通股),这两类股票形成了"不同股不同价不同权"的市场制度与结构。2005 年 9 月 6 日《上市公司股权分置改革业务操作指引》之前,中国股市有 2/3 股票属非流通股,虽然此后不断进行试点改革,现虽已进入后股权分置时代,但其对上市企业的影响仍然存在,流通股与非流通股的同时存在,非流通股股东在流动性约束下,其目标可能偏离股东利益最大化这一目标。因为股权分置,大部分普通股不能流通,股票增值的办法不能有效利用,而只能靠分红来收回投资,当没有流通权的家族大股东预期家族获

---

① 参见陈晓红、尹哲、吴旭雷:《"金字塔结构"、家族控制与企业价值——基于沪深股市的实证分析》,《南开管理评论》2007 年第 5 期。

取现金流和公司的盈利能力无法满足家族要求时,拥有上市公司实际控制权的家族就只能通过其他途径来弥补资本收益缺口,而这往往是以损害流通股股东利益和公司长远发展为代价的,其中尤以转移和挪用上市公司资金方式最为常见。

当然,大股东侵害行为并不只是家族公司的专利,而是我国资本市场的普遍现象,我国上市公司资金占用、虚假陈述、关联交易、违规担保等对小股东的侵害行为较为普遍。整体而言,我国大股东侵害小股东程度远高于美、英、日、中国香港、新加坡等市场经济发达国家和地区,与印度尼西亚水平相近。[1]

第四节　转型期所有权与经营权特征

个体工商户是家族企业的典型形态家庭企业,这一点是毋庸置疑的事实,国民经济核算体系将其列入居民账户就是对其家族封闭性的客观反映。私营企业则相对复杂得多,至少从雇工的角度考察,私营企业规模是超过个体工商户,从产生基础来看有的是以个体工商户为基础规模化而成,有的是通过遗产、劳动收入(比如劳务输出收入)等创业而成,还有国有、集体企业改制而成,因此一般规模较大,无论是货币资本还是物质资本往往都超过单个家庭的边界,而体现出与家族的复杂关系。按照约定俗成的单个经济组织发展方向是"大"而"强"的标准,个体工商户成功的方向之一就是私营企业。我国当前私营企业绝大多数是家族企业,大致在90%以上,更为关键的是家族企业比私营企业整体上所有权与经营权更封闭。因此本部分主要以私营企业为基础讨论当代家族企业的家族控制情况,并利用《1993—2006 中国私营企业大型调查》资料分析我国转型期家族企业两权特征。

一、1997 年以前:两权高度集中

虽然不排除 1988 年以前一些经营大户规模超过后来确认的家族企业,但

---

① 参见唐宗明、蒋位:《中国上市公司大股东侵害度实证分析》,《经济研究》2002 年第 4 期。

当时对经营大户缺乏基本法律保护,权力往往高度集中于企业主个人。因此,笔者认为 1988 年以前的家族企业是所有权与经营权集中,而且两权统一,类似于个体工商户,至少集中和统一程度不会弱于 1988 年私营企业取得法律地位以后的情况。有鉴于此,本部分主要讨论 1988 年私营企业取得法律地位以后的情况。

1988 年以后,虽然法律允许企业直接注册成私营企业,但由于随后政策摇摆,以及党和政府"摸着石头过河"的渐进式改革策略,使原来戴"红帽子"、"洋帽子"、"小帽子"的"隐形"私营企业不敢贸然注册私营企业,甚至新注册的企业也不会主动选择私营企业。由于生存环境恶劣,家族经营特征明显,无论从所有权还是经营权来看私营家族企业都具有高度家族性。据《中国私有企业主阶层研究》课题组调查,截至 1992 年年底私有企业一人投资比例为 66.3%,2—9 人的是 32.5%,10 人以上为 1.1%,户均为 1.87 人。在不同类型的私有企业中,独资企业 91.1% 是一人投资;另有 4.7% 实际投资者是两人,4.2% 投资者是三人或更多。而合伙企业也有 12.9% 实为一人投资,有限责任公司中近 1/4 为一人投资。由于所有权集中,投资者风险较大,结果所有权与经营权紧密结合。就经营权而言,73.2% 私有企业的全体投资者都参与管理,4.1% 的多数投资者参与管理,15.0% 企业委托其中少数人主持管理(一般发生在有限责任公司内),只有 2% 不参加经营管理,即使投资者较多的有限责任公司中,两权分离现象也极为罕见。①

就企业决策权而言,无论是农村还是城市企业主本人决定的占绝大多数(见表 7—7)。总体而言,63.6% 是企业主一人决定,企业主和主要管理人员及其他组织的决策比例为 21.3%,董事会决策只有 15.2%。当然,企业主一般是董事会重要成员,其他董事会成员往往有其家族成员,因此董事会一般被企业主控制。具体而言,独资企业由企业主决策的比例高达 76.9%,资本社会化较高的合伙和有限责任公司则分别为 39.3% 和 37.9%,后两者相差不大的原因,可能是因为投资者人数差别不大。就总体而言,随资本社会化程度的提高,企业主一人说了算的比例逐渐降低。就城乡而言,企业主说了算的比例

---

① 参见中华全国工商业联合会:《1993—2006 中国私营企业大型调查》,中华工商联合出版社 2007 年版,第 11 页。

相差不到 1 个百分点。但就董事会决策比例而言,城镇远高于农村,所占比重城市是农村 2.08 倍,这可能与农村企业规模较小,多为独资或合伙企业,基本没有董事会有关。

表 7—7　1992 年年底私有企业决策者类型

单位:%

决策人		企业主	董事会	企业主和主要管理者	企业主和其他组织
	比例	63.6	15.2	20.7	0.6
资本	独资企业	76.9	4.8	17.8	0.4
	合伙企业	39.3	25.0	34.8	0.9
	有限责任	37.9	44.4	17.2	0.4
城乡	城镇	63.5	16.2	19.7	0.6
	农村	62.7	7.8	28.8	0.7

资料来源:中华全国工商业联合会:《1993—2006 中国私营企业大型调查》,中华工商联合出版社 2007 年版,第 25 页。

　　私有企业内部管理的另一重要特点是广泛存在家族制管理,即管理人员与雇主之间存在亲族联系,企业管理利用血缘关系。除血缘关系外,相对封闭的农村邻居等地缘关系也和血缘关系交织在一起。管理人员有 29.4% 是企业主或其他投资者的亲戚,15.7% 是企业主亲友介绍而来的,应社会招聘而来的不到一半。农村私有企业工人与企业主沾亲或是邻居或朋友的比例超过 50%,即使城镇也占三分之一。虽然相当多的私营企业主家族管理色彩浓厚,但真正开夫妻店的比例并不是很高(城市不超过 30%,农村不超过 20%)。多数家庭是"一家两制",即脚踩两只船,仍未脱离与原职业、原单位的联系。这并不仅是分散风险,更主要是兼顾家庭的各种职能,往往没有在私营企业的一方会尽更多经济以外的家庭责任,比如抚养儿童、赡养老人等。值得注意的是,虽然 1992 年私营企业从所有权和控制权的角度考察,具有明显的家族倾向,但企业始终是以市场为导向,天生具有社会化倾向,因此管理人员和工人通过社会招聘进入企业的比例都非常高,分别达到 46.6% 和 48.5%。这主要是因为私营企业规模比较大,对人力资源的需求超过家族甚至泛家族的边界,并且随着企业规模的扩张,这种矛盾越来越突出。另外,面对市场竞争,家族自身的人力资源质量难以与企业需要匹配,故而不得不利用外部人力资源。

1995 年全国私营企业抽样调查数据及分析课题组调查的结果显示,到 1994 年年底,私营企业内部,管理权和经营权仍然高度统一,投资者完全不参与企业管理、经营只占 3.1%,只比第二次调查时提高 1.1 个百分点。企业重大决策权力掌握在投资者尤其最主要的投资者手中,由企业主本人单独决策的比例降到 54.4%,但仍然居高不下,即使是城镇也有 53.5%。在有多人投资的有限责任公司和合伙企业中,董事会决策的比例均较高,分别为 42.2% 和 31.3%。这可能与规模较大企业需要的经济社会资源远远超越了个人、家族边界,因此不得不将权力与他人分享,结果随着企业规模的扩大,企业主单独决策的比例明显降低,董事会共同决策的比例明显上升。当然,笔者认为,规模化的企业共同决策可能存在"泡沫",因为规模越大的企业越注重社会形象,普通董事多数情况下只是大股东附庸。

1997 年第三次调查显示:"今日中国的私营企业,普遍采用家庭家族拥有的形式。"①从资产上看,截至 1996 年年底,51.8% 是 1 人投资,2—5 人占 40.3%,5 人以上仅占 7.9%,投资人数达到 30 人的仅为 0.9%。虽然个人投资的企业比例较低,但业主投资所占比例却由开业时的 69.0% 提高到 82.7%,其他投资者还有 16.8% 是企业主亲戚,与企业创始人没有特殊关系的投资人仅占 4.6%。虽然注册登记的有限责任公司无论绝对数还是相对数均提高,但其中不乏实际为个人投资者,因此私企向现代企业公司制度的转化,切不可估计过高。

所有被调查企业投资者有 48.4% 在企业担任管理工作,独资企业的投资者担任管理者的高达 97.2%;所有企业仅 2.9% 没有投资者参与管理,55.1% 的投资者在企业兼任技术工作,不在企业工作投资者占 21.9%。与 1993 年、1995 年调查相比,私营企业投资者与管理者一身二任的现象没有根本改变。经营决策和一般管理决定主要由业主单独或业主与他人共同作出,由业主本人做重大决策的为 58.8%,这一比例比之于第二次调查反而有所上升,业主和其他人共同决定的占 29.7%,决策权与管理权高度集中于企业主。不仅如此,家庭成员继续占据企业重要位置。已婚业主有 18.8% 配偶在企业工作,

① 中华全国工商业联合会:《1993—2006 中国私营企业大型调查》,中华工商联合出版社 2007 年版,第 98 页。

有 22.5% 参与企业管理,11.8% 负责供销,5.3% 担任技术工作。已有成年子女的业主,37% 子女在企业工作,25.6% 参与管理,39.7% 负责供销,9.9% 担任技术工作。此外,企业管理人员还有 23.0% 是业主的其他亲属,技术人员有 9.8% 为企业主亲属。事实上,管理人员只有 2.4% 是招聘的,技术人员招聘比例不到 30%。企业主控制企业的资金、决策、管理,整个企业具有浓厚家族氛围。

关于 1997 年以前中国私营企业家族经营普遍化的原因,中国私营企业主研究课题组给出了三点解释①:一是中国早期的私营企业产生于转型期,生存于体制外或者体制边缘,业主不仅面临巨大经济风险,还面临政治风险等,更多只能依靠个人和家庭的支持开始创业。二是学术界普遍认同的中国社会结构和文化价值观根源。三是采用"家庭化"来增强企业的凝聚力,化解劳资矛盾。具体而言,家族企业以业主为核心,家庭近亲占据、监督财务、采购、销售等关键职位,家族成员分布在生产、技术、管理各个环节。对非家庭成员往往用"家族化"办法,将其变为"准家庭"、"家族式"的成员。通过家族化建立起家庭内部式的保护——被保护关系,把工具性和情感性结合起来,将家庭模式移植到企业。

二、1997 年以后:难以分离

2000 年第四次调查结果显示,私营企业所有权与管理权均集中于主要投资人。从投资者来看,私营企业投资者相当集中。被调查企业有 35.9% 一人投资,其中不乏登记为合伙、有限责任公司和股份有限公司者,但实际上与真实投资人并不相符。当然,独资企业也并一定独资,11.1% 的独资企业有两人及两人以上,4.6% 为合伙企业、15.3% 的是有限责任公司、6.0% 的股份有限公司为一人投资,具体登记方式取决于企业投资者更看好哪种经营方式。所有权仍然高度集中,1999 年年底 63% 的投资集中于主要投资人。有此产权基础,权力自然高度集中在主要投资者手中。总经理、厂长 93.2% 由主要投资人担任,6.7% 由其他投资人担任,0.1% 由非投资人担任。

---

① 参见中华全国工商业联合会:《1993—2006 中国私营企业大型调查》,中华工商联合出版社 2007 年版,第 100 页。

　　世纪之交的一个突出特征就是随着非公有制经济地位的提高及城乡集体企业，尤其国有企业改革深化，很多公有制企业转化为私营家族企业，但公有制企业改制结果从根本上并没有改变两权集中状况。不过，由于大批国有、集体企业通过改制成为家族企业，还是体现出一些新变化。改制而成的企业一般资产存量大，企业起点高、规模大，但这并不意味着所有权分散，管理社会化，相反与许多"草根"私营家族企业一样，仍然体现出两权集中到企业主的特征。企业主拥有的资本比例也相当高，原国有企业改制后企业主本人拥有资本比例高达63.4%，原城镇集体企业企业主则拥有71.8%，原农村集体企业拥有资本70.6%。改制企业主绝大多数是原企业的经营管理者，"一身二任"现象突出，国有、城乡集体改制企业主要投资者兼任厂长、经理的比例均在95%以上。

　　第五次调查结果还显示我国现阶段私营企业资本高度集中于企业主本人，投资的收益和风险也高度集中于企业主。私营企业主不但握有决策权，还都直接掌握企业经营管理权。私营企业法律类型与投资者间仍然存在错位，私营独资企业一人投资的占85.5%，14.5%为两人或两人以上投资；私营有限责任公司有约1/7为一人投资，法律类型的选择同样取决于私营企业经营的需要。不管何种法律形态的私营企业，企业主个人投资所占比例都在50%以上，独资企业主占93.0%，合伙企业主占59.46%，而公司的企业主占71.20%，整体而言企业主个人资本占总量76.7%。由于所有权高度集中到企业主，因此私营企业主收益与风险都高度集中。

　　与第五次对私营企业的调查时间大致相近，潘峰、韩宏明将家族企业界定为"临界持股权70%；家族成员或准家族成员担任董事长或总经理；家族成员或准家族成员担任公司董事席位的一半以上"①。按此标准，所调查的260家民营企业(笔者根据其全文，其所说的民营企业应是私营企业)有197家属于家族企业，家族企业的比例为76%，虽然随着企业规模扩大家族企业所占比重逐渐下降，但即使是年销售收入过亿元的家族企业比重也高达72%。当然笔者认为，潘峰、韩宏明对家族企业所有权和经营权的要求过于"苛刻"，但这也从客观上反映出大陆民营企业普遍所有权集中，所有权与经营权相统一的特征。

　　2004年第六次调查表明无论是企业实收资本还是所有者权益，企业主所

---

① 　参见潘峰、韩宏明：《民营企业家族化现状及利弊分析》，《计划与市场》2002年第10期。

占份额比例都是70%（中位数），控制性股东家族在企业中作用明显。从所有权来看，基本上是家族控制，私营企业股东的中位数是2，两个股东的私营企业中60.6%私营企业另一股东是企业主的父母、配偶兄弟姐妹或子女等家族成员，也就是说两人投资的私营企业绝大多数是完全家族，甚至家庭所有。另外，已婚企业主的配偶45.8%在本企业工作。从企业资本组织形态来看，中国私营企业资本社会化速度较快，这体现在表7—8就是1993—2006年间资本封闭性较强的独资企业比重一直呈下降趋势，合伙企业的比重也基本保持下降趋势，而资本社会化程度相对较高的有限责任公司则从1993年16.5%上升到2002年的超过65%，2007年则接近80%。从表7—8还可看出创建之初的私营企业，资本封闭性的法律形态比例相当高，这似乎也从侧面说明所有权高度集中可能与我国私营企业产生时间不长有关。企业资本组织法律形态的快速变化之所以与企业主所有权下降速度较慢形成鲜明对比，这除企业主注册方便外，最为根本的原因是企业主"一股独大"，一方面，企业主虽然也在努力吸收社会资本，但又顾虑自己的控制权，故而不敢过多吸收外部股份；另一方面，作为投资人来讲，因为资本市场很不完善，投资人利益保障体系不健全，而"惜投"或者直接成为企业家，结果社会化的企业资本组织形态之下是资本的"人合"而不是"社合"，企业主之外的投资者往往与企业主有比较密切的人际关系。当然，私营企业采取资本社会化程度更高的资本组织形式也说明我国企业也有社会化动机和取向，我国私营企业无论从所有权还是经营权都有社会化趋势，但比法律形态演变和理论界期望的要慢得多。

所有权与经营权集中还表现在，一般认为两权较为分散的股份有限责任公司数量相对有限。家族企业的股份有限责任公司虽然自1999年来就已出现，但数量仍然有限，到2004年股份有限公司不过862户[①]，2005年共957户，2006年为1722户，2007年虽然户数增长53.8%，但总户数也只有2186户。[②] 最近，《福布斯》中文版统计沪深股市上市家族企业的总数不过刚突破300家。

---

① 参见张厚义、侯光明、明立志等：《中国私营企业发展报告（2005）》，社会科学文献出版社2005年版，第8页。

② 参见国家工商总局办公厅统计处：《2007年个体私营经济发展和监管基本情况》，《中国工商管理研究》2008年第2期。

表7—8　私营企业资本组织法律形态变化

单位:%

时间	独资	合伙	有限责任	其他情况	合计
开业之初	65.1	22.3	7.5	5.1	100.0
1993 年	63.8	16.0	16.5	3.7	100.0
1995 年	55.8	15.7	28.5	0.9	100.0
1999 年	32.8	8.8	58.4	0.0	100.0
2002 年	28.7	5.7	65.6	0.0	100.0
2004 年	22.5	7.4	62.9	7.2	100.0
2007 年	18.5	2.4	79.1	0.0	100.0

注:1999 年为国家工商总局调查数据,2007 年为国家工商总局办公厅统计处公布数字,其余为私营企业大型调查数字。

资料来源:中华全国工商业联合会:《1993—2006 中国私营企业大型调查》,中华工商联合出版社 2007 年版,第 12、52、135、171 页;国家工商总局办公厅统计处:《2007 年个体私营经济发展和监管基本情况》,《中国工商管理研究》2008 年第 2 期,第 70 页。

　　从经营决策权来看,投资者是主要决策者,但决策日趋由个人转化为团队决策。调查表明,92.9%的主要投资者兼任本企业总裁、总经理,企业主既是投资者又是经营者。企业的重大决策者排在前三位的依次是企业主本人(36.4%)、董事会(26.4%)、企业与主要管理人员(19.7%)。其中有超过一半的企业董事会成员是 3 位,除企业主外,有一半的企业还有一个家族成员,这既意味着相当部分企业家族成员在有决策权的董事会占绝大多数,也意味着家族企业给"外人"留出了一个位置,从这种意义上说私营企业的决策已经开始由企业主个人转向团队,但由于"组织的早熟"与"内部管理滞后",并不能过高估计职业经理的作用。

　　中国私营企业所有权与经营权有高度集中到企业主家族的特征,继续在第七次调查得以验证。私营企业资本仍然具有高度封闭性,私营企业自然人投资者中位数为2,法人虽然投资有所增多,但中位数仅为1,企业主所有者权益中位数高达70%,即使是规模化的典型企业(所有者权益中位数在 1 亿元以上)开办之初,企业主所有权也超过一半(52%),甚至到 2005 年年底企业主个人所有权比例平均数比例也高达 48.13%(中位数为 51%)。与所有权的高度集中匹配,企业主仍然在决策中发挥主导作用。第七次调查的结果显示,90.2%企业主兼任企业总裁、总经理,即使上市公司也高达 84.4%,企业主兼任企业行政首脑比例虽然比前几次调查有所降低,但仍然居高不下(见表7—9)。

表7—9　历次调查的企业主与企业行政首脑关系

单位:%

年份	兼任行政首脑	未兼任	合计	样本数
1993	97.8	2.2	100.0	1338
1997	96.4	3.6	100.0	1485
2000	96.8	3.2	100.0	2960
2002	96.0	4.0	100.0	3111
2004	92.4	7.6	100.0	2923
2006	90.2	9.8	100.0	3371

资料来源:张厚义、侯光明、明立志等:《中国私营企业发展报告 No.6(2005)》,社会科学文献出版社2005年版,第249页;中华全国工商业联合会:《1993—2006 中国私营企业大型调查》,中华工商联合出版社2007年版,第225页。

与第六次调查相比(见表7—10),新三会增加比例不及老三会,新三会设有股东大会和监事会的私营企业比例都只增加1.4%,而设立股东大会的企业比例反而下降10.8%,而老三会则稳步增加,比例在2.8%—4.9%之间。"新三会"的普遍化意味着私营企业的治理结构正在走向相对科学化,"老三会"的普遍化则意味着私营企业融入主流,主流社会对其接纳,这也是私营家族企业适应大陆市场经济体系的重要表现之一。不过,无论新三会还是老三会,都无法对企业主的中心地位形成挑战,尤其老三会在私营企业的持续增加主要是响应政府号召,其发挥作用极为有限。

表7—10　第六次调查私营企业内部的组织状况

单位:%

年份	股东大会	董事会	监事会	党组织	工会	职代会
1993	—	26.1	—	4.0	8.0	11.8
1995	—	15.8	—	6.5	5.9	6.2
2000	27.8	44.5	23.5	17.4	34.4	26.3
2002	33.9	47.5	26.6	27.4	49.7	27.4
2004	56.7	74.3	35.1	30.7	50.5	31.0

续表

年份	股东大会	董事会	监事会	党组织	工会	职代会
2006	58.1	63.5	36.5	34.8	53.3	35.9

注:每次调查的企业数据截至调查的上年年底。

资料来源:中华全国工商业联合会:《1993—2006 中国私营企业大型调查》,中华工商联合出版社 2007年版,第 224 页。

从决策权来看,企业重大决策由企业主负责的比例仍然超过三分之一,占36.9%。值得注意的是,对于上市公司而言董事长说了算的比例高达 50%,这与通常认为上市公司决策民主化程度高形成极大反差,这可能是与企业主多年形成的集权式管理风格路径依赖的结果,当然更根本的可能还是公司上市后,经营风险扩大,亲自挂帅可以降低风险,以及我国市场经济发育不完善,放权委托代理成本高。反常的还有,上市辅导期的企业只有 8.7% 的是企业主一个人说了算,而有上市打算企业也只有 19.6% 是企业主说了算可能也或多或少存在这种因素,除了非上市私营企业一般规模较小外,这可能是由于这些企业在积极改制以达到上市要求,民主化决策可能只是一种暂时、过渡现象或假象,因为按理说企业主应该更关注企业重大决策,但据调查除上市公司企业主更多决定重大决策外,其他几种类型中企业主决定日常管理的比例反而高于企业的重大决策(见表 7—11)。如果再深入分析私营企业人才结构,则其家族性更为明显,在上市公司中,高层管理人员亲属占 54.2%,在有上市打算的企业中,高层管理人员的亲属占 55%。

表 7—11 第七次调查企业主决策比例

单位:%

决策对象	已上市	上市辅导期	上市打算	无意上市
重大决策	50.0	8.7	19.6	38.9
日常管理	39.1	20.0	23.3	41.1

资料来源:中华全国工商业联合会:《1993—2006 中国私营企业大型调查》,中华工商联合出版社 2007年版,第 225 页。

一般认为,私营企业现任管理者的管理和领导经验越丰富,越倾向于采用钱德勒所说的比较现代的制度,促使家族企业非家族化。但刘剑雄根据

"2007年中国私营企业人力资本与竞争力数据库"对中国私营企业家人力资本中影响企业制度选择和创新的关键因素实证分析的结果却表明,中国私营企业现任管理者的管理和领导经验反而对企业制度现代化有负面影响,即私营企业现任管理者的管理和领导经验越丰富,反而更可能促使私营企业保持独资或者合伙制,而不倾向于有限责任公司、股份有限公司,管理者管理和经验越丰富、领导能力越强,企业的股权越集中。① 刘剑雄将其归结为两点:一是中国很多私营企业现任管理者仍然是创办人,创办人自身的管理经验和领导能力越丰富,其对企业的控制越牢,股权越集中。二是中国法制体系不健全,信用体系也不完备,在这种情况下,私营企业创办人对职业经理的控制动机大于激励,而所有权集中则便于控制更换经营者,也避免股权分散引起的强势经营者侵蚀股东利益的情况。

当然,整体而言,经营权对私营企业而言还是有所开放,并不是完全封闭。过去许多学者在研究华人企业的泛文化时,总认为任人唯亲是华人企业重要特征,这是忽略事实的简单看法。事实上,员工的忠诚与才能仍然是十分重要的标准,而不可以被忽略。② 储小平等问卷调查的结果显示私营家族企业职位对外开放的时序如下:(1)生产部经理;(2)质管部经理;(3)设计开发部经理;(4)办公室主任;(5)副总经理;(6)总经理助理;(7)营销经理;(8)财务经理;(9)人事经理;(10)采购经理。③ 这表明:企业主首先是将机密程度较低的生产技术部门和例行公事管理(办公室)的经理岗位对外人开放;对副总经理和总经理助理的时序安排上,实际上出现两个极端,小部分排在前面,多数排在最后面。这说明有值得信赖的就先安排这样的岗位给他们,要不就到最后才考虑把这样的岗位安排给值得信赖的外人;营销、财务、人事、采购的岗位机密程度高,一般是到最后才安排给值得信赖的外人。《中国私营企业治理结构研究》课题组调研统计及储小平的调研表明一方面企业主非常盼望能实现职业经理式管理,职业经理人市场也初步发育起来;另一方面,职业经理人

---

① 参见刘剑雄:《企业家人力资本与中国私营企业制度选择与创新》,《经济研究》2008年第6期。

② 郑伯壎:《差序格局与华人组织行为》,《本土心理学研究》1995年第3期,第142—219页。

③ 参见储小平:《职业经理与家族企业的成长》,《管理世界》2002年第4期。

市场的建设、职业经理式管理的外部制度建设等在我国还是一项长期的艰巨的任务。这说明,中国家族企业主并不是死守封闭,完全按费孝通的差序格局配置家族企业人力资源,他们也有寻求人力资源社会化与公共化的动机,之所以没有大范围的任用职业经理可能是出于职业经理式管理缺乏制度保障的无奈反应。结果虽然现实中家族控制的大型家族企业比例较高,但问卷调查结果却显示企业主任命经理主要依据能力、品德、业绩,在家族企业实际经营过程企业主往往采用多种特殊主义与普遍主义融合或相互制衡的形式,即保持家族控制又实现效率。另据,韩朝华、陈凌、应丽芬对浙江17家民营企业的调查表明,经营班子成员的主要来源为企业创建者占40.5%,是最重要的经理来源;占第二位的是外聘职业经理,占25.0%;创业者子女居第三位,占13.8%。同样说明,经营家族化特征虽然明显,但经营班子也有一定开放性。①

三、两权集中的理性

从上面分析可以看出,中国私营家族企业两权统一主要体现在,所有权高度集中在企业主,同时经营权也集中到企业主,企业主拥有绝对支配权。这无疑与所有权与经营权均高度分散,职业经理人在企业经营中居于主导地位的现代企业相去甚远。但如黑格尔所言"存在即正常",中国私营家族企业之所以两权统一也必然有其合理性。

企业所有权和管理权的社会化归根结底是所有者或管理者之间的合作,艾克斯罗德曾将合作的前提概括为两点:一是无限博弈,二是未来对双方利益的影响比现在重要。② 我国的私营家族企业自改革开放以来生存环境螺旋式改善,但始终具有高度不确定性特征,尤其法律制度的相对不完善,要素市场发育不成熟,自然也意味着中国私营企业货币与人力资本的合作相对有限,人力资本和货币资本的相对封闭在所难免。

---

① 参见韩朝华、陈凌、应丽芬:《传亲属还是聘专家企业接班问题考察:浙江家族企业接班问题考察》,《管理世界》2005年第2期。
② 参见焦斌龙:《中国的经理革命——企业家的政治经济学分析》,经济科学出版社2003年版,第192页。

企业生存环境相对不稳定,企业更需要寻找一些稳定因素,而血缘关系显然是所有因素中最为稳定的因素,中国人向来又有利用复杂家族网络的传统,加上中国城市化与工业化等对家族依赖度较高。改革开放以来,中国家族制度不但没有被各种公共制度所取代反而出现向传统回归的迹象,以减少不确定,增强货币资本与人力资本间的合作效果,这样的结果货币资本与人力资本的家族性几乎是不可避免的。

我国私营企业两权高度集中的原因主要有两方面:一方面,转型期我国法律法规对私营企业主财产、股东利益、经理人及雇员法律保护制度相对不完善,且往往失灵,企业主"惜权",不敢开放所有权。因为所有权的开放往往意味着经营权的开放,而在经理人约束机制不健全的情况下,放权面临道德风险的可能性和危害性极大,企业主自然也不敢开放所有权,所有权不开放又使资本拥有者多数不成为投资者,而不得不自主创业,而经理人往往不为所用,故而经理人创业趋向明显,出现所谓"宁为鸡头,不为凤尾"现象,或者说家族主义或个人取向。这又有示范效应,结果出现资本拥有者缺优秀经理人员,而经理人员创业后又面临资金不足的问题,并从根本上限制了民营家族企业的发展,这可能也是我国私营企业寿命较短的一个重要原因。此外,还有几点值得注意,首先,私营企业获得法律地位的时间不长,这是一个根本原因;其次,转型期各种规章制度相继出台,企业不断变更自己的法律形态;最后,我国经济持续稳定快速发展,经济充满活力,国民创业激情高,企业自身发展迅速。当然,后两者也是家族企业大发展的表现。

另一方面,从我国私营家族企业产生和发展过程来看,也注定其不可能在当前对所有权与经营权高度开放。由于我国私营家族企业的发展历史较短,与西方早期企业有可比性。西方尤其美国现代企业产生初期的历史表明,企业资本和管理的社会化受多重因素的影响,其基本逻辑是以规模化为基础,资本社会化为先导,管理社会化相对滞后,其中资本也就是通常所说的所有权起着基础作用,且无论资本和管理社会化都是相对的,多数投资者有控制所有权和经营决策权的动机,只是因为规模、行业、组织的限制,使其根本无法封闭生存,尤其是以社会化为主要特征的现代企业产生之初兼并与合并起关键作用,而在我国并不存在。就我国而言,私营家族企业产生之初不仅受到政策歧视,而且在市场准入上受到内外夹击,规模化的利润高的行业多为公有制尤其国有企业控制,资本市场的不发达,尤其相关法律的缺失,合作法律风险大。科龙系、新疆德隆系、健力宝等事件就从侧面说明了我国民营企业兼并风险大,加上私营家族企业发展历史不长,企业合并和结合有限,企业普遍规模不大,决定了当代中国企业家族性更高。

此外,我国民企法律保护有限,非公有制经济成为社会主义市场经济的重要组成部分也只有十多年,整个经济体系是以公有制为主导的,私营家族企业发展普遍存在"原罪",加上转型期政府是强政府,法制建设相对滞后,而且在实施过程中难免会被滥用,企业社会化经营法律风险大。私营企业没有也不可能建立社会信任,既然没有社会信任所有权与经营权的社会化自然只能是空谈,理论界和政府倡导的以西方现代企业为导向的现代企业制度在中国民营企业中只是"雷声大,雨点小",甚至"只打雷,不下雨"。广西喷施宝的经理人事件就是家族企业"原罪"在资本与管理社会化过程中的一次危机①,而恩威等公司的逃税等丑闻暴露都是源于职业经理人,这自然会使普遍存在原罪的企业保持警惕。

所有权集中度较高,也是符合企业发展规律的。Shleifer 和 Vishny 指出在法律不能有效保护投资者利益时,相对集中的股权结构可以作为一种替代的公司治理机制解决股东和经理人之间的代理冲突,提高公司经营绩效;Betheletal 研究发现:当大股东入主上市公司后,公司长期业绩将上升;郎咸平等东西方学者合作实证研究也发现,上市公司(包括家族控制类上市公司)价值随着最大股东所拥有的现金流所有权而增长。② 大陆学者徐莉萍等通过对大陆 4585 家上市公司实证研究的结果表明,第一大股东的持股比例与公司绩效显著正相关,不存在非线性关系;在加入控股股东这一变量后,发现不同性质控股股东的样本都存在股权集中度与公司绩效之间的显著正相关。③ 虽然

① 参见胡敏:《家族企业:通往现代企业的路有多长——透视"喷施宝"》,《法律与生活》2001 年第 8 期。

② 参见周立新:《大股东治理与公司绩效:来自于中国上市家族公司的实证》,《统计与决策》2006 年第 12 期。

③ 参见徐莉萍、辛宇、陈工孟:《股权集中度和股权制衡及其对公司经营绩效的影响》,《经济研究》2006 年第 1 期。

还有股权无关论及曲线函数论的实证结果①,但笔者更认为当代中国股权集中更有效率。

从家族企业所有权演变规律来看,现代管理学之父德鲁克就认为家族企业的第二代、第三代一般会继续保持家族所有,大陆学者陈凌和应丽芬认为这是因为家族企业经历几代人后,所有权分散的结果,才具备两权分离的条件②,而我国家族企业多数尚处于创业一代或者一、二代交替期,且下一代或再下一代往往面临独生子女政策的挑战,所有权集中的状况可能难以短期改变。从法制环境来看,刘峰、钟瑞庆、金天通过案例研究,借鉴美国市场的制度安排发现,我国资本市场上不存在约束、惩罚掏空者和相关责任人、保护中小投资者的法律制度③,政府监管较强,信息相对公开的上市公司尚且如此,其他非上市家族企业的情况显然丝毫不容乐观,这无疑会使家族外部的投资者"惜投",注定了我国企业的所有权相对集中。从企业规模来看,我国私营家族企业规模也相对较小,这主要是因为公有制经济的主导作用,民营家族企业法律地位上升到国民经济重要组成部分不过十年时间,而且在很多领域目前仍受到国有企业的抑制作用,注定了其成长性有限。从西方企业所有权分散的历史来看,即使是大企业也不一定所有权分散,这取决于资本来源和资本结构,一般而言靠企业自身资本积累和债权融资形成规模化的企业,其所有权结构一般较为集中,而靠股权融资和频繁合并等方式成长起来的大企业,其所有权结构则较为分散,而就我国大家族企业而言多数靠自身资本或债务融资,即使进入股票市场,也受自有资本与融资比例、股权分置等政策限制,难以实现所有权高度社会化。从经济发展阶段看,中国大致处于西方 19 世纪末 20 世纪初的工业化初期,而在同期西方顶级企业股权也高度集中。

---

① 参见金毓、焦利娜:《家族企业第一大股东持股比例对企业绩效影响的实证分析》,《技术经济》2007 年第 11 期。

② 参见陈凌、应丽芬:《代际传承:家族企业继任管理和创新》,《管理世界》2003 年第 6 期。

③ 参见刘峰、钟瑞庆、金天:《弱法律风险下的上市公司控制权转移与"抢劫"——三利化工掏空通化金马案例分析》,《管理世界》2007 年第 12 期。

第八章 家族企业长寿研究

第一节 长寿家族企业稀缺性及其根源

一、富过三代与长寿家族企业普遍稀缺

家族企业完成所有权与经营权代际传承,基本前提是家族企业要相对长寿(除非创业不久马上传承),但现实世界能够完成代际传递的家族企业很少,因为家族企业寿命普遍是短暂的,往往不能延续到下一代。现代社会不太成功的家族,父母往往会给子女选择自由,而家族商业财富有限自然对后代吸引力不大,因此中小家族企业主往往缺乏长期持有企业的动机,而主动放弃所有权与经营权的代际传承。也可以说,中小企业主家族属于贝克尔所说的贫穷和不成功的家庭(族),家庭(族)子女在经济和社会选择方面有更大的自主权,故而中小企业主家族父辈和子辈,甚至整个家族都可能缺乏代际传递的动力,而倾向于变现。成功的企业主家族内部更有长寿和传承多代动机,既然成功的家族企业其控制性家族财富较多,因此将家族企业长寿与富过多代结合起来讨论并不唐突。

虽然我国家族向来重视传承,从人力资本的角度讲有"不孝有三,无后为大"之说,从物质财富的角度有"富不过三代","一代创业,二代守业,三代败家"的警句,历来以发达祖业为荣,败家为耻,一个失掉祖传遗产的人,会受到公共舆论指责。[①] 就物质财富而言,学术界习惯于将中国富不过多代现象归因于诸子均分导致家族财富不能集中,以及以血缘为核心的经营权传递等因素共同作用的结果,富不过三代乃中国家族文化劣根性所在。

---

① 参见费孝通:《江村经济:中国农民的生活》,商务印书馆 2001 年版,第 112 页。

然而，维护、发达祖业历来有全球性，一般认为集中继承是西方家族牺牲内部成员公平性而维持祖业延续的选择，这说明富过多代在西方同样是一道难以迈过的坎。日本甚至为守住祖业，不惜牺牲家族血缘性，即继承人的选择往往突破家族、血缘范围，尤其以婿养子制度为典型。也许正是家族难以富过三代，家族企业兴盛难以持久，才有美国人休斯针对家族企业成员的经典著作：Family Wealth：Keep It in the Family（《让家族世代兴盛》）出版前就已成交口传颂的经典，后来又一版再版；著名家族企业问题专家兰兹伯格将其代表作命名为《代际传承：实现家族企业的梦想》（Succeeding Generation Realizing the Dream of Families in Business）[1]；加拿大米勒等的经典著作命名为《永续经营：杰出家族企业的生存法则》（Managing for the Long Run：Lessons in Competitives Advange from Great Family Business）。曾留学海外的李新春研究中国家族企业之初，论及中西家族企业共同点时就一针见血地指出："在共性上，家族企业大多逃脱不了'一代创业，二代守成，三代衰败'的规律。"[2]

摩根银行对《福布斯》杂志最近20年全球首富排行榜进行研究时发现，在400位曾进过全球富豪排行榜的名流中，只有1/5的人能够维持其地位。[3]而20年也就顶多能算一代人的光阴，相信随着时间推移会有更多富豪淡出，最终能够持续三代的必然是凤毛麟角。在现实中，一般把家族企业不能持续多代等同于富不过三代，故而下文对家族企业不能持续长久的原因进行挖掘。

二、家族企业长寿：家族因素

（一）不同历史时期的概况

家族企业难以跨越多代的普遍性引起了理论界广泛关注。德鲁克认为，现实的家族企业寿命能延续到创业者死后的情况只是例外，延续多代更是少见。家族企业发展不充分时，尚能保持所有权的家族控制（第二代、第三代），但家族企业发达以后，家族成员往往会从所有者变成投资者，家族企业所有权

---

① 中国大陆的许玉林、付亚和等将其译作《家业永续 家族企业如何成功地完成代际传承》。

② 参见李新春：《中国家族制度与企业组织》，《中国社会科学季刊》1998年第3期。

③ 参见《世界富豪，多数富不过三代》，《环球时报》2005年2月18日。

和经营权都向社会让渡（第四代）。德鲁克还认为，无论不发达时的家族控制，还是发达以后放弃控制权均符合家族利益和公共利益，德鲁克的分析针对的是家族要素和企业要素都可以自由流动的现代社会家族企业。① 维里尔则认为随着家族规模的扩大，新的潜在冲突会累进式增加，这就意味着家族企业可能解体或者脱离家族控制，失去家族性。②

在经济发展不同阶段家族和企业往往面临不同的情况，马歇尔 19 世纪末的论述应该比较准确地反映了工业化初期的情况③。马歇尔认为除了家族后代天性和教育不适合、不喜欢企业经营管理外，这些成功企业家的后代继续执掌家族企业有天时、地利、人和之便，商人们也会把主要位置分给儿子，成功企业家会成为工商业世袭王朝，连续多代统治某些商业部门，但现实却相去甚远。究其原因，马歇尔认为，一方面，家族企业主后代教育由仆人进行，后代无法发展出与前辈一样的高级才能、特殊意志和气质；另一方面，后代对学术和社会名望具有与家族财富同样的期望而放弃家族企业。更为关键的是，即使子辈愿意接班，并维持稳定的营业关系和对工作认真负责的下属，只要勤恳、谨慎，并且利用企业传统，似乎可以实现长久的维持，但随着时间推移，旧传统不再是可靠指南，与忠心老职员之间的纽带丧失，家族企业瓦解不可避免。马歇尔指出，唯一可以避免企业瓦解的方法是与新人合伙，并且企业经营权也归家族以外新人，即家族企业只有去家族化才能持续存在。马歇尔认为，更为普遍的情况是商人后代因富足而没有必要通过操劳和辛苦得到更多的收入，故而直接将企业出售，或者成为纯粹的投资家，从而家族资本控制权落入外人之手。

以法国年鉴学派的布罗代尔为代表的历史学家，则对欧洲前工业化时期家族企业寿命及富不过多代问题进行了深入讨论。④ 比兰纳根据欧洲前工业化时期的资本主义发展经验发现，商人家族寿命都不长，不过延续两至三代而

---

① 参见［美］彼得·德鲁克：《大变革时代的管理》，上海译文出版社 1999 年版。

② 参见［法］曼弗雷德·凯茨·德·维里尔：《金钱与权力的王国 家族企业的兴盛之道》，机械工业出版社 1999 年版，第 4 页。

③ 参见［英］马歇尔：《经济学原理》上册，商务印书馆 2005 年版，第 310—314 页。

④ 参见［法］费尔南·布罗代尔：《15 至 18 世纪的物质文明、经济和资本主义》第二卷，生活·读书·新知三联书店 2002 年版，第 524—528 页。

已。如果一切顺利,商人家族此后便不再经商,而去占据风险较小和较为荣耀的位置,如捐纳官职或更经常购买领地,抑或双管齐下。因此,并不存在世代相传的资本家家族,不可否认各个时代都有资本家,但各个时代的资本家往往源自不同家族。比兰纳同时强调,商人获得财富后,迫不及待地脱离商界,尽可能成为贵族并不完全是因为他们有提高社会地位的野心,而是因为他们父辈获得成功的思想已不能适应潮流,即创造力不足问题。比兰纳的思想随即得到广泛支持,布罗代尔认为,商人家族放弃商业的现象存在于所有时代,并列举大量事实为证,比如,北德意志、十五世纪的巴塞罗那,尤其南德意志的大商人家族,以及海克斯泰对历史上所有时代商人向地主和贵族转化长期普遍存在的论述等。布罗代尔还认为经济状况与家族产业持续兴旺多代没有直接关系,但却与商人集团有关系,发达的家族往往产生于这些集团,商人集团持续时间往往超过两三代人,但在不同的阶段有不同的家族。作为机能资本家的大商人必定是资本家,但资本家则可能只是纯粹出资者,机能资本家家族从经营第一线退出以后可能仍然成为投资家。布罗代尔还指出,如果制度允许资本在店铺、商行、官职、地产及其他方式流动,资本才会经历不同发展阶段,即以不同形态出现,但是社会(国家)可能禁止这种流动,这种禁止会使资本形态相对稳定,企业寿命相应较长。这在历史上的犹太资本家身上体现得较为明显,故而产生了诺尔萨犹太银行这样的长寿企业;印度在种姓制度之下银行家兼商人只能经管钱财,不能改业,日本大阪商人的情况也如此,故而能够产生长寿企业。布罗代尔还注意到以穆斯林为代表的社会,商人资本积累第一阶段就消失的历史现象。

(二)家族因素分析

从上面的分析可以看出,无论是当代、近代、还是古代,西方长寿家族企业都是稀缺的,富不过三代是普遍的。德鲁克、马歇尔、布罗代尔三人的论述都涉及两个因素,即社会流动(代际流动)性、家族成员创新精神、环境对家族及家族企业的影响,下面主要分析家族因素,尤其代际流动与家族企业寿命和富不过多代的关系。

代际流动即社会纵向与横向流动性,是家族企业、家族商业财富不能持久的重要原因。前工业化时期,各国商人经商致富后都有捐纳官职的冲动,主要是因为商人社会地位较低,而社会又提供以货币财富为基础的向上流动通道,甚至可能早期创业致富者的初衷就是以经商致富为跳板,获得更高社会地位。子孙向上流动,甚至是创业祖先所期望的,而在富与贵不可兼得情况下,成为富商后,家族继续经商反而不合常理。特别是在缺乏科举取士的西方前工业化时期,家族经营致富进而捐纳官职是提高普通家族社会地位的捷径甚至是唯一途径。由于西方的捐纳官职往往是实职,而不是中国的虚衔,相比之于商人社会地位的不稳定,西方贵族还具有世袭性,商人的选择完全合乎理性。即使在没有权力世袭制的中国,历史上士、农、工、商,四民分业,而士和农(尤其地主)社会地位高于商人,创业一代在致富后就大量置地,让子孙业儒,商业积累的动力不足,自然也就减少商业投资,后代比之于前辈商业财富和影响力难免下降。这就说明从商业财富的角度来看,成功的家族经营者更可能出现富不过三代的情况,因为财富形态发生了转换。由此也可以推断出政府对商人、商业保护不力的情况下,家族企业越难长寿。这也与家族企业相对长寿的美日欧均长期拥有较为稳定商业环境和私有财产保护政策的事实相符。

即使不存在阶层纵向流动,横向流动也可能导致商人家族富不过三代。市场经济下,商人社会地位大大提高,但市场经济强调民主与个人发展,商人后代具有前所未有的职业流动性。罗斯托提出的"布登布洛克式动力"揭示了富豪后代普遍存在摆脱经商重负的逆反心理①。他的《经济成长的阶段》指出,人有不满足现状,不断追求新需求的天然动机。第一代人的需求被满足之后,第二代人又会出现新需求;第二代人需求被满足之后,第三代人又会产生新需求。马斯洛需求层次论与此类似,他把人的需求分成生存、安全、尊重、社交、自我实现五个层次,较低层次需求满足以后,就会产生更高层次需求,而最高层次的需求就是自我实现。既然前辈已经致富,后代一般会利用家族资产实现自己更高层次的需求,在传统贱商社会普遍会选择"弃商",现代重商社会,则表现为家族成员的多元化选择。总之,自我实现需求在不断提高的同时,还有多元化趋势,下一代人不可能因循上一辈人设计的轨迹,而往往出现欲望更替,偏离上一辈人设计轨迹。

当然,不能过高估计后代流动性对家族企业寿命影响。这主要是因为,家

---

① 张华强:《民企:怎样摆脱"富不过三代"的魔咒——"布登布洛克式动力"的启示》,《二十一世纪》(香港中文大学)2008年第4期。

族企业壮大毕竟为后代提供非同一般的平台,贸然离开家族企业不一定能够找到如此好的平台,也就是说继续控制成功家族企业机会成本较低,而家庭归属感应长期普遍存在。2004 年年初,摩根银行对 47 家家族公司的后代进行调查的结果验证了以上观点:据调查希望祖业归其所有和管理占 52% ;26%只希望做拥有者,不愿当管理者;只有 7% 希望家族和公司完全脱离关系。①而由于有物质财富做基础,成功企业家后代往往人丁兴旺而多子女,52% 愿意几乎就意味每个家族并不乏接班者。而且,摩根银行的调查是在家族企业遭遇歧视的大背景下进行,企业主后代的回答应不乏保守成分。至于当代学者普遍诟病的家族后代缺乏创新而言,家族成员放弃经营家族原有企业,本身就是创新,家族成员改变企业名称,改变企业经营主业同样是创新,即使是经营原有企业也需要创新,因为企业在不同阶段有不同特点和弱点,没有创新则往往难以为继,而马歇尔认为后代难以培养出父辈一样的品质显然多虑了。

布罗代尔还注意到经济环境、国家规制等因素对富不过三代的影响,而德鲁克和马歇尔的论述都以自由流动为前提,这可能是因为他们论述的是工业化以后的情况,社会流动是基本准则,而布罗代尔所涉及的历史时期则受到限制。就外部环境而言,稳定的商业环境应该是家族企业寿命相对较长,家族商业财富能够维持较长时间的保障。而限制商业向其他行业,家族企业主向其他阶层流动的做法,虽然能够让家族企业延续时间较长,但基本是以不发达为代价,因为缺乏流动性的社会往往限制商业发展。

上述几个知名学者的论述,除了德鲁克注意到家族企业坚持到创业者身后是例外,而不是规律,其他两位学者都假定至少能延续到创业家族第二代,不过,即使德鲁克也没有就家族企业为什么不能普遍坚持到下一代进行解读。此外,我国管理界家族企业研究权威李新春认为,家族企业之所以富不过三代,主要原因在于家族权威丧失。比如,一个父亲有三个儿子,父亲在世时,凝聚力强。父亲离世后,三子之间若不能形成权威,则家业必败。②

这部分以代为单位分析家族企业寿命与富过多代问题,且这里主要考虑家族因素对家族企业寿命的影响,但其他因素也不容忽视。为此,下面主要从

---

① 参见张幼启:《祖业传承,西方家族公司的最后考验》,《中外企业文化》2005 年第 5 期。
② 参见李新春:《中国的家族制度与家族企业》,《中国社会科学季刊》1998 年第 3 期。

企业组织角度进行挖掘。

三、企业组织寿命概述

1965 年戈登尼尔率先以"如何防止组织的停滞与衰老"为题,系统探讨社会组织的生命力与生命周期问题,其基本思想是,人们可以预测自然生命体的生命周期,但无法预知一个社会组织的生命周期;一个组织经历停滞之后仍有可能恢复生机,因此一个组织可以持续不断地实现自我更新。而 1972 年格雷纳率先提出"企业生命周期",其基本观点是:企业成长像人一样,有寿命周期,要经过孕育期、婴儿期、学步期、青春期、壮年期、稳定期、贵族期和死亡期等几个不同阶段。企业生命周期不同阶段的特点及对生存环境的要求有所不同,而且企业在生命周期每一个阶段都面临生死抉择。这一理论逐渐得到发展,并形成仿生——进化论、周期阶段论、归因论及周期对策论四大流派。其中,最为盛行的是周期阶段论,其他几种理论都是该理论的延伸,或者说是这一理论从不同角度的表述。①

几种理论均认为多数企业仅仅停留在孕育期的构想阶段,而没有付诸实施,付诸实施的企业也绝大多数在创业期也就是资本原始积累阶段就走到终点。企业生命周期理论的建立,为改变企业生命周期,推迟老化阶段到来,延长企业寿命周期提供了借鉴,但其基本思想始终包含企业寿命的有限性。新创企业如此容易倒闭,主要原因有:缺乏经验、没有产品或营销战略、对市场规模过分乐观、低估起步阶段所需时间、缺乏流动资金、起步成本高、初期成长过快、将现金误作为利润、店址不利、聘用和管理雇员失误,以及没有账目管理等11 种。② 11 种因素还只是企业倒闭组织诱因,而对企业家、企业组织、产业政策、产业兴衰、战争等因素没做丝毫考虑。

总之,各种因素交互作用使企业寿命相对有限,即使企业寿命较长的日本,企业寿命同样是相当有限的。日本经济新闻社对日本企业寿命研究后指

---

① 参见薛求知、徐忠伟:《企业生命周期的四种理论解说》,《经济管理·新管理》2005 年第 17 期。

② 参见 Gillian Clegg and Colin Barrow, How to Start and Run Your Own Business, Macmillan, 1984。

出:"人自呱呱坠落地时就开始了走向死亡的旅行。同样地,企业经营在创业的同时就背负着盛极必衰的宿命。而这个终点甚至不如想象中的那么遥远。"①当然,企业倒闭并不一定意味着完全停止交易活动。如英国登记倒闭的企业仅50.2%停止交易,被收购和改变法律地位的29.6%,其余20.2%营业额低于登记下限。

不但如此,即使何谓企业寿命尚存争议,没有统一标准。比如,就企业年龄而言有自然年龄、商业年龄等多种划分,而且标准不一。刁兆峰、黎志诚将商业年龄细分为表象年龄、机理年龄和心理年龄。② 企业寿命测量也有大量模型和方法,且时间、行业、地区不统一,其结果可比性差,但各种结果均显示企业普遍短命。据《财富》杂志报道,美国大约有62%企业寿命不超过5年,中小企业平均寿命不到7年,跨国公司平均寿命为10—12年,世界500强平均寿命为40—42年,1000强企业平均寿命为30年,只有2%的企业存活达到50年。美国企业创业第一年倒闭的占40%,第二年达到60%,第十年结束尚存10%。③ 日本和欧洲各种规模公司的平均寿命为12.5年。④ 1987年,英国倒闭的61290家企业,寿命5年以内的高达50.1%,6—10年占24.6%,超过10年(不含10年)占24.7%,各行业差距并不明显。⑤

虽然现代社会大企业更倾向于长寿,但可能以效率损失为代价。1917年《福布斯》第一次发表的美国公司百强,1987年仅存18家,其中绝大多数绩效都低于市场平均水平,回报率平均比市场的复合平均增长率低20%。⑥ 1983年日本经济新闻社与中村青志对前100年"日本最高收入企业商社"调研显示,只有王子制纸一家能长期占据百社榜,其他企业都符合盛极必衰的规

---

① [日]日本经济新闻社:《企业寿命30年》,(台湾)经济日报社1987年版,第2页。
② 刁兆峰、黎志成:《企业商业年龄及其测定方法初探》,《科技进步与对策》2003年第9期。
③ 参见[美]克林·盖尔西克等:《家族企业的繁衍——家庭企业的生命周期》,经济日报出版社1998年版,第142页。
④ 参见黄群慧、孙海英:《百年企业、寿命周期与企业成长的三维管理》,《全国商情》(经济理论版)2005年第10期。
⑤ 参见[英]C.巴罗:《小型企业》,中信出版社1998年版,第10页。
⑥ 参见 Harold James, Family Capitalism: Wendels, Haniels, Falcks, and the Continental European Model, Harvard University Press, 2006, p. 10.

律。① 也就是说,近一半的企业不能持续保持高额财富 20 年,而 20 年接近一代人掌权的时间。因此,可以得出这样的推论,日本家族企业主绝大多数不能富过一代,更不用说三代。同样,日本神户大学大学院经营学研究科教授加护野忠男测算日本企业(会社)寿命为 35 年的结果可能也是针对顶级大企业而言。② 虽然日本企业制度决定了企业寿命相对较长,但不能过高估计。饭沼光夫(1985)对日本 1977—1982 年倒闭企业的寿命分析表明,不到 5 年倒闭的占 41.1%,5—10 年倒闭的占 28.2%,坚持 10 年的企业仅 30% 强,这也说明日本企业寿命并没有想象的那么高。③

四、家族企业寿命概述

一般论及企业寿命时往往简单认为家族企业寿命较短,而未做具体分析,接下来专门对家族企业寿命进行讨论。家族企业生命周期的演变历程,是家族企业研究重点之一。西方学者对家族企业的生命过程做过深入地研究,有多种理论体系,其中最具代表性的是盖尔西克等的“三四一”理论体系。其基本思想是,家族企业所有权、经营权与家庭的演化决定家族企业分为四类:一位创业者拥有并经营着的第一代企业;初具规模并快速发展变化,所有权为兄弟姐妹合伙;复杂而成熟的堂兄弟姐妹联营的形式;企业正处于领导权传递阶段的家庭掌握,并临近转变阶段。家族企业的生命周期则是在上述四类家族企业的基础上加入时间因素。

卡洛克和沃德则认为与人的寿命周期较易确定相比,行业与组织的生命周期较难预测,为此他们分析了个人生命周期对家族企业寿命的影响。值得注意的是,无论是布罗代尔、马歇尔、德鲁克对家族工商业不能持续多代的讨论,还是家族企业寿命理论模型,都没有考虑家族人丁繁衍因素,而这恰恰是家族企业能否长期存在的关键因素之一,家族人丁不旺而导致企业失去家族性,而人丁过度兴旺则往往又面临家族企业财产的严重分割。

---

① 参见[日]日本经济新闻社:《企业寿命 30 年》,(台湾)经济日报社 1987 年版,第 2 页。
② 参见“中国企业寿命测算方法及实证研究”课题组:《企业寿命测度的理论和实践》,《统计研究》2008 年第 4 期。
③ 参见顾力刚、韩福荣、徐艳梅:《企业寿命剖析》,《北京工业大学学报》(社会科学版)2001 年第 4 期。

　　总体而言,家族企业寿命的影响因素较多,因此现有的理论模型,基本是定性分析,定量的很少,而且很模糊。不过,就家族企业与非家族企业一样平均寿命普遍不长已形成共识。Beckhard 实证研究表明,只有 30% 的家族企业能够成功传递给第二代,10% 企业成功传给第三代。Astrachan 估计,美国家族企业有 30% 能够传递给第二代,12% 能传给第三代,只有 3% 家族企业能成功过继给第四代。但是笔者认为 Beckhard 和 Astrachan 的结果可能有些偏高,因为长寿企业毕竟极为稀缺,而从前面对企业寿命的分析可以看出美国企业寿命并不长,绝大多数在创业期就已关闭,遗憾的是笔者无从得知二者选择家族企业的标准是什么,传代的依据是什么,采用哪种实证分析方法和估计手段。

　　市场机制下,小企业基本是家族企业,其寿命基本能够体现小家族企业寿命,下面对美国现代小企业的情况进行讨论。20 世纪 80 年代以前的一份研究报告指出,美国全部小型企业约有 68% 在第一个五年内倒闭,19% 的企业生存 6%—10% ,只有 13% 企业寿命超过 10 年。[①] 另据 Headd 分析表明,1992 年开办企业,2 年和 4 年后生存率分别为 64.1% 和 45% ;1976—1978 年开办的有雇员企业 2 年、4 年、6 年后生存率为 76.3% 、47.3% 和 37.8% ;1989—1992 年间开办的有雇员企业 2 年、4 年和 6 年生存率分别为 66.0% 、49.6% 和 39.5% 。整体而言,美国大约有一半的有雇员企业生存期超过 4 年,大约 1/3 无雇员企业(个体工商户)生存期超过 4 年,企业规模越大寿命相对越长,其中无雇员企业数量大约是有雇员企业数量 3 倍。[②] 而自 20 世纪 90 年代中期以来,美国小企业数量一直占 99.7% 以上,每年的终止率一直在 10% 左右。从小企业寿命特征及小企业在美国企业的比重,小企业普遍家族化,以及人的寿命周期可以很容易判断出,Beckhard 和 Astrachan 的结果应该偏高,他们可能只是以寿命相对较长的大型家族企业为研究对象。

---

　　① 参见[美]R. M. 霍德盖茨:《美国企业经营管理概论》,中国人民大学出版社 1985 年版,第 328 页。

　　② 参见 Headd,Brian,Business Success: Factors Leading to Surviving and Closing Successfully, Office of Advocacy,U. S. Small Business Administration,2000。

就大型家族企业寿命而言,米勒等分析了四十多家大型家族控制企业[①],其中上市公司与非上市公司各占50%。它们在所处行业运行良好,市场份额处于第一或第二的领导地位至少有20年时间。平均寿命为104年,有过半企业寿命超过了一个世纪。其中包括:嘉吉、贝克特尔、米其林、霍马克、纽约时报集团、蒂姆肯、富达投资、戈尔、雅诗兰黛、庄臣、比恩、沃尔玛、泰森食品、宜家、摩托罗拉、康宁、诺德斯特龙、利维-斯特劳斯等世界知名企业。不仅如此,米勒等还整理了西方有关大型家族企业寿命公开发表的成果,结果发现大型家族企业相对非家族企业寿命相对较长或有延长趋势(见表8—1)。

表8—1　大型家族企业寿命与非家族企业寿命对比

家族企业与 非家族企业对比	样本	家族控制企业 限定条件	研究者
生存30—60年家族企业所占比例是其他类型企业的两倍	1870—1970年Kirkaldy郡所有企业,苏格兰制造业和采矿业	企业家族所有	Mackie,2001
所有企业的平均寿命是12年,家族企业是24年	Stratix研究的所有日欧企业与FFI作出评估的家族企业对比	各种各样	Ariede Geus,1997;Rooij,1996
企业寿命大于300年多数是家族企业	1997年英国300周年俱乐部	家族成员控制企业	Arie de Geus,1997
经济不景气时,超过60%家族企业对未来乐观	1997—2002年美国1000家家族控制企业	家族成员控制企业	Raymond Institute,2003
家族企业平均寿命在增加	1993—1998年巴黎证券交易所企业	家族控制大于10%	Blondel,Rowell and Heyden,2002

资料来源:[加]丹尼·米勒、伊莎贝尔·勒布雷顿·米勒:《永续经营 杰出家族企业的生存法则》,商务印书馆2005年版,第13页及书后附录。

整体而言,虽如维里尔所言:"有关家族企业寿命的统计数字不值得炫耀,因为家族企业具有天生的弱点。家族制度与商业制度在这些公司企业中

---

① 参见[加]丹尼·米勒、伊莎贝尔·勒布雷顿·米勒:《永续经营 杰出家族企业的生存法则》,商务印书馆2005年版。

共同发挥作用,但两者并不总是互不相容的。"①不管怎样,家族企业寿命相对
较长却是事实,即使有西方学者认为非家族企业寿命比家族企业长,而且还有
一些零星证据。②

五、当代中国家族企业寿命概述

笔者尚未见到中国家族企业生命周期定量的系统研究,多数学者认为历
史上中国乃至华人家族企业寿命短,富不过三代,甚至以此来阐释中国当代企
业寿命短暂的原因。对中国家族企业生命周期研究的代表人物是苏琦、李新
春③,他们将中国乃至华人家族企业的"三代消亡"论归结为内部所有权与经
营权过于集中,缺乏外部经理人等不合理的内部治理,外部则受社会经济环境
的限制、道德制约共同作用的结果。他们还指出,当代中国已建立一系列鼓励
中小企业、家族企业发展的政策措施,家族企业引进现代企业制度,克服了中
国历史上家族企业面临的内忧外困,中国家族企业"富不过三代"的咒语将不
攻自破的观点。但笔者认为这是脆弱的,是一种一厢情愿的理想模式,是将西
方现代市场经济体系神化的结果,这在西方长寿家族企业也是凤毛麟角的现
实面前显得幼稚。

同样,国内乃至西方研究华人家族企业的一些学者往往拿由上海移民美
国的王安于20世纪50年代初创建的王安电脑公司(1951年时为王安试验
室),20世纪80年代中期曾居世界500强146位,成为当时世界唯一能与IBM
抗衡的高科技企业,王安也成为美国10大富豪之一,但于1992年申请破产保
护来批评中国传统文化,尤其中国家族制度导致华人家族企业短命也是有失
公允的。其实,高科技行业的风险高,竞争激烈是不容忽视的事实,能够在家
族控制下做大、做强,延续一代人,并传到自己身后(王安1992年逝世)已经
算是奇迹,世界又能有多少家族企业能像王安家族那样白手起家,做大、做强

① [法]曼弗雷德·凯茨·德·维里尔:《金钱与权力——家庭企业的兴盛之道》,机械工
业出版社1999年版,第15页。
② 参见 Chua, J. H., James J. Chrisman, and P. Sharma: Defining the Family Business by
Behavior. Entrepreneurship Theory and Practice,1999(2)。
③ 参见苏琦、李新春:《内部治理、外部环境与中国家族企业生命周期》,《管理世界》2004
年第10期。

到那样的高度,持续那么久呢? 而且王家成绩是在华人长期受歧视的环境下取得的,就更难得。

虽然缺乏中国家族企业寿命定量分析资料,但是有关民营企业寿命的研究可供参考。我国第一次经济普查结果表明①,有 108.39 万家规模以下工业企业(家族企业有规模不经济倾向,规模以下企业绝大多数是家族企业)填报了开业年份的寿命为:56.48% 企业年龄在 4 岁及以下,22.93% 的企业年龄为 5—9 岁,10.3% 企业年龄为 10—14 岁,年幼和年少企业占9%;4.91% 企业年龄为 15—19 岁,20 岁及以上的规模以下工业企业的比重不足 3%。全国规模以下工业企业平均年龄为 6.1 岁,东、中、西部 5.6 岁、7 岁、7.5 岁。在东部地区的 11 个省市中,浙江、山东和江苏 3 个地区规模以下工业企业平均年龄都在 5 岁左右,属于我国规模以下工业企业年龄最小的 3 个地区。按注册类型观察,规模以下私营工业企业的平均年龄明显小于其他所有制类型的企业,以公司制私营企业为最小,平均年龄不到 4 岁。内资企业中,股份有限公司和其他有限责任公司的平均年龄较小,分别为 5.3 岁和 5.2 岁。就行业观察,39 个工业行业大类中有 27 个行业的规模以下工业企业的平均年龄低于 6 岁。另外,小于 10 岁的规模以下工业企业的年龄与规模呈正相关关系,与效率相关关系很弱。10 岁以上规模以下工业企业的年龄与效率呈负相关关系。

其他方面的证据也表明我国当代企业寿命并不长。2003 年中国企业年会指出我国企业平均寿命为 8 年,中小企业寿命为 2.9 年;《中国民营企业发展报告》表明中国民营企业平均寿命只有 2.9 年;2006 年商务部副部长姜增伟指出,我国企业寿命为 7.3 年。总体而言,多数研究认为我国企业寿命区间为 6—8 年②,但因为意识形态等因素的作用,中国国有、集体企业寿命较长,家族企业寿命应较短。《中关村发展蓝皮书》针对 1009 家中关村科技企业调查结果显示:775 家企业生存年限均在 5 年以内,其中 0—2 年的占 26.3%,3—5 年的占 50.5%,中关村科技企业的平均寿命只有 3.7 岁。③

---

① 参见杨玉民、刘瑛:《规模以下工业企业年龄状况及相关分析》,《统计研究》2006 年第 6 期。

② 参见"中国企业寿命测算方法及实证研究"课题组:《企业寿命测度的理论和实践》,《统计研究》2008 年第 4 期。

③ 参见王小兰:《中关村发展蓝皮书 突破融资瓶颈》,社会科学文献出版社 2006 年版。

我国企业的短命可能与我国经济形态有关,当代我国私营家族企业长期受到公有制企业的排挤,法律保护缺位,不确定性大,企业寿命注定较短。因此随着市场化进程的推进,家族企业平均寿命理应延长,一些实证研究证明了这点。比如,"中国私营企业研究"课题组1993年、1995年、1997年和2000年进行的四次大规模全国私营企业(主体是相对规模化的家族企业)抽样结果表明,我国私营企业虽然寿命整体偏短,但有逐渐延长趋势,1993年以前我国私营企业平均存续周期只有4年;1995年调查时略有提高,为5年之多;2000年提高到7.02年。①

我国家族企业之所以寿命较短,还可能与经济发展阶段有关。当然,企业短命也许是市场经济初期普遍现象。比如,杜恩公司及其前身对美国1845—1880年间1530家几乎都是小企业的企业信用评估表明,大约32%的仅存在了3年或不到3年,只有14%的超过20年。② 而当时美国企业生存环境应该与当代中国类似。

第二节　长寿家族企业特点及启示

一、世界最长寿家族企业特点

虽然包括家族企业在内的企业都有寿命周期,但在现实中确有一些长寿的家族企业,剖析其特征可为千方百计延长家族企业寿命的家族和企业提供一些经验。美国《家族企业》公布的世界最古老100家家族企业③具有以下特点。

首先,相对年轻的占绝大多数,并主要创办于西方资本主义原始积累期。这100家企业时间跨度从公元578—1778年,共1200年,考虑到排名第一的金刚组上榜后不久就出售,则目前最古老的家族企业是创建于公元718年的粟津温泉酒店,其他企业都在公元1000年以后,14世纪前维持至今的家族企

① 参见"中国企业寿命测算方法及实证研究"课题组:《企业寿命测度的理论和实践》,《统计研究》2008年第4期。

② 参见[美]曼塞·G. 布莱克福德:《美国小企业成长与创新》,经济管理出版社2000年版,第101页。

③ 详细参见:http://www.hurun.net/listcn37.aspx,http://www.hurun.net/listcn37.page2.aspx。

业只有 6 家(5 世纪、7 世纪、12 世纪、13 世纪各一家,1000 年 2 家),14 世纪创建 4 家,15 世纪 2 家,16 世纪 12 家,17 世纪 27 家,18 世纪的 79 年有 39 家,从 16 世纪到 18 世纪的 279 年即西方资本原始积累期创建的现存长寿家族企业达到 88 家。从传承代数来看,粟津温泉酒店多达 46 代,最少的 Silca 也传承 5 代,绝大多数在 20 代以内。

其次,传统行业比重大,专业化程度相当高。就行业而言,24 家从事手工制作(包括金饰品、蜡烛、服饰、烟斗、钟表、玻璃、水晶等);19 家从事各种特色酒类制造(早期均为家庭酿酒)。这 43 家企业,一般由工匠创立,规模较小,代代相传。以意大利 Fonderia Pontificia Marinelli(铸钟场)为例,由 Marinelli 家族于公元 1000 年成立,至今已有千年历史,现在该铸钟场仍然采用最初的上蜡技术,为世界各地修建钟楼等。这些企业为防止工匠跳槽和技术外泄,反把核心技术秘密仅传授给子女,也就是家族内传。维护技术和商业秘密方面的先天优势,使得家族企业易于在这两类行业得以建立和传承,因此也造就了一大批长寿的家族企业。从事农业相关产业、餐饮、旅馆、建筑、纺织、陶瓷、普通制造业,甚至葬礼等传统行业的最长寿家族企业也占相当比例。最长寿家族企业基本局限在一两个相关行业,只有日本 Sumitomo Corp.(住友)是例外(从事 10 来个行业)。

再次,这些企业有 97 家属于中小企业,只有 3 家联合大企业,即德国 Franz Haniel、日本 Sumitomo Corp.(住友)和 Kikkoman,世界知名的只有 Sumitomo Corp.,其他企业从整个世界来看规模并不大。比如排名第一的金刚组虽然在建筑行业 2005 年营业额也不过 1 亿美元。

最后,资本高度封闭性。所有企业基本是一家所有一家控制,三家联合企业早期的扩张均是建立在联姻或原家族成员分散后重新联合,资本并没有高度社会化。此外,从地域分布看,这些企业基本上分布在美、日、欧。

至于世界最古老家族企业形成的原因,一般归结为以下几点:基本分布在社会经济环境长期相对稳定的欧美日地区;通过家族联姻是做强做大的捷径;早期就尝试所有权与经营权分离的管理方法;注重降低风险;重视人才培养;还有好运气。①

---

① 参见《世界最长寿企业今年 1428 岁》,《深圳商报》2006 年 8 月 28 日。

《家族企业》杂志对美国 100 多家最古老家族企业分析的结果表明,这些企业有如下共同特征①:(1)保持小规模,美国最古老家族企业中 50% 雇员少于 15 人,第四古老的家族企业 Baker Farm 甚至只有全职雇员 1 人;(2)不公开上市,公开上市只能筹集部分热钱而已,反而容易引起收购专家注意。值得注意的是,日本学者家户野忠男的研究也表明日本长寿企业大多不上市;(3)不注册在大都市地区;(4)家族始终控制企业所有权。

笔者认为,以上家族企业都是极为古老的家族企业,其成立时间早,当时社会流动性低,商人地位较为低下,因此企业规模一般偏小。因为规模较大的企业主家族早已流向其他社会地位更高的阶层,而小规模乃至中等规模的企业主家族则还达不到向上流动的门槛,故而更多地保留了下来。而第一节的分析表明,现代社会规模较大的企业寿命较长,这可能与现代社会流动性强,成功商人名义地位与实际地位都较高,而规模化家族企业的控制性家族从事工商业的机会成本损失相对较低的结果。当然,无论是早期的长寿家族企业还是当代长寿家族企业都必然是以较强的竞争力为基础。

就世界范围而言,日本是企业相对长寿的国家。不过,日本长寿企业仍然没有摆脱一般特征,其中接近 90% 是少于 300 人的企业。除了长期稳定的商业环境及德川时代大商家对行使个人所有权加以限制,委托奉公人经营的惯例等适合现代企业生存的环境,以及日本家族企业主"宁愿把继承权传给外人,也不传给能力低的亲生儿子"因素外,日本企业长寿的原因在现代社会则是异类。首先,各发达市场经济国家企业普遍追求投资者利益最大化的背景下,日本企业资本利润率普遍较低,这可能与日本自上而下的管理是以社会为导向,而不是以经济为导向有关。其次,正如德鲁克所言多数人将日本企业的成功归因于企业的家族化,日本企业奉行的"把员工当亲人,员工把企业当家"的"家社会"理念,让企业的盛衰荣辱与个人和家族联系在一起,从而形成命运共同体,备受争议的"终身雇佣制"和"年功序列制"就是其集中体现,甚至福山等学者强调的日本家族产业性也以"家社会"理念为基础。最后,国内市场竞争不充分,上下游企业间交叉持股,银行与企业间相互持股等也是不容

---

① 参见欧晓明、苏启林、郑海天:《美国家族企业演进过程与管理特征研究》,《外国经济与管理》2003 年第 10 期。

忽视因素,这些都与现代企业经典理论背道而驰。此外,一些学者"嫁接"到现代日本家族企业的长子继承制本身也与现代企业发展相悖。

二、中国历史上长寿家族企业特点

中国历史上长寿家族企业并不乏见,徽商、晋商就有大量例子。徽州胡开文墨业,其创办人胡天注先是租办"采章墨庄",1765 年将岳父汪启茂的墨室承顶下来独自经营,直到新中国成立时传承六代,超过 150 年。徽州歙县江春的祖父就已是大盐商,其父江承瑜是总商,江春在其父身后也成为总商,并且担任总商长达 40 年,江家发达时间应该超过百年。徽州鲍氏从明洪武时期的十二始祖鲍汪如开始经商,延续到十六、十八始祖因仕宦显赫而停止,而从明后期到清代均是举族经商,二十四世鲍志道成为总商,后传给长子,嘉庆后因盐商开始走下坡路,家族也转而业儒,家族两次经商发达的时间应该都过百年,因为第一次延续四代,第二次延续七代以上。同属歙县的芳坑江氏自明万历年间开始就成为商人世家,江家江有科一支后来主营茶叶,创办有"江祥泰"茶号成为坐贾,其孙江名恒后来与人合资或独资开 10 多家茶号,但此后国际市场被洋商控制,家族人丁不旺,进入 20 世纪后逐渐衰落,但也维持到20 世纪 20 年代初,虽然江家有波折,但企业存在时间至少有数十年。因为上述四个案例都是徽商中显赫一时,而且又有资料遗留下来的商业望族,其他更早的,影响相对小的商业家族延续的时间可能更长。

晋商中的祁县乔氏家族、渠代家族、榆次常氏家族、王氏家族、介休冀氏、范氏、侯氏、平遥李氏、灵石王氏、太谷曹氏等商业望族持续时间都较长,且均富甲一方,如果以《家族企业》经济组织的标准判断家族企业的寿命,基本都超过百年。实际上,各商帮的历史显示这些商帮内部曾经产生大量长寿(家族)企业。另外,各地方志、地方文史资料也常论及历史上的长寿家族企业。这些常以地域为界,故下面着重从行业角度进行讨论。

中药业是传统中国特有的行业,历史悠久,遍布全国,市场性强,经营具有企业性质。近代中国,社会动荡不安,中药自身又受到西药强大冲击,对其研究有利于挖掘家族适应性。近代中国包含从自然经济向市场经济的转型过程等诸多方面与当代中国类似,这决定了对近代家族企业长寿特征挖掘不乏当代意义。因此,下面就以 1900 年以前成立,直到新中国成立初期尚存的 80 家中华老药铺(见表8—2)为例进行分析。

表8—2 中华老药铺概况表

区域	店名	始创地	创建时间	所有权与经营权变迁
华北(13家)	鹤年堂	北京	1565年	股东变更频繁,1927年起刘一峰控制。
华北(13家)	同仁堂	北京	1669年	乐家一直是铺东,经营权有90年因本家无力经营被迫给外人,其余时间均为家族经营。
	长春堂	北京	1795年	股东一直是孙家。
	隆顺榕	天津	1850年	卞家经营同和布庄发财后创建,卞家所有。
	万宝堂	保定	1875年	陈家创建,家族所有。
	马应龙眼药	定州	1582年	马家创建,家族所有。
	金牛眼药	定州	康熙年间	张家创建,家族所有。
	白敬宇眼药	定州	清末	元初白敬宇开始卖眼药行医,传承到15代清白瑞启正式开作坊,1955年公私合营。
	济和堂	正定	1890年	创建前王家已在深泽开济和堂,并在获鹿有分店,王家所有。
	广盛号	太谷	约1541年	创建者不得而知,数十年后转让与杜家,1808年杜家引入5家资本合资,杜家虽为大股东,但股东姚聚上是股东代表,药店遂改为广升聚。1878年,广升聚增7家新股东,更名为广升蔚,大权落入占股本30%的段家,1884年二掌柜申守信因与段氏矛盾带出七股东另创广升远记与广升誉竞争,1931年以后二者开始合作,1955年公私合营。
	大宁堂	太原	1639年	陈又玄创办,清末民初时股东为郭一元,估计此后股权一直为郭家所有。
	乾育昶	曲沃	明弘治年间	张家创办,后虽吸收掌柜、店员入股,但张家始终是绝对大股东。
	德义堂	新绛	1894年	郝瑞芝创办。
东北(5家)	天益堂	沈阳	1824年	武学畴创办,其父武贵亮有21家店,但无药店,分家后为家族用药方便而办。
	义和堂	铁岭	1864年	最初为人和堂,王、张、田三人在大甸子创办,1870年迁到铁岭改为义和堂。
	永德堂	吉林市	1790年或稍晚	卜氏投资,最初为全生药局,约1915年改为永德堂。
	世一堂	长春	1823年	张家发起,联合吕家、伍家、刘家等。

续表

区域	店名	始创地	创建时间	所有权与经营权变迁
	锦和盛	绥化	1851年	创办股东朱、刘、关、程四家，后代继承。
华东(33家)	童涵春	上海	1783年	开设恒泰药行的童善长购买而来，1932年吸收外人股份。
华东(33家)	蔡同德	上海	1882年	富商之子蔡嵋青早年创设蔡同德堂于汉镇，1882年迁至上海，资方不参与管理。
华东(33家)	唐老一正斋	镇江	1662—1663年	唐守义创建的膏药店，1951年为10世孙唐坚、唐君共同主持经营。
	广济	徐州	1849年	世代经营中药业的党家创办，清末失火后党家欲关闭，药贩刘大启毛遂自荐，代党家经营，后终起死回生。此后，党家也不自己经营。
	诵芬	苏州	1734年	雷允上创建，1803年其子雷秋涛将诵芬堂传给四个儿子共同经营，庚申之乱后，雷家子孙逃到上海，于1863年设上海诵芬堂，1864年族人恢复苏州店，上海店继续保留。
	沐泰山	苏州	1759年	药商沐氏1759年买下一药铺，改店名为沐泰山，1860年烧毁，1868年与苏州人张镜合伙，沐泰山重新开张，但随两家族竞争，沐氏逐渐被排挤，张家一家独大，新中国成立前夕沐氏仅存两股东，股权只有1.04%。
	王鸿翥	苏州	1882年	外科名医王庚云1882年创办，王家独资。
	同松	扬州	1836年	原为李松寿药店分店，后因李松寿经营负债，不得已出售抵债，1916年绅士马士杰买下，1935年卖给潘颂平。
	大吉春	无锡	1865年	三个亲戚王庚虞、王亮卿、陆均之共同创建，早期陆均之经营，1886年陆姓撤出，此后由王姓经营。
	致和	江阴	1890年	弃仕归里的清末名医柳宝贻创办，由其亲家章蒉云经营，柳去世后转归章家，1921年左右转给职工徐同根，开业后一直营业昌盛。
	朱养心	杭州	万历年间	创始人朱养心，新中国成立前后已有13、14世孙，分为老三房、新四房7股，每房轮值5天。
	胡庆余	杭州	1874年	胡光墉创办，胡光墉破产死亡后，1885年文煜接管，辛亥革命后施凤翔等13人合股经营。
	叶种德	杭州	1808年	叶谱山开设，资金来源以他为房长的四房投资较多，四房房长掌管权力延续了四代，第五代经营难以维持，1933年盘给王芗泉等。
	冯存仁	宁波	1661年	冯映斋创办，此后一直为冯家所有。

续表

区域	店名	始创地	创建时间	所有权与经营权变迁
华东 （33家）	寿全斋	宁波	1760年	王、孙两家创办，1770年孙姓撤股，王家独营，20世纪初成立股东会，明确家族内部收益权，北伐后才聘请外人担任经理。
	叶同仁	温州	1770年	叶心培买王同仁而来，几乎一直家族经营。
	震元	绍兴	乾隆初期	杜景湘创办，后八房各一股，1941年债转股，杜氏退出，由9家合资经营。
	天福	衢州	1756年	宁波钱、冯、王三姓合股开设，作为三家在广州开设的敬修堂药店的"中转站"。
	慕韩斋	湖州	1878年	韩梅轩买叶慕韩斋而来，此后一直为韩家所有。
	张恒春	芜湖	约1850年	张文金创建，似乎一直三房共有，民国时建立三房共管制度。
	余良卿	安庆	1855年	余良卿创办，长期家族经营。
	老人和泰	安庆	1876年	1876年王敬仁和人合开，1879年起王家独营。
	张立达	安庆	1875年	张裕仁兄弟四人早年贩药，后创办张立达堂等工商业，张家一直经营。
	回春	福州	1790年	1790年张氏开设，约在1861年以后张姓失踪，代办人吴姓寻张家无果，后取得合法所有权。
	同善	漳州	1756年	周延扬创办，同治年间建立起家企分离的制度，周庆恩一房经营，其他房领生活费。
	天益寿	漳州	1896年	陈锦畴创办，后由其子孙经营。
	王万和	九江	1853年	因太平天国运动，王姓将家族在南京的王万和迁到九江。
	树德堂	平阴县	17世纪	邓家创办，新中国成立时为第五代传人。
	千芝堂	济南	1666年	李家创办，长期为李家所有。
	回生堂	济南	乾隆年间	贾安平创建，一直为贾家所有、经营。
	天德堂	济宁	18世纪	石掌衡创办，石家自己经营。
	宝仁堂	邹城	约1820年	孟传德创办，孟家自己经营。
	登仁寿	龙口	1870年	西悦来丁家七大家共有，后期聘请外人管理。
中南 （15家）	叶开泰	汉口	1637年	徽州叶姓在汉口独资经营，传17代。
	金同仁	武汉	1889年	金次屏创办，家族经营。
	恒春茂	沙市	1870年	邓子彝创办，初为自给。
	殷介福	黄石	1893年	富豪之家的殷兰甫创办，殷家所有，外人经营。
	劳九芝	长沙	康熙初年	劳姓创办，早期家店不分，后四房共管。
	北协盛	长沙	1875年	黄、周等集股创建，1905年股权有变更，但一直是合股。
	聂振茂	常德	1780年	聂承宗创办，后由其五子组成的渊源堂负责决策和人事安排。

区域	店名	始创地	创建时间	所有权与经营权变迁
	吉春唐	常德	1876 年	杨峨臣创办,1930 年转让给胡姓。
	协盛西	湘潭	乾嘉或更早	李氏家族独资经营。
	葆玉堂	开封	1704 年	张某创建,1742 年张家将其抵债给彭家,此后为彭家所有,彭家只决策,不经营。
中南(15家)	同仁堂	开封	1840 年左右	郝姓与任姓合开,民国初年任家股份退出,郝家独资,长期为郝家经营。
	陈李济	广州	1601 年	南海人陈姓向同乡李姓中药房注入资金,股份各半而成,两家族陈谦牧堂、李敬慎堂利益长期均分,直到赎买时依然如故。
	敬修	广州	1790 年	钱树田创办,规定子孙不得参与药厂经营,只能当股东,经理人员不得是钱家近亲,钱家子弟则以经营商业为主。
	源吉林	佛山	1892 年	归侨源吉荪原创办,家族所有、家族经营。
	马百良	佛山	同治年间	马百良创办,基本为家族所有、家族经营。
西北、西南(14家)	藻露堂	西安	1622 年	宋林元创建,家族所有、家族经营,传 9 代。
	诚顺和	宝鸡	同治年间	李姓三股与行家一股合办,李家掌握大权。
	永兴合	韩城	1630 年	卫家和张家合办,掌柜及普通从业人员都是从学徒培养起来的,有严格程序。
	伍舒芳	重庆	康熙年间	伍家创办,房族轮流值年制。
	陈同仁	成都	1740 年	陈发光创办,10 房共管,不开分店。
	萧集翰堂	成都	1898 年	萧家创办,萧家经营。
	庚鼎药房	成都	1900 年	曹、李、秦三家合伙,早期共管,后曹家控制。
	中坝祥顺	绵阳	1854 年	江西卢姓创办,家族传承五代。
	皮仁仁	泸州	晚清	皮启龙创办,早期独资经营,后为子孙合股经营,家庭会议是最高权力机关。
	同济堂	贵阳	1888 年	唐炯与于德楷合办,早期聘请过经理人,后为唐家人经营。
	德昌祥	贵阳	1900 年	刘辅臣与杨德轩共同创办。
	福林	昆明	1857 年	李玉卿创办,传承四代。
	老拨云	通海	1728 年	沈育柏创办,沈家自掌自东。
	凝德	乌鲁木齐	1875 年	李姓财东创办。

资料来源:主要根据安冠英、韩淑芳、潘惜晨:《中华百年老药铺》,中国文史出版社 1993 年版整理而成。区域划分也按该书标准。

　　讨论这些长寿中药企业特点之前,需要说明的是,由于这些百年老药铺是按地域与行业划分的,因此其中某些店并不是家族最早开办的,也不是家族唯一的产业,家族实际经营的年限可能更长。比如,徐州党家的广济堂只是家族十个广济堂之一;家族此前早已使用该店名,但因为不在当地故而开始时间以家族在某地正式使用该企业牌号为准,比如,芜湖张恒春药店、正定王家济和堂,因此家族企业寿命可能被低估;由于医药行业的特殊性,有的世代行医、卖药,然后开药店,家族企业从药店营业时算起可能也值得商榷,因为医药业是高度商业化的,其运营应该与美国《家族企业》确认长寿家族企业的标准之一经济组织相符;还有一些是先辈有多种产业后办医药,如果将家族所有事业看做一个多元化经营的企业集团,则家族企业的历史同样需要延长,比如,天津卞家早期经营的布庄甚至后来创建的其他药店都用"隆顺榕"。80 家老药店整体上家族特征明显,只有广盛号等个别例外,但并不影响本书的分析。

就 80 家老药铺长寿原因,中药界曹希平归纳为九个方面:有艰苦创业精神,恪守祖业、勇于进取的后继者;经营得法,善于管理;财会制度健全;注重产品质量;注重服务;任人唯贤,认真选择经理人员,合理分工,严格店规的激励约束;员工福利待遇好;注重包装。① 这实际上也是当代学者的普遍共识。但笔者认为除了第一条后半部分"恪守祖业,勇于进取的后继者"外,其他几乎是成功企业的普遍特点,而非企业家族长寿的必要条件,故下面着重对其他因素进行分析,在此之前,有必要看看中华老药铺的基本特点。

首先,从地域来看,长寿中药企业的分布与区域经济社会发展水平,区域稳定性,区域传统家族制度的浓郁程度呈正相关关系。华东最多 33 家,中南地区 15 家,西北、西南两个片区 14 家,华北 13 家,东北地区最少 5 家,这应该比较准确地反映了近代中国企业的发展史。华东江南地区从宋朝以后就成为中国经济重心所在,近代上海的开埠又大大拉动了这一区域的发展,商业水平最高;中南地区既有九省通衢的武汉,又有长期外贸活跃的广东,经济社会发展水平整体较高,家族企业应该相应较多;华北则自元朝开始直到近代都是政治斗争主战场,政治大于经济,商业并不很发达;西南、西北则属于落后地区,农业社会色彩较重;东北不仅开发较晚,又较早被日本占领,商业发展受到抑制,企业很难生存下来。其中,华东、中南也是传统家族制度最为活跃的区域。

---

① 参见安冠英、韩淑芳、潘惜晨:《中华百年老药铺》,中国文史出版社 1993 年版,"前言"第 1—2 页。

其次,专业化是中药铺长寿的重要因素。虽然有些中华老药铺只是家族多元化经营之一部分,但总体而言长期保持高度专业化,专业化的寿命似乎更长。比如,华北 13 家竟然有 3 家是高度专业化的眼药店,而且一直在家族控制之下,寿命均很长。马家马应龙眼药创建于 1582 年,到新中国成立时有三百六十多年的历史,张家的金牛眼药创建于康熙年间到新中国成立时至少也有二百多年的历史,而白家的白敬宇眼药店,白敬宇从成吉思汗(1162—1227)时期开始世代卖眼药行医已经具有企业性质,竟然传承了 16 代之多,即使以成吉思汗死时算起,到新中国成立也有七百二十多年,第 16 代甚至还有大发展,即使从定州开店算起也有数十年。事实上,这三个诞生于小城定州的眼药厂中马应龙新中国成立前在国内享有盛誉,并走出国门,后继有人;新中国成立前金牛眼药在国内信誉最高,家族也后继有人;白敬宇眼药有后来居上之势,抗战时期已为打开国际市场奠定基础,家族同样人丁兴旺。这三个企业的经验验证了家族企业长寿要专业化,不过三家企业虽然最初都注册在定州,但都逐渐向大城市发展,其中马应龙形成了北方以北京为中心,南方以武汉为中心的供应网。再看专业化很强的四家膏药厂,唐家的唐老一正斋创建于1662—1663 年,传承 10 代,到新中国成立时有二百八十多年历史,家族人丁兴旺,抗战前已行销海内外。朱家朱养心创建于明朝万历(1573—1619)年间,到新中国成立时至少有 330 年历史,传承 13、14 代,人丁兴旺,但业务衰退。伍家伍舒芳始创于 1698 年,到新中国成立时有 250 年历史,人丁兴旺。安庆的余良卿膏药创建于 1855 年,到 1955 年公私合营也有 100 年,该号自创办以来一直一帆风顺,只有 1931 年长江水灾导致百业凋敝,抗战时期陷入过危机。另外,高度专业化的邓家树德堂阿胶店到新中国成立时也有两三百年历史,并长期为邓家控制。

中国近代四大国药店胡庆余堂、北京同仁堂、陈李济、叶开泰的情况同样验证了家族经营专业化有利于家族长期控制企业。胡庆余堂的创办者胡光墉1874 年创建胡庆余堂之前家有资产超过 2000 万,经营阜康钱庄、丝庄、茶号等,胡庆余堂只是其多元化的企业之一,但正是这样一个家族企业帝国在 19世纪 80 年代的金融风潮中轰然倒塌,胡光墉离世,胡庆余堂也被文煜据为己有(胡氏后人仍占 180 股,18 股作为牌号股,但只收取股息)。而另三家创始人都懂医药,均专营药店(含制药),并长期为创始家族控制:叶家叶开泰从

1637 年创建到新中国成立,家族一直控制达 17 代;由陈、李两家共同创办的陈李济药厂从 1603 年到新中国成立时的近 350 年里均为两个家族控制;创建于 1669 年的乐家同仁堂基本为乐家控制,乐平泉时期的自掌自东制度甚至限制家族人力资本的外流。

再次,中华老药铺分布在技艺性较强的中药业,这也是其较多长寿家族企业的重要原因。中华老药铺属传统中医药业,其中绝大多数企业在家族控制下寿命较长,这与世界最古老的家族企业工匠型传统行业具有类似性,而且中药业技术含量更高,且有规模化需求,因此相对来说传统社会中药业企业寿命应该相对较长。

最后,长寿企业所有权相对封闭,但管理似乎无定式。表 8—2 的家族长期控制企业几乎都保持所有权封闭性,但就管理而言,这些企业既有家族共同管理,也有聘请外人经营管理,甚至一开始就禁止家族人员参与管理,也有各种方式交替使用者,但各种方式均有成功与失败,这意味着制度要与企业与家族等匹配,不存在固定模式。值得注意的是,陈李济的创办者陈、李两家自企业创办,到公私合营前一直坚持创办者所定规矩,说明中国商人有合作能力或合作潜力。

中华老药铺经验部分否定了社会学家郑也夫"有效能的大企业几乎只属于那些非家族控制的专业管理型的私营大企业"[1]的观点,中华老药铺都是行业、区域甚至全国的大企业,而不是中小企业(同时代相比),并基本为个别家族长期控制。

从中华老药铺的经验看,单个家族长期控制可能更有利于企业长寿。以近代中国四大国药店为例,胡庆余堂在胡家和文家控制时生意兴隆,但从施凤翔等 13 家(还有其他未出面股东)合股经营后,胡庆余堂明显开始走下坡路。长期为家族控制的叶开泰、陈李济、同仁堂,历史都比胡庆余堂长一个世纪以上,并长期为家族所有、经营(乐家同仁堂经营权曾于 1753—1842 年间让渡给外人,但却是因为家业衰败不得已而为之),业务也相对兴隆。

需要补充的是,这一部分所论及的长寿家族企业往往是本地区乃至全国,

---

① ［美］弗朗西斯·福山:《信任 社会美德与创造经济繁荣》,海南出版社 2001 年版,"序"第 5 页。

本行业执牛耳者,而规模较小的家族企业在动荡时期更具适应性,更可能长寿。既然大家族企业都有那么多能长寿,相对较小的家族企业更有理由长寿,因此中国历史上长寿的家族企业不是没有,而可能较多。

三、理性看待家族企业寿命

通过这两节对富不过三代与家族企业长寿问题的理论和事实挖掘,得到以下几点启示。

第一,现实世界"富不过三代"的"富"很狭义,一般既将财富简单理解为货币财富,又将富看做是外显的商人财富与家族控制权结合,从物质财富角度考察,"富"往往是富甲一方的富,鹤立鸡群的富,人们还习惯从家族高度发达时计算是否富过三代,而不是普通意义的富。即使后代财富绝对额大为增加,家族财富已不再独占鳌头,也让人觉得"富不如前"。但普遍的事实则是"几乎所有的家族一旦达到成功顶点,都会面临不能保持他们财富的威胁";"家族的财富是由其成员的人力和智力资本组成的。一个家族的金融资本只是支持其家族成员人力和智力资本成长的工具"。[1] 也就是说对家族而言,人力资本应重于物质资本,传统过于强调家族的物质财富。

也可以说,古代企业主家族无论捐纳官衔还是置办土地均可视做财富经营,商人家族对其进行投资,自然是为财富最大化,同时规避风险,只是财富不再局限在货币、物质财富、有形财富,还包含人力、名望声誉等非物质的无形财富,后者往往被忽视,且各种资本形态间可相互转换。商业资本从某种意义上说虽然盈利性高,但安全性不足,贵族地位及地产即期盈利性可能不高,但安全性强。因此家族主动选择企业寿命终止并不完全意味着家族财富的减少或消失,往往只是财富形式的转换。就古代中国而言,因富而业儒,因儒而做官也是财富,不过是财富的不同形态而已。而商人购买土地,土地可以收取地租,同样也是财富转换。

第二,企业以市场为依托,而市场的基本特征是优胜劣汰。企业长寿并不容易,并不可能永存,做大、做强、做久往往只是家族企业主乃至社会的理想。如果没有企业死亡,就没有企业再生,如果企业都长寿,经济将丧失活力,因为

---

① [美]詹姆斯·休斯 J. R.:《让家族世代兴盛》,清华大学出版社 2006 年版,第 16 页。

新的企业没有市场机会。比如,早期行会手工业可能寿命较长,我国转型以前财务软约束且垄断的国有企业寿命普遍比民营企业寿命长,但却是市场机制没有发挥作用或作用不充分的结果。而现代市场经济的楷模美国更多关注中小企业创办,许多学者甚至将企业生存期短和关闭看做一项有助于提高资源配置效率的经济活动。① Julian Hoppit 甚至将 18 世纪英国工业革命的成功与破产联系起来,Harold James 认为 19 世纪美国经济成功的原因之一是对破产的宽容。②

西方长寿家族企业的经验表明,朝阳产业、两权社会化、多元化、上市融资、大规模、注册于大都市等被看做现代大企业的标准对长寿家族企业来说普遍失灵。这似乎说明家族企业长寿,要坚守一些学者所诟病的"小富即安"传统思想,而不能大富大贵。事实上,世界最长寿的 100 家家族企业中除住友等个别外,多数并未真正发达过。即使住友等也曾陷入生存危机,几乎放弃家族控制权的境地,从某种意义上说企业长寿具有偶然性。对多数最长寿企业而言,早期收入只能维持家业基本开支,故而家族成员难以向上流动,不得不守祖业。

第三,就家族而言,不能盲目追求长寿,也不能过度扩张,因为企业和生物一样有生命周期,而且都处于市场"生物链"中,过度扩张可能导致失衡,从而自掘坟墓,而做强与做大可能引起兼并者的注意,或者依靠一己之力难于实现,而又欲罢不能,结果往往被迫去家族化。从宏观上讲,企业倒闭并非坏事,西方一些学者就从适者生存的角度认为高倒闭率是繁荣工商业付出的必要代价。③

将家族成员限制在家族企业,并不符合现代社会以人为本的理念。作为家族投资者来说,收益最大化是关键,当代社会纵向与横向流动加强,家族将企业资产变现对家族和社会来说也许是理性的,没有必要追求家族企业长寿,这是社会的进步,尽管这客观上会缩短家族企业寿命。而古代则不尽然,因为

---

① 参见刘珏:《中小企业创办、生存和关闭的实证分析——美国中小企业发展研究》,经济科学出版社 2004 年版,第 200、219 页。

② 参见 Harold James, Family Capitalism: Wendels, Haniels, Falcks, and the Continental European Model, Harvard University Press, 2006, p. 22。

③ 参见[英]C. 巴罗:《小型企业》,中信出版社 1998 年版,第 50—51 页。

职业间流动性较弱，家族企业价值即使被高估，家族也会惜售，因为家族一般要承担后世所有成员的就业、经济等多种功能，故而古代社会普遍强调"守祖业"。因此，古代社会似乎更容易产生长寿企业，但当时以自然经济为基础，工商企业只是处于补充地位，加上政府普遍抑商、贱商，企业数量应该极为有限，长寿家族企业绝对数不会太多。现代由于各个国家和地区普遍建立了较为完善的商业法规，从企业自身发展的角度来看，企业寿命应普遍较长，规模相对较大，但企业也更具竞争性，多种财富形态的可转换性，决定了长寿企业同样稀缺，但因为企业绝对数多，故而长寿家族企业数量应超过古代。

　　第四，中国大陆乃至华人世界当代很少有超过百年的长寿家族企业，并不能简单归因于儒家文化或者家族制度，因为家族制度、家族企业在过去相当长一段时间内普遍持意识形态歧视，其直接后果是历史上的原有家族企业寿命终止。近代以前中国的兴盛与强大以及闭关锁国，华人并未外出创业，海外华人家族企业创立最早应是中华帝国衰落，不得已门户开放后的 19 世纪末 20 世纪初以后，并在相当长一段时间内受到西方政策性歧视，注定寿命不长，力量相对不足。当代中国乃至华人世界缺乏长寿家族企业的根源是近代以来中国缺乏政治环境的稳定性，对家族缺乏有效保护。事实上，在中国文化背景下，如果有制度保障，家族企业长寿也许不是梦，中国香港自近代以来长期开放的市场经济制度，相对稳定的社会环境①，就成就了许多华人家族企业打破"富不过三代"紧箍咒，香港知名家族企业就有陈有庆、陈守仁、李文达、利汉钊、郭得胜、胡文湘、冯汉柱、郭琳爽、李国宝、杨元龙、何鸿燊等历三代过百年的长寿者。② 而前文的分析已经表明，中国历史上可能存在过大量的长寿家族企业。

　　此外，就中国大陆而言，短期内不会涌现出较多长寿家族企业，这除中国大陆当代家族企业历史较短外，还有以下因素值得关注：由于目前处于转型期，家族企业所在的行业往往竞争激烈，且有较大不确定性；城乡二元背景下的乡镇企业普遍是家族企业，这在城市化进程中必然受到巨大冲击；随着时间

---

　　① 笔者认为还有另外一个重要原因，那就是中国香港和澳门一样，直到 1971 年才废除有利于保持家族人丁兴旺的一夫一妻多妾制度，使家族企业权力传递基本上不受人力资源约束。
　　② 包括第二次世界大战乃至新中国成立前在大陆，后迁到香港的家族企业。

推移,社会流动性加强,加上独生子女政策,也必将对家族企业代际传递产生冲击,而这可能导致家族企业"夭折"。

第五,既然家族企业长寿从历史与现实及世界横向来看,都不具有普遍性,那就意味着很多家族企业传承理论值得反思。家族企业寿命普遍无法延续到代际传递之时,理论界高度重视家族企业传承,似乎显得有点舍本逐末,为什么不重点在家族企业有限的寿命内获取更多的利润呢。这可能与长寿家族企业实在稀缺,长寿企业是如此引人注目,学者们仍然普遍受家文化的影响而有家族传承的心理动机有关。中国乃至西方学者将中国乃至华人富不过三代问题简单归结为文化决定的"特色论",或转型期的"过渡论",显然与历史与现实不吻合。

第六,需要补充说明的是,虽然国内外理论和实业家均提出大量延长企业寿命的策略,但在延长的过程中企业形态往往发生了变异,尤其是普遍推崇的企业成长过程中出现质变,打破生命周期封闭的企业蜕变理论,企业名称虽没变,但与创业时相比已面目全非,很难说是原企业生命的延续。比如,陈佳贵以藤芳诚的企业蜕变理论为基础,将企业蜕变划分为 3 种形式:(1)企业经济形体蜕变,主要是组织形态、法律形态方面的蜕变;(2)企业实物形态蜕变,主要表现为技术创新;(3)产品蜕变,主要是指产品链纵向或产品集横向扩张。[1]尤其值得注意的是,第一种形态的蜕变往往意味着企业所有权安排的质变,而所有权是产权的基础,对家族企业而言所有权的丧失意味着企业家族性下降,那么家族企业寿命很难说没有终结。

第三节 家族企业长寿之家族因素:以北京同仁堂为例

一、北京同仁堂的典型性

大陆学术界习惯将富不过多代归因于诸子均分导致家族财富不能集中,

---

① 参见陈佳贵:《关于企业生命周期与企业蜕变的探讨》,《中国工业经济》1995 年第 11 期。

以及以血缘为核心的经营权子承父业传递等因素共同作用的结果①。然而，种种迹象表明，富过三代并不具有普遍性，而只是特殊现象。日本有"第一代人辛辛苦苦聚财富，第三代人贪图享乐败家道"之说②；葡萄牙有"富裕农民—贵族儿子—穷孙子"；西班牙有"酒店老板，儿子富人，孙子讨饭"；德语用三个词代表三代人的不同命运"创造，继承，毁灭"③；爱尔兰有"在三代中，穿木屐的还是穿木屐的"④；美国将富不过三代描述为"三代之内，衣衫褴褛又回归衣衫褴褛"⑤。正如李新春论及中国和西方家族企业时所言："在共性上，家族企业大多逃脱不了'一代创业，二代守成，三代衰败'的规律。"⑥

但是，正如前文所述，就世界和历史维度来看，确有一些长寿家族企业。比如，世界上最长寿的100家家族企业至少传承五代；大陆虽然由于政治原因，长寿家族企业在现代出现中断，但过去确实有一些长寿企业延续到新中国成立。其中不乏一些成功典范，其经验虽然有些时过境迁，但也有一定借鉴意义。因此，本节以1669年创办到1954年公私合营历近300年，传承十代的北京同仁堂为例，挖掘其长寿经验，以供借鉴。

现有对同仁堂长寿经验的论述较多，但主要将其长寿归结为职业道德、信誉、技术、产品开发、质量控制、专业化、货真价实、广告、商标战略、企业文化等，其中尤其对同仁堂企业文化褒奖有加⑦，这与中药界人士曹希平对中华老药铺的经验总结如出一辙，也几乎是老字号的共同特点。笔者认为虽然以上因素对乐家同仁堂传承多代功不可没，但这几乎是企业在各个历史阶段成功

---

① 参见陈凌、应丽芬：《代际传承：家族企业继任管理和创新》，《管理世界》2003年第6期；郭萍：《家族企业继承研究中的三个误区》，《理论探索》2007年第6期。

② [美]弗朗西斯·福山：《信任 社会美德与创造经济繁荣》，海南出版社2001年版，第167页。

③ 参见《富可过三代》，胡润百富榜，http://www.hurun.net/showmagazincncontent260.aspx。

④ [美]詹姆斯·休斯J.R.：《让家族世代兴盛》，清华大学出版社2006年版，第4页。

⑤ [美]詹姆斯·休斯J.R.：《让家族世代兴盛》，清华大学出版社2006年版，"序"第1页。

⑥ 李新春：《中国家族制度与企业组织》，《中国社会科学季刊》（香港）1998年第3期。

⑦ 参见北京同仁堂史编委会：《北京同仁堂史》，人民日报出版社1993年版；鲁波、许珑：《告诉你一个真实的同仁堂》，中州古籍出版社2006年版，第249—261页；项文彪：《同仁堂企业百年活力探因》，《企业活力》2002年第11期；卫华诚：《长寿企业研究》，华中科技大学2004届博士论文；吴文盛：《企业文化与民营企业发展研究》，武汉大学2005届博士论文；潘善棠、王雷鸣、于敬中：《诚信为本 药德为魂——北京同仁堂三百多年经久不衰的启示》，《首都医药》2002年第1期；刘津、石为桥：《同仁堂329年的商标战略》，《中华商标》1998年第2期。

经营共性,是同仁堂传承多代的必要条件,却不是乐家同仁堂传承多代,绵延几百年的充分条件,因为历史与现实中具备上述特征的企业实在太多,但能像同仁堂那样风雨几百年,在同一家族内传承十代并不多见,即使当今世界最长寿的100家家族企业也有相当部分尚未传承十代。① 这也是现代家族企业研究普遍倾向,即强调其企业性,淡化其家族性,但家族性与企业性无疑都是家族企业"基因",缺一不可。因此,本节主要从家族视角对同仁堂长寿及传承多代经验进行重新审视,以期对当代家族企业传承提供一点借鉴。要分析同仁堂传承史,了解其家族及企业发展轨迹是基础,故下文的讨论由此展开。

二、北京同仁堂历史回溯

（一）1669—1742年:定居北京的乐家与创业期的同仁堂

北京乐氏家族始祖乐良才早在宁波老家就是走街串巷行医卖药铃医,于明永乐年间迁到北京定居。② 乐家在北京前三代"医"脉相承,都以铃医为生,并且似乎均是单传。第四代乐显扬凭借祖传医药知识,当上清太医院吏目,为主流社会所接受。家族规模也从三世单传陡然扩大,乐显扬有四个儿子。1669年乐显扬创建同仁堂,1702年弃仕经商的乐凤鸣正式在北京前门外大栅栏路南开设"同仁堂药铺"③,并采取一系列有效的经营措施,影响力逐渐扩大,1723年开始供奉御药,早期同仁堂进入一个发展的高潮。

（二）1743—1842年:人丁不旺的乐家与风雨飘摇的同仁堂

1742年乐凤鸣去世后,次子乐礼子承父业,由于经营不善加上环境动荡,北京乐家同仁堂迅速衰败。乐礼时期乐家已无力经营官药,但在官府大力庇护下(弹压私债、借官银等),勉强维持。1750年乐礼逝世后,北京乐家同仁堂

---

① 参见胡润百富榜:http://www.hurun.net/listcn37.aspx,http://www.hurun.net/listcn37,page2.aspx。

② 自同仁堂乐家迁北京到公私合营前的家族结构图见:中国北京同仁堂集团公司、北京同仁、堂史编委会:《北京同仁堂史》,人民日报出版社1993年版,第3—4页。虽然从其他一些资料来看该图只是比较准确地反映了乐家同仁堂这一支的谱系,但基本不影响本书的分析。

③ 从企业寿命的角度而言,同仁堂应始于1702年,一般所说的同仁堂始于1669年是指老匾"同仁堂"所立时间。见中国北京同仁堂集团公司、北京同仁堂史编委会:《北京同仁堂史》,人民日报出版社1993年版,第148页。当然,无论是老匾还是实际营业时间对本书的分析结论并无实质性影响。

旋即陷入"人财"危机,不但经营难以为继,而且家庭支出也陷入困境。政府有意助其摆脱财务危机,但也无济于事。1753 年先有同仁堂遭遇大火,后有铺主乐以正病故。此时,乐以正之弟乐以中尚年幼,同仁堂又资不抵债,乐家陷入前所未有困局。

此后,北京乐家同仁堂幸得乾隆"垂怜",官府不但将应偿债资产、存货送还乐家,还按日发给乐家生活费,弹压私债。虽令提督府招商接办同仁堂,但规定乐家仍是铺东,外人只可投资经营,店铺最终所有权仍然是乐家,乐家享受二股分息。此后,这成惯例,尽管同仁堂屡遭变故,但乐家始终是铺东,这从根本上保证了同仁堂长期姓"乐"。

这一阶段的 1831 年对乐家及同仁堂来说都是重要的一年,此年乐家同仁堂一支从同族中过继了乐平泉,并且在这一年开始对外人实行集中典让经营,从人力资源和企业产权方面为后来乐家收回同仁堂经营权创造了条件。

(三)1843—1907 年:人丁中兴的乐家与业务中兴的同仁堂

1843 年乐平泉自身已具有一定经济和经营能力,又逢典让人无力经营,遂将同仁堂经营权收回自办,从此乐家同仁堂开始中兴。乐平泉除加强同仁堂产品开发和市场营销外,还积极利用官方资源在原材料、定价权、品牌维护、资金等方面获得好处。

乐平泉这一代乐家还结束了自乐礼以来同仁堂这一支人丁不旺的历史,乐平泉有四子。可能为避免先祖乐显扬虽有四子,但各执其业,后同仁堂这一支人丁不旺,家业不振的覆辙,乐平泉制定家族自掌自东制度。该制度的基本特点是不用徒弟、不用资方代理人(乐家独资)、家族成员不得经营其他行业、店内一切重要事务不准假手外人。家规除规定不准子弟经营其他行业外,乐家媳妇还要参加力所能及的生产经营。乐平泉的这套理家治店措施,紧密地把乐氏家族命运与同仁堂兴衰联系起来,并为后世乐氏子孙所遵循,形成乐家同仁堂家族式经营一大特色。[①]

乐平泉过世后,其续弦许氏主持乐家及同仁堂事务 27 年之久,虽历义和团和八国联军之变,乐家同仁堂仍内外相安,得到巩固和发展。许氏阶段乐家

---

① 参见中国北京同仁堂集团公司、北京同仁堂史编委会:《北京同仁堂史》,人民日报出版社 1993 年版,第 35 页。

同仁堂的经营业绩应该说非常突出,以致光绪年清王朝欠乐家银近 20 万两,乐家都嫌麻烦,而不要账。① 即使这样,光绪年间清政府还是不得不把一个亲王府给乐家抵债,这就是现在北京旅游景点之一的白家大院。在许氏接掌权力后,按自掌自东制度家族成员都参与到企业,老大主外、老二主内,老三、老四辅助,随时间推移许氏之孙也开始陆续进入企业,为后来同仁堂的发展和乐家老铺的创办储备了人才。

(四)1908—1954 年:人丁兴旺的乐家与分枝发芽的同仁堂

与早期北京乐家同仁堂这一支长期处于孤儿寡母状态不同的是,这一阶段乐家人丁出现前所未有的兴旺,乐家同仁堂这一支在第 11 代、第 12 代和第 13 代分别有 4 个、11 个和 23 个成年男性。家族成员从第 12 代起都受到了良好教育,甚至有相当部分有留学西方经历。在这种情况下,乐家及同仁堂呈现出一些新气象。

1907 年,许氏去世,同仁堂进入四房共管时代,即由乐平泉与许氏四个儿子所在的分支共管。早期四房共管制度不完善,或者乐家各房没有预见到共管过程中会出现的问题,结果相对混乱。1931 年,四房乐达义出面确立了共管新制度,并一直坚持到 1954 年公私合营。四房共管制度似乎比较有生命力,姑且不论清末至新中国成立初期动荡的社会经济环境,中药受到西医强烈冲击的民国时期,同仁堂乐家各房不但每年都能分到约定的银钱,而且还利用自身的积累避免日本人控制企业。四房共管时期的一个突出特征是乐家老四房以房或个人名义在北京同仁堂之外在全国各地先后创建了 40 个乐家老铺,并且其中相当部分有较大影响。

1931 年九一八事变后,伴随北京市面萧条,同仁堂业务逐渐萎缩,但在中药行业仍然首屈一指。日本占领北京后,同仁堂在劫难逃,抗战胜利后则因政局动荡、恶性通货膨胀、苛捐杂税等陷入困局,到新中国成立前夕同仁堂已濒临破产边缘。新中国成立后,业务逐渐恢复和发展,在私营、五反后的四马分肥、公私合营后的定息制度时期,虽然乐家所有权和经营权逐渐削弱,但四大房一直拥有相同收益权。

① 参见张友新:《国宝同仁堂》,中国商业出版社 2001 年版,第 27 页。

三、北京同仁堂长寿经验

（一）外部保障：政治资源

同仁堂及乐家发展史上政治资源在关键时刻发挥了重要作用，从乐家及同仁堂创立、发达、衰败、传承的各种场合都能找到政治资源的影子。同仁堂创办者乐显扬成为御医后，社会资本可以说远远超过前辈，利用工作之便收集宫廷秘方、古方、民间秘方，加上乐家祖传秘方以及家族行医传统与经验，积累大量的中药知识，这构成同仁堂药室的技术基础并泽被后世。

其子乐凤鸣在政治资源方面，比之于父亲可能有过之而无不及，弃仕而药的乐凤鸣曾任内阁中书，该职位虽只有从七品，但掌管撰拟、记载、翻译、缮写之事，且有机会交游高级官僚。而且笔者估计因为乐凤鸣家族的医学渊源，在分工时可能主要承担中医药方面工作。精通医药知识又在北京创建药铺，还是朝廷命官，因为世代行医，父亲在太医院供职，幼承家学的乐凤鸣对宫廷医药需求应该相当了解，而因为祖上世代是铃医，祖辈的传承使他对民间医药也熟悉。这样，1723 年同仁堂供奉御药也就水到渠成。而供奉御药自然要与宫廷打交道，这就注定同仁堂与官府继续保持联系。能够供奉御药自然会进一步扩大同仁堂影响，提高品牌知名度，有利于其业务拓展，而且宫廷基本上看重质量，而对价格不敏感，供奉医药必然给同仁堂带来丰厚的利润。凭借供奉御药，同仁堂垄断当时北方最大中药材市场祁州（今河北安国）的药材交易，多次担任由北京、通州、天津等地药商组成的京通卫帮会首。

在北京乐家及同仁堂陷入深刻危机之时，没有官府的支持同仁堂可能早已退出历史舞台，至少可能落入外姓之手。乐礼时期经营困难，乾隆帝就准其增调三分之一药价，不但如此，每年还让其在原预领 4 万两官银（始于 1725 年）基础上增加 3 千两，乾隆帝还特派内务府官员临办宫银宫药，弹压私债。1750 年，乐礼辞世，其妻乐张氏扶掖其长子乐以正主管同仁堂并承办官药，经营再次难以为继，政府兼办关某出面借给乐家 5000 两。1753 年同仁堂遭遇火灾，乐以正病故，其弟尚幼，乐家和同仁堂遭遇致命打击时，朝廷又给了乐家和同仁堂生机——在乾隆帝垂怜之下将乐家及同仁堂本应偿债的"资生库"铺基和库房存货发还给乐家。不仅如此，政府还每日给乐家一千文制钱以维持乐氏一门生计。至于乐家所欠大量"官药客账私债准着十年后带销"①。

不仅如此，由于乐氏无法维持同仁堂经营，朝廷还主持招商承办，但承办商人只能利用同仁堂招牌，乐家仍然保留铺东地位并享受二股分息。政府庇护下，乐家一直保持了同仁堂铺东地位，即使后来乐家将二股分息权大量出让也保留了铺东权，比如1818年乐家仅占同仁堂46股多中的半股，但仍是铺东。

而到1837年，同仁堂得到道光帝恩准，供奉药价按市价核算，这实际上比此前屡次获得增调药价更有实际意义。因为药价整体而言随时间推移必然上涨，而增调药价往往滞后，按市价则保证乐家同仁堂稳定的利润。而乐家早已因供奉御药控制中药市场，价格风险几乎没有，这也是乐平泉"中兴"同仁堂不可忽视的因素。既然政治资源对同仁堂发展如此重要，乐平泉也非常重视与官府保持密切联系。为此，他先捐四品官，后来又捐了从二品典封，因为与官方关系密切，乐平泉一度代官方兼理钱庄，为同仁堂资金融通提供方便。

1931年重订四房共管制度并主持同仁堂直到逝世的乐达义，入主同仁堂之前是北京警察局督察长，与政府的关系自不待言。可能正是因为乐达义的政治资源才使乐家同仁堂能在风雨飘摇的20世纪三四十年代安然无事，尤其抗战期间避免被日本人控制。接替乐达义的乐松生，新中国成立后也积极投身政治，1950年同仁堂是全国抗美援朝捐献典型单位之一，乐松生也成为与荣毅仁齐名的红色资本家。因为与共产党关系密切，同仁堂在三反五反运动中虽有假账、账外账、偷税、抽逃资金等违法行为，但最终因认罪态度好，被定为基本守法户，乐松生及其妹在五反时被达仁堂职工扣押，北京市长彭真甚至亲自出面担保。

（二）人力资源：家族控制与企业发达基础

也许是巧合，乐家及同仁堂传承中家族人丁与同仁堂兴衰几乎同步。乐显扬创建同仁堂药室时有四个儿子，相比之于北京乐家前几代的单传，人丁大为兴旺。单独继承同仁堂的乐显扬之子乐凤鸣只有乐书、乐礼两个儿子，乐书

---

① 中国北京同仁堂集团公司、北京同仁堂史编委会：《北京同仁堂史》，人民日报出版社1993年版，第13页。

无子嗣,估计早逝,从此乐家及同仁堂均开始走下坡路。乐凤鸣去世后乐礼独立经营的几年里,经营困难,欠下大量官私债务,甚至不得不申请告退官药(未获批准),即使获朝廷大幅增调药价,每年预领官银,但仍然无法改变颓势。而 1750 年乐礼去世后,其妻张氏扶掖其长子经营,境况愈下,同仁堂及乐家家计都难以维持,因管理不善,1753 年还发生大火灾,铺房被烧光。而在此前同仁堂已经负债累累,此时全部家产尚不足以还官债,更不用说私债。其后,乐家同仁堂的经营先是招商承办,后是先向外姓出让股份,再后来是典让与出租经营,但乐家人丁及同仁堂均未见起色,只是凭借铺东地位享有部分收益权,而乐家同仁堂这一支这一阶段常陷入孤儿寡母的困境。

曾经担任北京中药会首的乐百龄虽有独子乐茂,但乐茂无子嗣,才有乐平泉的过继。乐平泉并没有坐吃字号钱,而是过继后先到太原经商,后又开广仁堂与租办给外姓人的同仁堂竞争。乐平泉之所以过继后努力奋斗,可能与他有几个"兄弟"有关,乐平泉的过继是由北京乐氏大家族发起的,故而需要给其他族兄分享。而乐平泉要从字号钱中每日给大家 50 文,还要照顾妹妹(乐百龄之女),如果管理不善,同仁堂铺东地位品牌贬值,字号钱都要陷入困境。这种情况下,乐平泉实际上面临来自家族压力,类似于同胞兄弟间的竞争。

青年无子的乐平泉中年后连得四子,他必然要为妻儿打算,适应家族规模化以及同仁堂发展的需要建立相应规章制度,其核心是自掌自东制度,对家族及同仁堂的经营与发展提供了制度性规范。这应该是乐家及同仁堂在此后一段时间发展相对平稳的基础。其续弦许氏则基本延续了乐平泉的管理,加上有四个儿子辅佐,业务有进一步发展。

许氏之后家族规模进一步扩大,但并没有分割,也没有因为内耗而导致同仁堂衰败,相反不仅保持了兴盛,还在逆境中产生大量以同仁堂为中心"分枝发芽"的乐家老铺,同仁堂和乐家的影响均扩大。笔者认为,乐家及乐家同仁堂家大业大,家族成员普遍有家族和家业归属感,对于多数家族成员来说家业是一体的,多数成员均关心企业的经营管理,或者说都有产权需求。正是大家都关注同仁堂的经营管理,四大房之间的相互制衡还有助于家族内部各房,各小家庭加强自己所属分子的人才培养。结果,虽然四大房的子孙中有对医药经营不感兴趣者,也有不肖子孙,还有早年夭折者,但对人丁兴旺的乐家及同仁堂传承的影响并不大。因为家族子弟众多,收益权又属于大家,后代又多博学多才者,而且在业界颇有影响的同仁堂对大家有吸引力,自然不愁家族中找不到合适的掌舵者。

一般认为传统社会大家族是不从事生产的原因,笔者认为这有点本末倒置,不从事生产的根本原因是商不如仕。传统社会家业兴旺,自然有向更高社会阶层流动的动机,坚持祖业则显得不理性。乐松生就指出:"创办同仁堂的凤鸣,几乎几代都是单传,并且常常陷于孤儿寡母的境地,他们为了生活,紧紧地保持了同仁堂这块招牌,守住了祖业",并得出单传是同仁堂几百年罔替不衰的原因之一,但笔者认为以这种方式守住祖业是相当消极的。

(三)封闭性:不容忽视因素

1. 行业与家族人员从业封闭性

乐家及同仁堂的专业化,一方面表现在同仁堂一直没有向其他产业拓展;另一方面,家族人员从业基本局限于中药业。北京同仁堂乐家早期几代人均是铃医,医药兼顾,以医为主。乐显扬成为太医院吏目后以药为中心,乐凤鸣将同仁堂正式商业化运作后,乐凤鸣、乐礼都潜心研究药方、经营同仁堂,尤其乐凤鸣弃仕从药后专心经营同仁堂。而张氏及乐以正在家难、业难困境下仍然坚持经营药业。即使是后来同仁堂经营权彻底进入外人之手数十年后,乐百龄还成为北京中药业行会会首,说明乐家子孙仍然固守中药业。

乐平泉时期,虽然笔者不能确认其早期到太原经商所从事的行业,但却是为了经营药业,因为正是有了两次太原商业之旅,他才能创建广仁堂与租办同仁堂的张姓竞争。收回自办后,虽然也捐官,结交权贵,但都是为了药业,同样兼理钱庄是便于乐家同仁堂资金融通。而其专业化思想的极端体现是不准子弟经营药行以外的事业,不能单独开分店。代际传承间承上启下的许氏也只经营同仁堂,她控制下的家族成员几乎没有脱离医药行业。

即使是乐达仁作为官方随员到西方也关注西方制药,回国后仍从事医药。而乐达义早期做官显然也有利于其为同仁堂乃至乐家争取到社会资源,并可能一直关注家业,以致后来成功主持同仁堂十多年直至逝世。乐均士等其他族人子孙也不乏游学美国、日本、法国者,但游学归来后都投身家族事业。乐家第一个违背祖训开设分号的乐敬宇,早期是纨绔子弟,过着声色犬马的生活,直到三十多岁才收心,收心后即于济南开设了乐家同仁堂以外的第一个分号"宏济堂药店",这说明他也懂医药知识。北京同仁堂乐家第 12 代(乐平泉之孙代)共有 11 个成年男性,除青年逝世的乐懿芝之外,其余 10 人均开设了本人或本房药店。而北京乐家十三代中,虽然乐元可酷爱唱戏,乐扑荪好琴,并都师从名师多年,学有所成,尤其后者深得梅派真传,中年后还进入文艺界,但都各自开过药店,仍然懂中药经营管理。

2. 所有权与经营权封闭:家族长期控制基础

从乐家同仁堂看,乐显扬、乐凤鸣和乐礼时代经营全都牢牢掌握在乐家之手。即使张氏扶掖其长子乐以正时代,母子也是亲自主持经营。至于招商承办之后,以及典让经营,出租经营时期,乐家仅靠同仁堂字号和铺面收取字号钱,远离经营,却是完全不得已。

中兴人物乐平泉在同仁堂回归家族经营之前,太原经商,创建广仁堂都是自己经营。而在同仁堂收回自办后,建立家族自掌自东制度,家族所有、家族经营制度化,就连学徒也不收。四房共管时代,不但同仁堂,即使乐家子孙在北京同仁堂之外所开数十家乐家老铺无一例外的都是家族成员直接经营管理。

乐家在家族企业经营管理过程中就高层管理职位而言,长期保持高度封闭性。传统中药往往涉及秘方,核心资源是技术,因此在技术方面尤为封闭,这从乐家对刘辅庭的任用上可见一斑。乐家虽通过联姻将御医之后的刘辅庭纳入姻亲,让其进入同仁堂襄理业务。[①] 但却让其负责账房,而不让其参与技术及生产,这可能是预防精通医药的刘辅庭和其父刘永泉一样为竞争对手服务,故将其纳入家族企业、姻亲,但又怕家族技术泄露,而让其远离技术。

创办同仁堂的乐显扬和中兴同仁堂的乐平泉均有四子,前者采取诸子分业,老大是武将,老二有药铺万全堂,老四是皮货商,老三弃仕经营同仁堂。这里仅讨论从事祖业的次子(乐凤仪)和三子(乐凤鸣),次子的万全堂后来成为著名中药铺,早期也是人丁兴旺,乐平泉的爷爷有兄弟 6 人,乐平泉的父亲有兄弟 8 人,但因为都走上仕宦之路而荒废经营(乐平泉亲生父亲在中举之年

---

① 参见《北京"宁波帮"史话》(上),浙江在线新闻网,http://www.zjol.com.cn,2005 年 12 月 17 日。

去世),而在乾隆年间就将其出卖倒租,嘉庆年间乐平泉生父一代更是将其析分。① 乐平泉同样有四子,但其在生前制定自掌自东制度,限制后代外流,即使家业中兴,家族成员也未外流,直到新中国成立前夕,乐家一直牢牢控制同仁堂。

从所有权来看,乐家同仁堂传承也是高度封闭的。除招商经营、典让经营时期让渡部分所有权外,其他时期同仁堂及四房共管时期各房创建的大量乐家老铺都是乐家(包括个人、房)独资的,虽然有时也借款、商业占款,但外姓的直接投资笔者并未见到。

(四)经营权子承父业

一般认为,传承对象的选择相当重要。从图8—1可以看出乐家及同仁堂权力代际传承是严格按照男性单系传递,女婿、女儿根本没有出现在家族企业核心权力传递链,嫁入乐家的女眷曾经主持家族和同仁堂工作,即乐礼夫人张氏,乐平泉续弦许叶芬,四大房中的三房乐叔繁夫人,但三者都是在丈夫去世,子辈不力时掌权的。

下面主要对女性掌权的特殊情况进行讨论。乐礼去世后,其妻张氏曾扶掖长子乐以正经营同仁堂直到招商承办。但张氏扶掖不力,家业进一步衰落,不得不招商承办,若不是"祖先余荫","乾隆帝垂怜",弹压私债,不问官债,钦定乐家的同仁堂铺东地位,大栅栏同仁堂应该早已不姓"乐",比乐凤鸣之兄乐凤仪一支的"万全堂"还要先改姓,甚至销声匿迹。若不是朝廷日给乐氏制钱一千文维持生计,乐家恐怕不仅仅是此后数代单传,往往陷入孤儿寡母尴尬境地,而是可能消失,比如迫于生活张氏及乐以正的妻子改嫁,孩子改姓。总之,张氏绩效相当差。

许氏是三个女性中最成功的,家业都取得了发展。与同仁堂处于上升期,前一阶段乐平泉制定了规范的经营管理制度不无关系。而许氏出身名门,文化素质相对较高,自掌自东制度也要求妇女参与同仁堂经营管理,这决定了许氏具有经营管理能力,加上乐家同仁堂是"坐贾",在"长辈威信+经营能力+年龄优势+坐贾"的条件下许氏掌管同仁堂是不二选择。许氏的成功还应归因

---

① 参见乐松生:《北京同仁堂的回顾与展望》,载中国北京同仁堂集团公司、北京同仁堂编委会:《北京同仁堂史》,人民日报出版社1993年版,第146—167页。

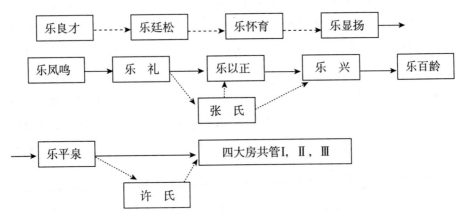

其中：四房共管Ⅰ，Ⅱ，Ⅲ：四房共管时权力在四房间转移并历三代
    ------▶同仁堂创建前乐家代际传承情况
    ——▶乐家同仁堂一支男系代际传递
    ┈┈┈▶女性长辈在家族代际传递中的过渡

图8—1　北京乐家及同仁堂经营权代际传承示意图

资料来源：根据中国北京同仁堂集团公司、北京同仁堂史编委会：《北京同仁堂史》，人民日报出版社1993年版等整理而成。

于乐家四个儿子尚年轻，并逐渐成年辅佐许氏。当然这种辅佐的有效性由两方面因素决定，一是因为乐平泉确立的家规中，乐家后代必须从事中药业，按当时的经济社会环境，许氏四个儿子当时应已部分介入同仁堂生产经营管理，时间长的应已有十多年，具有一定辅佐能力；二是许氏作为亲身母亲，唯一长辈在家族具有高度权威。

乐叔繁夫人虽只主持同仁堂经营两年多，并最终被家族弹劾，却不是业绩不佳，而是因为中饱私囊，这从侧面反映出她也具备一定的经营管理能力。乐叔繁夫人与许氏的共同之处在于：她们都受惠于乐平泉所定族规要求女眷参加同仁堂日常生产，后代只能从事中药业，从而自己掌权之时有成年男性辅佐。此外，她们都在乐家及同仁堂家业兴旺时主持同仁堂，乐叔繁夫人与许氏相比不同之处在于她更多代表三房利益，而许氏是代表整个大家族，乐叔繁夫人主持的只有同仁堂与本房事务，而许氏则主持整个家族与同仁堂事务。

值得注意的是，乐家同仁堂还出现非直系血亲继任——即属于乐凤仪一支的乐嵩年遗腹子乐平泉过继给乐凤鸣，并成为铺东。这与中国历史上的异族不养一致,但又有所突破,因为传统过继的往往是堂兄弟,但因同仁堂这一支没有与乐平泉同辈成年男性,故扩大到同宗。

（五）其他经验

1. 早做传承准备

从乐家同仁堂传承经验来看,早做传承准备对传承相当有利。乐显扬去世时乐凤鸣 27 岁,是他让同仁堂得到进一步发展,并成为御药供奉者。虽然不知道乐礼出生年份,但因为乐凤鸣 1742 年去世时已经 81 岁高龄,乐礼应已人过中年,其主持下的同仁堂迅速陷入危机。这种不良影响一直持续到下一代,突然之间被推上前台的乐以正自然无所适从,同仁堂的经营管理彻底衰败。不过,后来的乐家似乎并没有汲取教训。乐百龄虽然生年不详,但从相关资料来看老年无子,也没在生前过继子嗣,直到过世后其母将乐平泉过继。

乐平泉制定的自掌自东家族经营制度中包括女眷也要参与经营管理,家族成员不准从事他业,这对家族企业传承有决定性影响,为乐家同仁堂传承建立了制度保障。因为限制后代的职业流动性,这就让后代从小主动或被动学习同仁堂经营管理、中药技术,为接班做准备,由于有了制度保障,乐平泉之后乐家再未陷入接班危机。女眷也要参与日常生产经营,增加了家族企业经营管理的人力资源,特别是上下代男性之间出现青黄不接的情况下,女性也可以挑起大梁。

2. 所有权与经营权分散与集中均衡

从乐家同仁堂考察,创办同仁堂的乐显扬有四个儿子,但四个儿子几乎是分业的,除一个为仕外,三个商人,但三者之间并没有产权关系,其中一个是皮货商,两个从事医药,但产权清晰,即乐凤仪万全堂、乐凤鸣同仁堂。

接下来就同仁堂这一支而言,在乐平泉之前人丁并不大兴旺,虽然相关资料并没有显示家族内部产权分配,但由于常常处于孤儿寡母的境地,产权是高度集中的。当然,这一阶段同仁堂经营绩效并不佳。

乐家同仁堂在许氏之后一直坚持四房共管,虽然后代子孙枝茂叶盛,但一直没有再细分,而以北京同仁堂乐家第十一世的四房为基准进行所有权与经营权传承,所有权与经营权相对分散。四房共管时期同仁堂控制权并没有出现四大房某一分支直系世袭情况,而以房为单位参与同仁堂权力竞争,这与四大房能够相互制衡有关。之所以能够相互制衡主要有两方面因素,一方面按诸子均分原则,各房拥有均等所有权,这是制衡的产权基础;另一方面,因为乐平泉所定家规,将家族及成员锁定在同仁堂、中药业,成员都懂经营管理,同仁堂也是各房重要收入来源,因此各房都是积极股东。由于以房为单位,在人丁兴旺的背景下即使个别成员对同仁堂权力、经营不感兴趣,但每一房整体并不乏对此感兴趣者,或为本房利益而制衡他房者,这构成家族及同仁堂人力资本保障。此外,同仁堂颇具规模,有形和无形资产多,家族成员不可能轻易普遍放弃产权。正是在这种制度下,同仁堂和乐家在全国的影响达到顶峰。

四、北京同仁堂长寿启示

北京乐家同仁堂自创办到公私合营近 300 年,传承十代的经验表明:长寿与富过多代并不能等同,长寿往往意味着饱经沧桑,乐家及同仁堂至少有上百年的时间处于衰败的境地。现有对企业长寿的关注者往往只关注其光环,忽视其波折,而后者应是影响家族企业寿命的关键,值得深入研究。

从乐家同仁堂的长寿经验来看,政治资源在家族企业长寿中起着相当重要的作用。事实上,包括同仁堂在内的一些自资本主义萌芽以来产生的家族企业在经历近代剧烈动荡后在新中国成立前仍然存在,正是因为新中国成立以后,政治资源不能为家族企业所用,甚至被政治所完全排斥,一些具有较长寿命的家族企业寿命戛然而止,这也是当代中国没有长寿家族企业的根本原因。世界最长寿 100 家家族企业绝大多数在政治相对稳定的国家和地区也说明政治资源对家族企业长寿的重要意义,这也意味着政府应该维持相当稳定的宏观政治经济环境,以保障企业持续稳定发展。

从乐家同仁堂来看,家族人丁兴旺与家业发达几乎同步。这与大家族矛盾重重及诸子均分导致产业分割,不利于家业繁荣昌盛的传统观点不同。而世界上最长寿 100 家家族企业之一的美国杜邦公司,到 20 世纪末家族成员竟然有 6000 人①,而其在世界化工业的地位一百多年来居高不下,而美国在独立战争以后就确立了诸子均分制。由此可见,家族规模大小,继承分散与否和家族企业长寿并没有必然的联系,或者说影响家族企业发展的因素很多,比如传承时机、产权配置、接班人选择等,家族规模、继承方式等并不是孤立作用,

---

① 参见李顺荣:《杜邦家族》,社会科学文献出版社 1996 年版,第 353 页。

而是和其他因素一起综合作用。

乐家同仁堂经验表明,所有权与经营权的家族封闭性既有利于家族对企业的长期控制,又有利于家族企业长寿。这一结论与家族企业发展应所有权分散,两权分离的传统观点存在明显差异。两权封闭除了有利于企业的财产权与人事稳定外,在法规不健全的背景下,对企业和家族产权安全尤为重要。值得注意的是,乐家是在跨入近代以后才确立自掌自东制度,这可能与乐家早期人丁不旺有关,但更值得关注的是近代西风东渐,重商之气渐浓的背景。如果还如早期士、农、工、商四个阶层划分的话,乐平泉极有可能选择让自己的子女向更高的社会阶层流动而鼓励其放弃商业,乐家早期之所以一直坚持维护同仁堂祖业与家族衰败有关。这也意味着现代社会流动性增强,同时受计划生育政策的影响,家族规模小型化的中国今后富过三代与家族企业长寿的情况可能并不比历史上多。经营权子承父业一般被理论界所诟病,但同仁堂的经验却似乎说明该方式是有效的,而子承父业从现实来看具有世界性,这就需要对传统理论进行反思。① 虽然北京乐家同仁堂的传承过程女性作用并不突出,但也并不糟糕,这说明女性在工商业管理中的地位相对较低,可能与其更多承担家庭角色有关,并非女性不适合企业经营。此外,从北京乐家同仁堂传承多代的经验还可以看出,传承时机、传承制度的选择也是能否成功长寿关键。

当然,富过多代与家族企业长寿是一个复杂的问题,本节所讨论的各种因素与其他因素相互作用才能决定企业与家族的兴衰。除了企业因素、产业因素、家族因素以及宏观因素外,还有两个问题必须引起重视。一个是"富"的标准难道仅仅是物质财富?传统的富过三代主要强调物质财富,而人力资本财富、精神财富是被忽略的,而后两者在现代经济社会发展中的作用可以说是越来越重要;另一个是家族企业本身也是具有动态内涵的概念,长寿的家族企业可能从产权制度、经营制度、产业等诸多视角考察与初创企业大相径庭,很难说还是初创企业生命的延续。

---

① 参见杨在军:《中国家族企业继任子承父业模式困惑及其理论解读》,《当代经济科学》2009 年第 5 期。

第九章　家族企业所有权传承

第一节　所有权传承基本方式比较

一、所有权传承概述

所有权是家族企业产权基础,但是由于其复杂性和隐蔽性,很难从企业财务以及企业公开信息去准确判断各家族成员的具体份额,这增加了系统研究难度。一个基本的事实,就是很多家族企业为选择企业法律类型的方便,家族企业法律形态往往根据企业注册的需要而调整,这在转型期尤其明显。不过,就整体而言,所有权传承相对简单,往往有一定原则。比如,学术界认为中国基本是诸子均分,西方是集中传承。原则之下,即使有差异,但影响并不太大。受此影响,虽然整个家族企业传承以所有权为基础,但无论东方还是西方学术界均有继任代替传承的普遍倾向。① 与此相应,东方和西方有关所有权传承的论述更多是定性,基本没有定量分析。

笔者认为,长期以来学术界对企业所有权传承存在很大的误解,中国尤其如此。这主要体现在两方面:一方面,一般认为前工业化时期西方盛行独子继承制,而中国盛行诸子均分制。这是对东西方财产继承制度的片面理解,不可否认在封建社会或者工业化以前中国与西方普遍存在的财产继承制度是上述两种,但主要是针对农业社会的主要财产土地继承而言,并不一定适用于工商业资产。另一方面,现代学者很"精确"地将传统农业社会土地财产继承模式"传承"到当代,忽视现代社会工业化、城市化、市场化、平等化等特征。事实上,无论东方还是西方,工业化以来均强调继承权的平等,普遍实现诸子(女)

---

① 参见郭萍:《家族企业继承研究中的三个误区》,《理论探索》2007 年第 6 期。

均分。

现代学者之所以将工业化以前的继承模式"嫁接"到当代社会,可能正如罗丹所言:"就像医生束手无策时会把病人诊断为心理不健全,经济学家会把自己无法解释的事情归结为社会或文化现象。"①中外学者无法有效解释曾经不可一世的中华帝国近代陨落,中国发达的封建经济为何不能内生地萌发资本主义,故而千方百计找原因。中国城市化水平不高,传统家族制度还继续发挥作用,经济社会发展阶段的相对滞后,也确实容易让人产生传统文化锁定的思想。就国内学术界而言,则有"过度西化"之嫌,过多依赖西方学者的研究结论,而西方学者由于新中国成立后相当长一段时间资料的不可获得性,往往关注的是中国传统社会。为此,本部分将对家族企业所有权代际传承基本原则进行重新审视,由于现代世界各国普遍确立了平均继承的制度原则,本部分主要讨论历史上的企业主家族的所有权继承。

所有权包括有形资产和无形资产的所有权,但具体内涵却非常复杂。大陆学者邢铁的《家产继承史论》对具有企业经营性质的工商业家族的家产传承有较为详细的分析,其所界定的"产"既不是工商业流向田宅的部分,也不是指留在工商业中作为工商资本的钱财,而是指工商业者用来谋生获利的特殊资产——手工业者的专门技艺和商人店铺字号②,因此它实际只论及具有企业性质的工商业无形资产,而不是普通家产。雪伽兰根据欧洲资本主义企业及家庭的历史认为:"'家业'的说法是很富有表现力的,它意味家族提供技术知识、商业销路和资金。"③一些经济学家也指出,继承财产除有形资产外,无形资产如人力资本也应看做"财产"一部分。④ 社会学家进一步将人力资本扩展到社会文化资本,如人际关系、社会地位、商业网络和个人威望等。⑤ 本书为分析方便,这里主要考虑非物质的技艺、商号,以及物质传承。

---

① 陈凌:《信息特征、交易成本和家族式组织》,《经济研究》1998 年第 7 期。

② 参见邢铁:《家产继承史论》,云南大学出版社 2000 年版,第 132 页。

③ [法]安德烈·比尔基埃等:《家庭史》③,生活·读书·新知三联书店 1998 年版,第 558 页。

④ 参见 Menschik, P. & N. J. Jianakoplos. Economics of Inheritance, in Miller et al (eds.) Inheritance and Wealth in America. Plenum Press, 1998, pp. 45-60。

⑤ 参见 Brittain, J. A. The inheritance of Economic Status, The Brookings Institution, 1977。

二、非物质资产传承

（一）技艺传承：传内不传外的普遍性

古代手工业传内不传外具有合理性。古代手工业技艺主要靠经验，或是偶然发现的，技术含量并不高，极易复制，如何保守技艺尤为关键。由于传统家族的经济、就业功能极强，因此这种手工技艺的传承主要是在家内完成。

由于技艺的可复制性，决定前辈一般没有也不会将家族技艺分割传承，对普通技艺而言，是作为谋生手段让后代共享。中国传统社会"工之子恒为工，商之子恒为商"，说明普通工商技艺不是诸子均分，而是"诸子共享"，才有普遍的子承父业，当然这也是子承父业的普遍需要。技艺传承是分享而不是分割，对家族内部而言这是一种公共品，并不会因为多传给一个子弟，其他子弟就学不到，技艺相对于普通物质资本传承而言，排他性较弱。这在古代世界应具普遍性，孟德斯鸠论及古罗马时就有这样的描述："一个工人把技艺传授给子女，就等于留给子女一份遗产，子女有多少人，这份遗产就变成多少份。这和那个依靠10亩土地生活的人是不同的，他只能把地产分割给子女。"①不过，若技艺传授对象太多，一方面技术机密容易外泄，另一方面容易造成各继承者间的竞争，因此一些独特的技艺往往采取单传方式。诸子共享的技艺可能更多体现于一般技艺，就家族绝技而言，传人越多，外传可能性越大，因此更倾向于一传一的单传方式，最终获得技术继承权的后代，往往在家族企业中居于主导地位，但在获得单传技艺的家长发生意外时，家族绝技往往失传。

传统社会女儿往往外嫁，而外嫁女儿又往往被视做外人，在传内不传外的原则之下，传男不传女也就顺理成章。虽然确有一些传女的事例，但细究其传给女儿的原因和结果，则会发现这种传女恰恰是传男不传女普遍性的最好注释。比如，唐代元稹《织妇词》："缫丝织帛犹努力，变缉撩机苦难织。东家白头双女儿，为解挑纹嫁不得。"早期学者一般从阶级分析角度，认为这个家庭为完纳贡绢而延误女儿婚事，但邢铁则认为这是东家两个女儿因某种原因学到家传的高超挑织技艺，家长为避免家庭技艺外传，不能让女儿出嫁，招赘婿又不成（因为赘婿在传统社会被人看不起，故而男人及其家族都不愿成为别人赘婿，赘婿供给自然有限），故而不得不让其继续待字闺中。明朝"郭公砖"

---

① ［法］孟德斯鸠：《论法的精神》下册，商务印书馆1963年版，第136页。

则进一步说明古代工商业家族不到万不得已不将家族技艺传给女性,女性在家族技艺内传中作出巨大牺牲。郭公砖:"长数尺,空其中,亦能甃家壁,能使千载不还于土",但"俗传其女能之,遂杀其女,以秘其法",也就是说郭家的女儿学到郭公砖生产技术,郭家怕技术外流,不得不杀女儿。虽然从现代视角来审视显得有点荒唐,但在当时却不乏合理之处,因为当时家庭具有经济就业职能,加上四民分业,相互之间技艺封锁,家族强调以男性为中心的纵向传承背景下,若女儿外嫁,则难免会将技术带到夫家,与本家族形成竞争,家族事业难以为继。

即使到近代,这种状况在北京这样的大都市仍然存在,其中以"葡萄常"传承为典型。① "葡萄常"创始人常在立下家规"传女不传男,不传外和不传媳妇",常家三个女儿不得不接受父命学习玻璃葡萄制作工艺,并终身不嫁。常家女性两代姑侄五女为家业终身未嫁,成毛泽东笔下的"葡萄常五处女",1956 年时任人民日报社社长的邓拓在人民日报介绍葡萄常的兴衰变故时,也特别讲述了刚强性格的常家五姑侄,并作《画堂春》:"常家两代守清寒,百年绝艺相传,葡萄色紫损红颜,旧梦如烟!……"

由于相同的原因,在儿子与女婿共存的情况下,基本上会选择儿子,没有亲生儿子,则往往会采取同宗内过继的方式。事实上,即使传子,其往往也会有意无意的透露给儿媳,只要与外面发生联系,尤其婚姻,独门技术都有可能外泄。最为理想的模式就是掌握相关技术的家族间相互通婚。陆游《老学庵笔记》中有这样的一段描述:"亳州出轻纱,举之若无,裁以为衣,真若烟雾。一州唯两家能织,相与世世为婚姻,惧他人得其法也。云自唐以来名家,今三百余年矣。"当然,这种模式在实际中会遇到很多问题,比如两个家族性别比例、年龄结构要对等,否则有一部分无法成婚,或者婚姻对象间年龄差异太大。

除了家内传承外,一些领域往往传徒,虽然"师徒如同父子",但师徒关系毕竟只是一种泛化的家族关系,同等条件下儿子始终优先于徒弟,师传子是父子相传,传内不传外的补充。当然有时徒弟也会被师傅家族化,后面将要论及

---

① 参见张晓华:《凤凰涅槃,九死重生"葡萄常"》,《新天地》2007 年第 3 期;陈翰:《民间工艺葡萄常》,《北京观察》2008 年第 1 期;燕无:《100 年葡萄常在》,《中华手工》2007 年第 6 期;肖莹:《不能让"葡萄常"绝在我这代》,《环球人物》2007 年第 1 期。

的西方早期行会手工业中行会师傅与继承作坊的徒弟或帮工就属于这种典型形态。

总体而言,历史上的手工艺人家常将技艺传给诸子,增加后代人力资本价值。在"工之子恒为工,商之子恒为商"的传统社会,垄断技艺就可以为后代提供职业,奠定生存基础,这注定了工商业技艺的普遍代际效应。与古代工商业家族不同的是,现代成功家族企业均相对社会化,更多依赖外部人力资本,由于家族人力资源的繁衍远远赶不上大规模家族企业的需求,往往不得不将技艺传给外人。中小家族企业与历史上的家族工商业类似,但由于现代职业流动性的加强,家族技艺对家族企业及对家族的地位均下降,家族内部封闭式传承应不如从前。值得注意的是,知识产权、专利法等也为保护独特技艺社会化提供了保障,这利于家族技艺以社会化的方式获得收益,这也是现代技艺较为开放的主要原因,而古代则缺乏法律保障。

(二)字号传承——整体传承不分割

无论东方还是西方,早期有成就商人几乎都是行商①,随时间推移才出现坐贾,商号则伴随坐贾发展而出现。中国商号的发展较晚,宋代以后一方面是商品经济大发展;另一方面是市井制度、交易时间限制削弱,商号有所发展,但大发展是在明朝以后。

商号传承与技艺和普通财产传承并不一样,因为商号原则上不能分割,而且往往也难以共享。对工商业来讲,如果使用同一牌号的工商业者生产经营的是同类商品,但属于不同的所有者,即使产品是一样的,其服务也必然有差异,结果不可避免会发生公共品滥用。而对消费者、供应商和销售商来说可能又难以区分,势必会导致所有商号衰退,这也是商号创业者所不愿意发生的事情,因此商号共享并不符合社会利益。

从国家正式制度角度考察,商号承担着为国家缴纳赋税的责任,若将商号分割,或家族成员共享,则往往会与商号官方定位"上供朝廷之取办,下便关津之稽查"②相冲突,因为即使不假冒,也会出现混淆。早期政府对商号的保

---

① 虽然古罗马可能出现了商号,但其以战争为基础,并不是经济社会发展之常态。以商业发达为基础的欧洲商号可能是在地中海重获生机的 9 世纪和 10 世纪。

② 上海博物馆图书资料室:《上海碑刻资料选辑》,上海人民出版社 1980 年版,第 85 页。

护主要通过行会管理,政府往往会就行会对商号专用权的维护给予默许甚至是公开支持,因此家族将商号进行分割缺乏法律基础。

早期行会的重要商事职能之一就是保证招牌字号的排他性,这无疑有助于牌号的集体继承或集中继承,不但如此,可能出于鼓励工商经营连续性及对社会传统的尊重,行会鼓励商号父子传承。比如,行会一般规定新开招牌字号要向行会捐一定牌号钱,但如果儿子继用父亲的牌号不算新开,不捐或少捐,故而常有此类"子承父,不得异论"之说,有时也扩展到其他亲属,如"子孙续开此牌,不再取费,当时未析箸之兄弟叔侄亦如之,否则不在此列"①,分家则不能享受免牌号费的权利。虽然鼓励商号父子相传,但行会一般规定即使是父子间的传承也是一对一的,不能一对多。比如,长沙长善甜酒粉馆条规有这样的规定,"子承父业,从年定章起,嗣后只准承立一人,只在本铺贸"②。既然行会及国家规定商号不能重名,而且商号重名对自家事业发展不利,这就注定父辈不会也不可能将字号使用权分割给多个子孙后代,而在行会限制竞争的背景下,行会管辖的单个商号也失去了家族后代共享的价值,因此实行集中继承。

行会商号的集中传承在西方历史上也有一定普遍性。中世纪西欧也有普遍的子承父业情况,而且是集中继承。比如,早期南安普敦行会条例规定:"如果一位行会会员去世,他的长子或次子可以取代他的父亲或者叔叔的位置,如果他的父亲不是会员,则没有另外的位置。他不需要付任何费用。任何男人不得因为妻子而在行会里取得席位,同样也不得因为妻子的前辈而要求一个席位。"③不过,虽然商号是一对一的传承,但并不一定具有高度排他性。比如,家族成员间的合伙,甚至现实中还有一些商人拥有多个字号,但均不分割传承,而采取家族共有的方式。

(三)欧洲行会手工业的例外:传外不传内

一般认为早期工商业字号都是父传子,但西欧和中欧前近代的手工业似乎确有突破家庭范围传承的普遍现象,即行会师傅将字号和技艺传给娶自己

---

① 彭泽益:《中国工商行会史料集》,中华书局 1995 年版,第 413 页。

② 彭泽益:《中国工商行会史料集》,中华书局 1995 年版,第 420 页。

③ Brain Tierney, The Middle Ages: Sources of Medieval History, Vol. 1, McGraw - Hill publishing Company 1983, p. 187.

女儿甚至自己妻子的帮工或学徒。笔者认为这主要有两方面原因：一方面，早期欧洲行会手工业者以核心家庭为基础，独立成为师傅必须建立自己家庭，娶亲，加上行会限制竞争，家庭财产较少，基本没有财产可供继承。因此，手工业家族后代到外当学徒或帮工的过程中会认识、了解师傅家的女儿或遗孀，通过这种互动便于找到自立门户的"贤内助"，这不仅解决了当师傅必须结婚这一问题，还避免了乡村社会父母之命，媒妁之约导致男女双方信息不对称，有利于组建一个和谐的生产经营单位，这可能也是为了"消除对强制性游学的抵制"①。

另一方面，欧洲城市行会手工业限制竞争的结果限制各会员发展，大多数行会手工业者因收入拮据无法维持两代人生活，因此欧洲行会手工业者师傅的儿子一般并不会等待继承父亲的手工作坊，而是努力建新作坊，或者通过娶一个行会师傅的遗孀或女儿成为行会师傅。由于同样原因，手工业师傅没有也不可能建立养老财产，而工作到生命终结。与此相应的是，手工业师傅遗孀或女儿得到行会保护，成为徒弟或者帮工妻子的女儿或再嫁的老板娘获得事实上的作坊继承权。② 不过，传统男权社会，无论是师傅遗孀还是女儿都不会成为作坊主而被忽视了她们的继承权。当然继承作坊的徒弟或帮工是要付出代价的，徒弟或帮工期间必须接受师傅提供的低工资或无工资，因继承发生在师傅死后，还要代替师傅儿子为其养老送终。事实上，欧洲行会手工业者随着手工业者私有财产增加尤其房宅和租赁设备的升值，父传子现象就极为普遍了。③ 这说明欧洲手工业者早期的普遍外传只是适应限制竞争且生产力水平落后，建立作坊必须有家庭等现实限制的结果，当然这也是适应人的再生产需要以及传统社会以男性为中心的体现。

三、物质财产——诸子均分并非中国特色

（一）西欧集中继承的背景与适用

一般认为，与中国强调诸子均分不同的是，西欧早期盛行集中继承方式，虽然有的地方是幼子，有的地方是次子或其他家庭成员，但都遵循集中传承这

---

① ［奥地利］赖因哈德·西德尔：《家庭的社会演变》，商务印书馆1996年版，第97页。
② 参见［奥地利］赖因哈德·西德尔：《家庭的社会演变》，商务印书馆1996年版，第90页。
③ 参见［奥地利］赖因哈德·西德尔：《家庭的社会演变》，商务印书馆1996年版，第88、90页。

一基本模式。西方传统社会盛行集中继承制的主要原因是通过"授受"关系形成了复杂的土地产权关系。"授地制"下,不但佃农、贫农没有最终土地所有权,即使是阶层较低的贵族也不一定有所有权,而只有使用权。复杂的授受关系之下,国家赋税征缴系统是以"土地授受"关系链自上而下延伸,本来已复杂的土地关系,若再分割,尤其是沿家族繁衍网络进行分割,土地关系将更为复杂。复杂产权的结果,必然导致政府和土地授受关系中上级的赋税征收难度加大,最终影响国家赋税征收的效率,故而政府和土地授受关系链中的上级并不支持土地沿家族繁衍网络下传,普通农民家庭则处于授受关系链的最底层,缺乏产权基础故而只能被动适应。事实上,受自上而下制度约束,不但处于授受链底端的农民,即使处于中间的领主也不得不采取集中传承方式。农业社会土地是最重要经济资源,因此这就难免会使西方财产继承制度主要体现为集中继承,或者让人产生西方产权继承都以集中传承为主的感觉。

但据王跃生研究:中世纪欧洲,除土地通常不可分割继承外(在当时欧洲一些没有实行领主制的地区土地仍然可以分割,甚至均分继承),动产和现金财产不但分割继承,甚至均分。① 王跃生的研究从侧面说明中世纪欧洲的工商业资产作为动产很可能是诸子均分的,而现有的一些文献资料也验证了这点。

欧洲第一个真正职业商人群体犹太商人的情况就与欧洲经典的集中传承背道而驰,犹太教法典明确规定给长子双份,压缩女儿份额。现实情况则更进一步,在犹太商人社会,由于没有稳定财产,平等精神冲击法典,每人一等份得以普及。同时也有许多不成文解决办法——独生女与兄弟之间对半分,利用穆斯林以利于女儿等。从犹太人的情况来看,不但各个儿子之间均分,而且女儿也享有部分或全部直接继承权。②

犹太人之外,西欧中世纪其他地方的商业并不乏兄弟平等合伙、平等分配

---

① 参见王跃生:《中世纪中西财产继承的差异对人口发展的影响》,《史学理论研究》1999年第2期,第81—92页。

② 参见[法]安德烈·比尔基埃等:《家庭史》②,生活·读书·新知三联书店1998年版,第641页。

的情况,这从侧面说明继承的相对平等,否则在资金和地位方面不平等,就不可能存在平等合伙。早在17世纪沃斯莱就指出:"荷兰资产者虽然也在所有的子女中分配遗产,却并未因此而产生任何障阻商业经营繁荣和持续的后果。"①沃斯莱的参照系是英国贵族的集中继承,商人继承的情况却不尽相同,比如:"伦敦大商人本来传统上是遵循三三制的伦敦习惯法的(将遗产分成三份,三分之一给遗孀,三分之一在子女中平均分配,三分之一留给立遗嘱人自由选择)……"②虽然17世纪末伦敦大商人频繁采用土地贵族式的限制性规定(主要为了家族向上流动),但主流应该还是均分制。同一时期的法国大商人也是如此。

下面再以《剑桥欧洲经济史》第三卷《中世纪的经济组织和经济政策》明确列出企业资本构成商号的情况进行分析。应该引起注意的是,相关章节没有见到商业家族有多个儿子可供选择时,将所有权集中传给一个儿子的情况。

比如,"在1298年破产的锡耶纳的邦西尼奥里公司有23位合伙人,其中4位便是公司创始人奥兰多·邦西尼奥里的儿子,1位是他的外甥,另外18位是外来者。外来者通常接受家族群体的领导……"③既然有4个是创始人儿子,如果按集中继承做法,获得集中继承权外的兄弟会被扫地出门,或者成为继承者的附庸,显然不存在四兄弟间合伙,故可以推断邦西尼奥里的4个儿子是平等继承的。

阿尔伯蒂公司则"从1304年到1307年,股东——三个兄弟——平分了纯利润,即每人三分之一。1310年,3位兄弟每人只得到3/10,而另外1/10归其中一个已被允许成为股东的儿子。这个体系一直生效,直到1315年,配额再次发生变化,以照顾进入家族生意的更多的儿子们"④。由于分红往往与所有权相对应,既然是三兄弟平分,就意味着其所有权应该相等。即使集体继承

---

① [法]安德烈·比尔基埃等:《家庭史》③,生活·读书·新知三联书店1998年版,第102页。

② [法]安德烈·比尔基埃等:《家庭史》③,生活·读书·新知三联书店1998年版,第102页。

③ M.M.波斯坦、H.J.哈巴库克:《剑桥欧洲经济史》第三卷,经济科学出版社2002年版,第62—63页。

④ M.M.波斯坦、H.J.哈巴库克:《剑桥欧洲经济史》第三卷,经济科学出版社2002年版,第65页。

不分割,诸子享有平等的收益权,也等同于诸子均分。

1372 年登记的卢卡最大的圭尼吉公司包括股东和代理人 19 人,其中 7 人是家族成员。① 按传统集中继承观点,以及当时人均寿命,能够在一线经营家族商号成员难以超过 3 人,更不会出现 7 个家族成员同时成为股东和代理人,因此该商业家族应该是分散继承的。

西方前工业化时期工商业家族诸子均分的情况应比中世纪更为普遍,因为资本主义自由、平等、博爱的思想正是源于工商业。西方工商业普遍分散继承的史实被当代继承史的研究者忽视,可能应归因于商人是传统社会边缘化的阶层,这在东方还是西方均具有普遍性。比如,早期欧洲最早的职业商人长期是居无定所的犹太人,后来的威尼斯商人、汉萨同盟,乃至再后来的西班牙、葡萄牙、荷兰、英国商人都处于欧洲边缘地带。在东方,印度历史上最著名的商人群体帕西人也不受主流社会支配。当然,无论东方还是西方,农民抑或商人家庭,其家族所有权传承方式均是多元化的,而尚武的等级社会则集中继承更具普遍性,这以日本为典型。

(二)日本家督继承制的适用范围

中国学者往往将中日家族制度进行比较,认为现代化过程中日本家督继承制比中国诸子均分要高明得多。但考察日本工商业家族继承史,发现日本工商业家族始终没有严格执行集中继承,即使是相对集中的家督继承制历史存续时间也极为有限,在工商业界的作用更为有限。

日本早期受中国法律影响,曾在很长一段时间内实行"二元主义"继承制度,即断嗣继承和财产继承并存,这是分散继承的制度基础。因此,早期不但诸子均分,而且有男女均分倾向。古代社会的妇女是生产活动主力,长期盛行原始平等思想,妇女拥有稳定财产继承权,妻子有继承与嫡子份额相同的权利,直到镰仓时代(1185—1333)女子继承份额还相当于次子一半。②

平安时代中期开始,日本土地私有制逐渐取代公有制,排他性土地所有权、封建土地等级所有制、自给自足的自然经济等方面,与西欧诸国相似,但在

---

① 参见 M. M. 波斯坦、H. J. 哈巴库克:《剑桥欧洲经济史》第三卷,经济科学出版社 2002 年版,第 72 页。

② 参见李卓:《家族制度与日本的近代化》,天津人民出版社 1997 年版,第 78 页。

财产继承方面却仍然实行诸子均分原则。镰仓幕府时期，无论是武士家族，还是农民家族，都还实行诸子分割财产继承制度。但镰仓时期财产均分与政治责任由家族"总领"个人负责的情况必然产生冲突，总领有政治地位，庶子却享有均等继承权，总领威信缺乏物质基础，幕府利益得不到保障，政府势必取消这种制度。

于是从战国时代开始，各大名为强化家长权以防止家产分裂，维护封建秩序，纷纷改革继承制度，以长子继承取代诸子分割继承，这在武家社会尤其明显。德川幕府时期建立了严格的主从关系体制，实行彻底兵农分离政策，各个不稳定的武士集团与小块领地的直接联系被切断，武士阶级变成领取俸禄的家臣。从此，武家社会所有的人除向主君尽忠而领取俸禄外一无所有。这种制度安排下，对武士家庭来说，最不利的就是分割俸禄，因此长子继承家业与家长权为基本内容的家督继承制应时而立。

家督制确立后，适应"家产与家业的维持"的需要，由社会上层推动，必然影响庶民社会，但不可过高估计其影响。一般认为，幕府为维持封建统治而不允许庶民阶层分家，农民因为土地较少，生产力水平较低也不愿分家产，而集中继承，但这种集中继承对工商业者未必适用。贝勒维尔的研究甚至表明，江户时期虽然武士阶层接受了家督继承制，但"农民和商人阶层中的家族组织不服从诸如此类的规定：家长自由选择继承人，在某种程度上，拥有的土地也可以分。与武士相反，农民享有永久所有权，但地方当局或村落当局不完全反对任何移转，只是限制转让给继承人以外之他人的土地份额……在农民或商人家庭中，长子继承从未在武士阶层中那样具有普遍规律性"①。

对于经济条件较好的庶民而言，并不是严格集中继承，这在手工业者和商人构成的町人社会尤为普遍。② 町人社会的主要继承方式，一般是长子继承家长权和家业的同时，继承较多份额家产，次子以下成员继承较少财产，但后者比例并不低，大体是长子六份、长子以下总计四份的"世间大法"，或者是长子五份、长子以下总计五份进行分配。

---

① [法]安德烈·比尔基埃等：《家庭史》②，生活·读书·新知三联书店 1998 年版，第 748 页。

② 参见李卓：《中日财产继承制度比较浅论》，《日本学刊》1999 年第 5 期。

　　德川时代到第二次世界大战结束,日本盛行家督继承制的观点几乎已成
定论,但上野千鹤子总结近期的研究成果后得出:"长期以来日本的'家'制度
被认为是'封建遗留制度',但是近几年的家庭史研究的结果表明:'家'是由
于日本民法的制定而产生的明治政府的发明。严密地说,排他性的父系直系
家庭在明治以前的武士阶级中间可以见到,然而并不为百姓所知。江户时期
的武士占人口的3%,包括家庭成员在内最多也只占10%,剩下的90%的人
口在各种各样的家庭结构中生活着。"①藤井胜也指出:"近世的家——同族的
特质不应该从主从关系和经营体中去寻找,而必须在横向的关系(或许应叫
做对等的共同关系)和株中去寻找。……家——同族内部即使有家长和本
家,但并非为此而形成牢固的结合,而是为家或同族本身而团结、联系。"②按
藤井胜的意思,早期研究者过于夸大了本家和分家的从属关系,两者的地位虽
有差别,但却是平等的,这就意味着日本近世工商业的集中传承应该缺乏普遍
性,甚至可能是例外。

　　德川时代排他性的父系继承只是武家的固有习俗,农家和商家还没有继
承人必须是男子的规定,直到民法制定,母系继承的方式被看做"庶民的野蛮
风俗"而最终被废除。③ 家督继承制作为父系直系家庭的基本内容只能在
"家"形成以后,因此从理论上说家督制应在明治维新以后才普遍。但明治维
新本身是在此前实行集中继承的边缘人下层武士的发动下取得成功的,而且
日本在近代民法典确立以前,适应近代资本主义发展的"天赋人权论"已取代
传统的"神权论",自由平等思想已经确立。④ 再者,日本近代民法典从制定到
正式实施历经28年(1871—1898)之久,说明家督制的法制化遇到强大阻力,
这势必会影响到其实施。日本民法典的实施时期正好也是国家军事扩张期,
整个社会被卷入"武家社会",赋予男性排他性的继承权等于保护军人利益,
强调家国一体,使家庭伦理从属于国家伦理,对于工商业传承实际作用尚不得
而知,但出台初衷可能更多是军事而不是经济目的。

---

① ［日］上野千鹤子:《近代家庭的形成与终结》,商务印书馆2004年版,第69页。
② ［日］藤井胜:《家和同族的历史社会学》,商务印书馆2005年版,第63页。
③ 参见［日］上野千鹤子:《近代家庭的形成与终结》,商务印书馆2004年版,第70页。
④ 参见［日］梅村又次、山本有造:《开港与维新》,生活·读书·新知三联书店1997年版,
第92—94页。

此时,排斥其他家族成员的家督制不但与"天赋人权"的思想冲突,而且也和现代公司平等思想相悖,商人在现实中可能不得不对家督制变通,故而近代日本工商业家族的家督继承制应缺乏普遍性,可能仅限于大商人家族,且有诸多变通方式。于是,"如何维持同族财产非公开的统一共同所有(前述的'总有')的形式,家族成员能否对家族企业负有限责任?这是财阀必须解决的两个问题。三井的同族11家分别成为上述4个合名公司中某一公司的成员,一个公司破产不会牵涉全体同族成员,实现了实质上的有限责任。另外,设立了统辖三井同族的资本与经营的三井同族会,制约了个人对财产的自由处理,固守'总有'传统。旧商法规定,如果不冠以家族名,即使是合资公司,其全体成员也可以负有限责任。三菱利用这一规定,采用了合资形式,达到了与三井同样的目的。1893年合名公司大仓组的成立、藤田组的合名公司化、1900年鸿池家的合名公司化,都是这方面的事例。这一时期,不仅小型企业,就连财阀也充分运用同族资金解决自己业务活动中的资金问题"①。这些充分说明,日本近代家族成员间有平等的财产所有权,并且受法律保护。

(三)中国诸子均分的普遍性与相对性

以上的分析表明:历史上西欧集中继承主要是对封建时期最主要的经济资源土地而言,动产和现金财产的继承则是可以分散,甚至均分,分散继承是具有企业经营性质的商人和手工者家族的共同特征。日本几乎没有严格集中继承制,即使相对集中的家督继承制也基本局限在武家社会,对农民和手工商业者则往往失灵,并且存在时间也相对有限。国内外学者在研究家族制度与家族企业关系时,往往将西方过去的土地集中继承等同于企业财产集中继承无疑有失偏颇。

整体而言,无论是西方集中继承还是中国诸子均分都是相对的,上文论及的都是原则性的。中国作为一个幅员辽阔、经济社会发展水平参差不齐的多民族国家,注定家产继承制度不可能是一元的,而是多元的,一般所说的诸子均分只是中国历史上最盛行的方式,而不是唯一方式,不仅不同历史阶段存在较大差异,即使在同一时期不同民族、不同地区,同一民族在不同地区,同一地

---

① [日]西川俊作、阿布武司:《产业化的时代》(上),生活·读书·新知三联书店1998年版,第405—406页。

区不同民族,同一地区城乡之间①,甚至聚居在同一地区、同一民族的同一家族内部各个家庭之间均可能存在差异,这也适用于其他国家和地区。正如勃莱斯克所言:"实际上,哪怕原则已深深在人们头脑里扎下了根,执行起来也是不大一致的,仍以家庭的安排为准。"②

　　中国历史上工商业家族的所有权诸子均分也是相对的,并有多种形式。比如,徽商中两淮总商鲍志道让次子鲍勋茂业儒,长子鲍漱芳则继承父业,次子得到的物质资产显然要少得多。同样,前文提到的胡天注有 8 个儿子,临终前拟遗嘱休城"胡开文"老店和屯城"胡开文分店"分别属于二房和七房,家中其余产业和资本除"养老"和"酬劳"外,分成八股,按其分配方案对胡家及胡开文墨店就是典型的集中传承,二房与七房所得明显多于其他各房,胡家 8 子并未见业儒的情况。二十多年后,胡天注次子主持分家时③,按照父亲遗嘱及新情况,就采取了对需要保质量、保名牌的墨业"分家不分店,分店不起桌,起桌要更名"的严格规定,而对其他家族产业则采取通融措施,典铺、茶号由几房"合同执业开张"。整体而言,既有对墨业的集中传承,也有对其他家族产业的诸子均分,当然并不是分割,而是"合同执业开张"。集中继承休城老店的二子胡余德更有 9 子之多,虽有 7 人业儒,似乎没有为官的,胡余德还是立遗嘱,将休城老店集中传承给了二子胡锡熊,接下来是胡锡熊独子胡贞观,胡贞观之后按遗嘱是传给二子,但胡贞观不知二子已死 12 年,且无子,结果墨店暂由四子代管,待其长子胡洪椿过继给二房为嗣,仍然是多子情况下实行集中传承,并在胡洪椿成年后交给其经营。④

　　即使分家析产并不一定采取各自为政的方式,可以合股经营,多数对中国诸子均分的批判者往往将诸子均分的分散继承混同于分割继承。胡家对墨业以外产业的合同执业开张就是一例,而在历史上,这样的例子并不少。比如,晋商太谷曹氏,始祖曹三喜早在明朝末年就在异地有商号,经营杂货、典当、酿

---

　　①　参见王玉波:《中国家庭史研究刍议》,《历史研究》2000 年第 3 期。

　　②　[法]安德烈·比埃尔基埃等:《家庭史》②,生活·读书·新知三联书店 1998 年版,第 641 页。

　　③　创业者胡天注早年(1809)有分家遗嘱,但因胡余德的几个兄弟要么已逝,要么未成年,或有病,故而分家条件不成熟,胡余德基本继承了父亲传承思想。

　　④　参见王廷元、王世华:《徽商》,安徽人民出版社 2005 年版,第 325—344 页。

酒等,逐渐发展成关外大商。曹三喜有七子,他让七子自立门户,财产分成七份,但仍要求商业合资经营,每家出 10 万两,组成总管理处,称"曹七合",后因一子带财产外出承嗣,改为"六德公",各家均有自己的堂名。而且效果还不错,他们合资经营的商业发展到清道光、咸丰年间达到鼎盛,在全国各地的商号星罗棋布,甚至在俄罗斯莫斯科等地也有分号,且经营多个行业。据统计,曹氏商号总数达 640 个。①

(四)资本流向封建性与工商业家族继承

上面的分析表明,早期东西方商人财产继承以诸子均分为主,其具体形式却表现各异。笔者认为,东西方商人对财产析分采取诸子均分方式的事实还体现在早期商人资金(本)流向"封建性"方面。即无论是东方还是西方商人在发达之后,都千方百计将商业积累起来的财富用来谋求贵族或官僚之名,并且大量购置土地,建造房屋以及购置奢侈品,而不将其作为资本继续增值。关于这一点,前人研究基本上认为这是因为商人守成、丧失创新精神,家族向上流动的表现。但笔者认为,工商业家族采取这种措施更是为了方便后代析产,而不得不置办土地等非商业资产。②

中国历史上几乎商业发达的地区都重儒,但并不能说其他地区不重儒,关键在于其他地区缺乏经济支撑,商业发达地区的富裕商人则有钱让一部分子弟去冒商业风险,一部分去业儒,抑或务农。对于商人大家族来说,让一部分子弟读书,将来若能及第,不但能给家族经商提供"护身符",而且其权力往往带来财富,加上早期家庭已经对其进行投资,他也就被排除出工商业财产继承的范围,如果不能及第则有文化也利于经商。从现有资料来看,基本没有商人家族子弟做官以后还和其他兄弟均分家庭商业财产的,因为家族或工商业财产早已部分转化成其业儒入仕的投资。至于富商购置田产让部分子弟务农,

---

① 参见刘建生、刘鹏生、燕红忠等:《明清晋商制度变迁研究》,山西人民出版社 2005 年版,第 253 页。

② 此外,笔者认为购置土地还有另外一层积极意义,那就是保证家族粮食自给。无论是东方还是西方早期商人都是边缘化的,商人往往起源于穷山恶水的地方,或者人地矛盾突出之地,商人之所以经商最初往往是生活所逼,后来才是家族带动或受区域商业风气带动,而在传统社会国家没有也不可能建立有效的粮食保障体系。穷山恶水或者人地矛盾突出意味着一旦发生天灾人祸,粮食供应将极度短缺,即使有钱也无法完成粮食交易,而粮食是民生之本,社会阅历较多的商人未尝不知道这一点,故而发迹后购置田产就很正常。

虽然其财富所得可能不及富商巨贾,名望所得不及入仕发达者,但他不必像经商子弟那样常年在外奔波,难得与家人团聚,生命、财产安全受威胁,也不必经历业儒者的十年寒窗苦读而面临微乎其微的"金榜题名"概率。给予儿子们不同的遗产,还可能由于诸子具有不同的兴趣与爱好。商人子弟中农、儒、商各有所能,各有所得,各有所乐,这就最大限度地避免将来可能发生在家庭内部的纠纷,也使家族商号经营者能够获得更广泛的社会资本支持。当然,这也决定了中国诸子均分的相对性,以避免经营性资产的过度分割,在工商业资本流向颇具封建性的背景下,诸子均分原则既保证了子孙都能得到相对均等的财产,又避免家族企业资产过度分割不利经营的情况。当然,这种财产的形式是多元的,继承时间也有多种方式,但基本原则仍符合诸子均分。

第二节　两种家族所有权继承原则效率比较

一、诸子均分效率

中国诸子均分制长期以来受到诟病,即使是对我国古代工商家庭中的继产问题有着较为客观评价的邢铁也指出:"然而,不论怎样机关算尽,由于利益的驱动,使得家庭股份制也好,诸子儒商分工也好,均难以长久。历史上有名的大字号之所以经营几十年后逐渐衰落,除了竞争失利外,有些正是在分家析产过程中因分散了力量而一蹶不振的。"[1]但第一节的分析已表明,早期东西方工商业家族可能均遵循诸子均分原则,并力图维持工商业经营连续性、整体性。

工商业家族将家产均分与集中传给后代的情况现实中均存在,且都有成功和失败的例子,虽然诸子均分更具普遍性,但却得不到国内外学术界普遍认可,主要应归因于理论界认为诸子均分与现代化相悖,因此先对诸子均分对经济和家族企业的效率进行分析。就分散继承效率,中国台湾和香港学者率先从本土经验,得出不同结论。

孙诒本较早通过对现代中国台湾家族企业的实证研究就诸子均分会导致

---

① 邢铁:《家产继承史论》,云南大学出版社 2000 年版,第 151 页。

大企业逐代萎缩的观点提出了质疑,并剖析了其原因。① 一方面,中国视分家为天经地义,子女一般不会有夺取全部遗产的念头。分家只要分得公平,做子女的都能接受,就不会有遗产争夺战,家长也会尽量避免厚此薄彼。因此,分家传统降低了家族企业世代交替过程冲突的可能,传统对诸子均分的批判之一在于其容易引发家族后代间的冲突显然就显得牵强。另一方面,分家使企业规模越来越小的观点忽略了企业成长性。农业社会分田,田不能生田,只会越分越小,土地大家族因此没落实属正常。企业的规模则可能由小而大,一个大企业因分家而成两个较小企业,两者分开发展可能更为灵活,两者各自规模均有可能超过原先企业。②

与批判诸子均分制的多数学者往往只是简单片面罗列事实或抽象理论分析不同的是,郑宏泰、黄绍伦以中国香港的家族企业为例,并结合西方家族企业传承经验,建立一个包括文化系统、家庭系统与商业系统的诸子均分制下的中国家族企业系统发展模型(如图9—1所示)。并据此得出结论:"均分制不但不会阻碍经济发展,恰恰相反,由于这种制度提供了竞争动力和启动资本,对经济发展有推动作用。而家族成员分工化、企业多元化,在某种程度上又可以保障家族企业的长远发展和优势,因此对企业和经济的发展,可以说是正面而有裨益的。"③

具体来说,就文化系统而言,郑宏泰、黄绍伦认为诸子均分下由于没有长幼之分,诸子继承权均等,兄弟间自小就有竞争基础,财产均分还给兄弟子侄提供可以比较的基础。④ 诸子均分原则,可以产生相互比较的心理压力和动力,而这种动力也会驱使诸子各自努力,赢取个人声望和社会地位。当然这种竞争性环境也会埋下离心种子,一些子孙会因自主性受到限制或才能得不到发挥,产生"一山不容二虎"心理,就可能自立门户,脱离家族企业,但这有利于形成自我创业心态。

---

① 参见孙谆本:《台湾家族企业的内部整合及其领导风格》,《战略与管理》1996年第5期。

② 参见孙谆本:《台湾家族企业的内部整合及其领导风格》,《战略与管理》1996年第5期。

③ 参见郑宏泰、黄绍伦:《香港华人家族企业个案研究》(第二版),(香港)明报出版社2004年版,第102页。

④ 众所周知,在古代中国,长兄为父,而且每一代都有一个家长,应该还是有所区别的,郑宏泰、黄绍伦所说的情况应该与当代更为接近。

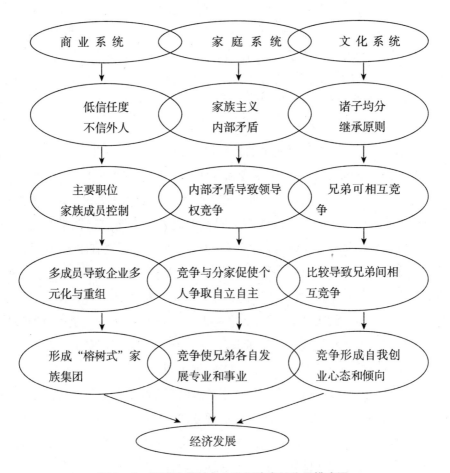

图 9—1　诸子均分对企业和经济发展作用模式图

资料来源:郑宏泰、黄绍伦:《香港华人家族企业个案研究》(第二版),(香港)明报出版社 2004 年版,第 95 页。

　　就家庭系统而言,大家长原则支配下,家庭稳定与否很大程度上取决于家长权威和领导。祖、父(家长)仍在世,家庭尚能团结,但当家长辞世后或子女成家后,家庭内部分家析产乃至领导权争夺便会激化,家庭可能分裂。但因为财产均分,子孙均可以从祖、父辈中分得一定家产,这往往成为其创业启动资金,又可以争取人际关系和经营网络,因而家族后代天生具有创业基础。

　　就商业系统而言,华人家族企业信任范围更多局限于家族,创业前辈更多委任有兴趣的参与企业管理成员担任重要职位,这在特别强调个人关系和商业秘密的中小企业尤其普遍。但随企业规模扩大,企业由单一行业扩大至不同产业,家族后代可各自独当一面,非家族成员和专业人士开始被吸纳,并进入高层管理。原来的家族企业,也逐渐蜕变成"榕树式家族集团"。

按郑宏泰、黄绍伦逻辑,均分制由于为众多家族后代提供竞争动力和启动资本,对经济发展往往有推动作用。就家族企业自身而言,家族成员分工、企业经营多元化,可以保障企业的长远发展和竞争优势。

至于企业财产分散继承带来的各后代股权接近,容易产生矛盾一说,笔者认为即使集中继承,也难免有继承者和其他依附者、经理人之间的委托代理关系,而现代公司理论证明,大股东间的相互制衡往往有利于公司治理效率的提高。白吉尔对近代中国资产阶级黄金时代的研究就表明,当时"最有效的企业经营方式显然是兄弟间的合作"[1]。这种合作之下无疑更有制衡,如果没有财产均分,地位的平等,合作和制衡就会失灵。虽然家族企业实行诸子均分,诸子都可能参与企业,家族可能对企业各岗位高度控制,但家族控制并不意味着家族企业的绝对封闭,因为现代社会的人是社会化的,家族成员可以通过社会化的教育和人才聘用获得外部知识,尤为关键的是家族与家族企业的关系总是适应发展的需要,不断调整,使二者趋于协调。

学术界诟病颇多的诸子均分导致家产过度析分不利经营的情况是值得商榷的。其实,诸子均分方式下,至少有三种方式可以实现工商业资产的整体经营。一是家族有多种产业、资产,或者多个商号,工商企业诸子均分后可以作为一个整体存在。二是即使只有一个家族企业,但诸子均分后,各继承人间采取各种方式合作经营。三是单个企业在诸子均分的情况下,虽然相互间不能合作,继承者间可以通过产权交易,实现企业的整体经营,这在要素市场逐渐成熟的当代尤其明显。事实上,西方经济史上,一些地区土地也实行分散继承,而且土地规模比较小,无法进行有效耕作,结果在这些区域普遍发生了土地的产权交易,以实现规模经营。

更为重要的是,工商业资产具有天然规模经济属性,注定了家族企业在诸子均分原则下保持"分而不割",从形式上表现为集中继承,实际是共同继承。

---

[1] [法]白吉尔:《中国资产阶级的黄金时代(1911—1937)》,上海人民出版社1991年版,第169页。

传统社会工商业资产相对于农业主要资源土地而言,分割后价值会大打折扣。这突出表现在无形资产,比如品牌、商业网络、字号,其次是厂房、简单的生产工具、生产场所分割后可能变得一钱不值,这就注定工商业资产虽然可能在诸子间均分,但诸子往往可以通过产权交易保持其经营的完整性,即使在缺乏社会流动性的情况下,继承人也不会轻易放弃工商业资产,而更多表现为家族合作。最后,集中继承也可能是因为工商业规模太小,难以维持多个家庭的生产、生活需要,故而不能分拆继承,而对于大的工商业主而言,则可能因为单个商号规模大能够为多个家族后代提供经济、就业职能而采取分散继承,但不分割。

郑宏泰、黄绍伦还将中国诸子均分与日本的集中继承进行比较,结果发现,二者各有千秋,没有孰优孰劣之说。与中国榕树式家族集团"开枝散叶",强调枝茂叶盛,一些家族出现"一门数杰"不同的是,日本则如陈其南、邱淑如所言,如同"竹",只有一根笔直的主干,没有茂盛的分支,往往一脉单传。①

沿着郑宏泰、黄绍伦思路,笔者认为,日本等国的集中继承模式,获得继承者如果经营不善,整个家业往往面临危机,或者扩大家族影响,发扬家业而过度扩张,甚至为死守家业,难免过度负债,其他分离出去的家族成员,则没有创业基金,难以发达,而国内外创业经验表明,创业期企业最缺的往往是资金。诸子均分制下,即使不能共同繁荣,也往往呈现"东方不亮,西方亮"的景象,因为中国家族的相互救济传统,发达的分支往往还会资助衰败的分支,从而保证整个家族不致败落。大陆社会学家潘允康、丛梅在论述中国家庭网式的结构模式与经营方式时曾提出类似观点。② 从家族财产继承,以及企业的发展视角考察,我国乃至华人的传承是横式的,而集中继承则是纵式的,与家族结构与权力的研究者一般认为中国家族是纵式的,而西方家族是横式的观点相反。这可能是因为中国强调人力资本,故而为保证子孙繁育而采取均分制,而西方国家和地区强调物质资本,强调家族声誉、地位的继承,祖业,为避免财产

---

① 陈其南、邱淑如所说的日本的家如竹茎强调的是日本的家不像其他国家和地区的家那样更强调血缘关系,而没有血缘的内涵,故而家宅、家名和家业是永久存在的,但住其家、袭其名、从其业的家族成员间可能根本没有血缘关系。参见陈其南、邱淑如:《企业组织的基本形态与传统家族制度——中国、日本和西方社会的比较研究》,《经济社会体制比较》1985 年第 2 期。

② 参见潘允康、丛梅:《家庭与工业化、现代化》,《天津社会科学》1995 年第 4 期。

分割造成家族影响力下降而不得不集中继承。

当然,也不能排除获得均分财产的家族后代都衰败的情况,但按集中继承制支持者的普遍观点,一无所有反而有利于创业,培养资本主义的冒险精神,促进现代化。虽然正如后文的阐述这几乎是站不住脚的,但可以肯定的是集中继承制下没有获得继承权的家族成员的境况应与中国获得均分的家族财产权后衰败的家族成员类似。值得注意的是,贝克尔认为传统社会将土地分割继承,可以防止收入波动。[①] 贝克尔的观点有助于理解古代中华帝国的长期兴旺。

笔者认为,诸子均分制最大优势在于适应市场经济基本精神之一——公平,这应该也是西方市场经济发展之初就普遍确立诸子均分制度的重要原因。即使是实行家督继承制的日本,“本家”与“分家”关系,多数情况下也在二三代之后就弱化了,如果分家又成功地开创了新家业,分家就可以脱离原来的本家,而成为自己新家业的本家。[②] 其实,分家脱离原来的本家就是追求公平的基本表现。

此外,一般认为传统中国以追求大家族为荣,早期学术界甚至形成了中国古代盛行以公有制为基本特征的累世同居大家族(庭)的观点。这虽已被当代学术界所普遍否定,但以累世同居大家庭为中国古代家庭理想模式的观点仍是学术界共识,伴随累世同居的是财产在每一任家长间的集中传承,既然以累世同居为荣那是否意味着中国古代家族也是有强烈集中继承需求呢? 这也许是一个值得深入研究的问题,如果这一命题为真命题,那与之相悖的普遍存在的诸子均分事实,应该从另一个方面说明集中继承在中国缺乏效率,经不起历史检验,而不得不让位于诸子均分。

二、集中继承效率

集中继承制的优点被学术界最为津津乐道的莫过于其利于资产的集中,劳动力市场形成、人才的成长及其与经济发展的关系等方面,这方面的研究很

---

① 参见[美]加里·斯坦利·贝克尔:《家庭论》,商务印书馆1998年版,第367页。
② 参见李卓:《中日家族制度比较研究》,人民出版社2004年版,第330页。

多,但最典型的还是李卓对中日传承制度的比较研究。① 李卓将近代日本资本主义迅速崛起的现象归因为企业财产的家庭所有以及家督继承制,笔者认为切不可将这一问题绝对化。

李卓认为,诸子均分制的积极作用主要体现在封建社会上升时期对社会稳定的作用,而日本长子继承制则使土地和财富相对集中,尤其是江户时期的富商及明治维新时期政商和财阀企业资产都采取家督继承,这有利于财富积累,从而使扩大生产成为可能,这对日本在明治维新资本主义生产关系微弱,基本积累有限的背景下发展资本主义有重要意义。② 李卓就集中继承对资本主义起源的论述在学术界非常有代表性,但在历史事实面前又显得很脆弱。比如,以移民为主导,强调个性与民主,没有家产积累的美国,却在独立后迅速崛起,并成为现代企业策源地,这说明家产集中并不一定是日本明治维新以后资本主义迅速发展的决定因素。而本书前面的论述已表明,工业化之初,日本乃至西欧封建社会工商业资产等动产中盛行的是均分制,而不是集中继承,况且日本近代经济的基本特征应该是政府干预经济,李卓所举三井、三菱等的发达无一不得益于其特殊的政商身份,两家的传承也有悖于经典家督制。尤其值得注意的是,日本第二次世界大战后经济奇迹则是在摒弃了财产和身份集中继承的家督继承制之后。

同样,被学术界普遍推崇的集中继承制为工商业发展提供大量劳动力和创业者也值得商榷。事实上,几乎任何一个国家工业化初期的劳动力都来自农村,源于家庭,但这并不一定非要集中继承,因为多数国家工业化时期继承权已经平等化。比如,近代中国,尤其改革开放后的工业化都以农村劳动力的释放为基础,但继承制度仍然是比传统社会有过之而无不及的诸子均分,特别是在两性间出现平等化趋势。战后的工业化国家,几乎都是在分散继承制的背景下实现工业化的,西方国家集中继承制在历史上存在时间不短,但在此前均没有工业化。近代迅速崛起的日本在历史上则有均分制的传统,集中继承制存在时间和影响范围非常有限。至于集中传承有利于非继承者的成才,也

---

① 参见李卓:《日本家族制度与日本的近代化》,天津人民出版社 1997 年版,第 157—169 页;李卓:《中日家族制度比较研究》,人民出版社 2004 年版,第 334—338 页。

② 参见李卓:《中日财产继承制度比较浅论》,《日本学刊》1999 年第 5 期。

有牵强的成分,虽然在一无所有的情况下有资本主义的冒险精神,或者说不得不冒险,但资本主义精神不仅仅是冒险,更强调公平,成才也不仅仅体现在资本主义精神上,同样离不开物质支持。因此,切不可过高评价集中继承对现代化的作用。

事实上,早在一百多年前,英国经济学家约翰·穆勒就比较系统地对财产集中继承的优缺点进行了分析。虽然其着重分析长子继承,但这并不影响对其他形式集中继承的适用性。他首先评论了经济学方面支持长子继承权的论点:一是长子继承权使其他子女不得不自创家业,因而会刺激他们努力并树立雄心,而这个获得集中继承权的长子则会精神萎靡,意志消沉,长子理所当然地成为家庭唯一"白痴"。令人诧异的是,当代国内外学者对诸子均分的批判,基本忽视了"白痴"现象,因为对他来说天然富裕,并不需要努力经营。笔者更有理由相信,集中继承制下因为白痴存在,家族同辈间失去联系,更可能产生一代创业,二代守业,三代衰败现象。

穆勒还提出如果让长子和其他子女一样只继承仅够生存的财产,就会消除集中继承导致的"白痴"现象。① 从这点看,诸子均分可能更有利于家族后代成才。不过穆勒只注意到长子不能成才,而假定没有获得继承权的子女都会成才,会成为成功的创业者。现代企业发展经验表明,创业期的企业更需要资金,这可能也是西方早期资本建立在赤裸裸的暴力基础之上的决定性因素,而这种方式的产生根源可能还是因为创业者基本是从农村社会集中继承制下没有获得遗产的农民后代,因为他们一无所有,为了生存,为了资本积累,不得不采取暴力方式,而这种方式必然遭致"反暴力",结果是双败,并且这种方式早已成了历史话题。考虑到穆勒之前及其所处时代这种方式的普遍性,假定这种方式为常态而不加讨论就很正常了。现代学者 Levison 也指出在西方国家实行的长子继承制,使得很多西方企业家受挫,因为这将很难培养下一代对企业的兴趣。②

---

① 参见[英]约翰·穆勒:《政治经济学原理及其在社会哲学上的若干应用》(下),商务印书馆2005年版,第476页。

② 参见 Levison,H. Consulting with Family Business:What to Look for,What to Look Out For? Organization Dynamics,1983(2)。

穆勒还批评了麦克库洛赫关于长子继承制的观点,麦克库洛赫认为长子继承制之下其他子女与长子的财富差异,或者说不公平继承可以促使其他子女更加勤劳,以便与长子平起平坐,从而长子继承财产习惯不但使各阶级更加勤劳,而且还会增加财富总额并提高财富水平。穆勒认为麦克库洛赫只是让人想到绝对平均对人们增加财富的不利,但绝不能因此而需要大富豪来让穷人羡慕和妒忌,靠劳动获得财富不但能而且可以更好地达到上述目的。也就是说,穆勒认为集中继承违背了公平的原则。实际上,美国几乎没有这种世袭财产,但人们积累财富的热情并不比世界上其他地方差。① 按穆勒的描述,集中继承制导致贫富差距,若能激发所有后代创业欲望,则有无遗产,遗产多少并不重要,从美国的经验来看,强调公平也许是企业普遍发展关键。另外,英国之所以最早发生产业革命,除了诸多原因之外,较早采取诸子均分制可能是一个重要原因。从 1536 年开始,英国习惯法就禁止负债的贵族从典当人那里抽回自己的地产,并禁止他们剥夺幼子、幼女的任何遗产份额。②

至于经济界支持长子继承制的第二个论点,即财产在子女间的均等或近乎均等的分割会导致原来作为家长整体经营的家产无法正常经营的观点,穆勒认为分割遗产并不一定意味着将规模有效的财产分割。他利用比利时和法国继承人采取的一些变通手段,对土地均分会导致细碎化无法有效耕作的观点进行了反驳。穆勒还指出,长子继承制的形成具有偶然因素,这种习惯的形成往往是人们为了保持家族"荣耀",但除了能保持大地产的完整性外,可能并没有效率。一方面大地产需要负责每代其余子女生活费用和所有者奢侈生活;另一方面由于力求形式的完整,往往不得不负债经营,结果几乎所有实行大地产的国家,大多数地产都被抵押,大地主不但没有多余资本改良土地,反而只能依赖土地价值的增加使自身免于贫困。③ 这一情况应该更适用于拥有大量现金流的工商业,从穆勒的分析可以看出,这种不分割保留下来的家产具

---

① 参见[英]约翰·穆勒:《政治经济学原理及其在社会哲学上的若干应用》(下),商务印书馆2005 年版,第477—478 页。

② 参见[法]安德烈·比尔基埃等:《家庭史》③,生活·读书·新知三联书店 1998 年版,第 93 页。

③ 参见[英]约翰·穆勒:《政治经济学原理及其在社会哲学上的若干应用》(下),商务印书馆2005 年版,第478—480 页。

有泡沫化倾向。

最后,可能由于早期西方农村盛行集中继承,家族成员之间联系较少,并没有形成类似中国高度组织化的家族,家族更多以家庭为边界,以至英语世界只有家庭而无家族。单个家庭抗风险能力弱,没有获得土地继承权家庭的经济脆弱性,加上获得集中继承权的长子往往成为"白痴",或者为了维护祖业而过度负债,整个西方社会动荡,农民及其后裔朝不保夕而不得不走上冒险之路,这可能也是资本主义发端于西方的根源,也可说西方资本主义最初是危机诱致,但却与现代市场经济公平有序基本思想背道而驰,这应没有持久生命力。

三、重新审视两种继承原则

前面的研究表明,虽然历史上工商业家族继承普遍是诸子均分的,但因为西方主流社会是集中继承,让人误认为西方工商业是集中继承,现代则与历史相去甚远,最根本变化是诸子均分的普遍化。当今社会各国民法普遍规定:所有子女都具有平等继承权。继承对象也从历史上"诸子均分制"的儿子扩展到包括女儿、婚生子及非婚生子在内的所有孩子。

现有研究,尤其突出西方集中继承制优点,中国分散继承制缺点,这有悖于历史事实。即使是 1898 年《明治民法》以后家督制才法律化的日本,战后也迅速废除,甚至家庭也被民主化了。[1] 事实上,"德川时代以来'家'的所有并未给予家长和家族成员全权处理财产的权利,他们不过是被指定的家产'轮班'保管人。因此,家长和家族成员的所有和经营权较小……"[2]当然,李卓等人的讨论主要是第二次世界大战前的家族制度。英国长子继承制早在 17 世纪就开始受到上层贵族和社会其他阶层的质疑和批判,1925 年英国废除长子继承制和男子优于女子的原则。但即使严格实行长子继承制的地区,其他子女也往往得到其他财产作为补偿。研究妇女财产继承的代表人物之一艾立克逊在分析妇女人生三阶段——少女、妻子、寡妇的财产继承及地位后得

---

① 参见李卓:《家族制度与日本的近代化》,天津人民出版社 1997 年版,第 68 页。

② [日]西川俊作、阿部武司:《产业化的时代》(上),生活·读书·新知三联书店 1998 年版,第 423 页。

出:近代早期(1500—1800)就供养和教育而言,少女从父母那里得到的财产
与其兄弟相差无几,虽然在土地继承上有些地区受到限制,但父母通常会在分
配动产时予以补偿,尽量保证每位子女财产份额均等;结婚时父母一般会准备
一份嫁妆,嫁妆数额视父母的经济社会地位而定。① 工业革命初期,"英国的
动产继承法遵循的原则是:遗赠自由,在没有遗嘱的情况下,动产由后嗣平
分"②,这说明19世纪英国动产的诸子女均分至少已经得到法律明确保护。
法国等则比英国有过之而无不及,在法国"法律则规定必须平均遗产;不仅在
没有遗嘱的情况下,由其子女或(如果没有子女)由其近亲平分,而且还不承
认遗赠权,或只承认对有限的一部分财产享有遗赠权,其余的都得平分"③。
这意味着近代早期西方家产继承已经有平均化倾向,不仅长子与其他诸子之
间,还体现在儿子与女儿之间。

一般认为与西方的集中继承相比,中国更强调分散继承,偏重男性。但从
新中国成立以来,继承权分散性有了明确的法律保障,尤其中国大陆,先是经
历了意识形态领域对传统家族制度进行彻底否定的历史阶段,又在人口压力
之下将以独生子女政策为主要内容的计划生育政策作为长期基本国策之后,
家族继承权平等性无论是从法律上还是事实上都逐渐趋于男女平等。

国内外学者习惯于将中西方的家族文化即历史进行比较,而且普遍认为
中国的分散继承制度不利于家族企业,市场经济的发展。然而,今已物是人
非,西方以家族私有化为基础的经济大发展,恰恰发生在普遍实行诸子平等为
基础的分散化继承制后,而在此之前只能长期望中国之项背。大陆改革开放
后活跃的民营家族企业主,却在独生子女政策之下似乎回到西方集中继承制
的历史,但却又借鉴了西方工业化以来性别平等的思想与实践,这却可能是正
式制度约束下不得不如此,大陆的继承法规定了继承的平等化与分散化,只是
受极为有限子女个数的约束,若有多个子女可供选择,中国的继承同样会体现

---

① 参见金彩云:《西方学者对1500—1800年英国家庭财产继承的综述》,《史学理论研究》
2007年第1期。
② [英]约翰·穆勒:《政治经济学原理及其在社会哲学上的若干应用》(下),商务印书馆
2005年版,第475页。
③ [英]约翰·穆勒:《政治经济学原理及其在社会哲学上的若干应用》(下),商务印书馆
2005年版,第475页。

出其他国家和地区盛行的方式。当然,分散继承不等于分割继承,对于一些不易分割的资产,在所有权平等化继承的同时,往往不分割,而实行整体传承,《物权法草案》甚至为此提供了法律依据。

总之,无论东方还是西方,继承权方面配偶及子女间的平等,继承人与被继承人间平等化确是一个全球共识,这与家族成员间关系从传统等级关系向现代伙伴关系演化的趋势相符。学界在讨论家族制度对经济发展的作用时往往将中国历史上的分散继承与西方同时期的集中继承作为中国和西方(包括日本)产生差距的原因,这显然与历史和现实不符。西方历史上工商业家族的继承也以诸子均分为基本原则,理论界之所以产生错觉,可能在于工商业相对于传统农业而言,不但是规模经济的,而且是社会化、市场化的,这意味着家族企业在诸子均分后往往保持整体性,造成集中继承的错觉。一般而言,普遍正式制度更适应历史潮流,而不是相反,尤其是在前一阶段制度继承和创新基础之上的正式制度,而继承制度的分散化、平等化的出台恰恰具有这样的特征。从当代世界各国普遍选择分散化的继承制度而言,笔者推测分散化家族继承制度可能是历史上"中华帝国"长期在生产力方面领先于世界的重要原因,近现代的落后则可能是中国家族继承制度在分散化与平等化方面的演化滞后于西方,不适应现代经济发展的结果。

当代学者论及中国家族企业乃至民营企业时,往往把诸子均分制作为制约其发展或者说中国企业不如西方企业现代化的重要原因。这实际是将历史上的东西家族文化,嫁接到东西方现代家族企业之上,夸大了文化的传承性,忽视文化的创新性抑或正式制度对非正式制度的影响。东西方学者都倾向于将所有权分散看做企业现代性重要标志之一,但如果没有诸子均分,家族企业的所有权就很难分散,按此标准,历史上中国家族企业应该比西方更具现代性。

当然,也不应对诸子均分评价过高,任何一种社会经济现象都有其合理性,集中传承与分散传承都有优点和不足,而且对中国及西方家族制度的批判与褒奖往往建立在现代化的基础之上,而忽视了传承制度在古代的适应性。集中传承确实适应了西方封建社会爵位和土地的既有制度安排,这种制度或多或少会影响到西方工商业传承。诸子均分制度,却更与现代民主社会以及市场经济公平竞争的基本思想相符,故而更具生命力。

第十章 经营权代际传承基本方式

第一节 中国的基本方式

一、文献回顾与研究思路

家族企业代际传承的重中之重是继任问题,学术界甚至有将家族企业"继承"直接等同于"继任"的倾向,这与家族企业继任相对复杂,而所有权传承则相对简单有关。继任涉及诸多因素,本部分主要讨论核心权力继任,即家族掌门人问题。早在 19 世纪末马歇尔就对成功企业家族内继任有过较为深入论述,历史学家比兰纳、布罗代尔、李卓等人也不同程度对此问题进行了探讨。

伯利和米恩斯所有权与经营权分离思想与钱德勒的现代企业思想均以企业社会化的核心,没有论及家族企业继任。现代管理学之父德鲁克将家族内部继任作为家族企业管理的四个关键问题之一,并认为即使其他关键问题解决得很好,继承问题没解决好,家族企业往往也会分裂,并建议将继承问题决策交给一个既不是家族成员,也不是企业一部分的外来者,其基本假设是核心权力应内传,外人只是辅助者。

家族企业控制权传承的重要性,引起经济史学界广泛关注。国内大凡企业史资料、企业史研究、商人史、商帮史,乃至地方志涉及家族企业或典型商人个案时往往会论及企业权力传承问题。整体而言,中国历史上家族企业传承权力的研究很不系统,缺乏专题研究。不过,这些零散的研究几乎都表明,中国历史上的家族企业传承,基本是儿子继承老子,有时也有兄终弟及,妇女只是偶尔能在丈夫过世,没有子嗣或者子嗣尚不具备经营能力时的暂时过渡。

现代则很特殊,因为家族企业在新中国受到意识形态歧视长达数十年,改革开放后家族企业亦步亦趋地在民营经济和整个国民经济中逐渐扮演重要角色,但传统多子多福的生育观念、大家族的观念却受到计划生育等政策的冲击,社会流动性的加强无疑都是早期家族和家族企业从未遇到过的。在这种情况下,中国现代家族企业的权力传承也许更值得关注。

整体而言,改革开放后成长起来的家族企业,已有大量企业进入交接班时期,但基本处于传承起步期。学界对接班人选择给予了高度关注,比较有代表性的有:陈凌和应丽芬利用三级发展模型对国内外比较盛行的子承父业模式进行理论分析,并指出中国当前家族企业由于受社会环境、企业成长阶段、企业背景、企业规模以及产业特点和性质等因素的多重影响而呈现多样性,其中子承父业模式仍然是主流模式,并就如何实现子承父业做了理论探讨;韩朝华、陈凌、应丽芬就浙江 17 家企业继承者选择的实证分析基本是对陈凌、应丽芬观点的检验。

家族企业权力代际接力的研究虽然比较多,其中无论特色论还是过渡论,抑或中性论者,均认为大陆更倾向于子承父业,但实证结果差异很大。整个大陆而言,1997 年中国私营企业研究课题组抽样调查显示,16% 企业主希望孩子能继承自己事业,35% 希望至少有一个孩子留在自己企业接班;《中国私营企业发展报告》显示,希望接班人是自己子女的占 55.2%,不希望自己子女接班的仅 13.9%,即使子女没有能力或子女不愿意继任,选择外部职业经理人的家族企业也只占总数的 36.2%;《中国企业家》抽样调查,大陆企业挑选继任者的方式为内部培养 88%,子承父业 6%,从外部聘请职业经理人 4%,其他 2%。① 2010 年《福布斯》中国(大陆)家族企业调查报告显示,65.8% 选择第二代继承。就继承方式而言,超过 40% 的第一代民营企业家,做了子女不亲手接管自己传承的家族企业准备,转而使用职业经理人,只有 13.7% 的人要求子女亲自管理企业。②

即使同一地区,不同调查往往得出不同结论。比如,民营经济最为发达,

---

① 参见《企业交接班》(上),湖北电视台财智栏目,2003 年 3 月 8 日,http://www.czsd.net/review/articles/2003/r132.html。

② 参见《深家族企业上市数量近京沪穗总和》,金融界网站:http://hk.jrj.com.cn/2010/09/1510228175020-1.html。

家族企业盛行的浙江,据韩朝华、陈凌和应丽芬对 17 家私有企业调查显示,88.2% 企业希望子女留在企业,76.5% 企业子女愿意在企业发展;温州当地媒体对 30 名温州商人调查发现只有 20% 温州企业家决定退休后由子女掌管企业,近 60% 企业家表示没有把子女列为接班对象;浙江省个体劳动者协会、浙江省民营企业协会调查显示,只有 14.5% 的受访者明确希望退休后由子女掌管企业,38% 的企业主愿意聘请职业经理人打理;朱素英于 2005 年 8—11 月对浙江杭州、萧山、宁波、温州等 9 个区市 128 家已经发生继任的家族企业问卷调查显示 62.4% 的选择家族内部继任方式。

　　之所以各种实证结果差异很大,除样本数量、地域差异外,笔者认为有以下几方面因素:首先,就研究方法而言,一般以问卷调查或访谈为主,得到的结果注定具有主观性。其次,家族企业是尚存争议的企业形态,甚至受到歧视的企业形态,难免受到非议,"家族企业"之家族未尝不知道这一点,因此答案有"避讳"倾向就很正常。再次,核心权力传承对企业、家族影响大,若过早宣布结果意味着其他家族成员、共同创业者、内部培养与外聘精英已经没有机会,导致其可能对家族企业失去信心。与此相对的是接班者本人压力加大,接班人犯错后往往让家族骑虎难下,因此父辈难免有意使答案模糊化。最后,由于家族企业内涵极为复杂,缺乏统一界定,各种样本必然存在差异。

　　本节以所有权结构一"家"独大,单个家族长期处于控制地位的家族企业为主要研究对象,这既是所有权、控制权和家族高度重合的华人家族企业基本形态,也是社会各界均比较认同的家族企业。这部分所用资料,主要根据前人研究成果、媒体、企业等公开披露信息,尽量选择出现频率和影响比较高的知名企业,以避免当事人和笔者主观"臆断",并将大陆与港澳台进行比较,弥补现有研究地理区域不完整的同时①,以期比较准确地挖掘中国家族企业遴选接班人的一般规律。

　　具体而言,主要选择 70 家企业。其中,大陆 30 家是 20 世纪 90 年代以来已经或正在进行权力代际传承的企业,这主要是考虑到大陆现代家族企业时间不长,按西方学者的标准还处于传承起步期,时间再往前追溯基本看不到传

----

　　① 　实际上,大陆的多数文献习惯将"我国"、"中国"等同于大陆,本书在引用这些文献时做了必要处理。

承迹象;港澳台地区则选择自 20 世纪 80 年代以来已完成或正在进行新一轮权力交接的华人(部分混血)企业 40 家。

此外,一个家族往往拥有或控制若干个企业组成的企业系,核心家族仅通过对核心企业的控制实现对整个企业系的控制,因此,本书以其核心企业为对象。对于家族成员各自拥有企业,且独立经营,则以社会各界最为看重的企业为研究对象,比如茅理翔家族的企业,除了方太厨具外,至少有其女儿茅雪飞独立经营的企业,2006 年茅理翔创建的宁波家业长青民企接班人专修学校,本书则只分析方太厨具。

二、大陆传承基本原则

如表 10—1,大陆 30 家典型企业都符合子承父业特征[1],其中 25 家子继父业,占总数 83.3%,碧桂园、宗申集团、南方新希望 3 家是父女相传,占10%,直系血亲传承共 28 家,占总数 93.3%,传给男性 27 家,占 90%。传给直系血亲之外的绝不是外人,而是自己女婿,即万事利岳母传女婿、广东榕泰翁婿相传。总体而言,大陆家族企业掌门人代际传递具有血缘优先、男性偏好,以及建立在二者基础上的子继父业特征。

表10—1 大陆典型家族企业掌门人代际传承情况

企业名称	创业父辈	接班人
方太厨具有限公司	茅理翔	茅忠群
侨兴集团	吴瑞林	吴志阳
万向集团	鲁冠球	鲁伟鼎
广厦集团	楼忠福	楼明
步长集团	赵步长	赵涛
格兰仕	梁庆德	梁昭贤
红豆集团	周耀庭	周海江
吉尔达鞋业	余阿寿	余进华

---

① 这里"子继父业"与通常所说的"子承父业"相对,一般所说的子承父业是子辈对父辈的继承,本书中子承父业同样是这种意思,子继父业则仅限于家族企业权力在父(母)亲与儿子之间的接力。

企业名称	创业父辈	接班人
传化集团	徐传化	徐冠巨
中宝集团	吴良定	吴捷
重庆力帆	尹明善	尹喜地
海鑫集团	李海仓	李兆会
天通股份	潘广通	潘建清
甘肃长青置业	刘恩谦	刘乃畅
横店集团	徐文荣	徐永安
美的集团	何亨健	何剑峰
华西集团	吴仁宝	吴协安
劲霸时装	洪肇明	洪忠信
兰州黄河	杨继强	杨世江
河南黄河实业	乔金岭	乔秋生
世贸集团	许荣茂	许世坛
苏泊尔集团	苏增福	苏显泽
山东三株集团	吴炳新	吴思伟
盼盼集团	韩召善	韩国贺
金源集团	黄如论	黄涛
碧桂园	杨国强	杨惠妍(女)
南方新希望集团	刘永好	刘畅(女)
宗申集团	左宗申	左颖(女)
广东榕泰	杨启昭	李林楷(婿)
万事利集团	沈爱琴(岳母)	李建华(婿)

资料来源:根据学术界、媒体及企业等披露的最新信息整理而成。

　　所有企业有93.3%传给了自己的直系血亲,这说明中国家族企业掌门人传承具有明显血缘优先的特征。30家企业中传给女性的3家,仅占10%,传给女性的3家企业都是沿直系血亲传递,即使在沿直系血亲传承的28家中所占比例也不过10.7%,因此就总体而言具有明显男性偏好特征,而且这三家企业之所以传女主要是受人力资源约束,父辈到了传承年龄,下一代要么只有年轻女儿,尚未成婚或结婚不久,即使有儿子也尚年幼,不得不交棒给女儿。碧桂园创办者杨国强只有3个女儿,长女智力有障碍,三女还在美国求学,二女杨惠妍继承碧桂园 59.5% 股份。

进一步分析另两家传女企业的情况,则会发现"性别歧视"程度更高。宗申集团子辈继任者左颖接班时未婚,继任可能有过渡性质。虽然包括宗申高速艇超过 50% 的数亿资产从法律意义上已经传承给左颖,左颖也已担任宗申高速艇董事长兼总经理、宗申产业集团董事、总裁助理等要职,但左颖一直在国外留学,直到 2007 年 9 月才回国,左宗申仍是实际大权掌握者。而据媒体报道左宗申之妻已于 2000 年满足了其长期想要儿子的愿望①,因此左颖虽已获得相当部分所有权,但并不排除左宗申将来让儿子接班。而从左宗申企业所有权与经营权长期的高度封闭性,长期强烈的家长式风格,对儿子的渴望,尤其处于家族企业金字塔顶的宗申集团母公司重庆宗申摩托车科技集团公司的股权左颖只占 7%,而左宗申占 83%,其妻袁德秀占 10%。即使是左颖所担任的宗申高速艇董事长兼总经理,也是在证监会巡视通报认为左宗申兼任大股东和上市公司董事长不利于法人治理的结果公布后的迅速任命等诸多因素来看,其权力走向确实还有不确定性。南方新希望的父辈刘永好则只有二十多岁的女儿刘畅,尚未婚嫁,刘永好也年过半百,并不排除未来将企业掌门人交给女婿的可能。就整体而言,左家和刘家出现传位给女儿的倾向是因为父辈已经到了一个相对微妙的年龄,且子辈目前根本没有成年男性可供选择。

接班人选择的性别偏好还可以从方太、力帆等在成年儿女双全的情况下根本没有将女儿纳入接班范畴得到进一步检验,其中尤以茅氏方太为甚。茅氏方太传承从一开始就体现出"性别歧视",虽然女儿茅雪飞为茅理翔实现资本原始积累的飞翔集团贡献不小,茅理翔也对女儿关爱有加,方太原始资本来源企业"飞翔"就是父女姓名最后一个字的结合,女儿也参与了创业,但儿子茅忠群求学归来父子共创方太,女儿马上被排除在权力之外,只是给了一部分创业资金和方太 14% 股份。尹氏力帆集团的尹明善在儿子尹喜地一再表示没兴趣的情况下,父辈尹明善仍然勉为其难地让其接棒,几乎忘记自己还有一个成年女儿,而女婿与儿媳从公开信息看,从未被纳入接班候选。

表 10—1 中有两个女儿,女儿均在家族企业工作的沈爱琴、杨启昭家族均选择人到中年的女婿接班,说明大陆权力传承具有明显男性偏好特征。不过,

---

① 参见文静:《宗申集团权杖交接真相》,《21 世纪经济报道》2005 年 4 月 5 日。

女儿及父(母)辈仍居于举足轻重的地位则说明,家族对没有直接血缘关系家族成员的提防,从侧面检验了血缘优先特征。广东榕泰集团创始人杨启昭没有儿子可供选择,接班人李林楷不仅是杨启昭女婿,还是公司技术骨干,在公司从业多年,是被家族化的企业精英。①

万事利集团父(母)辈沈爱琴亦没有儿子,接任总裁的小女婿李建华不但是家族成员,而且拥有硕士学位,在进入万事利集团前曾在两家企业担任总经理,进入万事利之后才被家族化。万事利集团共有 27 个自然人股东,企业缔造者沈爱琴持股 57.925%,其弟沈柏军持股 4.75%,小女儿屠红燕(2.9%)、大女婿王云飞(2.3%)、大女儿屠红霞(1.5%)股权都比成为集团总裁的小女婿李建华(1%)股份多得多。不但如此,小女儿屠红燕现任董事局执行主席、副总裁。另外,沈爱琴大女儿屠红霞和大女婿也在公司任职。不过,也许沈爱琴还是偏爱儿子接班,只是没有儿子,她也曾开玩笑说,她喜欢女儿,要有儿子就麻烦了。② 当然从某种意义上说,屠红燕的权力更有产权基础,现有权力也不弱于李建华,沈爱琴对外宣称的也是将万事利集团交给女儿。③

虽然表 10—1 的家族企业传承都选择子承父业,但其历程却不尽相同,有些也曾试图将经营权交给职业经理人,但最后又很无奈的回到家族经营。其中,最典型的是杨继强创建的兰州黄河集团,杨家在 1999 年发生了两次极为严重的职业经理人之变,不仅业务一落千丈,企业也几乎由姓"杨"(杨继强)改姓"王"(王雁元),杨家遂不得不向子继父业回归,儿子重新掌握大权。表 10—1 中红豆、力帆、侨兴等家族企业都曾有过类似切肤之痛。

除表 10—1 企业外,还有一些家族企业已经或正尝试"外传",但效果并不理想,其中比较有代表性的莫过于浙江金义集团。金义集团的创建者陈金义曾是浙江民企先驱,1992 年陈金义成为首个收购国有企业的民营企业家轰动全国,1998 年陈金义除让自己任集团董事长外,让包括其妻、兄弟等 30 多位家族成员退出管理岗位,并聘请职业经理人担任集团总经理,再度轰动全

---

① 参见黄钙:《家族公司上市会否滋生股市陷阱?》,《21 世纪经济报道》2001 年 7 月 4 日。

② 《沈爱琴的幸福生活》,参见万事利集团网:http://www.wensli.com/view.php? fid-8-id-134-page-1.html。

③ 参见《破解第一代浙商接班难题 子承父业还是选择掌柜》,《中国企业报》2007 年 8 月 7 日。

国,他还曾打造与娃哈哈、均窑牛奶齐名的金义果奶。不过,笔者认为金义集团 1998 年时算不上传承,除了陈金义孩子尚小外,更为关键的是权力并未真正下放,陈金义仍然一言九鼎,职业经理人更多的是简单执行其决策,这与家族企业经营过程中力图消除家族影响的四川刘氏家族企业,甚至父子长期主政的宁波方太集团并无二致,谈不上将掌门之位外传。即使将来陈金义将权力完全交给外人也可能只是例外,而令人尴尬的是几年后,金义集团部分家族成员已回归领导岗位,陈金义态度也发生变化,意欲重组家族式企业,并特别强调只有外人和自己家族的人都用,才能形成良性循环。① 从目前态势来看,不可能指望他将掌门之位传给外人,更为糟糕的是,陈金义近年也因"水变油"(乳化油)项目陷入困境,金义集团已资不抵债,位于海盐县的乳化油项目基地也完全停止运作,连厂房也被司法机关查封,面临清算,目前陈金义隐身何处尚不得而知,而陈家及金义集团的困境很大程度上与陈金义过度任用职业经理人有关。②

同样,河北大午农牧集团以三会制为基本内容的"私企君主立宪制",从已披露信息来看,目的是为了实现所有权与经营权分离,所有权不分割的整体继承,具体做法是所有者组成监事会,决策权交给由企业内部人员选举产生的董事会,由各分公司一把手组成理事会行使经营权。但是,具有决策权的董事会由孙大午提名等额选举产生,孙的两个弟弟分任董事长和副董事长,儿子孙萌不仅是董事会成员,还负责酒水业务,董事会成员大多是实职,是子公司业务一把手,而总经理刘平则是孙大午妻子刘慧茹侄女。姑且无论大午农牧集团的做法能否持久,三会制就目前而言都没有改变大午集团的家族血缘性。值得注意的是,三会制的背景是孙大午儿子孙萌在孙大午陷入非法集资官司而主政的 2003 年,企业出现第一次亏损,孙大午复出后,孙萌自身感觉自己驾驭不了整个企业,要求下基层。③ 事实上,就现有制度安排而言,孙家凭借对所有权的绝对控制,可以随时合法废止"私企君主立宪制"。

---

① 参见余广珠:《浙商该把财富接力棒交给谁》,《今日早报》2006 年 4 月 10 日。
② 参见余广珠:《陈金义辟谣:没出家正准备新项目》,《今日早报》2008 年 7 月 29 日。
③ 参见欧阳梦云:《"家族企业"班交给谁 家族企业路向何方》,《经济日报》2005 年 5 月 20 日;钟朋荣:《"三权分立"说大午》,《中国中小企业》2005 年第 7 期,第 10—13 页。

三、港澳台传承基本原则

自近代以来,我国港澳台地区家族制度作为一种社会文化现象与市场经济自然共生,尤其香港直到 20 世纪 70 年代才对华人废除"大清律例"。澳门比之于台湾和香港而言,无论企业规模、数量,还是影响力都相去甚远,且澳门华人企业与香港往往具有密切关系,因此表 10—2 的 40 家企业包括澳门 2 家、台湾 18 家和香港 20 家并不失代表性。

表 10—2　港澳台地区典型家族企业掌门人代际传承情况

企业名称	父辈	子辈
澳门大丰银行	何贤	何厚铧
澳门旅游娱乐有限公司	何鸿燊	何超琼(女)
澳门宝龙集团	许健康	许华芳
台湾和信集团	辜振甫	辜濂松(侄)
台湾台塑集团	王永庆	王文渊(侄)
台湾霖园集团	蔡万霖	蔡宏图
台湾兴农集团	杨天发	杨文彬
台湾力霸集团	王又曾	王令麟
台湾长荣集团	张荣发	张国政
台湾新光集团	吴火狮	吴东进
台湾远东集团	徐有痒	徐旭东
台湾大同集团	林挺生	林蔚山
台湾大陆工程集团	殷之浩	殷琪(女)
台湾裕隆企业集团	吴舜文(母)	严凯泰
台湾丰群集团	张国安	张宏嘉
台湾三阳工业	黄世惠	黄景宇
台湾华新集团	焦廷标	焦佑伦
台湾大诚长城集团	韩浩然	韩家宇
台湾富邦集团	蔡万才	蔡明忠
台湾吉安得建设集团	蔡诗祥	蔡胜帮
台湾统一集团	高清愿	罗智先(婿)
香港亚洲金融集团	陈有庆	陈智思
香港联泰集团	陈守仁	陈亨利
香港李锦记	李文达	李惠森

企业名称	父辈	子辈
香港环球航运	包玉刚	苏海文（婿）
香港隆丰国际	包玉刚	吴光正（婿）
香港利氏集团	利汉钊	利定昌
香港新鸿基地产	郭得胜	郭炳湘
香港恒基兆业地产	李兆基	李家傑
香港新世界发展	郑裕彤	郑家纯
香港董氏集团	董浩云	董建华
香港长江实业	李嘉诚	李泽钜
香港金利来集团	曾宪梓	曾智明
香港合和集团	胡应湘	胡文新
香港利丰集团	冯汉柱	冯国经
香港永安集团	郭琳爽	郭志权
香港东亚银行	李国宝	李民侨
香港亚洲银行	陈有庆	陈智文
香港蒙妮姐	郑明明（母）	陈维蕊（女）
香港溢达集团	杨元龙	杨敏德（女）
香港信德集团	何鸿燊	何超琼（女）

资料来源：王建民：《台湾政商家族》，中国言实出版社1997年版；韩清海：《战后台湾企业集团》，鹭江出版社1992年版；郑宏泰、黄绍伦：《香港华人家族企业个案研究》（第二版），（香港）明报出版社2004年版；冯邦彦：《香港华资财团1841—1997》，香港三联书店有限公司1997年版。

  40家企业沿直系子承父业38家，占95%，沿旁系传递2家，占5%，具体为子继父（母）业30家，占75%，叔侄相传两家，占5%，翁婿相传3家，占总数7.5%，父（母）女相传5家，占12.5%，直系血亲接班占87.5%，男性接班87.5%。但考虑到何（鸿燊）家两家分设在港澳企业都传女，包（玉刚）家两家难分伯仲的企业都传婿，现实世界子继父（母）业的比例可能会更高，翁婿和父（母）女相传比例可能会稍低。不可否认的是，血缘优先、男性偏好、子继父业也是港澳台地区家族企业掌门人传承普遍现象。

  血缘优先可以在家族有儿子与女婿时，家族对儿子的偏爱得到检验。事实上，港澳台地区既有儿子又有女婿的家族，基本选择儿子，其中尤以台湾长荣集团张荣发家族最具代表性。20世纪90年代初，张荣发曾极力培养三个儿子,但因能力关系几个儿子均相继淡出权力核心。原处于外围的女婿郑深池经营才能突出,遂于1995年成为仅次于张荣发的核心,1996年种种迹象表明张荣发会传位给郑深池。2001年情况却急转直下,郑深池不但被扫地出门,还连其在张氏各企业担任的多个董事职位都被悉数免去,大权彻底回归张家儿子。而郑深池主政期间长荣集团业绩飙升,从相关资料来看,郑深池与张氏家族、长荣集团并没有爆发让人可以觉察的矛盾,这除了父辈对儿子偏爱之外,找不出合理的解释。

表10—2的父辈不乏事前说"传贤不传子",但又极力培养家族接班人,并最终将权力传给下一代者。除张荣发以外,王永庆、李嘉诚都有类似之举。台湾庆丰集团的黄世惠虽然多次公开表示该集团原则是"传贤不传子",经营权亦考虑由专业经理人接棒,但他却一直为培养儿子黄景宇顺利接班煞费苦心。

既有儿子,又有女儿、女婿时,一般只在儿子和女婿之间选择,如无儿子可供选择,一般也会选择女婿,这说明血缘优先基础上,还有男性偏好。统一集团高清愿之所以选择女婿罗智先接棒,除了罗智先经营才能突出外,最关键的还是高清愿只有女儿并无儿子。香港包玉刚只有四个女儿,并无儿子,且四个女儿都无意继承父业,因此,他将家族企业拆分给4个女儿(婿),4个女婿各担其责,除表10—2的苏海文、吴光正外,三女婿渡伸一郎、四女婿郑维健(目前已不是家族成员)各掌一方,当然他也可能考虑到4个女婿来源于不同的国家和地区,难以融合而分拆。

选择女儿则往往出于不得已,台湾大陆工程集团殷琪接班很可能因她是独生女,且经历两次离婚,现仍处于离婚状态。香港女性接班的并不多见,溢达集团杨敏德与蒙妮坦集团陈维蕊之所以接班,除了纺织和化妆品行业均是女性较为擅长的产业外,她们都没有兄弟可能才是决定性因素。而溢达集团前三代虽然父辈没有儿子,但都是翁婿相传,到杨敏德时,前夫潘迪生有自己家族的珠宝业需要打理,而且两人已离婚,因此不得不接棒。[1]

离婚的何超琼之所以接班,则有更为复杂原因。何鸿燊有4个妻子,并且"中西合璧",共有17个子女,还有一个比何鸿燊年轻39岁的四太太梁安琪,

---

① 参见丁伟:《杨敏德:再造"大染坊"》,《中国企业家》2006年第9期。

何家形成了与中国古代封建大家庭相似的家族结构,妻妾之间矛盾、各房之间矛盾导致包括儿子何猷龙在内的大部分子女对接班兴趣全无,因而何超琼接掌帅印具有很大偶然性,而且还有不确定性。

值得注意的是,父辈虽有两家企业是女性,但都不是女继父(母)业结果,裕隆汽车集团吴舜文与丈夫严庆龄一起创业,丈夫去世后,独生儿子尚在求学,且无经营企业之经验,故而吴舜文代管家族事业,且早已将接力棒交给儿子严凯泰。香港蒙妮坦集团郑明明则是创业者,并在女性擅长的化妆品行业。

此外,《香港华人家族企业个案研究》列举了香港4个著名女企业家:中学毕业后因兄长英年早逝进入星岛报业,父亲病逝后女承父业的胡仙;协助夫君打理华懋业务,并在夫君遭绑架失踪后独立打理业务的龚如心;早年与夫君一起创建爱美高的宝咏琴;TOM.COM 的创建者之一周凯旋。遗憾的是,4人中胡仙、周凯旋单身,宝咏琴离异,并积劳成疾,于2003年去世,无子女的龚如心在1990年丈夫王德辉第三次被绑架失踪后,虽担负重任使家族企业业绩胜过王德辉时期,但与公公爆发了著名的"世纪财产案",并于2007年4月去世。可以说,这些女企业家几乎为家族责任牺牲自己,最终却被置于家外。

另外,台湾台塑、和信集团父辈虽然成年儿子和女儿均有多个,但并没有按男性直系传承。笔者推测,这主要是由于两家均有多个父辈处于家族企业核心,其传承实质仍然是子承父业。2006年台塑接力棒交给侄子王文渊的王永庆,其女儿、女婿虽然有卓越经营才能,但即使家族企业的经营权脱离王永庆直系血亲,女儿和女婿也几乎没有进入过核心权力视野。当然王文渊接班也并非完全不合逻辑,王文渊之父王永在是王永庆胞弟,从小就和王永庆一起创业,是王永庆的重要助手、忠诚朋友、事业伙伴,其亲和力远在王永庆之上,经营能力、形象都在台湾名列第八。台塑集团的成功,没有王永在几乎是不可能的,不仅如此,在抗战胜利后不久王永庆因违法经营木材而导致王永在遭受数年牢狱之灾。况且王文渊是王氏家族长子,比因绯闻影响家族和企业形象而淡出的王永庆亲生子王文洋还大,经营能力也出类拔萃,因此王永庆最终将台塑权力之棒交给侄子似在情理之中。辜家和信集团则是另一种情况,创业者辜显荣有8个儿子,在其之后家族并未分家,经营权有在大家族内代际传递传统,自然就有了辜振甫与辜濂松叔侄间的交棒,从创业到现在,辜家核心权力传承脉络大致为:辜显荣—辜振甫(五子)—辜濂松(侄,四房所出)—辜启允(堂弟,辜振甫之子)—辜仲凉(侄,辜濂松长子)。

四、代际传承整体方式

表10—1和表10—2的70家企业共有63家传给直系血亲,占总数90%,传给女婿和侄子7家,占10%,其中传给女婿5家,占7%;传给男性62家,占88.6%,传给女儿8家占11.4%,没有一家传给媳妇;传给儿子共55家,占78.6%;除台湾两家传给侄子企业外,其余68家企业都在以父辈为核心的家庭之内传承,并未向家族扩展,当然也谈不上传给外人。显而易见,两岸四地家族企业掌门人代际传递血缘优先、男性偏好、子继父业特征明显,总体上符合学术界普遍认同的子承父业模式。就血缘优先而言,不但没有外传,而且在有女婿与儿子可供选择情况下,儿子优先于女婿,有传给女儿的,但没有传给媳妇的;就性别偏好而言,更多家族企业传给男性,交给女性往往有不得已因素,除无儿子供选择外,儿子年幼,女儿尚未婚配,女与婿间感情不和甚至离婚等多种因素都可能迫使家族将掌门人位置交给女儿;血缘优先以及男性偏好决定了中国家族企业权力代际传承必然是子继父业。

总体而言,中国家族企业掌门人的代际传递符合 Redding 关于华人家族企业中压倒一切的话题是世袭制的观点,这也与其他学者的研究基本一致。比较而言,港澳台地区的传承相对多元化,特别是在有成年男性直系血亲可供选择情况下,出现了传侄与传女的现象。这一方面是由于大陆家族制度受到意识形态的否定达数十年,家庭观念较强,家族观念明显削弱的结果。这也是大陆转型期家族利益得不到有效保护,家族企业创始者不敢将信任范围沿差序格局向外扩展,而仅仅局限在核心家庭的表现。另一方面也和大陆当代家族企业历史不长有关,比如,均瑶集团现任董事长王均金有可能在王均瑶儿子成年后将位置传给他,从而出现伯侄相传的情况。

女婿与父辈家族成员并没有直接血缘关系,若接班的女婿与父辈女儿关系破裂,则难免引发家族和企业矛盾,故而接班女婿往往是家族化的企业精英,但若女婿本家有产业,一般会优先选择自家企业。表10—2中无论是拥有本家族产业的何超琼前夫许晋亨,还是杨敏德前夫潘迪生都从来没有直接参与何氏和杨氏企业,这可能是典型家族企业在传女与传婿间无明显偏好的原因之一。

70 家典型企业,以及其他的佐证材料均没有发现知名家族企业父辈将权力直接交给儿媳的情况。媳妇在现代家族企业接班比例远少于女儿,而中国古代商人世家媳妇掌权的几率远大于女儿。这主要是由于古代是男权社会,男性对婚姻有主宰权、婚姻稳固,传给媳妇,男性血缘不会改变,传给女儿,随女儿嫁人,男性血缘改变,因此家族企业不愿将掌门之位传给女儿,即使偶尔有不得已传给女儿,家长往往让女儿推迟出嫁甚至终身不嫁①。

第二节　子承父业的一般性及其理性

一、子承父业的一般性

两岸四地 70 家典型家族企业代际传承的分析结果,基本上与现有实证研究的结果相符,即中国家族企业掌门人代际传递有子承父业的特征。孙诒本认为即使是台湾最现代的上市公司,股权虽已分散,但并未出现西方国家专业经理人自主经营的情况,而是企业创始家族继续掌握经营权,并传给下一代。郑宏泰、黄绍伦实证研究证明,在中国香港,创业者往往一开始就牢记"家无三代富"的警句,为世代交替做准备,以保证家族企业成功传给下一代。在大陆,虽然现代家族企业完成代际传承的并不多,但已完成代际传承的超过90% 是子承父业,子承父业是大陆当前主流模式。

两岸四地典型家族企业掌门人代际继任子承父业的共同特征直接对大陆家族企业子承父业现象的"过渡论"和"阶段论"形成质疑。因为大陆与港澳台地区相比,无论企业发展阶段还是经济发展阶段都相去甚远,但大陆现代家族企业历史不长,而港澳台均长期实行资本主义,澳门和香港还是自由港,台湾家族企业多在第二次世界大战以后发展起来,特别是两岸四地都是华人聚居区,都受中国传统儒家文化影响的事实,将共同的子承父业归结为文化诱因似乎顺理成章,这支持了特色论或文化决定论;但另一方面,经济社会制度截然不同,经济发展阶段差异显著的两岸四地家族企业均没有对子承父业模式有所突破,难道家族文化作用真的如此之大?

---

①　参见邢铁:《家产继承史论》,云南大学出版社 2001 年版。

　　文化决定论显然无法对当今家族企业子承父业的国际趋势①作出合理解释。一般认为以社会化企业为典型的美国,1988年《商业周刊》刊载了"新的世袭关系:为什么家族企业再度抬头"为题的文章,《家族企业评论》的编辑林恩·拉柯甚至认为当时将控制权交给下一代的家族企业比美国历史上任何时期都要多,兰斯伯格花费6年对美国家族控股公司的研究表明:"到目前为止,由子女掌权的状况无论在大公司还是小公司都在普遍增长。"当代则过之而无不及,2002年美国家族企业CEO中有93.7%是家族成员,超过90%的家族企业董事会有2个以上的家族成员,上市家族企业超过60%的有5—6名家族成员,而且有接近90%的业主相信接下来的5年家族企业控制权仍会掌握在家族手中。来自于后代的继承观同样不容忽视,前文提到的摩根银行对47家家族公司的后代调查表明,希望祖业归他们所有和管理的仅占52%;26%只希望做拥有者,不愿当管理者;7%希望家族和公司完全脱离;15%表示不知道怎么办。虽然只有52%的后代希望祖业归他们所有和管理,但美国成功家庭往往有多个子女,因此52%几乎就意味着每个家族都有愿意接班的后人。

　　被称为"家族社会"的日本,其家族往往被赋予产业属性,血缘因素退居其次,故而一般认为日本的企业内部虽然实行家族化管理,但却不看重血缘关系,倾向于两权分离。与此相悖的是,直到第二次世界大战前大家族财阀都凭借高度集中的所有权控制,当代的资料也显示日本的家族企业并不是两权高度分离,奉行职业化的管理。比如,富士综合研究所2000年3月调查表明,日本上市公司42.7%是由创办人或者家族成员掌管的家族企业。整体而言,日本的233万家法人企业,公认的"同族公司"超过200万家,约占法人企业总数的95%,而上市公司里同族公司只是凤毛麟角,相对社会化的上市家族公司既是公司最大股东又是创办人的个人或其家族成员就任最高经营者的占86%;个人是大股东但不担任最高经营者,必要时让其家庭成员担任董事或常务董事的占11.1%;而自己不是大股东,以创办人家族成员身份就任公司最高经营者的占2.8%,这从侧面说明日本家族企业子承父业也应有普遍性。

　　无法回避的问题还有,西方比较有代表性的家族企业传承模型都以子承

---

　　①　参见谭海蒂:《子承父业　家族企业接班的国际趋势》,《中国企业家》2002年第9期。

父业为基本假设①；唐纳利等在研究家族企业之初甚至就把是否实现家族内部代际传承作为判断家族企业的基本标准；著名家族企业问题专家兰兹伯格将其代表作命名为《代际传承：实现家族企业的梦想》(Succeeding Generation Realizing the Dream of Families in Business)；美国人休斯针对家族企业成员的经典著作：Family Wealth：Keep It in the Family(《让家族世代兴盛》)在西方几乎成了大众畅销书；盖尔西克等认为：对于世界人口中相当大的一部分来说，家族企业的成功与延续是他们经济意义的宝藏；世界最长寿的 100 家家族企业②，竟然没有一家源自华人，被普遍认为家族文化与中国存在显著差异的美国、日本、欧洲则有 97 家。显然，除非上述佐证材料错了，但上述材料都具有权威性，否则只有一个解释，那就是中国模式对西方家族企业同样适用。

二、子承父业的普适性根源

家族企业传承普遍选择血缘优先的子承父业，而理论界则倾向于职业经理人，这主要有以下几个原因。

首先，家族取向作为一种社会文化现象的普遍性、持续性，人从生到死都始终属于"家人"、"社会人"的范畴，而与企业相关的"经济人"往往只是个人生命周期中间阶段的特征，且后者始终没有脱离前者，从历史来看，也是先有家人、社会人，才有"企业人"、"经济人"。但理论界往往以经济人取代"家人"、"社会人"，经济人模式更适用于涉及成本与收益比较的广泛行为，但这"不等于说所有的经济理论只能以经济人假设作为分析基点"，经济人假设毕竟只是关于人的局部特性的过度简化假设。

理论界之所以认为家族企业继任朝职业经理人方向发展，可能是由于现代企业理论主要以伯利和米恩斯的两权分离和钱德勒管理资本主义为基本前提。但伯利和米恩斯主要关注 20 世纪 20 年代末美国垄断资本主义时期的情

---

① 这些模型主要包括：戴维斯生命阶段模型(Ward,1987)、海德勒(1989)的三阶段模型、斯达弗若(1998)等人的三层次代际传承模型、马修斯—摩尔—费亚克(1999)认知归类路径分析模型、盖尔西克(1999)等的所有权传承六阶段模型、顿恩(1999)焦虑分析模型、布鲁诺(2002)等人的接力赛跑模型、穆里(2003)传承周期模型等。

② 胡润百富网：http://www.hurun.net/listcn37.aspx, http://www.hurun.net/listcn37, page2.aspx。

况,钱德勒研究重点在 19 世纪中期到 20 世纪 40 年代西方由自由资本主义向垄断资本主义过渡、成熟的阶段,这是大企业在西方理论和实践地位均如日中天的时代,而他们关注的企业都是美国及其他主要资本主义国家的顶级企业,且研究时段正好是世界上对家族的现代作用彻底否定的时代。

从经济人视角出发,家族企业掌门人难免会出现与历史和现实相悖的社会化,这并不仅仅是经济管理学与社会学学科割据的问题,因为家族研究即使在社会学也是边缘化的,血缘优先之所以在理论界乃至社会各界长期受到歧视归根结底是由于现代化思想以公共化与社会化为基本假设,而忽视了家庭等传统因素。既然家庭都被边缘化了,企业又是现代化、公共化、社会化的基本产物之一,理论界千方百计将传统的、封闭性较强的家族与企业剥离就不可避免,这应该是血缘优先不被理论界认可的根源。

其次,理论界有关家族企业传承应该社会化的观点往往夸大市场化、城市化及教育社会化对代际效应的冲击,忽视了代际效应普遍性。即使以强调自由、个人主义的美国,其家庭仍然是以子女为中心,人们日常家庭观念甚至是以第一个子女出生开始,以最后一个子女离开父母而告终,家是孩子的同义词。虽然就其思想体系而言,拒绝一代人对另一代人的任何控制,但这并不妨碍父母对子女的控制,即使父母没有控制欲,但他们总是试着把自己积累的东西传授给这些孩子,或设法使孩子们取得更大的成功,其价值观念等仍会深深烙在下一代心里。

国内外学术界认为中国乃至华人家族企业权力封闭的"特色论"或者文化决定论者,既过于强调中国传统家族制度的纵向特征和西方家族制度的横向特征,又夸大市场化、城市化及教育社会化等对代际效应的冲击,忽视了代际效应普遍性。实际上,东西方在传统家庭内部都是权威依附的纵向关系,现代化过程中都逐渐过渡到平等合作的横向关系,但平等基础上的纵向关系仍然长期存在。许多社会经济发展指标高于或接近于 2003 年中国城镇的 20 世纪 60 年代初美国与当代中国相比,父代教育对子代教育的影响,中美相近,父代职业对子代教育与子代首职的影响,中国接近于零,甚至没有,而美国当时不仅存在而且显著,这说明中国的纵向影响特征并没有我们想象的那么强,而强调个人的美国并不是没有。西方家庭也存在纵向效应,"可怜天下父母心"乃人之常情。在大陆,据李春玲研究大陆代际效应在改革开放后比之于改革开放前不是降低,而是有所提高,代际效应高说明子承父业比例高,这说明市场化、现代化未必完全排斥代际效应。

最后,东西方一些学者强调中国子承父业和中国家族企业特色时往往从韦伯有关中国信任是家族信任的论点、费孝通差序格局论、美籍日裔学者福山的中国人缺乏信任角度来解释,而忽视了家族偏好,或者说忽视了社会信任相对性,个人信任绝对性。韦伯的观点成熟时间最早,但他的观点几乎来源于道听途说,不懂中文,也没到过中国,而当时更是西方至上的时候,文化冲突的结果是放大了中国传统文化的劣根性,夸大中国传统家族封闭性就在所难免。

家族偏好决定了家族对继任者的选择有明显血缘偏好,而此似乎可归因为以血缘、家族为中心向外拓展的差序格局的信任并非中国特色,而是普遍现象。费孝通的观点源自 20 世纪 30 年代后期到 40 年代后期,研究对象是农村社会,且主要以封闭的云南农村为研究对象(还有江苏),当时背景是在政治风云中人人自危,难言信任。更为关键的是,费孝通当时也只是说中国的差序格局比在西方社会中重要,并不是说西方没有。当代台湾学者黄光国、高承恕对费孝通差序格局发展基础之上的权力游戏与信任格局也都偏向静态格局。而现代的研究则几乎表明无论是在高信任度国家还是低信任度国家或地区,信任始终存在家人—朋友、同事—邻居—陌生人的大致差序格局。

佩雷菲特认为福山只是提出了观念性的信任,并且将其看做先天性的外生变量,有将社会习俗、制度观念行为及工业结构混杂之嫌,是将“活生生的事物化作机械式”,甚至福山有关信任的论述也达不到他所说的信任是社会美德并创造经济繁荣的结论。佩雷菲特指出信任实质上是一种品性,任何一个人、一个民族都同时存在信任与疑虑,同一个人对不同的对象,在不同环境下对同一对象所持的信任或疑忌程度都不一样,这难道不是费孝通所说的差序格局吗?而且佩雷菲特还根据欧洲发展缘起的经验表明信任可以通过后天因素改变。① 我国法学家魏建国最近从法律视角指出,普遍信任是现代化的基础和条件,也是法制现代化的深层内驱力。从特殊信任到普遍信任虽然是非常艰难和长期的过程,但如果借鉴先发现代化国家的经验普遍信任还是可以在后发的各个国家和地区建立,诸如坚持有限政府原则;实现由封闭式社会

---

① 参见[法]阿兰·佩雷菲特:《信任社会——论发展之源起》,商务印书馆 2005 年版。

结构向开放式社会结构的转变；发展社会自治，尤其要支持和关注公民社会组织的发展与壮大。也就是说信任是动态的而不是静态的。①

　　而当前学术界广泛引用的福山关于中国属于低信任国家的观点不但以香港和台湾为中国文化典型值得商榷，而且其理论也缺乏实证支持，本质上他和其他文化决定论者一样用传统的儒家文化、家族文化为论据，应用的对象却是现代家族企业。与此相反，英格哈特分别于1990年和1996年进行的两次"世界价值调查"毫无例外地证明，就世界范围而言，中国是一个高信任度国家，第一次调查显示中国信任度竟然名列世界第四，仅低于瑞典、挪威、芬兰，而福山所说高信任度的三个国家日本、德国、美国都在中国之后，这导致调查前对中国人信任带有"偏见"的英格哈特不得不怀疑自己的调查方式出了问题，但1993年日本学者针对同一问题进行调查的结果同样证实中国是高信任度国家。有鉴于此，当英格哈特1996年再次展开新一轮世界价值调查后得出中国依然是世界高信任度国家的结论后，也就不再怀疑自己的调查有问题了，而其2001年和2007年的调查同样显示中国是一个高信任度的国家。② 而几次调查的结果显示：公认高信任度文化的美国与中国信任度（1990年的调查结果中美国的社会信任度甚至低于中国）不相上下，也同样存在以家族为起点的差序格局信任，其社会信任在当代甚至有迅速下降趋势，香港学者王绍光、刘欣1998年的调查也证实中国在世界上属于高信任度的国家。Buchan等不但用实验研究了不同国别信任程度如何从两人条件、四人条件，再到社会条件是如何逐渐下降，而且还将美、日、中、韩的信任进行了比较，得出中国人最信任对方也最值得信任，而传统的理论假设则将日美归入信任的典型国家，中韩则为缺乏信任的典型，而他们之所以选择这些国家进行研究，主要是受传统观点影响，日本的经济奇迹源于其高社会信任，而在中国信任度则较低。③

　　大陆学者将西方社会信任绝对化的突出表现是大陆研究家族企业代表人物之一储小平虽然实证得出中国属于高信任度国家的数据，但在西方社会信

①　参见魏建国：《普遍信任：法制现代化的深层驱动力》，《北方法学》2008年第2期。
②　参见文建东、何立华：《中国"信任之谜"及其解释》，《经济科学》2010年第3期。
③　参见 Buchan, Nancy R. , Rachel T. A. Croson, and Robyn M. Dawes, Who's with me? Direct and indirect trust and Reciprocity in China, China, Korea, and the United States, University of Wisconsin Workpaper, 2000。

任绝对化思想先入为主的背景下,却得出中国现代社会缺乏信任度的结论。他调查显示企业主认为当前中国社会信用状况很好、还好、一般的比例分别为1.72%、10.34%和32.76%,这三项之和为44.82%①,这意味着这些企业主认为社会上大多数人值得信任,而从世界范围来看即使是30%的人认为大多数人值得信任也属于高信任度国家。另外,如果西方是高度信任的那么西方当代企业理论之委托代理理论应该就没有产生的土壤,更不会成为西方企业理论的重要组成部分。不过值得注意的是,储小平、李怀祖指出中国传统社会伦理的信任资源是非常强大的,并且将晋商与近代以来华人民营家族企业发展到相当大的规模归因于主要得到了积累深厚的传统社会信任资源的有力支撑。当代中国的家族企业处在社会转型的背景之中,传统的伦理信用规则的功能虽有一定程度的重新恢复,支撑了家族企业的兴起,但在一个多世纪的动乱和反复批判中,家文化受到严重破坏,特别是联结人际交往的泛家族信任规则受到极大破坏,它在家族企业融合各个层面的社会资本中的纽带功能大大弱化超出家庭、家族以外的通过泛家族规则来寻求企业发展的信任资源支撑的习惯做法效用递减,20世纪90年代初期以来,甚至出现了严重的"杀熟"现象(不过,笔者认为"杀熟"现象从侧面说明中国人对熟人的过度信任,而不是不信任人)。他们还认为,当前社会转型状态下,法制型社会信用远未充分建立健全。从储小平、李怀祖的观点可以推断出,他们也认为信任是后天的,可以改变的,是柔性的。按照储小平、李怀祖的逻辑,结合上面的分析,似乎可以推断出,中国历史上在商业社会的信任即使移植到当代也应算高信任度,而不是学术界普遍认为的那样中国传统社会乃至当代都缺乏信任的观点。整体而言,当代学者之所以认为中国社会是低信任度社会,一方面是受传统观点的影响,另一方面则是将社会诚信混同于社会信任的结果。

事实上,企业家对控制权的保卫非常顽强,但他们往往为满足企业成长对资源的需求而不得不逐步放弃一些控制权,这种放弃通常以保持对企业临界控制为底线,并且一般会坚持"能少不多"、"能内不外"原则。掀开美国两权分离第一道面纱的1841年美国马萨诸塞州铁路公司源于老板拙劣管理导致

① 参见储小平:《家族企业的成长与社会资本的融合》,经济科学出版社2004年版,第166页。

两列火车相撞的严重车祸,不得不迫于包括州议会在内的社会各界巨大压力,让渡经营权,将企业日常经营控制权比较完整的交给职业经理人,所有者家族只能分红和监督,这与作为第一批现代企业的美国铁路公司是当时技术进步最快,管理最为复杂,竞争最激烈,管理不善带来的经济社会后果最严重的部门有关,正如钱德勒所言铁路公司走在前列是因为不得不如此。因此,子承父业并不与所有权与经营权社会化矛盾,一定程度上是相互促进,职业经理人只是作为家族掌门人的辅助者,而不是替代者。

就效果而言,国内外不乏对子承父业或者说企业保持家族化的绩效实证分析结果好于非家族企业者,特别是新世纪以来无论对欧美,还是中日的上市家族企业的实证分析均表明,上市家族企业绩效明显好于非家族企业。但即使家族企业绩效不如家族企业,家族企业社会化后绩效好于家族企业,也并不一定意味着家族企业主将企业推向社会化,而放弃家族经营。因为社会化的企业面临产权重新配置问题,即使从财务收益角度考察企业整体效益好并不意味着家族利益会在社会化后得到改善,更不要说家族企业社会化带来家族权力与威望的失落等非经济利益的损失了,因此拥有最初控制权的家族仍可能继续选择子承父业以维持家族控制。

另外,一般认为日本家族企业传承更多突破血缘关系,理由是日本更多地传承给了婿养子,但婿养子也毕竟是家族成员,婿养子是作为家族人力资源不充分的补充而不是主流,而且从世界范围来看不具普遍性。日本历史上,大商家即使委托奉公人经营是惯例,以掌柜身份成为经营者的人和以养子身份成为一家之长的同族子弟或奉公人,几乎都自幼年开始就在商家受到现场职业训练,对主家表示忠诚,被确认为准家族成员,他们之间已经形成了拟血缘关系。而婿养子能够在日本较多的成为家族企业掌门人,还与日本企业相对封闭的产权,以及日本人普遍忠诚、员工缺乏流动性、极低的离婚率、传承给婿养子风险较小有关。

三、未来展望

上述分析表明,血缘优先、男性偏好、子继父业的子承父业模式,是中外家族企业的掌门人代际传递的普遍规律,既非中国特色,也不是过渡现象,不仅在过去、现在是普遍现象,即使在将来也具有强大生命力,只是在不同的国家和地区,不同的社会经济发展阶段伴随典型家族企业形态的变迁具体表现形式存在差异而已。当然,子承父业并不排斥外人,除了家族企业的核心权力沿男性直系传递外,其他高层管理往往集体接班,这与家族企业逐渐规模化,进而超过家族人力资本供给能力,而不得不求助于非家族精英有关。事实上,无论哪个国家、地区,稍具规模的家族企业往往都雇用大量高级经营管理人员,其所占岗位、数量一般都远多于家族成员,但核心家族往往控制着某些关键岗而将企业牢牢控制。由于没有过度排斥外部精英,家族对接班人有意识培养,加上家族企业掌门人对家族和企业的天然忠诚,客观上缓解了家族内部接班人的能力约束,因此家内传承并不一定意味着低效。

虽然本书以有影响的家族企业为分析对象,但这并不影响分析结果,因为在各个历史阶段、各个行业,数量上处于绝对优势的中小企业普遍选择家族化经营几乎是不争的事实。但需要注意的是,中小企业子承父业的倾向可能会弱于大企业,因为中小企业财富和权力对后代吸引力毕竟要小得多,甚至连家长都觉得没有传承价值,鼓励后代离开家族企业;但中小家族主的家族成员也可能人力资本投资较少,家族企业往往承担了家族就业、经济功能,家族成员留守家族企业并不失理性。

整体而言,大陆家族企业第一代创业者老者已逾古稀,一般也到花甲之年,年轻者也已年过半百。新生代接班已经成为一个趋势,必将在接下去的 10 年时间内成为一个大潮,但拒绝接班现象正在第二代中不断蔓延。新生代中有的因为有自己的兴趣和发展计划,或者因为父辈的产业层次低,起点低,没有吸引力,不想考虑子承父业。① 2006 年 7 月浙江大学城市学院以培养家族企业经营能力和责任心为目标之一的有民企"少帅班"之称的"创业人才孵化班"毕业的 29 个学生虽然基本上有家族企业背景,温州民企老板就占一半,其中 26 人家庭资产在百万元以上,高的近亿元,但却没有一个学生毕业后回家接班。② 从某种意义上说就是对中国家族企业交班危机的客观反映,但笔者认为子女第一份职业不在家族企业并不一定意味着接班危机。这些少帅刚大学毕业,还未到接班时间,估计

---

① 参见《破解第一代浙商接班难题 子承父业还是选择掌柜》,《中国企业报》2007 年 8 月 7 日。
② 参见杨威、靖静、姜锐:《家族企业"交班危机":"少帅"为何不接班》,《广西政协报》2007 年 11 月 29 日。

他们父辈也还没有到交班年龄,而现在他们自谋职业,或在外发展并不意味着他们将来拒绝接班,在没到交接班的时候回到家族企业可能更容易产生冲突,在外自谋职业或自主创业,最大的好处就是培养其自主经营能力,从西方来看,很多传承成功的企业都让其接班人先在家族之外从事其他行业,后回到家族企业的。如表10—2中香港何厚铧、杨敏德等人大学毕业之初也并未在家族企业谋职,而包玉刚四个女婿,都是放弃了最初职业,甚至在自己专业取得较大成就情况下,在家长召唤下回到家族企业,当然这些家族企业对她们来说都有比较大的吸引力。

无论从实践还是理论看,当前大陆家族企业掌门人代际传承血缘优先、男性偏好、子继父业特征明显,但在不久的将来,家族企业传承却存在相对大的变数,这主要是由中国正在形成中的独特家族结构决定。独生子女政策引致4—2—1家庭结构普遍化,家族直系后代大为减少,姑表亲也将消失,家族企业权力交接不可避免出现人力资源约束。因此,女儿、家族化女婿,甚至媳妇成为掌门人机会都可能大为提高,非家族精英接替家族成员成为掌门人的比例也可能会偏高,当然这更可能是按差序格局往外推的子承父业模式。这一现象,具体出现的时间大致在2025年左右,这并不与潘必胜曾展望的2010年左右大陆受独生子女政策的影响将会出现第一次由企业家族化向家族企业化的转变契机相矛盾,这一判断与潘必胜所说的第二次革命性转变的时间(2030—2040)大体相当。因为潘必胜考察的是与钱德勒、伯利和米恩斯一致的家族企业管理整体的职业化,而本书考察的是家族企业掌门人,而且就目前而言,潘必胜的预测并未变为现实。不过,换个角度看,独生子女政策意味着子辈责无旁贷,接替父辈掌管家业具有更强的家族使命感、归属感,父辈也不必考虑平衡多个接班人之间利益关系,而长期致力于一个接班人培养。父辈往往有惜传心理,特别是考虑到没有其他家族成员辅佐继任者,难免会通过延长在任时间来帮助后代,如果中国大陆父辈和港澳台等地的一些父辈一样主持企业事务到耄耋之年,则计划生育导致的家族掌门人人力资源危机有望得到缓解。此外,大陆富人违反或有效规避计划生育政策的现象并不乏见①,而

---

① 比如余向前对温州上大学的有温州户籍的67位家族企业主18—28岁子女调查显示,83.1%的家族企业主拥有两个以上子女。这客观上说明,家族企业主规避了计划生育政策。见余向前:《家族企业子女接班意愿的影响因素分析:基于温州地区的调查》,《软科学》2008年第8期。

且随独生子女政策负面效应的凸显,估计中国最迟在 2020 年左右会在较大范围内取消独生子女政策①,而且随人口流动的自由化、国际化,即使坚持独生子女政策对大家族企业主也往往会失灵。在这样的背景下,大陆血缘优先、男性偏好、子继父业的子承父业倾向可能在较短的时间内受到冲击。值得注意的是,即使我国继续坚持独生子女政策,也可能不会从根本上对家族企业的经营产生负面影响,因为正如比尔基埃所言:亲族关系乃是一种社会存在,当真的亲族关系不存在的时候,会有一种假的亲族关系取而代之。

---

① 在全国政协十届五次会议上,29 名委员认为,现行独生子女政策的负面效应日益凸显,并提交提案,要求尽快恢复"一个不少,两个正好"方针。

结　论

一、家族与企业的共同演化趋势

家族与企业都是动态变化的,这决定了具有家族属性的企业——家族企业在同一历史阶段必然存在多种不同形态,从长期来看,各阶段主流形态也会存在差异,因此,应该动态地理解家族、企业、家族企业。从长期发展趋势来看,家族与企业都有共同演化趋势,在现代经济社会中发挥着不可或缺的作用。家族与企业的发展均是不断融合外部金融、人力、网络和关系资本的过程,这也是一个不断开放的过程,家族与企业对外部各种资本的融合能力、融合水平的提高,是家族与企业发展的必然结果。因此,家族与家族企业的发达并不是以封闭为基础,而是以开放为基础和结果的,这与传统观点认为家族制度与家族企业就是封闭的代名词还是有所区别。当然,家族与家族企业的开放,往往是家族资源无法实现规模经济、范围经济的背景下的无奈开放,是为给组织自身谋取利益,家族和企业都有对新融入的各种外部资本的控制动机,因此家族与企业的开放一般符合"能内不外,能少不多"的原则,就家族企业而言往往意味着创业家族和控制性家族对所有权与经营权的留恋。

就家族制度而言,虽然在不同时代有不同形态,但从长期来看始终符合不断融合外部资本及人与物生产均衡的两个基本逻辑。从长期来看,婚姻对象有从封闭到开放的趋势,家族组织结构基本演化趋势是从纵向到横向,与此相应的是家族逐渐核心化,家族关系由父系向父母双系化方向演进;家族基本组织原则从自然经济条件下的父家长制演化到工业化以来的伙伴式关系,这既包括夫妻男女层次,又包含长幼层次;传承制度的基本演化方向则是从集中向分散方向演化,即从独子继承到诸子均分;家族职能随时间推移逐渐由"万能家族"向"生活家族"演化,其他传统职能逐渐被政府和企业等社会组织所替代;个人与家族的关系,从早期隶属于家族的"家族人"向"社会人"演化,个人与家族关系由无限责任到有限责任,但血缘亲属联系在现代仍起着重要作用。中国的家族制度演化同样符合上述基本规律。

二、家族与企业具有天然联系

经典的企业起源交易成本说与团队生产说(协作论)至少从组织基础来看与历史事实不符,而且有将功能和因果颠倒之嫌。虽然韦伯认为企业起源于家族共同体的观点有些言过其实,但从组织演变视角考察,原生型的企业绝大多数源于家族(庭)共同体却是不容忽视的事实。早期无论企业家、雇员、企业金融资本、社会资本、人力资本、关系网络,甚至创建企业的动机都有家族取向。自企业产生以来,家族与企业以各种方式相互渗透,现代化和现代企业与家族制度、家族企业不是相克而是相容。

所有权与经营权高度集中于单一家族的古典家族企业以多种途径,演变出多种形态,而社会各界倾向认为家族企业最终只有成为所有权与经营权高度社会化的公众企业才真正获得升华,显然有失偏颇。企业发展历史事实证明,不但古典家族企业演变难以摆脱家族控制,即使是一些社会化企业也往往被家族以各种方式直接或间接控制,就整个企业史而言家族企业始终是多数,这归根结底是由家族与企业的天然联系决定。事实上,就整个人类经济史而言,家族性的微观经济组织一直普遍存在,数量长期占多数,在整个经济体系中处于重要,甚至支配地位。

家族与企业的天然联系主要体现在社会生产最活跃因素——人往往既同时承担家族人,又同时承担企业人角色。从人的生命周期来看,同时承担企业人和经济人角色往往只是人的生命周期中间阶段,其他时段更多是家族人角色。从整个人类社会经济史考察,家族人的历史也远长于企业人、经济人,企业人、经济人的人力资本投资主要由家族完成。这些因素决定了人在进入企业以后继续普遍具有家族取向,企业则满足了家族人的就业、经济等职能,当然这也是对传统家族功能的替代。从某种意义上说,家族与企业就是通过人力资本与物质资本间的交换建立了天然联系,而这种天然联系注定了二者的相互渗透。家族与企业的天然联系从某种程度上决定了家族企业的相对封闭性,这种封闭型又反过来强化家族与企业的联系。

三、家族企业的普遍性

　　家族与企业的天然联系决定了家族企业的长期普遍存在。从某种意义上说家族是最早普遍存在的经济组织,也是较早的协作生产组织,其协作不但有人力资源的协作还有物质资源的协作。家族企业特色论、过渡论并不符合历史与现实,文化背景、经济发展阶段、企业发展阶段、企业规模、经济社会体制论均在家族企业长期普遍存在的事实面前黯然失色。只要市场机制是配置资源的重要手段,并给予家族制度基本的尊重,家族制度与企业组织就必然会结合。只是在传统家族制度保存较为充分、市场经济初期、企业创业初期、中小规模、经济社会转型期企业的传统家族因素表现得更充分。即使市场失灵、家族制度受到意识形态高度歧视的情况下,家族制度也往往以变态的方式向企业等经济社会组织中渗透,其突出表现就是中国计划经济时期微观组织的家族化、整个经济体制的家族化、公有制企业的家族化、乡村企业的隐性家族经营,以及改革开放后一段时间"红帽子"、"洋帽子"等变态家族经营的屡见不鲜。因此,大陆转型期改制型家族企业的普遍化除政治因素外,公有制经济中家族因素的泛滥也是重要原因,改制从某种意义上说只是对现实客观存在的积极反映。虽然本书并没有对苏联、东欧等社会主义国家计划经济时期的企业家族性进行考察,但从这些国家自 20 世纪 80 年代末 90 年代初以来,积极主动地选择私有化,承认私人家族利益,并在转型中诞生了许多财势大家族判断,这些国家的家族元素在经典社会主义阶段同样受到压抑,转型期家族力量逐渐得以回归和彰显是必然的。

　　虽然历史和现实证明家族企业具有长期普遍性,但现代企业理论几乎完全排斥家族企业,在我国则往往被看做落后的文化特色或者过渡现象。这有多方面原因,但最根本的应该是理论界将家族、企业,以及家族企业形态静态化,忽视了三者的动态性,家族企业的多元化,家族在现代化过程中并不是被动的,而是主动适应。如果按照原生的完全家族(庭)所有、家族(庭)经营的高度封闭的古典家族企业标准,家族企业必然随着家族及企业的发展、市场的深化而逐渐淡化,这应该是中外理论界漠视家族企业普遍存在事实的关键。家族与企业的发展都必然会融合各种外部资本,开放性增强,家族企业也不例外,因此家族企业内涵应该是动态的。就我国家族企业过渡论或特色论者而言,往往对家族制度的理解还停留在历史上的乡土文明时代,忽视了中国家族制度在城市工业文明背景下的现代适应,简单地将自然经济条件下的传统乡土家族文化作为现代市场经济社会环境下普遍存在于城镇的企业砧木,可能有"南辕北辙"之嫌。

四、家族企业的传承特点

虽然不排除富过多代,集中传承,将经营权授予外人的经典例子,但历来被看做中国文化劣根性的富不过三代、诸子均分、子承父业,在工商企业中具有普适性。这是由企业和家族特性共同决定的,符合家族与企业基本演变规律。

家族企业长寿与富过三代往往只是理想中的模式。企业生存基础市场的竞争性、环境不确定性、信息不充分、产业更替、经济周期、社会经济动荡等因素决定了企业寿命,尤其经济寿命不会太长。影响企业的因素对家族同样有效,而且家族不仅仅单纯追求财富,还重视权势、社会地位。一般理解的"富过三代"中的"富"常常是鹤立鸡群、"富甲一方"之富,是建立在绝对财富基础之上的相对财富地位,与控制权紧密结合。现代社会由于家族成员横向与纵向流动性的增强,财富形态多元化,传统的"富"转换成其他形态之可能性大大提高,以货币财富和经营权为基础的家族企业在同一家族控制下自然寿命和经济寿命都不会太长,但这也并不排除一些家族富过多代,其家族控制企业长寿的特殊情况。从国内外长寿家族企业的经验来看,做大、做强、做久几乎是不可能的,规模不大,封闭性强,传统产业是长寿家族企业的普遍现象。

由于家族与企业的天然联系,因此普遍认为家族企业所有权在家族内传承天经地义,只是对家族内部的分配原则等存在争议。一般认为中国家族企业习惯于诸子均分,而西方家族企业则集中传承,一些事例也证明了这一点,但就整体而言,这可能违背了历史事实以及家族与企业发展的一般规律。诸子均分在工商界具有长期普遍性,这并不否认各个时期各个国家和地区均存在多元化的继承方式。市场经济下的企业经营不同于传统的农业经营,传统社会工商业主是社会边缘阶层,虽然其继承必然受主流社会的影响,但由于工商业经营环境、经营规律不同于传统农业以及贵族阶层,决定了企业主家族的所有权传承主流方式可能不同于传统社会主流贵族和农业经营家族。传统社会中国工商虽同为末流,但因为四民间的相对流动性、传统社会基本生产要素土地的私有性质,中外家族内部追求公平的共同逻辑,决定了中国传统社会企业主家族的所有权传承与土地传承方式一致。与此相对的是西方传统社会盛行贵族制下的授地制,社会各阶层间泾渭分明,工商业主家族边缘化的同时所有权传承相对于贵族世袭制和农民授地制下集中继承制还是有所创新,即诸子均分,而这种方式似乎更适合工商业。一般而言,在市场经济条件下,诸子均分与集中继承各有千秋,但诸子均分可能相对更有效率,而且公正、公平是市场经济的基本原则,作为两大经济行为主体的家庭和企业内部理应符合这两项基本原则。自家族企业大量产生的工业化以来,主要市场经济国家都先后适应市场机制从法律层次肯定了诸子均分,而我国则由于工业化滞后,诸子均分的普遍性和法律保护可能已经滞后于西方。

与普遍认同所有权家族内传承合理性相对,就家族企业经营权一般认为更应传给“外人”。传统观点认为与其他国家和地区经营权社会化不同,中国更倾向于子承父业,但历史与现实并非如此,东西方均对子承父业具有长期普遍偏好。经典理论之所以认为职业经理人将大行其道而中国因为文化黏性,子承父业盛行,除了偏重理论规范研究,忽视实证分析外,还有以下原因:首先,忽视了家族取向作为一种社会文化现象的普遍性、持续性,人从生到死都始终属于“家人”、“社会人”的范畴,而与企业相关的“经济人”往往只是个人生命周期中间阶段的特征,且后者始终没有脱离前者,从历史来看,也是先有家人、社会人,才有“企业人”、“经济人”。其次,理论界有关家族企业传承应该社会化的观点往往夸大市场化、城市化及教育社会化对代际效应的冲击,忽视了代际效应普遍性。最后,东西方一些学者强调中国子承父业时往往从韦伯有关中国信任是家族信任的论点、费孝通差序格局论、美籍日裔学者福山的中国人缺乏信任角度来解释,而忽视了家族偏好,或者说忽视了社会信任相对性,个人信任绝对性,忽视了信任的动态性,实际上中国可能从来不缺信任,中国社会信任度并不一定低于西方。

五、一般性与中国特色

从长期来看,中国家族制度与家族企业与世界相比有同有异,其中演化的基本逻辑,基本方向相同。中外家族制度演变过程既是不断融合外部资本的开放过程,又符合人与物生产均衡的规律。此外,家族制度的演化还受到社会经济制度的制约。企业根本属性是营利性,家族企业和家族制度的发展是不断融合外部资本,不断开放的过程。家族企业是有家族属性的企业组织,在演化过程中无法避开企业与家族的天然联系,只是在不断演化过程中,家族控制方式、手段均有所创新,加上家族与企业的演化都不是线性的,家族企业演化必然体现出动态化、多元化、复杂化的特点,与此相伴的是家族制度与家族企业都有高度适应性。主流经济管理理论在将现代化理解为公共化的背景下放大了"经济人"的适用范围,忽视了家族因素的现代适应,主流企业理论则往往人为赋予家族企业"刚性"内涵,这就导致经济管理学界乃至整个社会科学界对家族企业的歧视。虽然家族企业在市场机制下长期普遍存在,但却得不到理论界应有的尊重,导致家族企业难以得到有效的理论指导,与经典企业理论渐行渐远,这又反过来放大了家族企业弱点,强化了理论歧视。这是到目前为止,世界各个国家和地区家族制度与家族企业演化中普遍遇到的问题。

无论是从家族制度还是家族企业的角度考察均不乏"中国特色"成分,但整体而言这些特色仍然符合家族制度与家族企业演化一般规律,中国家族制度与家族企业的特色更多体现在量上,质上并没有本质区别。中国传统家族制度之所以在近代以前没有取得重大突破,可能在于中国早期家族制度中已经包含了部分现代因素,这些因素使中国家族制度在近代中国没有被迫门户洞开以前保持了高度适应性,并未产生危机,也处于相对锁定状态,缺乏创新,其突出表现就是诸子均分,家族内部复杂而相对完善的管理体系。传统家族制度对近代和当代的"西风东渐"难以迅速适应,而新中国成立后相当长一段时间大陆对家族制度、市场经济的意识形态歧视则强化了国内外学者对中国家族制度传统意义的理解,而忽视了中国家族制度的现代适应,人为扩大了中国家族制度乃至家族企业的特色性(包括过渡性)。此外,理论界之所以强调中国家族制度的"特色",这可能是由于中外就中国家族问题的讨论并没有和西方文化一样在第二次世界大战后逐渐从早期的强调未开化文化和乡土文化向开化文化和工业文化、城市文化转型,而更多停留在传统未开化文化和乡土文化。将刚性的传统文化移植到现代经济社会,产生了诸多理论与现实无法解决的困惑,故而只能以"中国特色"来解释,而这种"特色"还与中国乃至华人世界的生产力水平不相称,这又反过来强化了"特色"。客观而言,曾经不可一世的中华帝国的"近代陨落"引发的许多不解之谜进一步放大了这种特色。但本书认为,这不大可能是家族制度等传统因素起决定作用;相反却极有可能是因为生产力水平的相对落后制约了中国家族制度、家族企业的开放度与融合外部资本水平,或者说传统的家族制度与当前的生产力水平处于相互锁定状态。比较而言,本书更认同中国家族与家族企业发展的一般性决定下的阶段论。

六、互动关系的现实启示

家族制度与家族企业均具有旺盛生命力,都是现代化进程中不可或缺的因素,无论理论还是实践都应该重视家族制度与家族企业,尤其要关注家族制度与家族企业的现代适应,各自形态的多样性与多元化,演化路径的复杂性。家族制度与家族企业对经济社会的变迁具有高度适应性,尤其在历次经济政治危机中,家族都保持了高度适应性,因而在目前全球危机背景下,社会各界应重视"家族"力量。

由于家族制度影响深远,而且几乎影响到每一个人、每一个组织,因此从某种意义上说现代社会经济体系是家族(庭)、政府、企业的复合体,其中家族为政府、企业提供了人力资源,而且各种社会组织的人力资源最终归宿往往是家庭,这决定了政府、企业的人力资源必然具有家族取向。有鉴于此,各种微观组织在制定激励约束机制时除了常规因素外,务必考虑家族因素,否则以个人为基本对象的政策难免会失灵。目前,中外均有一些将社会经济制度与家族结合起来考虑政策的成功经验,比如以家庭为单位的所得税制,企业对员工的家庭责任,低保等救济政策,反腐倡廉过程中家庭财产申报、直系亲属回避制度等,但尚有许多需要改进和提高的地方。其中,大陆在组织成员的家庭责任方面相对滞后,甚至从某种意义上说处于整体缺失状态,尤其在传统家族文化底蕴相对深厚的农村,除计划生育等对传统家族制度冲击较大的政策外,其他有关家族制度的政策却难觅踪影。

无论从历史还是现实来看,在市场作为资源主要配置手段的背景下具有家族属性的企业均具有普遍性,但家族企业因其家族性却得不到理论界应有的尊重,长期以来理论界偏好公众企业,而高度社会化的公众企业在企业总数中所占比例并不高,在微观经营体中所占比例更低,但家族企业的理论地位并没有相应上升。之所以出现这种情况,除了将家族看做传统的非现代化因素外,将家族制度与家族企业内涵刚性化,忽视二者的现代适应是关键因素,而在学术研究中经济学的显学地位及其理性“经济人”假设的泛化则是其理论基础。现代企业制度体系应该有家族企业一席之地,现代企业理论体系应该重视家族企业理论,现代经济社会体系中家族制度应占有一席之地。

与发达经济体相比,中国的家族制度与家族企业不是泛滥而是发展不够。家族与家族企业的发展就是家族与企业不断融合外部各种资本的过程,因此家族企业要发展就要逐步完善其融合外部各种资本的支持体系,促进家族与家族企业的有效开放。在这方面除了家族与家族企业的努力外,国家应该在宏观层面有所作为,比如加强伦理道德、信任等社会资本体系的投资体系建设,加强人力资本、金融资本市场建设、调控,建立有效的个人和家族产权保护体系,使家族和家族企业能够有效的融合各种外部资本,家族企业才可能发展壮大。当然,从长期来看,家族与家族企业都不可能无限开放、无限社会化,而只能是相对的。由于绝大多数个人仍然长期具有家族取向,绝大多数企业仍然倾向于家族控制,家族企业社会化、融合社会资本往往以家族能否控制为边界,这也利于企业与经济的稳定发展,因此政策和理论不宜过度渲染社会化。

主要参考文献

1. ［美］阿道夫·A. 伯利、加德纳·C. 米恩斯:《现代公司与私有财产》,商务印书馆 2005 年版。

2. ［法］阿兰·佩雷菲特:《信任社会——论发展之源起》,商务印书馆 2005 年版。

3. ［英］阿瑟·刘易斯:《经济增长理论》,商务印书馆 1999 年版。

4. ［法］安德烈·比尔基埃等:《家庭史》①②③,生活·读书·新知三联书店 1998 年版。

5. 安冠英、韩淑芳、潘惜晨:《中华百年老药铺》,中国文史出版社 1993 年版。

6. ［日］奥村宏:《21 世纪的企业形态》,中国计划出版社 2002 年版。

7. ［法］白吉尔:《中国资产阶级的黄金时代》,上海人民出版社 1991 年版。

8. ［美］本·巴鲁克·塞利格曼:《美国企业史》,上海人民出版社 1975 年版。

9. ［美］彼得·德鲁克:《创新与企业家精神》,海南出版社 2000 年版。

10. ［美］彼得·德鲁克:《大变革时代的管理》,上海译文出版社 1999 年版。

11. ［美］边馥琴、约翰·罗根:《中美家庭代际比较研究》,《社会学研究》2001 年第 2 期。

12. ［英］C. 巴罗:《小型企业》,中信出版社 1998 年版。

13. ［日］仓科敏材:《家族企业》,上海财经大学出版社 2007 年版。

14. 曹正汉:《从借红帽子到建立党委——温州民营大企业的成长道路及组织结构之演变》,《中国制度变迁的制度分析》第五集,2006 年。

15. 长江流域第二期文物考古人员训练班:《湖北江陵凤凰山西汉墓发掘简报》,《文物》1974 年第 6 期。

16. 陈昌茂、余耀中、施广勇:《傻子瓜子起始至今的社会轨迹及对我国民营经济 16 年历程的思考与启示》,《理论导刊》1996 年第 5 期。

17. 陈吉元:《家族制度对生产组织的影响需要研究——读〈企业组织的基本形态与传统家族制度〉》,《经济社会体制比较》1985 年第 2 期。

18. 陈佳贵:《关于企业生命周期与企业蜕变的探讨》,《中国工业经济》1995 年第 11 期。

19. 陈凌、应丽芬:《从家庭/网络家庭到企业/企业网络——家族企业成长的本土视角》,《学海》2006 年第 4 期。

20. 陈凌、应丽芬:《代际传承:家族企业继任管理和创新》,《管理世界》2003 年第 6 期。

21. 陈凌:《信息特征、交易成本和家族式组织》,《经济研究》1998 年第 7 期。

22. 陈其南、邱淑如:《企业组织的基本形态与传统家族制度——中国、日本和西方社会的比较研究》,《经济社会体制比较》1985 年第 2 期。

23. 陈其田:《山西票庄考略》,商务印书馆 1937 年版。

24. 陈晓红、尹哲、吴旭雷:《"金字塔结构"、家族控制与企业价值——基于沪深股市的实证分析》,《南开管理评论》2007 年第 5 期。

25. 储小平:《华人家族企业的界定》,《经济理论与经济管理》2004 年第 1 期。

26. 储小平:《家族企业的成长与社会资本的融合》,经济科学出版社 2004 年版。

27. 储小平:《家族企业研究:一个具有现代意义的话题》,《中国社会科学》2000 年第 5 期。

28. 储小平:《职业经理与家族企业的成长》,《管理世界》2002 年第 4 期。

29. 储小平:《中国"家文化"泛化的机制与文化资本》,《学术研究》2003 年第 11 期。

30. 大生系统企业史编写组:《大生系统企业史》,江苏古籍出版社 1990 年版。

31. ［加］大卫・切尔：《家庭生活的社会学》，中华书局 2005 年版。

32. ［加］丹尼・米勒、伊莎贝尔・勒布雷顿・米勒：《永续经营 杰出家族企业的生存法则》，商务印书馆 2006 年版。

33. 邓承师：《应对"经理革命"的出路探析——对两权分离走向两权重新结合的历史思考》，《中国工业经济》2004 年第 12 期。

34. 邓伟志：《近代中国家庭的变革》，上海人民出版社 1994 年版。

35. 刁兆峰、黎志成：《企业商业年龄及其测定方法初探》，《科技进步与对策》2003 年第 9 期。

36. 丁钢：《近世中国经济生活与宗族教育》，上海教育出版社 1996 年版。

37. 杜恂诚：《中国传统伦理与近代资本主义——兼评韦伯〈中国的宗教〉》，上海社会科学院出版社 1993 年版。

38. 杜恂诚：《儒家伦理与中国近代企业制度》，《财经研究》2005 年第 1 期。

39. 杜正艾：《我国对外经济政策需要实现五大转变》，《广东行政学院学报》2009 年第 2 期。

40. E. E. 里奇、C. H. 威尔逊：《剑桥欧洲经济史》第五卷，经济科学出版社 2002 年版。

41. 樊江春：《中国微观组织中的"家族主义"》，《新华文摘》1992 年第 5 期。

42. ［法］费尔南・布罗代尔：《15 至 18 世纪的物质文明、经济和资本主义》第二卷，生活・读书・新知三联书店 2002 年版。

43. ［法］费勒克：《家族进化论》，上海大东书局 1930 年版。

44. 费孝通：《差序格局 乡土中国》，北京出版社 2005 年版。

45. 冯邦彦：《香港华资财团 1841—1997》，香港三联书店有限公司 1997 年版。

46. 冯尔康：《18 世纪以来中国家族的现代转向》，上海人民出版社 2005 年版。

47. ［美］弗朗西斯・福山：《信任 社会美德与创造经济繁荣》，海南出版社 2001 年版。

48. 付文阁：《中国家族企业面临的紧要问题》，经济日报出版社 2004

年版。

49. 甘德安等:《中国家族企业研究》,中国社会科学出版社 2002 年版。

50. [美]高家龙:《大公司与关系网(1880—1937)》,上海社会科学院出版社 2002 年版。

51. 耿彦波:《榆次车罔常氏家族》,书海出版社 2002 年版。

52. 龚维敬:《美国家族企业再度兴起》,《外国经济管理》1990 年第 5 期。

53. 桂勇、吕大乐、邹昱:《私有产权的社会基础:历史的启示——以对民族资本主义企业的社会主义改造为例》,《华中师范大学学报》(人文社会科学版)2005 年第 3 期。

54. 郭萍:《家族企业继承研究中的三个误区》,《理论探索》2007 年第 6 期。

55. 国家工商行政管理局个体私营经济监管司:《个体私营经济法规集成》,工商出版社 2001 年版。

56. 韩朝华、陈凌、应丽芬:《传亲属还是聘专家企业接班问题考察:浙江家族企业接班问题考察》,《管理世界》2005 年第 2 期。

57. 韩清海:《战后台湾企业集团》,鹭江出版社 1992 年版。

58. 何圣东:《家族传统、社会资本与家族企业的演化》,《中共中央党校学报》2003 年第 1 期。

59. 何自力:《家族资本主义、经理资本主义与机构资本主义——对股份公司所有权与控制权关系演进和变化的分析》,《南开经济研究》2001 年第 1 期。

60. 胡敏:《家族企业:通往现代企业的路有多长——透视"喷施宝"》,《法律与生活》2001 年第 8 期。

61. 黄钙:《家族公司上市会否滋生股市陷阱?》,《21 世纪经济报道》2001 年 7 月 4 日。

62. 黄光国:《儒家伦理与企业组织形态》,《经济社会体制比较》1986 年第 2 期。

63. 黄鉴晖:《山西票号史》增订本,山西经济出版社 2002 年版。

64. 黄宽重、刘增贵:《家族与社会》,中国大百科全书出版社 2005 年版。

65. 黄孟复:《中国民营企业发展报告 No. 1(2004)》,社会科学文献出版社 2005 年版。

66. 黄群慧、孙海英:《百年企业、寿命周期与企业成长的三维管理》,《全国商情》(经济理论版)2005 年第 10 期。

67. 黄松琛:《晋江突破:"洋帽子"企业的回归之路》,《深交所》2007 年第 8 期。

68. 黄庭满:《权力近亲繁殖 部分国有企业"家族化现象"透视》,《经济参考报》2003 年 12 月 29 日。

69. [美]加里·斯坦利·贝克尔:《家庭论》,商务印书馆 1998 年版。

70. 江淮论坛编辑部:《徽商研究论文集》,安徽人民出版社 1985 年版。

71. 姜恒雄:《中国企业发展简史》上、下卷,西苑出版社 2001 年版。

72. 蒋泽中:《新潮一族——当代中国的个体户》,山西经济出版社 1993 年版。

73. 金彩云:《西方学者对 1500—1800 年英国家庭财产继承的综述》,《史学理论研究》2007 年第 1 期。

74. [日]臼井佐知子:《徽商及其网络》,《安徽史学》1991 年第 4 期。

75. [美]克拉夫、马伯格:《美国文化的经济基础》,生活·读书·新知三联书店 1989 年版。

76. [英]克拉潘:《现代英国经济史》下卷,商务印书馆 1997 年版。

77. [美]克林·盖尔西克等:《家族企业的繁衍——家族企业的生命周期》,经济日报出版社 1998 年版。

78. [奥地利]赖因哈德·西德尔:《家庭的社会演变》,商务印书馆 1996 年版。

79. 郎咸平、张鹏:《还 MBO 的本来面目》,《董事会》2006 年第 10 期。

80. 郎咸平、张信东等:《家族股——中外家族控制上市公司比较》,《新财经》2002 年第 8 期。

81. 郎咸平:《从历史大动荡看中国今天需要怎样的公司治理(1533—2002)》,《新财经》2004 年第 9 期。

82. 黎濛:《家庭问题》,上海东泰图书局 1929 年版。

83. 李伯重:《中国市场的形成 1500—1840 年》,《清华大学学报》(哲学社会科学版)1999 年第 4 期。

84. 李春琦：《影响我国家族企业绩效的经验证据——基于对家族上市公司控股比例和规模的考察》，《统计研究》2005 年第 11 期。

85. 李东：《家族理性与家族企业》，经济科学出版社 2006 年版。

86. 李宁琪、周欢：《中国家庭结构变迁与家族企业的永续经营》，《中南大学学报》(社会科学版)2006 年第 2 期。

87. 李文祥：《企业起源的社会纬度》，《社会科学战线》2003 年第 4 期。

88. 李新春、任丽霞：《民营企业的家族意图与家族治理行为研究》，《中山大学学报》(社会科学版)2004 年第 6 期。

89. 李新春、王宣喻：《中国大陆家族企业研究之回顾与展望：1988—2007》，《中山管理评论》(台湾)2008 年第 6 期。

90. 李新春、张书军：《家族企业：组织、行为与中国经济》，格致出版社、上海三联出版社 2005 年版。

91. 李新春：《中国的家族制度与企业组织》，《中国社会科学季刊》(香港)1998 年第 3 期。

92. 李秀潭、胡修干：《中国私营经济研究报告》，浙江人民出版社 2004 年版。

93. 李燕山：《全聚德的故事》，北京燕山出版社 2001 年版。

94. 李玉：《中国近代企业史研究概述》，《史学月刊》2004 年第 4 期。

95. 李玉潭：《日美欧中小企业理论与政策》，吉林大学出版社 1992 年版。

96. 李卓：《家族制度与日本的近代化》，天津人民出版社 1997 年版。

97. 李卓：《中日财产继承制度比较浅论》，《日本学刊》1999 年第 5 期。

98. 李卓：《中日家族制度比较研究》，人民出版社 2004 年版。

99. 厉以宁：《资本主义的起源——比较经济史》，商务印书馆 2003 年版。

100. 连育恩：《非正式组织·亲属网·派别——浅析我国企业中的三种组织形态》，《企业经济》1993 年第 4 期。

101. 林柏：《清代晋商股份制新探》，《生产力研究》2002 年第 4 期。

102. 林汉川：《中国中小企业发展机制研究》，商务印书馆 2003 年版。

103. 凌四立、欧人：《1989—1991 年个体私营经济徘徊的政策性因素》，《重庆大学学报》(社会科学版)2004 年第 4 期。

104. 刘峰、钟瑞庆、金天：《弱法律风险下的上市公司控制权转移与"抢劫"——三利化工掏空通化金马案例分析》,《管理世界》2007 年第 12 期。

105. 刘和惠:《徽商始于何时》,《江淮论坛》1982 年第 4 期。

106. 刘玒:《中小企业创办、生存和关闭的实证分析——美国中小企业发展研究》,经济科学出版社 2004 年版。

107. 刘建生、刘鹏生、燕鸿忠等:《明清晋商制度变迁研究》,山西人民出版社 2005 年版。

108. 刘建生、刘鹏生等:《晋商研究》,山西人民出版社 2002 年版。

109. 刘林平:《试论"家庭型经济组织的结构及其特点"》,《社会学研究》1987 年第 3 期。

110. 刘秋根、黄登峰:《中国古代合伙制的起源及初步发展——由战国至隋唐五代》,《河北大学学报》(哲学社会科学版)2007 年第 3 期。

111. 刘秋根、谢秀丽:《明清徽商工商业铺店合伙制形态——三种徽商账簿的表面分析》,《中国经济史研究》2005 年第 3 期。

112. 刘秋根:《明代工商业中合伙制的类型》,《中国社会经济史研究》2001 年第 4 期。

113. 刘秋根:《十至十四世纪的中国合伙制》,《历史研究》2002 年第 6 期。

114. 刘芍佳、孙霈、刘乃全:《终极产权论、股权结构及公司绩效》,《经济研究》2003 年第 4 期。

115. 刘永强、赵曙明、王永贵:《工作——家庭平衡的企业制度安排》,《中国工业经济》2008 年第 2 期。

116. 柳随年、吴敢群:《"文化大革命"时期的国民经济(1966—1976)》,黑龙江人民出版社 1986 年版。

117. [美]罗森堡、小伯泽尔:《西方致富之路 工业化国家的经济演变》,生活·读书·新知三联书店 1989 年版。

118. [英]M. M. 波斯坦、H. J. 哈巴库克:《剑桥欧洲经济史》第三卷,经济科学出版社 2002 年版。

119. 麻国庆:《家与中国社会结构》,文物出版社 1999 年版。

120. [法]马克·布洛赫:《封建社会 依附关系的成长》上卷,商务印书馆 2003 年版。

121.《马克思恩格斯选集》第四卷,人民出版社 1995 年版。

122. [英]马歇尔:《经济学原理》下册,商务印书馆 2005 年版。

123. 马新、齐涛:《略论中国古代的家产继承制度》,《人文杂志》1987 年第 5 期。

124. [美]玛格丽特·M. 布莱尔:《所有权与控制 面向 21 世纪的公司治理探索》,中国社会科学出版社 1999 年版。

125. [美]玛丽·奥沙利文:《公司治理百年——美国和德国公司治理演变》,人民邮电出版社 2007 年版。

126. [法]曼弗雷德·凯茨·德·维里尔:《金钱与权力的王国 家族企业的兴盛之道》,机械工业出版社 1999 年版。

127. [美]曼塞·G. 布莱克福德:《美国小企业成长与创新》,经济管理出版社 2000 年版。

128. [美]曼塞·G. 布莱克福德:《西方现代企业兴起》(修订版),经济管理出版社 2001 年版。

129. [日]梅村又次、山本有造:《开港与维新》,生活·读书·新知三联书店 1997 年版。

130. [美]奈斯比特、阿布尔丹:《展望 90 年代——西方企业和社会新动向》,国际文化出版公司 1987 年版。

131. 南开大学政治经济学系、南开大学经济研究所:《垄断·财团·大公司》(上),人民出版社 1974 年版。

132. 欧晓明、苏启林、郑海天:《美国家族企业演进过程和管理特征研究》,《外国经济与管理》2003 年第 10 期。

133. 欧阳梦云:《"家族企业"班交给谁 家族企业路向何方》,《经济日报》2005 年 5 月 20 日。

134. [美]帕森斯:《现代社会的结构与过程》,光明日报出版社 1988 年版。

135. 潘必胜:《乡镇企业中的家族经营问题——兼论家族企业在中国的历史命运》,《中国农村观察》1998 年第 1 期。

136. 潘必胜:《中国的家族企业:所有权与控制权(1899—1956)》,经济科学出版社 2009 年版。

137. 潘峰、韩宏明:《民营企业家族化现状及利弊分析》,《计划与市场》2002 年第 10 期。

138. 潘维:《农民与市场 中国基层政权与乡镇企业》,商务印书馆 2003 年版。

139. 潘允康、丛梅:《家庭与现代化、工业化》,《天津社会科学》1995 年第 4 期。

140. 潘允康:《对男女平等的社会理性思考》,《探索与争鸣》2003 年第 11 期。

141. 彭泽益:《中国工商行会史料集》,中华书局 1995 年版。

142. 漆士昌:《家庭经济》,正中书局 1936 年版。

143. [美]R. M. 霍德盖茨:《美国企业经营管理概论》,中国人民大学出版社 1985 年版。

144. [法]热罗姆·巴莱、弗朗索瓦丝·德布里:《企业与道德伦理》,天津人民出版社 2006 年版。

145. [日]日本经济新闻社:《企业寿命 30 年》,(台湾)经济日报社 1987 年版。

146. 荣敬本、荣勉初等:《梁溪荣氏家族史》,中央编译出版社 1995 年版。

147. [英]S. B. Redding:《海外华人企业家的管理思想——文化背景与风格》,上海三联书店 1993 年版。

148. [美]W. 古德:《家庭》,社会科学文献出版社 1986 年版。

149. 上海社会科学院经济研究所:《荣家企业史料》上、下册,上海人民出版社 1980 年版。

150. [日]上野千鹤子:《近代家庭的形成与终结》,商务印书馆 2004 年版。

151. 申明浩:《治理结构对家族股东隧道行为的影响分析》,《经济研究》2008 年第 6 期。

152. 石磊:《解析一个企业化的社区组织:华西村》,《学海》2000 年第 3 期。

153. 史晋川、金祥荣、赵伟等:《制度变迁与经济发展:温州模式研究》,浙江大学出版社 2002 年版。

154. 史晋川:《中国民营经济发展报告》,经济科学出版社 2006 年版。

155. 宋则行、樊亢:《世界经济史》上、中、下卷,经济科学出版社 1993 年版。

156. 苏琦、李新春:《内部治理、外部环境与中国家族企业生命周期》,《管理世界》2004 年第 10 期。

157. 苏启林:《家族企业》,经济科学出版社 2005 年版。

158. 孙犁:《家族经营——海外华商创富之秘》,中国经济出版社 1996 年版。

159. 唐力行:《徽州宗族社会》,安徽人民出版社 2005 年版。

160. 唐力行:《商人与中国近世社会》(修订版),商务印书馆 2006 年版。

161. 唐震:《家族文化视角中的美、日、中三国企业比较》,《软科学》2003 年第 4 期。

162. 唐宗明、蒋位:《中国上市公司大股东侵害度实证分析》,《经济研究》2002 年第 4 期。

163. 陶毅、明欣:《中国婚姻家庭制度史》,东方出版社 1994 年版。

164. [日]藤井胜:《家和同族的历史社会学》,商务印书馆 2005 年版。

165. 汪和建:《企业的起源与转化:一个社会学框架》,《南京大学学报》(哲学社会科学版)1999 年第 1 期。

166. 汪建丰:《试论早期铁路与美国企业的管理革命》,《世界历史》2005 年第 3 期。

167. 王炳林:《中国共产党与私人资本主义》,北京师范大学出版社 1995 年版。

168. 王建民:《台湾政商家族》,中国言实出版社 1997 年版。

169. 王连娟:《晋商接班人选择及其启示——解读晋商东掌制度》,《经济管理》2007 年第 3 期。

170. 王满传:《亲属关系与我国农民企业的发展》,《社会学研究》1992 年第 4 期。

171. 王相钦:《中国民族工商业发展史》,河北人民出版社 2001 年版。

172. 王孝通:《中国商业史》,商务印书馆 1936 年版。

173. 王晓霞:《中国民营企业 500 强区域分布考量》,《统计与决策》2008

年第 1 期。

174. 王效昭:《警惕和防止现代企业制度的边缘化倾向》,《管理世界》2006 年第 5 期。

175. 王询:《文化传统与经济组织》(修订版),东北财经大学出版社 2007 年版。

176. 王玉波:《中国家庭史研究刍议》,《历史研究》2000 年第 3 期。

177. 王跃生:《中世纪中西财产继承的差异对人口发展的影响》,《史学理论研究》1999 年第 2 期。

178. 卫聚贤:《山西票号史》,中央银行经济研究社 1944 年版。

179. 魏建国:《普遍信任:法制现代化的深层驱动力》,《北方法学》2008 年第 2 期。

180. 魏明:《论北洋军阀官僚的私人资本主义经济活动》,《近代史研究》1985 年第 2 期。

181. 文建东、何立华:《中国"信任之谜"及其解释》,《经济科学》2010 年第 3 期。

182. 吴承明:《要重视商品流通在传统经济向市场转换中的作用》,《中国经济史研究》1995 年第 2 期。

183. 吴慧:《中国商业史》共五卷,中国商业出版社 2004—2008 年版。

184. 武建奇:《论马克思主义关于人性假设的三个维度》,《经济学家》2008 年第 3 期。

185. 武力:《从 1956 年前后农村市场兴衰看原有体制的局限》,《改革》1999 年第 3 期。

186. 武力:《中国当代私营经济发展六十年》,《河北学刊》2009 年第 1 期。

187. [日]西川俊作、阿部武司:《产业化的时代》上,生活·读书·新知三联书店 1998 年版。

188. 萧国亮:《清代两淮盐商的奢侈性消费及其经济影响》,《历史研究》1982 年第 4 期。

189. [美]小艾尔弗雷德·D. 钱德勒:《看得见的手——美国企业的管理革命》,商务印书馆 1987 年版。

190. ［美］小艾尔弗雷德·D. 钱德勒:《企业规模经济与范围经济》,中国社会科学出版社 1999 年版。

191. ［美］小弗兰克·F. 福斯汀伯格、安德鲁·切尔林:《家破人"惘"——美国社会家庭问题分析》,海天出版社 2001 年版。

192. 新浪网:《福布斯首度发布中国家族企业调查》,http://finance. sina. com. cn/leadership/crz/20100915/17168662918. shtml。

193. 新望:《一位苏南农民企业家的成长史》,《中国国情国力》2002 年第 5 期。

194. 邢铁:《家产继承史论》,云南大学出版社 1999 年版。

195. 徐莉萍、辛宇、陈工孟:《控股股东的性质与公司经营绩效》,《世界经济》2006 年第 10 期。

196. 徐扬杰:《中国家族制度史》,人民出版社 1992 年版。

197. 许涤新、吴承明:《中国资本主义发展史》第一卷,人民出版社 2003 年版。

198. 许檀:《明清时期城乡市场网络体系的形成及意义》,《中国社会科学》2000 年第 3 期。

199. 许维雍、黄汉民:《荣家企业发展史》,人民出版社 1985 年版。

200. 薛求知、徐忠伟:《企业生命周期的四种理论解说》,《经济管理·新管理》2005 年第 17 期。

201. 颜公平:《对 1984 年以前社队企业发展的历史考察与反思》,《当代中国史研究》2007 年第 2 期。

202. 燕无:《100 年葡萄常在》,《中华手工》2007 年第 6 期。

203. 杨春学:《经济人的"再生":对一种新综合的探讨与辩护》,《经济研究》2005 年第 11 期。

204. 杨玉民、刘瑛:《规模以下工业企业年龄状况及相关分析》,《统计研究》2006 年第 6 期。

205. 杨在军、王晓霞:《转型期农村文化困境及对当前政策的认同与困惑》,《调研世界》2006 年第 8 期。

206. 杨在军:《家族企业:家族与企业的"天作之合"》,《经济学家茶座》2007 年第 4 期。

207. 杨在军:《家族企业"传内不传外"刍议》,《现代管理科学》2008 年第 5 期。

208. 杨在军:《家族企业长寿之家族因素剖析:以 1669—1954 年的北京乐家同仁堂为例》,《中国经济史研究》2011 年第 1 期。

209. 杨在军:《家族企业治理个案研究——以近代上海永安公司为例》,《商业研究》2007 年第 4 期。

210. 杨在军:《我国非公有制演进的三个阶段》,《经济学消息报》2005 年 4 月 8 日。

211. 杨在军:《我国家族企业研究前沿述评》,《价格月刊》2007 年第 4 期。

212. 杨在军:《血缘优先、男性偏好、子继父业:大陆与港澳台地区典型家族企业权力代际传承主流模式》,载李新春、王珺、邱海雄等主编:《市场转型与中小企业成长:产业集群与家族企业研究》,经济科学出版社 2008 年版。

213. 杨在军:《中国家族企业传承基本问题研究》,中国社科院 2008 届博士后报告。

214. 杨在军:《中国家族企业传承研究》,《领导科学》2009 年第 11 期。

215. 杨在军:《中国家族企业继任子承父业模式理论困惑及其解读》,《当代经济科学》2009 年第 5 期。

216. 杨在军:《中国近代民营企业家族化的实证分析——以机器纺织企业为中心》,载张忠民、陆兴龙、李一翔主编:《近代社会环境下的企业发展》,上海社会科学院出版社 2008 年版。

217. 杨在军:《重新审视中西分散与集中继承的现代效率及其历史地位》,2010 年中国经济史学会年会论文。

218. 叶建亮:《"次品市场"是如何恢复为"正品市场"的?——温州皮鞋业从制假售假到创保品牌的案例研究》,《浙江社会科学》2005 年第 6 期。

219. 叶显恩:《试论徽州商人资本的形成与发展》,《中国史研究》1980 年第 3 期。

220. [英]约翰·穆勒:《政治经济学原理及其在社会哲学上的若干应用》上、下册,商务印书馆 2005 年版。

221. [英]约翰·斯科特:《公司经营与资本家阶级》,重庆出版社 2004

年版。

222. 曾璧钧、林木西:《新中国经济史》,经济日报出版社 1990 年版。

223. 詹姆斯·休斯 J. R.:《让家族世代兴盛》,清华大学出版社 2006 年版。

224. 湛中乐、韩春晖:《"红帽子"企业的财产权与法律保护——从温州"鹿运事件"出发》,《公法研究》2005 年第 2 期。

225. 张桂萍:《山西票号经营管理体制研究》,中国经济出版社 2005 年版。

226. 张海鹏、王廷元:《徽商研究》,安徽人民出版社 1995 年版。

227. 张海鹏、张海瀛:《中国十大商帮》,黄山书社 1993 年版。

228. 张海英:《明中叶以后"士商渗透"的制度环境——以政府的政策变化为视角》,《中国经济史研究》2005 年第 4 期。

229. 张厚义、侯光明、明立志等:《中国私营企业发展报告》,社会科学文献出版社 2005 年版。

230. 张厚义、明立志:《中国私营企业发展报告(1978—1998)》,社会科学文献出版社 1999 年版。

231. 张厚义等:《中国的私营经济与私有企业主》,知识出版社 1995 年版。

232. 张华强:《民企:怎样摆脱"富不过三代"的魔咒——"布登布洛克式动力"的启示》,《二十一世纪》(香港中文大学)2008 年第 4 期。

233. 张建刚:《传统国有经济"家族本位"与现代企业制度》,《国有资产研究》1995 年第 5 期。

234. 张维迎:《信息、信任与法律》,生活·读书·新知三联书店 2003 年版。

235. 张翼:《国有企业的家族化》,中国社会科学出版社 2002 年版。

236. 张幼启:《祖业传承,西方家族公司的最后考验》,《中外企业文化》2005 年第 5 期。

237. 张正明:《明清晋商及民风》,人民出版社 2003 年版。

238. 张忠民、陆兴龙、李一翔:《近代中国社会环境与企业发展》,上海社会科学院出版社 2008 年版。

239. 张忠民:《艰难的变迁——中国近代公司制度研究》,上海社会科学院出版社 2002 年版。

240. 章敬平:《士绅吴仁宝和他的接班人——近代士绅阶层在苏南悄然"复兴"》,《南风窗》2003 年第 16 期。

241. 赵炳琰:《试论 17 世纪日本的大坂商人》,东北师范大学 2003 届硕士研究生毕业论文。

242. 赵德馨:《黄奕住传》,湖南人民出版社 1998 年版。

243. 赵立行:《商人阶层的形成与西欧社会转型》,中国社会科学出版社 2004 年版。

244. 赵士刚:《回顾与思考 共和国经济建设之路》,经济管理出版社 1999 年版。

245. 赵顺鹏、朱知喜:《超前与裂变——走进乐清的改革开放》,浙江大学出版社 2000 年版。

246. 赵喜顺:《个体私营经济的发展与家庭经济结构的变迁》,《社会科学研究》1999 年第 3 期。

247. 浙江省商业厅商业史编辑室:《浙江当代商业史》,浙江科学技术出版社 1990 年版。

248. 甄红线、史永东:《终极所有权结构研究——来自中国上市公司的经验证据》,《中国工业经济》2008 年第 11 期。

249. 郑伯壎:《差序格局与华人组织行为》,《本土心理学研究》1995 年第 3 期。

250. 郑宏泰、黄绍伦:《香港华人家族企业个案研究》(第二版),香港明报出版社 2004 年版。

251. 郑家喜:《我国家族企业资本结构研究》,中国财政经济出版社 2006 年版。

252. 中共无锡市委政策研究室:《华西村经济社会发展调查》,《中国农村经济》1996 年第 3 期。

253. 中共中央文献研究室:《三中全会以来重要文献选编》上、下册,人民出版社 1982 年版。

254. 中共中央文献研究室:《十二大以来重要文献选编》(上),人民出版社 1986 年版。

255. 中国北京同仁堂集团公司、北京同仁堂史编委会:《北京同仁堂史》,人民日报出版社 1993 年版。

256. 中国企业史编委会:《中国企业史》共七卷,企业管理出版社 2002—2004 年版。

257. 中国企业寿命测算方法及实证研究课题组:《企业寿命测度的理论和实践》,《统计研究》2008 年第 4 期。

258. 中国人民银行上海市分行:《上海钱庄史料》,上海人民出版社 1960 年版。

259. 中国私有企业主阶层研究课题组:《我国私有企业的经营状况与私有企业主的群体特征》,《中国社会科学》1994 年第 4 期。

260. 中华全国工商业联合会:《1993—2006 中国私营企业大型调查》,中华工商联合出版社 2007 年版。

261. 中华全国工商业联会信息中心:《个体私营经济政策法规选编》,企业管理出版社 1996 年版。

262. 中央工商行政管理局、中国科学院经济研究所资本主义改造研究室:《中国资本主义工商业的社会主义改造》,人民出版社 1962 年版。

263. 中央文献研究室:《十三大以来重要文献选编》,人民出版社 1991 年版。

264. 周冰:《"红帽子"企业产权现象的理论命题》,《中国流通经济》2005 年第 1 期。

265. 邹进文:《论中国近代民营股份企业的家族特色》,《中国经济史研究》2004 年第 1 期。

266. 周立新:《大股东治理与公司绩效:来自于中国上市家族公司的实证》,《统计与决策》2006 年第 12 期。

267. 周怡:《村庄的家族政治:权威、利益与秩序——华西村个案研究》,载黄宗智:《中国乡村研究》第三辑,社会科学文献出版社 2005 年版。

268. 朱秋霞:《网络家庭与乡村私人企业的发展》,《社会学研究》1998 年第 1 期。

269. 庄永竞:《家族式企业的现代化管理》,《管理世界》1990 年第 4 期。

270. Brain Tierney, *The Middle Ages: Sources of Medieval History*, Vol. 1, McGraw-Hill publishing Company 1983.

271. Brittain, J. A. *The inheritance of Economic Status*, The Brookings Institution, 1977.

272. Buchan, Nancy R. , Rachel T. A. Croson, and Robyn M. Dawes. *Who's with me? Direct and indirect trust and Reciprocity in China, China, Korea, and the United States*, University of Wisconsin Workpaper, 2000.

273. Charles E. Rosenberg, *The Family in History*, The University of Pennsylvania Press, 1975.

274. Chua, J. H. , James J. Chrisman, and P. Sharma: *Defining the Family Business by Behavior, Entrepreneurship Theory and Practice*, 1999(1).

275. Corbetta and Montemerdo, *Ownership, Governance, and Management Issues in Small and Medium size Family Business: Comparison of Italy and the United States*, Family Business Review, 1999(4).

276. Gillian Clegg and Colin Barrow, *How to Start and Run Your Own Business*, Macmillan, 1984.

277. Harold James, *Family Capitalist: Wendels, Haniels, Falcks, and the Continental European Model*, Harvard University Press, 2006.

278. Headd, Brian, *Business Success: Factors Leading to Surviving and Closing Successfully, Office of Advocacy*, U. S. Small Business Administration, 2000.

279. J. H. Astrachan, S. B. Klein K. X. Smyrnios, *The F-PEC Scale of Family Influence: A Proposal for Solving the Family Business Definition Problem*, Family Business Review, 2002(1).

280. Jack Goody, *The East in the West*, Cambridge University, 1996.

281. Jensen, M. *Eclipse of the Public Corporation*. Harvard Business Review, 1989(5).

282. Levison, H. *Consulting with Family Business: What to Look for, What to Look Out For?* Organization Dynamics, 1983(2).

283. Menschik, P. & N. J. Jianakoplos, *Economics of Inheritance, in Miller et-al. (eds.) Inheritance and Wealth in America*, Plenum Press, 1998.

284. Neil Fligstein: *The Architecture of Markets: An Economic Sociology of Twenty-First-Century Capitalist Societies*, Princeton University Press, 2001.

285. Philip H. Burch Jr. , *The Managerial Revolution Reassessed: Family Control in America's Large Corporation*. Lexington Book, 1972.

286. R. La Porta, F. Lopel-de-Silances and A. shleifer, *Corporate Ownership Around the world*, Journal of Finance. 1999 (2).

287. *Raymond Institute, American Family Business Survey*. Mass Mutual 2003.

288. Rob Goffee. *Understanding Family Businesses: Issues for Forture Research*, International Journal of Entrepreneurial Behaviour & Reasearch, 1996 (2).

289. Smyrnios, K. X. et al. Work-to-work conflict, in Fletcher, D. E. (eds.) *Understanding the Small family business*, Routledge, 2002.

290. Stijn Claessens, Simeon Djankov and Larry H. P. Lang. *The Separation of Ownership and Control in East Asian Corporations*. Journal of Financial Economics, 2000 (1).

291. Torben Pedersen Steen Thomsen *European patterns of corporate ownership: a twelve-country study*, Journal of international Business Studies, 1997 (4).

292. Whyte, Martin King, *The Chinese Family and Economic Development: Obstacle or Engine?* Economic Development and Cultural Change, 1996 (1).

293. Williamson, *The Economic Institute of Capitalism: Firms, Markets, Relational Contracting*, Free Press, 1985.

后　记

志忑中,书稿终告一段落。作为执笔人,感触良多,欣喜、感激、歉意难以言表。2006 年,作为一个半路出家的经济史学生,仅仅入学五年,在没有任何课题经历的情况下先后获得国家社科和中国博士后基金的资助,备感荣幸。欣喜之余,感觉到巨大的责任和使命感,过去的几年几乎没有寒暑假、节假日,没有八小时内外之分,课题研究几乎成了我这个中年宅男自娱自乐的方式。但至今呈现在读者面前的书稿还有诸多需要完善之处,甚至可能是一地鸡毛。只能说:尽了力。

当然,即使达到现在这个程度,也属幸运,尤其与诸多经济史前辈的长期帮助和支持分不开。本书选题的由来很大程度是博士论文《晚清公司与公司治理》(商务印书馆 2006 年版)和博士后报告开题《中国家族企业传承基本问题研究》的延续。年届而立才开始从茶学专业转入经济史的我,能先后在南开和社科院经济所求学,"三生有幸"恐怕也相形见绌。尤其在申报的《中国家族企业史——兼论家族制度与家族企业的互动关系》在国家社科立项时改为现标题后,一度在现标题和原申报标题的兼顾方面无所适从。求学期间,南开大学除导师丁长清教授外,赵津、王玉茹、王处辉、慈鸿飞(现南京师大)、张东刚教授(现教育部)对我的学术给予了无私的支持和帮助。博士后期间,社科院经济所博士后导师组林刚、刘兰兮、封越健研究员,以及魏明孔、史志宏、徐建生和武力(现当代所)研究员,总是给我以热情的指导、鞭策和鼓励。特别感谢导师民主的师道,让我能做一些无知无畏的尝试,虽然这种尝试还算不上成功。

企业史研究之初,冒昧向上海社科院经济所张忠民研究员求教,竟然得到热情回复。这些年企业史研究的每一个台阶,几乎都留下了张老师的影子,本书理所当然得到大量建设性意见。清华大学陈争平教授,博士备考时就认真拜读过其著作,后历答辩等,知陈老师严谨而平易近人,但自惭形秽,更多敬畏。直到后来遇到实在难以解决的学术问题,才在爱人王晓霞鼓励下求教,结果陈老师不但慷慨解惑,还额外给我诸多建议,此后一直有求必应。初识萧国亮教授,始于2008年元旦前夕的邮件咨询,后来竟多次得到萧老师的切实关照和指教,实在幸运。复旦大学朱荫贵教授也在有限的接触中给予我受益匪浅的赐教,今生难忘。

我是一个相对内向的人,对各位前辈可以说是疏于礼数,作为晚辈有点不"孝",除博士生导师丁长清教授外,与其他前辈谋面的时间均是屈指可数,而他们均给了我无私的指教和帮助。即使是丁长清教授也快七年没有见面了,作为学生确实不称职,但当我冒昧请已旅居美国的丁先生为拙稿做一个序时,他竟欣然应允,还帮我找出了多处行文错误。从老师的序我才知道本书选题也受其潜移默化的影响,惭愧。更让我感到惭愧和不安的是,曾先后荣获大陆经济学和历史学最高奖"孙冶方经济科学奖"和"郭沫若历史学奖"的丁长清教授在序言对我和拙稿的过度褒奖。

在经济史研究中,让我得到"恩惠"的学界前辈实在太多,以上所罗列的可能有挂一漏万之嫌。作为一个半路出家的"学徒",前辈的一句话有时就似久旱之后的"甘霖"。因为学术前辈的作用过大,差点遗忘了一些亦师亦友的同仁对我,对本书的贡献,其实他们的作用同样弥足珍贵。

半路出家而从事边缘专业,工作又身处热门专业环境的我,能继续在经济史、企业史领域,还需要抵制诱惑,安于专业。学界前辈的不吝赐教及鼓励,以及各种基金的支持,客观上让我从事其他专业的机会成本相对降低,从而能够更安心从事课题研究、书稿撰写,才有今天这样相对像样的书稿。

安居才能乐业,除了安于本专业外,生活也是乐业的保障。2004年博士毕业,到西财工作,因两地分居,影响安居乐业。遂在西财丁任重副校长、前经济学院院长李萍,以及现经济学院执行院长刘方健的成全下顺利调到河北经贸大学,此后的几年刘方健院长和史继刚教授几次从石家庄路过,专程下来看我,甚至一度虚位相待数年,难忘今生,也深感歉意。到经贸后,王莹书记、纪良纲校长、杨欢进副校长、武建奇副校长、王春和院长等校院领导对我的工作和生活给予了充分关心,让我能够安心完成此书。几年来,企业管理教研室同仁承担了我教学"偷懒"带来的额外负担,让我能够最大限度享受做课题、写书的乐趣。而年逾花甲的母亲不远数千里,从遥远的四川来给我们当"保姆",则让我感到难得的踏实,"家有一老,如有一宝"此言不虚,也感到为人父母的不易。

比之于古人"十年磨一剑"实在惭愧,本书我虽投入时间超过四年,但却是从学磨剑开始的,因此至今很多方面只能说是涂鸦,尤其一些离经叛道的观点,可能经不起推敲。如果说古人是削铁如泥的宝剑,本书也许只能算糊弄小孩的木剑。与课题同龄的儿子类似,"三岁看大,五岁看老"其实未必,也许将来深入系统的研究会完全推翻本书的诸多结论。好在古人有言"抛砖引玉",姑且先借其欣慰一下。当然,这里也就带给我欣慰和快乐的本书和儿子的呵护不足,深表歉意。

另外,虽然本书封面署名只有我,但这只意味着我是执笔人,负文责,国家和省社科课题组成员王晓霞与朱立新也参与了课题一些日常工作,可算本书第二、第三作者。特别是国家社科课题组成员兼爱人王晓霞,除日常参与课题外,当年我尚没有信心和决心申报课题,在其一再鼓励下,才有了申报课题的处子作,而她则因为作为课题组成员少了一次申报的机会。可以说,没有她,也许就没有这本书。这似乎也说明本书研究主题之一—"家"的现代适应。

最后,再次郑重的说声谢谢。我将继续为学术而努力。

杨在军

2010 年 10 月